本书是国家社科基金青年项目"晚清湖湘汉学研究"（批准号：14CZS025）的最终成果

晚清湖湘汉学研究

The Study of Hunan Han School of
Classical Philology in the Late Qing Dynasty

马延炜　著

人民出版社

责任编辑:沈　伟
封面设计:徐　晖
责任校对:东　昌

图书在版编目(CIP)数据

晚清湖湘汉学研究/马延炜 著. —北京:人民出版社,2023.9(2023.12 重印)
ISBN 978－7－01－025138－7

Ⅰ.①晚…　Ⅱ.①马…　Ⅲ.①儒学-研究-湖南-清后期　Ⅳ.①B222.05

中国版本图书馆 CIP 数据核字(2022)第 185756 号

晚清湖湘汉学研究
WANQING HUXIANG HANXUE YANJIU

马延炜　著

人民出版社 出版发行
(100706　北京市东城区隆福寺街 99 号)

北京中科印刷有限公司印刷　新华书店经销

2023 年 9 月第 1 版　2023 年 12 月北京第 2 次印刷
开本:710 毫米×1000 毫米 1/16　印张:21
字数:290 千字

ISBN 978－7－01－025138－7　定价:80.00 元

邮购地址　100706　北京市东城区隆福寺街 99 号
人民东方图书销售中心　电话　(010)65250042　65289539

目　　录

绪　　论

晚清时期,一贯以理学为本地学术宗尚的湖南,出现了一股以研究经史考订、训诂文字为特征的汉学学术风潮,并涌现出以周寿昌、王先谦、叶德辉、胡元仪等为代表的诸多著名学者,成为湘学史上一段重要的历史时期。对晚清湖湘汉学进行分析,有助于今人了解湖湘学术在经世理学之外的另一面相,并为探索晚清时代变局下学人与社会的互动关系提供借鉴。

一、概念的界定与说明

(一)"晚清"

在清代历史研究领域,"晚清"一词出现的频率颇高,使用得十分广泛。顾名思义,所谓"晚清",指的就是"清代晚期"的一段历史。但是,清朝入关后的近300年历史,究竟哪个阶段可以算作"晚期"？如果我们以1911年清帝逊位、清朝统治终结作为"晚清"时期的终点,那么所谓的起点又在哪里？对于这个问题,学者们见仁见智,尚没有形成一致的看法,有学者"查遍各种工具书,均无'晚清'义项"①。

目前学术界关于"晚清"历史起点的界定,根据所研究领域的不同,大体

---

① 杜松柏:《中国近代文人生存状态与小说研究》,电子科技大学出版社2010年版,第3页。

可分为两种情形:一是通史研究领域。相关看法可归纳为两类,第一类以1840年第一次鸦片战争为起点。这一观点认为,从这场战争开始,中国进入了一个与以往任何历史时期都绝不相同的时期,救亡图存从此成为清廷朝野所面对的首要问题。这也是长期以来国内学界的主流观点。第二类则将"晚清"历史的起点上溯至1800年(清嘉庆五年),认为"在1800年以前,清代历史的焦点集中在亚洲腹地……在1800年以后,重心开始转向中国本土和沿海"①。美国学者费正清(John K. Fairbank)是这一观点的代表人物,他在所著《伟大的中国革命(1800—1985年)》和主编的《剑桥中国晚清史(1800—1911年)》等多部著作中都持这种观点。这一看法被介绍到中国后,得到了一些学者的认同。比如由许纪霖、陈达凯主编的《中国现代化史》一书就吸收了这一主张,将1800年作为中国现代化的起点。② 二是专门研究领域。与通史研究领域中学者们对"晚清"含义的看法相对集中不同,专门研究中的"晚清"概念相当庞杂,有学者曾对文学史研究中的"晚清"一词进行了梳理,发现"有人从1872年算起,有人从1898年算起,有人从1902年算起,有的从1903年算起,还有的干脆从1840年算起"③。而在本书研究所涉及的清代学术思想史领域,学者们对"晚清"的看法也不完全一致。有的沿袭传统看法,将1840年视为晚清学术史的开端,有的则认为学术史的发展有其"内在理路",与政治、经济的发展并不完全同步,故"必须认真思考对于学术史意义上的'晚清',是否应该有其专属的定位"④,还有的因清代学术"恰好乾嘉年间是一阶段,而道光以后进入另一阶段",提出将晚清学术的上限定在嘉道之际。⑤

---

① [美]费正清编:《剑桥中国晚清史(1800—1911年)》上卷,中国社会科学院历史研究所编译室译,中国社会科学出版社1985年版,第41页。

② 许纪霖、陈达凯主编:《中国现代化史》,上海三联书店1995年版。

③ 杜松柏:《中国近代文人生存状态与小说研究》,电子科技大学出版社2010年版,第3—4页。

④ 程尔奇:《晚清汉学研究》,人民出版社2013年版,第8页。

⑤ 王惠荣:《晚清汉学群体与近代社会变迁》,中国社会科学出版社2013年版,第7页。

在本书中,笔者沿袭传统观点,将"晚清"的时间范围界定为1840—1911年,这是基于两点考虑。首先,学术研究固然有其发展演变的内在规律,但绝不是一项能够与世隔绝的事业。鸦片战争以后,随着列强侵略的深入,中国人的危机感越来越强烈,知识分子在各自书斋中埋头著述的同时,也在不同程度上经历着这场"三千年未有之变局"。以传统学术史为对象的科学研究,不仅要探索学术本身发展演变的具体情况,更要揭示出中西冲突、文明激荡这一特殊时代背景下传统学人、学术与社会变迁之间的互动关系。将"晚清"的时间范围界定为1840—1911年,将使这一揭示更为突出。其次,自从20世纪50年代史学界通过对分期问题的讨论,将中国近代史的时间区间确定为始于1840年鸦片战争,止于1919年五四运动之后,1840年作为晚清史的起点,开始为研究者所接受,经过多年的沿袭,逐渐成为最具认可度的观点。虽然可能存在着与学术思想史变迁的具体过程无法完全吻合的情况,但既已约定俗成,在目前尚无更具广泛接受度的分期的情况下,不宜贸然变更,以免造成概念上的混乱。

(二)"汉学"

在清代学术史上,对"汉学"①这一名词的讨论,曾是吸引不少学者交相辩难的焦点。嘉庆末年,江藩的《国朝汉学师承记》甫一面世,立刻引来了学者的批驳,其中最著名的当属龚自珍的批评,龚氏认为,以汉学代称清代学术有"十不安",建议把书的名字改为《国朝经学师承记》。② 终清之世,对于何为汉学、汉学与宋学的关系等问题的讨论一直未曾中断。

---

① 除了学术思想史意义上的传统含义,18世纪以来,"汉学"一词还被用于指称国外研究中国社会历史、哲学宗教、语言文字等各种学问的综合性学科,又称中国学,英文作Sinology。但正如罗检秋所云:"传统汉学与海外汉学本无血缘关系,清末以后,两者在观念、方法上有所借鉴和汲取,却未混然一体。"(罗检秋:《嘉庆以来汉学传统的衍变与传承》,中国人民大学出版社2006年版,第7页注1。)因此,这一层面含义上的"汉学",不在本书讨论范围内。
② (清)龚自珍:《与江子屏笺》,载《龚自珍全集》,上海人民出版社1975年版,第346页。

　　清季民初,当刘师培、章太炎、梁启超等学者首次对清学史进行现代意义上的梳理与分析时,也曾对"汉学"这一名词进行过概念上的辨析,比如刘师培就曾认为,"古无'汉学'之名,汉学之名始于近代"①,梁启超则反对用"汉学"来泛称有清一代的学术,其云:"清代学术,论者多称'汉学',其实前此顾、黄、王、颜诸家所治,并非'汉学',后此戴、段、二王诸家所治,亦并非'汉学',其纯粹的'汉学',则惠氏一派,洵足当之矣。"②此后,钱穆、胡适、周予同、张舜徽等著名学者都曾对清代学术进行过分析。20世纪80年代以来兴起的思想文化史研究,在清代学术史研究的许多具体领域中取得了不小的进展,但对于清代汉学,特别是晚清汉学与今文经学的关系问题却仍未取得一致意见。

　　进入21世纪以后,学术界在研究清代学术时,又对"汉学"这一概念的内涵进行了分析。罗检秋提出,清代汉学是一个变化、发展的概念,其外延往往因时代和士人的思想、学术差异而有所不同,考察嘉庆以后汉学传统的变迁,不宜忽视汉学的历史变迁,故所著《嘉庆以来汉学传统的衍变与传承》"既涵盖乾嘉古文经学及其流风余韵,又包括嘉庆以来的今文经学"③,王惠荣进一步提出,"今文经学的兴盛是晚清汉学发展的重要表现"④。程尔奇的观点则正好相反,他认为汉学与今文经学存在批评与排斥的一面,主张"应当把今文经学排除出汉学,然后讨论二者之间的关系"⑤。

　　笔者赞同罗检秋先生"清代汉学是一个变化、发展的概念,其外延往往因时代和士人的思想、学术差异而有所不同"的这一观点。乾嘉时期,频繁出现在时人笔下,并持之以与宋学相争的"汉学",指的主要是古文经学。嘉道时

① 刘师培:《近代汉学变迁论》,载徐亮工编校,罗志田导读:《中国近三百年学术史论》,上海古籍出版社2006年版,第165页。
② 梁启超:《清代学术概论》,复旦大学出版社1985年版,第28页。
③ 罗检秋:《嘉庆以来汉学传统的衍变与传承》,中国人民大学出版社2006年版,第14页。
④ 王惠荣:《晚清汉学群体与近代社会变迁》,中国社会科学出版社2013年版,第31页。
⑤ 程尔奇:《晚清汉学研究》,人民出版社2013年版,第13页。

期,今文经学复兴,相关学者指斥乾嘉之学破碎无用,认为今文经学才是"真汉学"①。在此基础上,又出现了一种依据朝代断限,将西汉今文经学与东汉古文经学一起归为"汉学"的观点。光绪十九年(1893年)六月十二日,学者皮锡瑞在批评常州学派时曾说:"观刘申受《尚书集解》,多载阳湖庄氏之说,改易经字,移窜经文。夫国朝通儒所以崇尚汉学、诋斥宋学者,以汉学笃实,言必有征耳。今改经以就己说,效王鲁斋之尤而又甚之,以此说经,圣人之书无完肤矣。以肌说为微言,以穿凿为大义,此真经学之蟊贼。"②在这里,皮锡瑞先是赞扬乾嘉汉学"笃实""言必有征",紧接着又批评其"今改经以就己说",显然是将常州学派所研治的今文经学与乾嘉古文经学同视为"汉学"。不仅是清人对"汉学"的定义各有其观点,今人的看法也不尽相同,除了前引罗检秋、王惠荣、程尔奇的观点外,另一个普遍存在的观念是将清代"汉学"与乾嘉"汉学"画上等号。凡此种种,使得无论是在清人著述,还是在今人研究中所出现的"汉学"一词,其实际含义并不完全相同。

古文经学出现于西汉中叶,至西汉末年立于学官,历史上,曾与今文经学进行过长期的争论。由于在这一派经学家看来,"六经皆史",孔子是一位"述而不作,信而好古"的圣人,因此在研究中较为注重对经典文字本身的训诂、考订,与今文经学家以孔子为"素王",研究经典注重阐发微言大义的研究倾向有很大不同。而在湖南,晚清时期出现了以王先谦、皮锡瑞、叶德辉、胡元仪等为代表的一批学者,他们继承乾嘉汉学的考据传统与治学方法,注重广搜博引,不妄下判断,这些分析,不仅与以往湘学传统中重理气、心性的朱张理学有所不同,也与清朝末年以康有为为代表的今文经学有很大区别,不仅在相关学术领域取得了重要成就,也对近代以降的湘学产生了重要影响。民国时期,湖南之所以相继出现了杨树达、余嘉锡、陈鼎忠、曾运乾等文史大家,与晚清时期

① (清)魏源:《武进庄少宗伯遗书序》,载《魏源全集》第13册,岳麓书社2011年版,第213页。
② (清)皮锡瑞:《皮锡瑞日记》,载《皮锡瑞全集》第9册,中华书局2015年版,第175页。

所打下的基础不无关系。

因此,在本书中,笔者所分析的晚清湖湘"汉学",主要指的是晚清时期,湖南地区继承乾嘉汉学考据传统与治学方法的学术研究。在具体内容上则不仅限于古文经典的研究,也包括部分对今文经典的研究。因为即使是在乾嘉时期,正统汉学家也并非只研究古文经典。惠栋追考汉儒易学的《易汉学》一书,内容包括《孟长卿易》二卷、《虞仲翔易》一卷、《京君明易》二卷(《干宝易》附见)、《郑康成易》一卷、《荀慈明易》一卷等。其中虞仲翔即虞翻,其人传孟氏《易》学,系今文一派。张惠言也曾撰有《周易虞氏义》《虞氏易礼》等著作。四库馆臣在为《易汉学》一书撰写的提要中甚至说:"汉学之有孟、京,亦犹宋学之有陈、邵。"①而历官所至皆提倡汉学的学者型官员阮元,也曾对齐、鲁、韩三家今文《诗》进行过研究,并撰有《三家诗补遗》。这些研究虽以今文经典为分析对象,却不仅与西汉时期喜言天人感应、灾异遣告的今文经学有很大不同,也与晚清时期复兴的以常州学派为代表而绵延至清季康有为等人的今文经学有很大不同。其研究目的,乃在于恢复古书的本来面目,保存文献,正如章太炎所云:"只以古书难理,为之征明,本非定立一宗旨者,其学亦不出自常州。此种与吴派专主汉学者当为一类而不当与常州派并存也。"②

需要说明的是,尽管清代汉学研究以经学为其核心,但本书的分析对象却不局限于经学,还包括用汉学考据方法来开展研究的史学、诸子学等其他学问。

(三)"湖湘"

我国素来就有按照不同地域划分学术流派、研究学术思想的传统。秦汉时期,同是传承《春秋》的儒生中,已有所谓"齐学"与"鲁学"的分别。魏晋以

---

① (清)永瑢等:《四库全书总目》卷6《〈易汉学〉提要》,中华书局1965年版,第44页。
② 章太炎:《论修〈清代朴学家列传〉与人问答书》,载徐亮工编校,罗志田导读:《中国近三百年学术史论》,上海古籍出版社2006年版,第66页。

降,伴随着经济重心的转移和汉文化的南传,南方地区的思想文化开始兴起,其中就包括今湖南地区。因这一地区位于长江中游洞庭湖以南,湘江从南至北贯穿全境,故又以"湖湘"称之。

但是关于湖湘学术的具体范围,却一直存在着一个"湘地之学"还是"湘人之学"的争论。就实际使用的情况来看,所谓的"湘学",起初主要指的是在湖南传承和发展的诸大家之学说,也即"湘地之学"。朱熹曾在评论胡安国父子、张栻及其弟子的思想时,将他们统称为"湖南学"和"湖南一派"①,由于胡安国、胡寅、胡宏一家是福建人,张栻是四川人,所以朱熹的"湖南学"实际上指的是"湘地之学"。朱熹这一关于湘学范围的界定为黄宗羲、全祖望所继承,在二人先后著作补修完成的《宋元学案》中,有两个以湖南地望命名的学案,分别是《衡麓学案》和《岳麓诸儒学案》,但这两个学案中的绝大部分学者并不是湖南籍。其中《衡麓学案》所述之胡寅为胡安国养子,曾任永州知府,后因不满秦桧当国,在湖南衡山隐居治学长达 20 年,其学侣、门人也多非湖南人,如梁观国是番禺人、刘荀是清江人等。②《岳麓诸儒学案》中收录的则是当时从学湘中,追随张栻的儒者,也并非全属湘籍。

近代以来,湖湘学术成为学者们关心的热门话题。民国时期,学术界相继出现了几部湘学史著述。通过罗列湘籍学人并评述其学术思想来展现湖湘学术的发展过程,是这些作品的共同特点。如刘茂华的《近代湘学概论》,分考证学、理学、政治学和文学四个方面对晚明至清末的湖湘学术进行了梳理,共列举学人 23 位,皆属湘籍,无一例外。③ 由于刘在写作前曾征询过柳诒徵、黄侃、胡小石等湘外著名学者的意见,所以这种以"湘人之学"取代"湘地之学"来书写湘学史的方式,在一定程度上可以说是代表了当时学界的共同意见。

---

① (宋)黎靖德编:《朱子语类》卷 101《程子门人》,岳麓书社 1997 年版,第 2334 页。
② (清)黄宗羲原著,(清)全祖望补修:《宋元学案》卷 41《衡麓学案》,中华书局 1984 年版,第 1358—1361 页。
③ 刘茂华:《近代湘学概论》,《南强旬刊》第 1 卷第 2 期,1938 年。

与此类似,钱基博的《近百年湖南学风》在将道光以降至民国初年的湘学史分成 7 个类别进行叙述时,所列举的学者也无一不是湘籍。① 与上述二书略有不同的是李肖聃所著《湘学略》,该书在叙述清代以前湖南学术时,除了标举周敦颐等湘籍学者,也用较多笔墨叙述了胡安国父子、张栻及其门人等非湘籍学者,还专设《紫阳学略》一篇,对朱熹在湘活动进行了介绍。② 不过就整体而言,这类文字在全书中所占的篇幅较小,总体来看,该书仍是一部以"湘人之学"为分析中心的湘学史著作。

当代学者在叙述湖湘学术时,其书写方式大体上沿袭了上述民国学者的既有范式。其中,通论性的和以宋代湖湘学派为研究对象的著作多将非湘籍学者纳入讨论,例如朱汉民就在分析南宋湖湘学派的扩展时,认为《宋元学案》中《二江诸儒学案》所列蜀中弟子虽非湘籍,但其"大多就学湘中,得南轩先生的'岳麓之教'",故可以与《岳麓诸儒学案》中所列的三十多位湖湘士子一起"统称为'岳麓诸儒'"。③《湘学史》一书则在其对宋代直至民国湖湘学术的梳理过程中,用近 40% 的篇幅论述了胡安国、胡宏、张栻等并非湘籍,但因长期在湖南讲学,对湘学产生了重要影响的学者。④ 而专以近代湘学为研究对象的断代著作则很少涉及非湘籍学者,较为典型的是王继平主编之《晚清湖南学术思想史稿》和《晚清湖南学术与思想》,二书对晚清湘学的梳理完全是以湘籍学人为线索进行的。如《晚清湖南学术思想史稿》在论述"嘉道之际学术思想的嬗变"时,用四节篇幅,分别讨论了唐鉴、陶澍、贺长龄兄弟和汤鹏的学术思想,第五章论述"晚清湖南经学之式微与终结"时,亦用四节篇幅,分别讨论了王闿运、王先谦、叶德辉和皮锡瑞的学术思想。⑤《晚清湖南学术与思想》一书则完全以人物设目,细数全书所涉及的曾国藩、左宗棠、唐鉴、王

---

① 钱基博:《近百年湖南学风》,中国人民大学出版社 2004 年版。
② 李肖聃:《李肖聃集》,岳麓书社 2008 年版。
③ 朱汉民:《湖湘学派与湖湘文化》,湖南大学出版社 2010 年版,第 44 页。
④ 方克立、陈代湘主编:《湘学史》,湖南人民出版社 2008 年版。
⑤ 王继平主编:《晚清湖南学术思想史稿》,湖南人民出版社 2004 年版。

先谦等十余人,亦无一非湘人。① 仔细观察这几部湘学史著述,不难发现,学者们对由非湘籍学人构成的"湘地之学"的讨论主要集中在清代以前。换句话说,目前学术界所谓的"湘学",在清代之前指的是"湘地之学",而在清代之后,特别是近代以来则由于湖南人才的兴盛而演化为"湘人之学"。

中国传统社会相对封闭,民众安土重迁,社会流动性有限,不少人甚至"终身不出里门",这使得在地方学研究中,通过分析省籍人物来研究该省学术,往往能够收到立竿见影的效果,但也容易造成"只见树木不见森林"的危险。例如江苏长洲(今苏州)人,清中叶著名学者宋翔凤,曾在湖南服官十余年,先后担任兴宁(今资兴)、耒阳等县知县,与当时湖南学人邓显鹤、邹汉勋、罗汝怀等均有交往,其部分著作亦成书于湖南任上。他对湖湘学术的影响,以及当时湖南学术对他的反作用,现有湘学史研究均未涉及。而即使是湖南省籍学人,目前的研究也十分有限。例如湖南道州(今道县)人,著名学者何绍基之父何凌汉,已有研究多集中在其书法成就上,其实该人推崇汉学,②道光间任浙江学政时曾拔擢许瀚、沈垚等知名学者,对这一情况的分析,有助于了解当时湖湘学术与其他地域学术之间的互动关系,并在此基础上加深对湘学的研究,对于这个问题,现有的湘学史著作也基本没有涉及。

基于以上种种考虑,本书对晚清湖湘汉学的研究试图做到"湘人之学"与"湘地之学"的结合,既要分析省籍学者在湘中的学术研究,也要探索这些学者因服官、交游等与其他地域学术的互动及这种互动对湖湘学术的影响;既要分析寓湘人物对湘省学术风气的"作用力",也要探索湖湘学术对他们各自学术主张、思想文化的"反作用力",以期在此基础上更为全面、深刻地揭示出晚清湖南汉学的整体面貌。

---

① 王继平等:《晚清湖南学术与思想》,湖南师范大学出版社 2006 年版。
② 何凌汉曾认为:"抑论先河后海之义,汉儒之功实先宋儒"。〔见(清)何凌汉:《宋元学案叙》,载(清)黄宗羲原著,(清)全祖望补修:《宋元学案》卷首,中华书局 1984 年版,第 11 页。〕

二、研究意义

（一）有助于丰富湖湘学术研究的内容,加深对近代湖南学术的了解。以经典考据为特征的汉学研究,是一种不同于经世理学的学术形态。近代湖湘学者通过相关研究,不仅在相关学术领域取得了重要成就,也对近代湖湘文化产生了深远影响。因此,研究这种学术形态在近代湖南发生、发展的全部过程,有助于丰富湖湘学术研究的内容,更加全面地了解湖湘学术。

（二）为深化地域学术史的研究提供借鉴作用。地域学术史研究经过漫长的发展,在梳理历史事实、总结各地学术特色等方面作出了很多贡献,但也使得后来的研究容易陷入现有的预设立场中。这一点,在湘学研究中表现得尤为明显。由于历史上,特别是晚清以来,湘籍士人在全国舞台上的独放异彩,使得本来就在湘学传统中占重要地位的经世理学一再被强化,几乎成为湘学的代名词。与此同时,作为湖湘学术之另一面相的汉学却被忽视了。真实的历史,并非总是如同我们已知的那样清晰,它充满着歧出性与复杂性,需要不断地进行探索。本书以晚清湖湘汉学为切入点,在探索湖湘学术之另一面相的同时,也将尝试以点代面,为深化中国地域学术史的研究提供借鉴。

三、研究现状述评

（一）研究现状

湖南地方学术在晚清时期发生的变化,在当时就已引起学者的注意。例如郭嵩焘就十分注重表彰研治考据汉学的湘籍学人,湘潭罗汝怀、新化邹氏、湘潭胡氏等都曾得到他的盛赞。他甚至在一篇文章中将罗汝怀与著名汉学家胡渭、戴震相校,认为"视之固无多让"①。但较为系统的研究则是从清末民初开始的,并且随着时间的推移,研究愈为深入。

1. 1911 年以前的先声期

清朝覆亡前的十余年,学术界出现了一个书写清代学术史的热潮,在这个过程中,晚清湘学以及部分湘籍汉学家成为学者们注意的对象,屡见叙说,是为相关研究之先声。

1907 年,刘师培写作《近儒学术统系论》,是书以地域分野,对有清一代的学人学术进行了概要式的梳理。作者注意到了晚清湖南地方学术所发生的变化,并将其归因于曾国藩的倡导,"斯时宋学亦渐兴……曾国藩出,合古文、理学为一,兼治汉学,由是学风骤易",并称:"湘中有邓显鹤,喜言文献,至于王先谦之流,虽治训故,然亦喜古文,是皆随曾氏学派为转移者也。"②

章太炎也比较早地注意到了晚清湖南经师辈出这一现象。1906 年,他在《说林》一文中,提出"审名实""重左证""戒妄牵"等六条标准,将晚近以来的经学家分为五等进行品评,认为这些经师中,以俞樾、黄以周、孙诒让为"上",皮锡瑞为"次",王先谦为再"次",王闿运为更"次",廖平"又其次也"。具体则称皮锡瑞"守一家之学,为之疏通证明,文句隐没,钩深而致之显,上比伯渊,下规凤喈",王先谦"通知法式,能辨真妄,比辑章句,秩如有条,不滥以俗儒狂夫之说",王闿运"高论西汉而谬于实证,侈谈大义而杂以夸言,务为华妙,以悦文人,相其文质,不出辞人说经之域"。③ 可见,在章太炎心目中,晚清湖南学术虽然取得了一些成绩,但仍不若江浙经学家远甚。如果说此时章氏对晚清湘学有褒有贬,态度还比较客观的话,到 1910 年刊行《国故论衡》时则

---

① （清）郭嵩焘:《罗研生七十寿序》,载《郭嵩焘全集》第 14 册,岳麓书社 2012 年版,第 401 页。

② 刘师培:《近儒学术统系论》,载徐亮工编校,罗志田导读:《中国近三百年学术史论》,上海古籍出版社 2006 年版,第 152 页。

③ 章太炎:《说林(下)》,载徐亮工编校,罗志田导读:《中国近三百年学术史论》,上海古籍出版社 2006 年版,第 24 页。

以贬为主,甚至讥之为"不识字"。其云:"盖小学者,国故之本,王教之端,上以推校先典,下以宜民便俗,岂专引笔画篆、缴绕文字而已。苟失其原,巧伪斯甚……明末有衡阳王夫之,分文析字,略视荆舒为愈。晚有湘潭王闿运,亦言指事、会意,不关字形。此三王者,异世同术,后虽愈前,乃其刻削文字,不求声音,譬喑聋者之视书,其揆一也。"①

2. 1911—1949 年的起步期

民国时期,晚清湖湘汉学研究取得较大进展,以往蜻蜓点水式的点评一、二学人的研究方式发生了较大改变,更多的研治汉学的湘籍学者开始进入研究者的视野。

梁启超作于 1920 年的《清代学术概论》对湖南地域学术讨论不多,但四年后问世的《近代学风之地理的分布》则注意到湖南清初学者极少、中叶以后乃大盛的现象,并进行了初步分析,其中部分涉及了晚清湖湘汉学。如其说郭嵩焘"其于旧学亦邃,经部史部著作颇多",又言"长沙王益吾先谦雅善钞纂,淹博而能别择,撰述甚富,咸便学者"。② 梁著《中国近三百年学术史》在讨论清代学者整理旧学之成绩时,对经学、小学、史学、历算学、方志学等几个小类进行分析,其中提到了晚清湖南新化人邓显鹤所撰的《沅湘耆旧录》,认为其对地方文献的搜罗,对于湘省学术风气的养成具有重要作用。在另一篇文章——《说方志》中,梁启超更进一步称邓显鹤为"湘学复兴之导师",认为其"于湖南文献搜罗最博,以私力独撰道光《宝庆府志》、道光《武冈州志》,最称精审"。③

---

① 章太炎:《国故论衡》,上海古籍出版社 2003 年版,第 10 页。按,当代学者认为,此即"三王不识字"一说的最初出处。(参见张晶萍:《近代"湘学观"的形成与嬗变研究》,知识产权出版社 2015 年版,第 171 页。)

② 梁启超:《近代学风之地理的分布》,载《饮冰室合集·文集之四十一》,中华书局 1989 年版,第 76 页。

③ 梁启超:《说方志》,载《饮冰室合集·文集之四十一》,中华书局 1989 年版,第 84—99 页。

梁启超之后,1925 年,学者支伟成在通过为主要学者立传的方式来梳理清代学术史时,按地域将朴学大师分为若干派,其中就有"湖南派今古文兼采经学家"一目,收录邹汉勋、王闿运、皮锡瑞三人,又将其他湘籍学人分入各门类中。如置魏源于"作史学家",置周寿昌于"考史学家",置汤鹏于"治事学家",置丁取忠于"历算学家",置王先谦于"提倡朴学诸显达"等。尽管注意到了晚清湖南学者辈出这一现象,但是支伟成对当时湖湘学术的评价却不高,其云:"湖南地处僻远,故乾嘉时,朴学之风号大盛于吴、皖,而三湘七泽间寂焉少闻。曾相国、郭侍郎治三礼,时复参以宋儒,家法未纯。止邹叔绩尚称粗识经义。迨湘绮老人出,杂采古今,徒以声音训诂不若惠、戴之精,又不屑依附常州末光,乃独树一帜,而后其派遂衍于蜀,湘学反微。鹿门继起,实承其绪云。"①此外,民国初年《清儒学案》编纂过程中,关于曾国藩、郭嵩焘、王先谦等晚清湘籍名人学案的编写问题,担任总务的曹秉章曾与主编徐世昌进行过多次讨论。如 1929 年,曹秉章就曾国藩之《文正学案》致信徐世昌,徐批:"文正之案,南乡之人尚多,皆须搜求,不可遗漏,亦不嫌其多。"②

而在湖南省内,1911 年以后则出现了一个梳理省籍先贤、研究乡邦学术的小高潮。黄光焘 1936 年发表的《湖南学派论略》,认为"湖南学派之流衍于近代学术史中,实有不可磨灭者在"③。两年后,刘茂华在将近代湘学分成五个部分进行论述时,将考证学排在第一位,具体则论述了王夫之、王文清、邹汉勋、魏源、郭嵩焘、皮锡瑞、王先谦七人。④ 民国时期,研究湖湘学术较为重要且至今仍常被学者征引的是钱基博的《近百年湖南学风》⑤和李肖聃的《湘学

① 支伟成:《清代朴学大师列传·湖南派今古文兼采经学家列传第八》,岳麓书社 1998 年版,第 140 页。

② 李立民整理:《〈清儒学案〉曹氏书札整理》,中国社会科学出版社 2016 年版,第 9 页。

③ 黄光焘:《湖南学派论略》,《国专月刊》第 3 卷第 3 号,1936 年。

④ 刘茂华:《近代湘学概论》,《南强旬刊》第 1 卷第 2 期,1938 年。

⑤ 钱基博先生虽非湘人,但曾于抗日战争期间在湖南任教,《近百年湖南学风》亦是于此时写成并出版(参见傅宏星编著:《钱基博年谱》,华中师范大学出版社 2007 年版,第 139—166页),故亦归入湖南本地的相关研究中。

略》两部专著。其中关于晚清湖湘汉学的研究,李书较钱书更为详细。该书以学者及其籍贯分目,将湘学分为 24 个学略,对晚清湘学的梳理是该书的重点。作者除了为晚清湘籍学者中的佼佼者如王闿运、王先谦、皮锡瑞、叶德辉等各设一篇外,还专设《校经学略》一篇,通过叙述湘水校经堂的演变历史,论述了汉学在晚清湖南的兴起与发展过程。另外值得一提的是,1946 年至 1949 年民国《湖南通志》纂修期间,杨树达、李肖聃共同负责《艺文志》的编纂,该篇不仅囊括了从清初王夫之到清末叶德辉、苏舆等各个时代湖湘学者的著述,还涉及了部分蜀汉湘籍学者的作品,对湖湘学术特别是清代湘学进行了一次较为完整的梳理,同时还每书撰一提要,介绍作者生平,叙述学术源流,评价学术得失。由于杨树达先生本人继承晚清湖湘汉学传统,精研文字训诂之学,故提要中颇多精当之语。[1]

需要指出的是,民国时期的相关研究就其成果所分布的地域而言,还在相当程度上存在着内热外冷的特点。即对于晚清湖湘学术,湘中学者研究较为细致,评价也比较高,外省学者研究较少,评价也比较低。比如 1943 年 9 月,郑振铎阅读皮锡瑞《经学历史》后,就在日记中留下了"叙述简要而无甚胜义"[2]的评语。湘人不事考据,汉学非湘学所长,在一定程度上仍是当时学界的主流观点,这也引起了湘籍学者的不满。1933 年,学者张孟劬曾对杨树达和余嘉锡说:"湘中学者自为风气,魏默深不免芜杂,王益吾未能尽除乡气,两君造诣之美,不类湘学。"这本是赞誉的一席话,在杨树达听来却格外刺耳,他说:"孟劬,浙人,意盖谓余二人为江浙人之学也,余不足论也,季豫目录学之精博,江浙士何尝有之乎?"[3]1937 年,杨树达离开北京返回长沙,自此长期在湖南任教,其中就有希望培植湘籍后学、以雪前耻的考虑。1944 年回忆此事时,他曾说:"太炎先生尝云:'三王不通小学',谓介甫、船山、湘绮也,三人中

---

① 参见拙文:《杨树达先生与湖湘学术》,《船山学刊》2011 年第 2 期。
② 郑振铎:《郑振铎日记全编》,山西古籍出版社 2006 年版,第 128 页。
③ 杨树达:《积微翁回忆录》,北京大学出版社 2007 年版,第 76 页。

湘士居其二。余昔在北京,曾与星笠谈及此,吾谓此时吾二人皆游于外,他日仍当归里教授,培植乡里后进,雪太炎所言之耻,星亦谓然。故吾廿六年到湖大,即邀星归里。"①

3. 1949—1977 年的缓慢发展时期

1949 年以后,学术界对于晚清湖湘汉学的研究进入了一段较长时间的低潮期。1949—1977 年间,内地(大陆)学界在近代史研究领域的重点主要集中在作为中国人民反帝反封建"三次革命高潮"的太平天国、义和团运动、辛亥革命以及戊戌变法等历史事件上。② 湖南作为中国近代史上许多重要事件的发生地和重要人物的籍贯地,固然得到了学术界比较多的关注,但是,囿于研究视角,当时学者们的分析主要集中在与"三次革命高潮"有直接关系的史实和人物上,研究范围比较狭窄,一些重要问题并没有涉及。例如郭嵩焘,1949年后三十年,关于其人的专题研究基本上是一片空白。③ 而对于已经涉及的部分,由于研究视角比较片面,有价值的研究成果也不多见。如称曾国藩为"一个适应国内外反动势力需要而出现的政治骗子、镇压农民起义的刽子手和卖国贼……是近代尊孔反革命、崇洋媚外的黑样板"④,称王先谦为"反动学者,清末尊儒反法的顽固派代表人物之一"⑤等。

港台学界关于晚清湖湘汉学的研究在 1949 年后则相对丰富,其中较为突出的是对王先谦的研究。左舜生、赵椿年相继对王氏生平进行了梳理⑥,先后

---

① 杨树达:《积微翁回忆录》,北京大学出版社 2007 年版,第 151 页。按,星笠即曾运乾(1884—1945 年),字星笠,湖南益阳人,音韵学家,著有《切韵五声五十一纽考》《说文转注释例》等。
② 龚书铎、董贵成:《百年来中国近代史研究回顾》,《东南学术》2000 年第 3 期。
③ 林言椒、李喜所编:《中国近代人物研究信息》,天津教育出版社 1988 年版,第 147—148 页。
④ 施达青(罗明):《尊孔卖国的曾国藩》,《北京师范大学学报》1974 年第 3 期。
⑤ 《中国近代史稿》编写组:《简明中国近代史知识手册》,北京师范大学 1974 年编印,第225—226 页。
⑥ 左舜生:《亢直敢言的王先谦》,收入《万竹楼随笔》,文海出版社 1967 年版,第 216—221页。赵椿年:《覃研斋师友小记(王先谦)》,载《中国近三百年学术史参考资料·思想论集》,崇文书店 1971 年版,第 478—494 页。

有多人对《荀子集解》进行了订补和校正①。其他著述如《庄子集解》《汉书补注》等也有学者进行了研究,如赖仁宇对《庄子集解》义例的阐发②。何蟠飞对《汉书补注》错谬处的订正③。而在内地(大陆)学界涉及较少的领域,港台学者也进行了一些有益的探索,其中最值得一提的是对郭嵩焘的研究。1971年,台湾"中研院"近代史研究所出版《郭嵩焘先生年谱》,是书经尹仲容、陆宝千、郭廷以相继撰写修订完成,④对于推动郭嵩焘研究具有非常重要的意义。但是,也正是由于当时海峡两岸隔绝,编写者无法看到收藏于湖南的郭嵩焘日记,不能不说限制了该书的学术价值,直到20世纪80年代《郭嵩焘日记》由大陆学者整理出版后,当时编辑年谱的台湾地区学者才又根据这部日记,对原谱进行了大规模的修补。⑤

4. 1978—1999年的兴盛期

"文革"结束后,马克思主义历史观和唯物主义在史学研究中得到重新贯彻,学者开始重新实事求是、客观公正地对历史问题进行分析。在晚清湖湘汉学研究领域,得益于一大批历史文献的整理出版,至20世纪末,相关研究取得了丰富的成果,进入了兴盛期。

(1)文献整理成绩显著

20世纪80年代以后,湖南省内出现了一个发掘、整理、出版乡邦文献的

---

① 如潘重规:《王先谦〈荀子集解〉订补》,《师大学报》第1期,1956年1月。龙宇纯:《〈荀子集解〉补正》,连载于《大陆杂志》第11卷第8—10期,1955年10月—11月。李涤生:《〈荀子集解〉校释》,连载于《人生》第17卷第1期—第18卷第4期,1958年11月—1959年7月。赵海金:《〈荀子集解〉补正》,《成功大学学报》第7期,1972年6月。

② 赖仁宇:《王先谦〈庄子集解〉义例》,硕士学位论文,台湾师范大学中文研究所,1976年6月。

③ 何蟠飞:《〈汉书补注〉正误》,《大陆杂志》第22卷第8期,1961年4月。

④ 按,是书出版时,于撰者注为"郭廷以编订,尹仲容创稿,陆宝千补辑",事实上,尹仲容所编只是一个未完成稿,其去世后,此稿和所搜集的一些资料,由家属交予台湾"中研院"近代史所,时任该所研究人员的陆宝千即在尹稿基础上,经一年时间补充修订,而郭廷以则又是在陆稿基础上补充修订的。

⑤ 陆宝千:《郭嵩焘先生年谱补正及补遗》,台湾"中研院"近代史研究所2005年版。

热潮。1981 年 9 月,中共中央发出《关于整理我国古籍的指示》,指出"整理古籍,把祖国宝贵的文化遗产继承下来,是一项十分重要的、关系到子孙后代的工作"。次年 4 月,中共湖南省委宣传部在长沙召开湖南省古籍整理出版规划会议,省内文史哲专家及有关代表 110 人与会,会议宣布设立湖南省古籍整理出版规划小组,并成立岳麓书社作为规划小组的办事机构,负责组织联系,承担出版任务。① 20 世纪 80 年代至 90 年代末,岳麓书社先后整理出版了一大批湘籍学者的文献资料,除《船山全书》外,其余绝大部分都属于晚清时期的作品,如《曾国藩全集》《左宗棠全集》《魏源全集》《郭嵩焘诗文集》《郭嵩焘奏稿》《礼记质疑》《曾纪泽日记》《陶澍集》《胡林翼集》《葵园四种》《湘绮楼诗文集》《湘绮楼日记》等,使这些过去藏在深闺的珍贵历史文献从此化身千百,成为日后相关研究取得长足进步的重要基础。除了岳麓书社,这一时期,湖南地区其他出版社也出版了部分珍贵文献,如《郭嵩焘日记》就是 1980—1983 年间由湖南人民出版社整理出版的。

(2)综合研究日渐增多

身为湖南沅江人的著名文献学家张舜徽先生是这一时期较早对晚清湖湘汉学进行分析的学者,他在所著多部清代学术史著作中都涉及了这个问题。如在《清儒学记》中专辟《湖南学记》一章,记述了清代湘学主要人物 10 人,附见人物 20 人,称"当乾嘉朴学极盛时,湖湘学术自成风气,考证之业,不能与吴皖并驱争先。到了晚清,如邹汉勋、周寿昌、王先谦、曹耀湘、皮锡瑞、叶德辉、阎镇珩,纷纷竞起,有些实超越江浙诸儒之上了"②。《清人文集别录》为其阅读清代一千一百多种文集后的笔记,其中论及湖湘学人 43 人。③《爱晚庐随笔》除了评论时人李肖聃、章太炎对晚清湘学的论述,还对晚清部分湘籍

　　① "湖南省召开古籍整理出版规划会议",载中国出版工作者协会编:《中国出版年鉴1983》,商务印书馆 1983 年版,第 115 页。
　　② 张舜徽:《清儒学记》,华中师范大学出版社 2005 年版,第 198 页。
　　③ 张舜徽:《清人文集别录》,华中师范大学出版社 2004 年版。

学者的学术成就表达了自己的意见,他认为:"二王于经史朴学,造诣不深,徒以早达致高誉,遂为晚清湘中大师。著述虽多,可传者少。若论悃愊之士,奋起清寒,笃志力学,暗然日章者,若曹耀湘、阎镇珩、胡元仪、孙文昱诸家,特立奋起,卓然有成,信为湘学后劲也。"①

20世纪80年代以后,伴随着思想文化史研究的日益兴盛,作为中国地域文化中重要一支的湖湘文化,逐渐引起更多学者的研究兴趣。在此时学界评述湖湘文化的成果中,有不少都对晚清湖南的汉学研究进行了分析,不过评价却都不甚高。如茅海建就认为与江南学人相比,湖南士子并不善于学理思考,以至只能向经世一途发展。② 刘泱泱先生则认为"湘中学子与文字考据学少有渊源,故章炳麟对湘人曾有'三王不识字'之讥。……章氏所讥诚有地域偏见,但乾、嘉以来,湘人治小学的功底,远不及中原与江浙各大家的邃密博雅,当属事实"③。有学者甚至略去汉学,将湖南地域学术完全归入理学,称"湖湘学是宋代至清代理学中既有一定联系又有批判承继的一个重要学派"④。较为持平的是杨念群的研究,他在1997年出版的《儒学地域化的近代形态——三大知识群体的比较研究》一书(后又于2011年增订)中,将晚清湘学置于近代儒学地域化的历史过程中进行考察,并将湘籍学人与岭南、江浙两地的知识分子进行比较,指出"湘人学统中其实并不乏考据的因素",但又认为由于"研经与王道相合,践履与治学同步,使湘地绅耆几乎难分学术与政事的界限,求学问道也几乎就是刑名事功略为精致的表现形式而已"。⑤

---

① 张舜徽:《爱晚庐随笔》,华中师范大学出版社2005年版,第290页。
② 茅海建:《也谈近代湖湘文化》,《湖南师范大学社会科学学报》1989年第1期。
③ 刘泱泱主编:《湖南通史》第2册《近代卷》,湖南出版社1994年版,第42页。
④ 巫瑞书:《略谈湖湘学与湖湘文化的异同》,《湖南师范大学社会科学学报》1984年第4期。
⑤ 杨念群:《儒学地域化的近代形态——三大知识群体的比较研究》(增订本),生活·读书·新知三联书店2011年版,第236页。

（3）人物研究取得长足进步

对学术人物生平、著述和思想等进行分析,一直是学术史研究的重要内容。20 世纪 80 年代以后,史学界对晚清湖湘人物开展了大量的研究工作,除了比较客观、公正地分析其在太平天国、洋务运动、戊戌维新等历史事件中的功过外,也对经学著述、学术主张等这些过去探寻不多的方面进行了深入研究,纠正了不少过去研究中存在偏见的问题。

以曾国藩为例。从整体上对曾国藩的汉宋学术观进行考察,是这一时期的研究重点。梁绍辉认为曾国藩既看到了小学与经学的关系,又看到了训诂与词章的关系,并不忽视汉学。① 汪林茂则认为曾国藩的思想经历了一个从专主义理到兼容汉宋的变化过程,但其之兼容汉宋,绝不是二者并列,而是取汉学之长补宋学之短,宋学居于中心,汉学为其羽翼。② 陈居渊认为会通汉宋学术是曾国藩学术思想的一个主要特征,并始终与其经世思想密切相关。③ 王继平详细分析了曾国藩从“一宗宋学”到转向“汉宋兼采”的三个原因,并认为其后来所取之“中体西用”的态度乃是“汉宋兼采”的逻辑发展。④ 方庄责认为汉宋调和与经世致用是曾国藩学术的最大特色。⑤ 欧阳斌考察了曾国藩与同时代其他湘籍学人的关系。⑥

此外,清末湘籍大儒王先谦的学术著述和思想也是这一时期学者关注的焦点,对于王氏有所涉猎的经学、史学、子学各部无不涉及,成果十分丰富。经学方面,得益于《诗三家义集疏》的点校出版⑦,对王氏诗经学的研究掀起了一

① 梁绍辉:《曾国藩治学的特点》,《船山学报》1987 年第 2 期。
② 汪林茂:《试论曾国藩的汉宋兼容思想》,《福建论坛》(文史哲版)1988 年第 5 期。
③ 陈居渊:《略论曾国藩的学术思想》,《求索》1994 年第 6 期。
④ 王继平:《论曾国藩的学术观》,《近代史研究》1996 年第 5 期。
⑤ 方庄责:《汉宋调和与经世致用——论曾国藩的学术特色与经世之学》,硕士学位论文,台湾大学中国文学研究所,1996 年 6 月。
⑥ 欧阳斌:《曾国藩与同代湖湘学人关系述论》,《求索》1998 年第 4 期。
⑦ (清)王先谦:《诗三家义集疏》,中华书局 1987 年版。

个小高潮。张一兵对王著与诗经研究的关系进行了分析①,张启成认为该书考察完备、引证广博、辨析精当、立论中肯,"是一部稽考《毛诗》与三家诗异同的一部很有实用价值的工具书和参考书"②,田汉云先生认为王先谦的经学既保持今文经学喜说微言大义的宗风,又借鉴了古文经学重视考据的传统。③除了王氏自己所著的经学著作,他所编辑的《续皇清经解》也受到关注,学者多将其与阮元所编《皇清经解》进行比较。大陆方面,先后有刘宗贤、虞万里进行研究④,其中虞文篇幅较长,内容也更为系统详尽。曾在中国台湾地区就学的美国学者麦哲维将两部清经解所收录的学人进行了比较,观点颇为新颖。⑤竺静华在此基础上对两部经解进行了全面的比较研究。⑥ 与经学相比,大陆学者对王先谦史学的分析明显较多。1987 年,伍新福发表《史学家王先谦》一文,认为王氏著述虽涉及多个领域,但"成果最多、贡献最大的,还是首推史学"⑦。对于王先谦所撰的各部史著,也有学者进行了专门讨论。如李廷先、吴荣政、李家骥对《汉书补注》的分析⑧,张国骥、吴荣政对王编《东华录》的分析⑨。子学

---

① 张一兵:《〈诗三家义集疏〉与诗经研究》,《书品》1998 年第 1 期。
② 张启成:《评王先谦〈诗三家义集疏〉》,《贵州社会科学》1995 年第 4 期。
③ 田汉云:《中国近代经学史》,三秦出版社 1996 年版。
④ 刘宗贤:《阮元、王先谦与清经解及续编》,载《中国儒学》,四川人民出版社 1993 年版。虞万里:《正续清经解述略》,载林庆彰主编:《经学研究论丛》第 1 辑,圣环图书公司 1994 年版。按,虞文后又略加增删,改题为《正续清经解编纂考》,发表于王元化主编的《学术集林》第 4 卷(上海远东出版社 1995 年版)中。
⑤ [美]麦哲维:《考证学的新面貌:从〈皇清经解续编〉看道光以下的学术史》,台湾《中国文学研究》第 11 期,1997 年 5 月。
⑥ 竺静华:《从正续清经解的比较论清代经学的发展趋势》,硕士学位论文,台湾大学中文研究所,1999 年 6 月。
⑦ 伍新福:《史学家王先谦》,《湖南大学学报》1987 年第 1 期。
⑧ 李廷先:《王先谦〈汉书补注〉质疑》,《文献》第 11 辑,书目文献出版社 1982 年版。吴荣政:《王先谦〈汉书补注〉略论》,《兰州大学学报》1982 年第 4 期。李家骥:《王先谦〈汉书补注〉评述》,《南京师院学报》1982 年第 4 期。
⑨ 张国骥:《王先谦〈东华录〉述评》,《津图学刊》1987 年第 3 期。吴荣政:《王先谦与〈东华录〉——兼论王录与蒋录、潘录和〈清实录〉的异同》,《湘潭大学学报》(社会科学版)1987 年第 4 期。

方面,20 世纪 80 年代末,学术界相继整理出版了王著《庄子集解》《荀子集解》①,台湾地区学者温美姬、黄圣旻二人对《荀子集解》进行了剖析。②

在具体研究的基础上,学术界对王氏学术思想、文献整理思想等进行了归纳分析。学术思想方面,岳麓书社版《葵园四种》的整理者梅季先生用力最早,他将王氏学术思想归纳为汉宋同途、古今同辙、诸子并蓄、中西兼融等八个方面,提出不能因为其政治上的保守倾向,"忽视甚至抹杀他的学术成就和对文化事业的贡献"③。吴荣政着重分析了王先谦之所以在学术上取得重大成就的原因。④ 文献整理思想方面,庞天佑认为王先谦文献整理的主要成就不在理论而在实践方面,并总结出其整理文献的六种方法。⑤ 胡志泽更认为与其将王先谦看作是经学家、小学家和文学家,还不如把他看成是文献学大家。⑥

5. 21 世纪以来的繁盛期

进入 21 世纪以来,随着《清史》纂修工程、《湖湘文库》编辑等大型文化工程的开展,更多关于晚清湖南地方社会、学人、著述的稀见史料被发掘出来,学术界对晚清湖湘汉学的研究持续深入,成果愈加丰富。

(1)史料发掘成绩突出

进入 21 世纪以来,一系列大型文化工程项目相继开展。2002 年,经中共中央、国务院同意,由戴逸先生等倡议的《清史》纂修工程正式启动,文献整理作为整个纂修工程的基础和辅助工作随即展开。在《国家清史编纂委员会·

---

① 沈啸寰点校:《庄子集解》,中华书局 1987 年版。沈啸寰、王星贤点校:《荀子集解》,中华书局 1989 年版。
② 温美姬:《试论王先谦〈荀子集解〉的注释特色》,《语文应用与研究》1997 年第 1 期。黄圣旻:《王先谦〈荀子集解〉研究》,硕士学位论文,台湾成功大学中国文学研究所,1997 年 1 月。
③ 梅季:《论王先谦的学术成就及学术思想》,《船山学报》1988 年第 1 期。
④ 吴荣政:《王先谦的治学风貌》,《史学史研究》1994 年第 3 期。
⑤ 庞天佑:《王先谦文献整理方法论》,载张舜徽主编:《中国历史文献研究》(三),华中师范大学出版社 1990 年版。
⑥ 胡志泽:《王先谦整理古代文献的杰出成就》,《娄底师专学报》1996 年第 1 期。

文献丛刊》已经出版的文献中,有多部与晚清湖南学术史有重要关系的文献,如《陈宝箴集》《皮锡瑞全集》。另外,《清代诗文集汇编》、《清代稿钞本》(共三编)等大部头丛书中也收录了不少重要文献,如《清代稿钞本续编》中影印的目前收藏于台湾"中研院"近代史研究所的稿本《朱逌然日记》,就是一部非常重要的文献资料。朱逌然,字肯夫,又作肯甫,浙江余姚人,同治元年(1862年)进士,光绪二年(1876年)任湖南学政,任内整顿湘水校经堂,倡议成立"船山书院"。

在湖南省内,2006—2017 年,在省委、省政府的直接领导下,由省内多家出版社联合组织出版的《湖湘文库》丛书,则是又一次对湖湘文化、湖南风物的针对性深入发掘。特别值得一提的是,其中收录的湖南图书馆、湖南省博物馆所藏近现代名人手札,披露了大量具有重要意义的稀见史料。① 例如,《湖南省博物馆藏近现代名人手札》第三册中收录的 51 通王先谦手札,均为 1986 年岳麓书社版之《葵园四种·虚受堂书札》所未收,内容涉及王氏晚年起居生活、银钱往来、刻印书籍等多个方面,文字直白,多为口语,为学术界提供了了解辛亥革命后王先谦思想主张与学术活动的第一手资料。② 此外,《湖湘文库》整理收录的《郭嵩焘全集》《左宗棠全集》等均对以往相关文献有重要补充。

(2)综合研究进一步深入

进入 21 世纪以来,学术界对晚清湖湘汉学的研究进一步深入。在湖南,相关研究较以往分类更为细致,在多个领域都取得了进展。经学方面,晚清湘籍学者在经学领域的成就得失成为这一时期本地学者关注的焦点。吴仰湘将晚清湘学最可称述的地方归纳为四点,其中包括考据学之流布。③ 张在兴将晚清湖南经学分为理学、古文经学和今文经学三大部分进行讨论,认为晚清湖

---

① 湖南图书馆编:《湖南图书馆藏近现代名人手札》(全五册),岳麓书社 2010 年版。湖南省博物馆编:《湖南省博物馆藏近现代名人手札》(全五册),岳麓书社 2012 年版。

② 参见拙文:《1911 年之后的王先谦——以新披露的王氏手札为中心》,《书屋》2015 年第 11 期。

③ 吴仰湘:《晚清湘学述略》,《光明日报》2004 年 1 月 20 日。

南经学作为近代儒学地域化的重要内容,自身表现出了鲜明的地域学术特征。① 由湘潭大学湘学研究所集体编写,方克立、陈代湘任主编的二卷本《湘学史》中专辟一章,着重分析了晚清湖南的今文经学。② 张利文对晚清湖南今古文经学论争中"经世致用"与"通经致用"的观念进行了剖析。③ 毕业于湖南大学岳麓书院的陈冠伟博士,其学位论文《晚清湖湘礼学研究》,以人物为线索,重点剖析了曾国藩、郭嵩焘、王闿运、皮锡瑞的礼学研究,又对曾、郭、王、皮之外魏源、何绍基、王先谦、叶德辉的礼学思想进行了分析。④ 史学方面,朱汉民总主编的《湖湘文化通史》一书,在第 4 册近代卷中,对晚清时期湘籍学者的考史成绩进行了研究。⑤ 子学方面,陈湘君对晚清湘籍学者老庄学的研究成果进行了梳理,其中重点考察了魏源《老子本义》、郭庆藩《庄子集释》、王先谦《庄子集解》等书,认为"晚清湖湘老庄学的兴起,是湖湘文化传统精神和现实激烈碰撞的结果,也是晚清湖湘人文荟萃的社会和文化氛围培植下的结果,当然,也与学者自身的教育背景有关。以郭庆藩、王先谦、王闿运为代表的湖湘老庄研究者基本上是乾嘉考据派的传人"⑥。

而在湖南以外,进入 21 世纪以来,随着学界对晚清学术史,特别是汉学史的研究日渐深入,先后出现了多部专题著作,湖南作为晚清汉学研究较为发达的省份,成为这些著作分析的对象之一。罗检秋指出晚清湖南汉学家"学术重心不一,但均发扬了实证学风,彰显了汉学的价值"⑦,王元琪认为"道咸同

　　① 张在兴:《论晚清湖南经学》,《湘潭大学学报》(哲学社会科学版)2005 年第 6 期。按,该文原为作者 2005 年申请湘潭大学专门史硕士学位的学位论文——《晚清湖南经学思想述论》的一部分。

　　② 方克立、陈代湘主编:《湘学史》第二册第十四章"近代湘学中的今文经学、考据学",湖南人民出版社 2008 年版,第 850—925 页。

　　③ 张利文:《"经世致用"与"通经致用"观念再议——以晚清湖南今古文经学论争为考察》,《湖南城市学院学报》2013 年第 6 期。

　　④ 陈冠伟:《晚清湖湘礼学研究》,博士学位论文,湖南大学岳麓书院,2013 年。

　　⑤ 朱汉民总主编:《湖湘文化通史》第 4 册,岳麓书社 2015 年版。

　　⑥ 陈湘君:《晚清湖湘老庄学研究》,硕士学位论文,湖南师范大学,2009 年。

　　⑦ 罗检秋:《嘉庆以来汉学传统的衍变与传承》,中国人民大学出版社 2006 年版,第 19 页。

光时期,相比全国汉学日益衰落的学术风气,湖南的情况却有所不同"①,程尔奇、王惠荣均在各自的著作中辟出章节,对晚清湖南的汉学研究著作与汉学家群体进行了爬梳整理②。需要指出的是,以上这些研究虽然注意到晚清时期汉学研究在不同地域发展的不同情况,并做出了一些分析,但由于我国地域辽阔,研究者不可能面面俱到、各个深入,这也使得呈现在以上这些著述中的晚清湖南地域汉学,多为邹汉勋、王先谦、叶德辉等知名学者生平与相关著述的罗列梳理。对于晚清湖湘汉学更为详尽、深入的研究,仍有待专门研究的发掘。

值得一提的是,这一时期,台湾地区学界对晚清湖湘学术的研究也很丰富。从2001年开始,台湾"中研院"中国文哲研究所执行"晚清经学之研究"计划,每年确定一个地域展开。其中,2003年为湖湘地区的经学研究。2003年8月和11月,分别召开了一次湖湘经学研讨会。③ 在这一过程中,海峡两岸学者还开展了一些学术交流活动。2003年和2004年,分别在长沙、台北举办了两次关于晚清湖湘经学的研讨会,会议论文后结集出版为《清代湘学研究》一书。④

(3)人物研究成绩可观

以人为切入点,通过对代表性学人的研究来分析晚清湖湘汉学,仍是进入21世纪以后相关研究的重点。这其中,既有以多个学者为对象的整体分析,也有针对某位学者的专门研究。整体分析方面:2007年出版的《湖湘近现代

---

① 王元琪:《清代道咸同时期的汉学研究》,博士学位论文,西北大学,2007年,第43—44页。

② 参见程尔奇:《晚清汉学研究》第二章"晚清汉学的地域分布与学脉传衍"第四节"湖南、湖北地区",人民出版社2013年版,第91—93页。王惠荣:《晚清汉学群体与近代社会变迁》第四章"西潮冲击下的汉学群体思想之发展变化"第三节"湖南汉学群体",中国社会科学出版社2013年版,第200—220页。

③ 吴铭能整理:《晚清"湖湘经学研究"座谈会记录》,《中国文哲研究通讯》第14卷第1期。

④ 朱汉民主编:《清代湘学研究》,湖南大学出版社2005年版。

文献家通考》对部分晚清湖湘汉学家生平及著作进行了介绍。① 2013 年出版的陈代湘主编的《湖湘学案》一书②,则采取传统"学案"体式,选择湖湘学术发展史中 123 位具有代表性的知名学者,对其生平事迹、学术思想、重要言论、师友流派传承、主要著作等进行梳理,是一次以人物为中心的、对湖湘学术思想的全面系统梳理,获得湖南省第十三届社会科学优秀成果奖一等奖。其中晚清湖湘汉学方面,为罗汝怀、周寿昌、阎镇珩、王先谦、叶德辉等人立了专传。

除了整体上的研究,专门研究主要聚焦于以下学者:

叶德辉。作为晚清湖南最负盛名的汉学家之一,叶德辉在 21 世纪吸引了不少研究者的注意,主要表现在以下几个方面:一是文献整理。进入 21 世纪以后,学界先后出版了多部叶德辉著作。其中既有《书林清话》《郋园读书志》等专门著述,也有诗文集。如《书林清话》一书,从 2007 年开始,先后在广陵书社、复旦大学出版社、北京燕山出版社、上海古籍出版社、北京联合出版公司等多个出版机构出版。其中,上海古籍出版社在 2008 年所出插图本的基础上,2012 年又出版了该书。而在叶氏诗文集方面,2007 年,王逸明主编的四册《叶德辉集》在学苑出版社出版。2010 年,华东师范大学出版了由印晓峰点校的《叶德辉文集》。2015 年出版的由戴逸先生主编的《中国近代思想家文库》,将叶德辉与王先谦合为一卷,选取叶氏代表性文章一百七十余篇,"力求全面反映其处世态度、政治取向、治学路径和对国家前途的思考"③。与此同时,对叶德辉散佚诗文的辑佚工作也成果丰硕。张晶萍、李长林分析了湖南师范大学图书馆收藏的四通叶德辉致杨树达书札。④ 罗瑛搜集整理了叶德辉佚信一通和集外诗文十四则。⑤ 郭

---

① 郑伟章、姜亚沙:《湖湘近现代文献家通考》,岳麓书社 2007 年版。
② 陈代湘主编:《湖湘学案》,湖南人民出版社 2013 年版。
③ 王维江、李骛哲、黄田编:《中国近代思想家文库・王先谦 叶德辉卷》,中国人民大学出版社 2015 年版。
④ 张晶萍、李长林:《叶德辉致杨树达书札四通》,《文献》2008 年第 4 期。
⑤ 罗瑛:《叶德辉佚信一通》,《博览群书》2007 年第 8 期;罗瑛:《叶德辉集外诗文十四则辑释》,《文献》2014 年第 5 期。

明芳对收藏于台北的叶德辉文献进行了整理,辑得 10 种集外题跋。① 魏小虎、张霞辑出叶德辉书跋三则②。李永明对叶德辉集外跋文进行了辑正③。马忠文对中国社会科学院近代史研究所图书馆收藏的叶德辉致易培基未刊书札进行了释读,认为二人不仅学术志趣相近,政治立场也大致相同,他们狂狷孤傲的鲜明个性和书生本色,也注定了人生悲惨结局的相似性。④ 二是生平研究。进入 21 世纪以后,先后有三部叶德辉传记出版。⑤ 2012 年出版的《叶德辉年谱》除了对叶氏生平进行系年外,还附录了作者从叶氏后人处收集到的一些从未发表的照片,弥足珍贵。⑥ 此外,尧育飞对发表于 1938 年的《叶郋园先生年谱》进行了整理,通过将其与叶德辉《郋园六十自叙》对勘,认为其中折射出长沙叶氏在复杂舆论环境中构建湘学正宗和家学传统的努力。⑦ 三是专项研究。经学方面。张亮以《叶德辉经学思想研究》为题,完成了硕士学位论文,⑧并对叶德辉的经学立场进行了分析,认为其尚汉学而独崇朱子,重实证而排空虚,是一位思想独立的经学家。⑨ 肖永明、陈峰研究了叶德辉《经学通诰》一书。⑩ 文献学方面。李安对叶德辉的历史文献学成就进行了分析。⑪ 黄光对

① 郭明芳:《叶德辉集外题跋补遗》,载《中国典籍与文化论丛》第 18 辑,江苏古籍出版社2017 年版。

② 魏小虎、张霞:《叶德辉书跋辑佚三则》,载《版本目录学研究》第 8 辑,北京大学出版社2017 年版。

③ 李永明:《叶德辉集外跋文辑正》,《文献》2011 年第 3 期。

④ 马忠文:《叶德辉致易培基未刊书札释读》,《社会科学研究》2013 年第 3 期。

⑤ 按照出版时间的先后,三书分别为:张晶萍的《叶德辉生平及学术思想研究》(湖南师范大学出版社 2008 年版)、《守望斯文:叶德辉的生命历程和思想世界》(中国社会科学出版社 2011年版)和文鸣的《叶德辉传》(岳麓书社 2018 年版)。

⑥ 王逸明、李璞编著:《叶德辉年谱》,学苑出版社 2012 年版。

⑦ 尧育飞:《"重塑"叶德辉:〈叶郋园先生年谱〉的作者及笔法》,《图书馆》2018 年第 9 期。

⑧ 张亮:《叶德辉经学思想研究》,硕士学位论文,东华大学,2015 年。

⑨ 张亮、陆益军:《叶德辉经学立场浅析》,《东华大学学报》(社会科学版)2014 年第 2 期。

⑩ 肖永明、陈峰:《向往在乾嘉之间:叶德辉〈经学通诰〉析论》,《中国哲学史》2015 年第2 期。

⑪ 李安:《叶德辉的历史文献学成就论略》,《湖南师范大学社会科学学报》2003 年第 3 期。

叶德辉文献学理论与实践进行了述评。① 张文博、周少川分析了叶德辉关于《书目答问》的研究,指出其研究经历了"对校异本,撰写校记;依据藏书,随手校补;为人过录,及时修补三个阶段",是《书目答问》研究史中的重要一环,足以津逮后学。② 沈俊平对叶德辉的版本目录学工作进行了分析,认为叶德辉在进行一般藏书家和版本目录学家所从事的编制藏书目录以及撰写读书题跋的同时,进一步把工作范围扩大到书史研究、古代藏书管理经验的总结以及前人书目的刊刻、订正和考证。③ 刘慧霞认为叶德辉的目录学思想与实践对今天目录工作具有参考价值。④ 文庭孝、刘晓英论述了叶德辉的一些主要校勘思想和校勘方法及对我国校勘学的贡献。⑤ 罗瑛研究了叶著《郋园读书志》在考明版本、考辨刻者、考定卷(条)数、指明偏颇、完善著录等方面对《四库全书总目》的补正。⑥ 袁庆述、蔡芳定等对叶著《书林清话》进行了研究。⑦ 叶德辉与晚清湘学之演变方面。张晶萍分析了叶德辉对湘学的批判,认为这一批判与近代以来湘学内部的自我反思相契合,反映了叶氏与部分湘人重建湘学知识谱系、树立湘学新传统的共同努力,不但化解了叶德辉个人对于湘学的认同危机,而且在一定程度上改变了近代湘人学术风尚,反映了近代省籍意识强化背景下地域学术文化之间的互动与竞争。⑧ 她还分析了叶德辉与王闿运之间的争论,认为"王、叶之争代表了晚清湘学固守传统与再树新风两种不同的努力方向,对近代湘学的发展走向产生了深远影响。湘学在崇尚经世致用、以学为术的传

① 黄光:《叶德辉文献学理论与实践述论》,《船山学刊》2009 年第 3 期。
② 张文博、周少川:《叶德辉的〈书目答问〉研究》,《历史文献研究》2017 年第 2 期。
③ 沈俊平:《叶德辉版本目录学工作概述》,《图书馆建设》2000 年第 6 期。
④ 刘慧霞:《略论叶德辉对目录学的贡献》,《图书馆界》2009 年第 1 期。
⑤ 文庭孝、刘晓英:《叶德辉的校勘之功及校勘之法》,《高校图书馆工作》2006 年第 4 期。
⑥ 罗瑛:《叶德辉〈郋园读书志〉补正〈四库全书总目提要〉》,《中国典籍与文化》2008 年第 2 期。
⑦ 袁庆述:《叶德辉和他的〈书林清话〉》,《中国文学研究》2003 年第 1 期。蔡芳定:《叶德辉〈书林清话〉研究》,花木兰文化出版社 2011 年版。
⑧ 张晶萍:《省籍意识与文化认同:叶德辉重建湘学知识谱系的努力》,《湖南大学学报》(社会科学版)2008 年第 2 期。

统理念之外,又树立了一种遵循学理、实事求是的新传统"①。除了以上所列的几个方面,进入21世纪以来,学术界还对叶德辉的刻书活动②、与日本学者的交往③等问题进行了研究,限于篇幅,此处不能一一述及。

王先谦。与叶德辉类似,进入21世纪以来,学术界对王先谦的研究成果也十分丰富。主要表现在以下几个方面:一是文献整理。有多部王先谦著作被先后多次出版。如《释名疏证补》一书,2008年6月中华书局出版了祝敏彻、孙玉文校订的本子,2019年湖南大学出版社又出版了一个由龚抗云整理的本子。再如《汉书补注》一书,2006年经广陵书社出版后,2008年12月上海古籍出版社又出版了一个共12册的整理本,此本经上海师范大学古籍整理研究所历时二十余年校勘标点,"以清光绪二十六年(1900年)王氏虚受堂刻本为底本,吸纳商务印书馆1937年版百衲本、中华书局标点本以来的研究成果"④。诗文集方面,20世纪80年代,湖南岳麓书社曾出版有梅季点校的《葵园四种》,进入21世纪后,《湖湘文库》编辑期间,又有《王先谦诗文集》于2008年在该社出版,值得一提的是,该书的整理者也是梅季。2018年,朝华出版社又将《虚受堂文集》收入《清末民初文献丛刊》中影印出版。与此同时,学术界在王氏信札的发掘方面也成果颇丰。刘应梅辑录整理了收藏于国家图书馆的11通王先谦致袁昶手札⑤,王燕飞介绍并注释了收藏于绍兴图书馆的王先谦致李慈铭信札⑥,《香书轩秘藏名人书翰》中披露了王先谦致履公书札⑦。

①　张晶萍:《论晚清湘学史中两种学术理念的冲突——以叶德辉与王闿运之间的学术纷争为例》,《湖南师范大学社会科学学报》2008年第1期。
②　沈俊平:《叶德辉刻书活动探析》,《中华文史论丛》2012年第1期。
③　张晶萍:《叶德辉与日本学者的交往及其日本想象》,《厦门大学学报》(哲学社会科学版)2006年第4期。刘岳兵:《叶德辉的两个日本弟子》,《读书》2007年第5期。
④　(清)王先谦补注,上海师范大学古籍整理研究所整理:《汉书补注》,上海古籍出版社2008年版。
⑤　刘应梅:《王先谦书札十一通》,《文献》2008年第1期。
⑥　王燕飞:《清代翰林的实物档案——王先谦等致李慈铭信札》,《图书馆理论与实践》2009年第5期。
⑦　赵一生、王翼奇:《香书轩秘藏名人书翰》,浙江古籍出版社2005年版。

著述的多次出版和散佚文献的不断发掘，反映出学术界对王先谦研究的浓厚兴趣。2018 年 7 月 9 日，岳麓书院和岳麓书社合作启动了《王先谦全集》的整理工作，①相信待其最终完成后，将会有一部更为完备的王先谦文献集呈现在研究者面前，为以后的研究提供更多资料。二是生平研究。孙玉敏对王先谦生卒年进行了考辨②，长沙博物馆的刘瑜通过考察馆藏圹志，考订了王先谦的生卒时间③，邱涛对 1895—1899 年间的王先谦事迹进行了考辨④。张晶萍对王先谦中年致仕的原因进行了分析⑤，笔者根据新披露的 51 通王氏手札，分析了 1911 年之后的王先谦事迹⑥。三是学术思想。主要著作有李和山的《王先谦学术年谱》（湖北人民出版社 2009 年版）、孙玉敏的《王先谦学术思想研究》（黑龙江人民出版社 2010 年版）。此外还有多部专题著作研究了王先谦学术的不同方面。如黄圣旻的《王先谦〈荀子集解〉研究》（花木兰文化出版社 2006 年版）、龚抗云的《王先谦的经学成就与经学思想》（湖南大学出版社 2013 年版）、张蔚虹的《郭庆藩〈庄子集释〉与王先谦〈庄子集解〉比较研究》（暨南大学出版社 2019 年版）、杨菁的《刘凤苞与王先谦治〈庄〉研究》（秀威经典出版社 2017 年版）等。学术论文方面则更多，先后有二人对既往成果进行了总结分析。⑦ 吕冠南认为王先谦的《诗三家义集疏》虽然具有很高的学术价值，但过高地估计了汉代经师对"师法"和"家法"的坚守程度，将忽略学术研究而重在推演《诗》义的教化类著作视为辑录三家《诗》经文的根据，混淆了

① 《王先谦全集整理工作启动》，《潇湘晨报》2018 年 7 月 11 日。

② 孙玉敏：《王先谦生卒年考辨》，《船山学刊》2005 年第 4 期。

③ 刘瑜：《从馆藏圹志看王先谦的生卒时间》，载《湖南省博物馆馆刊》第十辑，岳麓书社 2014 年版。

④ 邱涛：《1895—1899 年王先谦行年事迹考辨》，载《近代史资料》第九十六册，知识产权出版社 2006 年版。

⑤ 张晶萍：《王先谦中年致仕缘由考》，《船山学刊》2007 年第 1 期。

⑥ 参见拙文：《1911 年之后的王先谦——以新披露的王氏书札为中心》，《书屋》2015 年第 11 期。

⑦ 孙玉敏：《王先谦研究综述》，《北方论丛》2005 年第 3 期。王青芝：《近百年来王先谦研究述评》，《兰州学刊》2007 年第 4 期。

文学与学术类著作的本质差别,降低了书中不少结论的可靠性。① 王青芝等对王先谦的文献学思想与实践进行了分析,认为其独特见解和力行实践,促进了清代文献学的发展。② 龚抗云对王著《荀子集解》进行了研究。③ 赵茂林比较了王先谦与陈乔枞的三家《诗》研究。④ 朱汉民、黄梓根对王先谦汉学研究的书院传播进行了研究。⑤

郭嵩焘。作为中国近代第一位驻外公使,学术界对郭嵩焘的研究成果一直比较丰富。进入 21 世纪以后,学术界在继续研究郭嵩焘驻外经历的同时,也对他的学术研究和学术思想等进行了不少分析。在这个过程中,一批以往不为学界所知的稿、抄本被发掘出来。严佐之对收藏于辽宁省图书馆的抄本郭嵩焘注《近思录》进行了考察,认为其确真不伪,且属海内孤本,弥足珍贵。通过对其中郭注的研究,作者认为,郭嵩焘之学虽致力考据训诂,兼采汉宋诸说,而究其根本,仍持"宗朱"立场。⑥ 陈松青对湖南师范大学所藏郭嵩焘、郭焯莹父子著作稿本进行了研究,认为郭氏研究《离骚》的核心理念是"谊""辞"的贯通,将考史、索隐的方法施于屈原所有作品,虽有穿凿附会之弊,但足称一家之言,洵为楚辞学史上的鸿篇巨制。⑦ 李鹏连则对收藏于湖南师范大学图书馆的郭嵩焘经学研究著作和未刊题跋等进行了研究。⑧ 而在郭氏常见著述方面,也有新的研究成果推出。如吴保森对郭嵩焘《礼记质疑》《中庸

① 吕冠南:《王先谦〈诗三家义集疏〉的三重困境》,《北京社会科学》2016 年第 6 期。

② 李绍平、谢斌:《浅谈王先谦的文献学成就》,《船山学刊》2006 年第 2 期。王青芝、马小能:《论王先谦的文献学思想与实践》,《史学集刊》2013 年第 2 期。

③ 龚抗云:《王先谦〈荀子集解〉的学术成就》,《湖南大学学报》(哲学社会科学版)2010 年第 5 期。

④ 赵茂林:《王先谦与陈乔枞三家〈诗〉研究比较》,《广西社会科学》2004 年第 4 期。

⑤ 朱汉民、黄梓根:《王先谦汉学研究与书院传播》,《湖南大学学报》(社会科学版)2004 年第 4 期。

⑥ 严佐之:《清郭嵩焘注〈近思录〉及其"宗朱"之学》,《历史文献研究》2016 年第 1 期。

⑦ 陈松青:《郭嵩焘郭焯莹父子楚辞学研究的主要成就——以湖南师范大学馆藏郭著稿抄本为中心》,《云梦学刊》2019 年第 6 期。

⑧ 李鹏连:《郭嵩焘经学文献研究述评》,《船山学刊》2014 年第 1 期。李鹏连:《郭嵩焘未刊题跋四种辑释》,《文献》2018 年第 2 期。

质疑》《大学章句质疑》三书的研究①,陈冠伟、肖永明对郭嵩焘《礼记质疑》的研究②,肖静对郭嵩焘《史记札记》的研究③。此外,还有邓李志对郭氏文献学④,邵华对郭氏史学思想⑤,孙佳聪对郭氏《诗经》学等的研究⑥。总体来看,多数学者都认为郭嵩焘"虽以宋学为基本立场,但不废汉学家的考据之功"⑦。

周寿昌。刘治立对周寿昌《三国志注证遗》的文献学意义进行了分析,认为该注是清人《三国志》注释中非常重要的一种。该书以"证"为注释主旨,兼采诸家《三国志》注释之优长,发前人所未发,补前人所未逮,对《三国志》本传、裴注及后世诸说多有新解,推进了《三国志》及裴注的研究。⑧ 高典对周寿昌的《汉书注校补》进行了研究,认为该书系统总结了历代《汉书》研究成果并加以发挥,在《汉书》研究史上具有重要地位。⑨ 寻霖对收藏于湖南图书馆善本部的周寿昌日记稿本进行了介绍与分析。⑩

(二)存在的问题

总体来看,目前学术界对晚清湖湘汉学的研究已取得一定成绩,为相关研究的进一步深入打下了良好基础,但还存在着以下几个方面的不足。

1. 对晚清湖湘汉学兴盛原因的分析过于简单。论者咸谓湖湘学术以理学为特色,并有"清儒考证之学,盛起于吴、皖,而流衍于全国,独湖湘之间被

---

① 吴保森:《郭嵩焘三〈质疑〉研究》,硕士学位论文,华东师范大学,2010年。

② 陈冠伟、肖永明:《郭嵩焘〈礼记质疑〉研究》,《湖南大学学报》(社会科学版)2013年第2期。

③ 肖静:《郭嵩焘〈史记札记〉研究》,硕士学位论文,湖北大学,2013年。

④ 邓李志:《郭嵩焘的文献学成就研究》,载王继平主编:《曾国藩研究》第6辑,湘潭大学出版社2012年版。

⑤ 邵华:《嬗变中的传承——论郭嵩焘的史学思想》,《史学史研究》2008年第2期。

⑥ 孙佳聪:《郭嵩焘〈诗经〉学考论》,硕士学位论文,南京师范大学,2015年。

⑦ 王兴国:《郭嵩焘的经学考据思想》,载朱汉民主编:《清代湘学研究》,湖南大学出版社2005年版。

⑧ 刘治立:《周寿昌〈三国志注证〉研究》,《成都大学学报》(社会科学版)2009年第1期。

⑨ 高典:《周寿昌〈汉书注校补〉研究》,硕士学位论文,南京师范大学,2016年。

⑩ 寻霖:《周寿昌及其日记》,《船山学刊》2006年第3期。

其风最稀"①的论断,何以到了晚清这一内忧外患最为剧烈、迫切需要经世人才的时期,湖湘却出现了一大批治考据之学的著名学者? 一般认为,这主要是受到江浙地区相关研究传入的影响,即所谓"三吴汉学入湖湘"②。然此一论断似稍显简单。晚清湖湘汉学的大盛,除了"三吴汉学"的外因作用,还应该有湖湘学术本身的内因作用,然此一内因,一直以来却似乎少有学者关注。

2. 对晚清湖湘汉学学者的研究主要集中在几个著名人物上,对于中下层学者的研究十分缺乏,对晚清湖湘汉学的整体面貌还不清楚。王先谦、叶德辉等著名学者固然代表了当时湖湘汉学的最高水平,但一定不是晚清湖湘汉学的全部面貌。这一时期,当汉学在湖湘传播之时,还有一些今天看来并不那么知名、其研究成果也不那么突出的学者,他们代表了当时湖湘汉学的一般水平,对他们的研究,有助于了解汉学在晚清湖南传播的广度和深度,也有助于分析当时一般士人的思想世界。但是,学术界目前在这个方面的研究还十分缺乏。

3. 已有研究主要注目于相关学者在具体学术领域内的成就得失,对晚清湖湘汉学与晚清湖南社会之间的关系,对当时社会及历史进程的影响等问题还探索不多。学术著述是学术史研究的重要对象,但一定不是其全部内容,还应该关注学术研究与社会的互动关系。晚清湖湘汉学发生、发展的时刻,正是近代中国民族危机日益深重的时期,湖湘汉学家继承了湘学"心忧天下"的经世传统,在著书立说的同时也积极投身社会活动。对这个问题进行分析,有助于我们多角度、全方位地认识晚清湖湘汉学,但是学术界目前在这个方面的研究还较为缺乏。

---

① 钱穆:《中国近三百年学术史》下册,商务印书馆 1997 年版,第 638 页。

② 叶德辉:《挽王葵园阁学太夫子》,载王逸明主编:《叶德辉集》第 1 册,学苑出版社 2007年版,第 193 页。

四、研究主旨与篇章结构

1. 湘学传统中的汉学学术谱系与嘉庆以来湖湘学术之演变。通过对清初以来湖南社会变迁与湖湘学术演变的分析,勾勒出湘学传统中经史考据之学的学术谱系与脉络,在分析清嘉庆以来汉学由吴、皖等中心区向外传播的过程、湖湘学界的回应等问题之基础上,探索晚清湖湘汉学兴起的"内因"与"外因"。

2. 晚清湖湘汉学之著述考。通过地方志书与相关史料之钩稽,了解晚清湖湘汉学在周寿昌、王先谦等著名学者之外的一般学者及其著述的基本情况,勾勒出晚清湖湘汉学的整体面貌。

3. 晚清湖湘汉学的学术特点与成就得失。主要考察晚清时期,湖南地方汉学家对哪些学术问题进行了研究、讨论,形成了一些什么观点,与同时期其他地域的汉学家相比有何异同,这些异同又和晚清湖湘社会、湘地学术传统有何联系。

4. 晚清湖湘汉学与晚清湖南学术。主要研究晚清时期兴盛的汉学研究对湖湘学术的影响,分析晚清湘学内部的汉宋学术关系与今古文经学关系。

5. 晚清湖湘汉学家与晚清湖南社会。通过考察晚清湖湘汉学家的经世活动,了解这些学者在学术研究之外的思想面貌,研究晚清湖湘汉学与晚清湖湘社会之间的互动。重点考察基层汉学家所参与的基层社会之建设,以及对近代湖南历史进程的影响等。

五、研究方法

(一)文献学的研究方法

本书是一项立足于历史文献的地方学术史研究,将充分采用文献学的考订、比勘、辑佚等研究方法,通过钩沉史料,勾勒出晚清湖湘汉学的整体面貌。

(二)多学科结合的研究方法

晚清湖湘汉学之发生、发展、变化的历史过程,与这一时期湖南地方社会的变迁和相关学者群体的思想主张等有着千丝万缕的联系。本书拟综合历史学、社会学、心理学等学科的研究方法,深入分析晚清湖南社会发展的历史进程,重建晚清湖湘汉学演变的历史脉络,描摹时代变局下晚清湖湘汉学家,特别是代表了这一时期湖南汉学一般研究水平的基层汉学家群体的心路历程。在此基础上,将学术史研究与社会史、思想史等议题结合起来,力求多角度、全方位、更全面地分析晚清湖湘汉学。

第一章　晚清时期湖南汉学研究的兴起

一般认为,汉学研究之所以会在晚清湖南地区兴盛起来,其原因应归功于道光十三年(1833 年)粤人吴荣光任巡抚时所创立之湘水校经堂的提倡,从此"三吴汉学入湖湘"。这一观点,注意到了晚清湖湘汉学兴盛过程中的某些突出事件,却忽视了学术风气的演进其实是一个复杂的过程。仔细考察清代以来的湖南地方史,可以发现,鸦片战争之后汉学在这一地区的异军突起,实际上是清初以来湖湘学术的另一面相——汉学逐渐发展,由隐到彰的结果,并与当时湖南地域社会所发生的变化密切相关。更准确地说,晚清时期,汉学学术在湖南大地的崛起是内因主导下的内外因共同作用的结果,学术界以往较为看重的"三吴汉学入湖湘"不过是起到了催化剂的作用。

第一节　清初湖南的文教重建与文化初兴

明清之际,接二连三的战事使湖南地方社会遭到很大破坏,长期处于动荡和凋敝之中,与其他地域相比,这一时期的湘学是比较落后的。在清初几任地方官员的治理下,湖南的文教事业得到重建,地域文化初步振兴,并在这一过程中,促进了湘地省籍意识的觉醒。经过几代人不懈努力,湖南不仅升格为一个单独的省级行政区,也在学术文化方面成为一个独立的地理单元,促进了湘人的向学热情和湘学的勃兴,成为晚清以降湘人、湘学大放异彩的重要基础。

一、动荡与凋敝交织的地方社会

明末清初,湖南连年战乱,先有李自成、张献忠农民军与明军大战,继有南明势力与农民军余部的联合抗清,还有康熙初叶清军平定吴三桂叛乱的战争,接二连三的战事使得这一地区长期处于动荡与凋敝之中,以至时人曾有"天祚皇清,一统中外,惟湖南不靖"①的感慨。

崇祯十六年(1643 年)正月,李自成部进攻湖南,先后攻下华容、安乡,不久,又攻下澧州,进逼常德府城,明守将自忖难以抵挡,于是放火焚城,"烧毁通城房屋,火至半月不熄"②。同年五月,已经攻下武昌的张献忠南下湖南,先下岳州,再入长沙,攻打衡州,"闻岭表兵出梅关,复退走,蹀血千里,割人手鼻如邱"③,明将左良玉追击张献忠时,又进行了一番蹂躏肆虐,"较贼倍惨,民甚苦之"④,时人陶汝鼐曾叹"三楚之难,独结于斯"⑤。

清政权入主北京后,随即开始南下,准备统一全国。在湖南,明朝残余势力先后与李自成大顺军、张献忠大西军余部联合,与清军进行了旷日持久的反复争夺,使这里成为明清鼎革的关键战场⑥,清廷直到顺治十五年(1658 年)才将对湖南的统治初步地稳定了下来。战火所及,庐舍为墟。如湘潭一地,崇祯年间已"叠经兵燹",顺治六年(1649 年)济尔哈朗率清军攻打湖南期间,又在此屠城,"二十六日开刀,二十九日方止",屠杀之后,瘟疫大行,四乡传染,"药肆中大黄、羌活、黄芩俱卖尽,乌梅二三分一两,葱、姜药引二三分一

---

① (清)车万育:《重修县治碑》,载(清)刘采邦、张延珂等编纂:《(同治)长沙县志》卷 7《公署》,岳麓书社 2010 年版,第 81 页。
② 涂春堂、应国斌主编:《清嘉庆常德府志校注》,湖南人民出版社 2001 年版,第 476 页。
③ (清)刘采邦、张延珂等编纂:《(同治)长沙县志》卷 33《兵难》,岳麓书社 2010 年版,第 700 页。
④ (清)吕肃高修,张雄图、王文清纂:《(乾隆)长沙府志》卷 37《灾祥》,岳麓书社 2008 年版,第 995 页。
⑤ (清)陶汝鼐:《哀湖南赋》,载《陶汝鼐集》,岳麓书社 2008 年版,第 12 页。
⑥ 顾诚:《南明史》下册,光明日报出版社 2011 年版,第 397 页。

剂。……屠戮之骸不及埋,而瘟疫之尸又遍积于河干矣"①。次年,徽商黄希倩、程青至湘潭贸易,与西禅寺僧人共谋瘗之,"计拾得枯骨数百石,以三竹篓为一穴,凡二百余冢,广袤数十丈"②。有研究认为,当时湘潭城中的土著居民大多死于此次屠杀。③ 彼时的湖南,"田禾无颗粒之收,千里皆不毛之地",巡抚金廷献甚至认为"尽天下之民,极百姓之苦,未有甚于湖南者也"。④ 顺治十一年(1654 年),追随偏沅巡抚袁廓宇入湘并担任幕僚的丁大任曾这样描述当时长沙的凋敝情景:

> 自战争往复,无一久居之民。初入城,一望沙场而已,伤心惨目,何忍言哉! 遇有茅檐三四家,席门俱无,男妇雪中袒跣而行,并无卧榻衣被,疑为丐户。县令亦短衣蒙茸,所居不蔽风雨,更陋于皁田之客也。⑤

顺治十五年(1658 年)后,随着战事的结束,湖南暂时获得了喘息的机会。未料十余年后,康熙十二年(1673 年),吴三桂在云南起事,随即攻入湖南,刚刚有所恢复的湖南地方社会遭到了新一轮破坏。康熙十三年(1674 年)二月,长沙陷落,"时宝、衡、常、永、岳皆陷……设伪官,征饷并征铜铁硝磺凡十余项,羽檄飞催,民苦,蹈汤火逃徙,死亡无算"。次年,吴三桂在长沙预征地丁钱粮,又征南米解萍乡,"民有死杖下者"。⑥

吴三桂叛乱还对刚刚有所起色的湖南文教事业造成了重创。岳麓书院,崇祯十六年(1643 年)因战火"毁败无余",康熙七年(1668 年),巡抚周召南、藩司于鹏举、臬司赵曰冕、驿盐粮道饶宇栻、知府钱奇嗣等共同捐俸重修,然

---

① (清)陈运溶:《湘城访古录》,岳麓书社 2009 年版,第 568 页。
② (清)张云璈修,周系英纂:《(嘉庆)湘潭县志》卷 19,清嘉庆二十三年刊本。
③ 曹树基:《中国人口史》第 5 卷(上),复旦大学出版社 2005 年版,第 32 页。
④ (清)金廷献:《请蠲赈疏》,载(清)刘采邦、张延珂等编纂:《(同治)长沙县志》卷 19《政绩》,岳麓书社 2010 年版,第 334 页。
⑤ (清)丁大任:《入长沙记》,载沈云龙选辑:《明清史料汇编三集》第 7 册,文海出版社 1968 年版,第 3640 页。
⑥ (清)吴兆熙、张先抡等修纂:《(光绪)善化县志》卷 33《兵难》,岳麓书社 2011 年版,第 700 页。

而,就在这次几乎是集全省主要地方官员之力的重修后不久,"吴逆之变,又毁"。① 善化县学,崇祯十六年(1643年)、顺治六年(1649年)先后因战争毁坏,顺治十五年(1658年)经知县孙国泰重建后"焕然一新",然康熙十三年(1674年)吴三桂军占领期间,"置火药于殿堂,兼作马厩,倾颓尤甚"。② 醴陵县学,明末遭战火破坏,仅存文庙一区,顺治十四年(1657年)张法孔担任知县期间,陆续重建了大成殿、启圣祠、明伦堂等,康熙四年(1665年)知县张尊贤又进行了修复,后遭"吴逆兵毁"③。

与动荡、凋敝相伴随的是学术文化的落后。入清之后担任吏科给事中的长沙人胡尔恺在给朝廷的奏疏中说,湖南"人才寥落,从未有甚于今日也"④。袁尧文曾欲定居湖南读书讲学,因"柴米食物庐舍田园之值较江浙几四分之一","拟买田置舍于衡山之阴,以待四方之来学者",但遭到友朋的极力反对,认为"湖南无半人堪对语者",称其"只图柴米贱,不顾子孙愚"。⑤ 康熙十六年(1677年)十月出任湖广按察司副使,提调学政的蒋永修甚至尖锐地指出:"近日文章之弊,莫若楚也。"⑥康熙十八年(1679年),蒋永修按试永州,面对当地文教落后、人才寥落的状况,感叹道:"周子生其属,又尝判永州,且骎骎教育不衰,以昌明吾道为己任,独何周子后不复有一人焉?"⑦

---

① (清)刘采邦、张延珂等编纂:《(同治)长沙县志》卷11《学校》,岳麓书社2010年版,第177页。

② (清)吕肃高修,张雄图、王文清纂:《(乾隆)长沙府志》卷13《学校》,岳麓书社2008年版,第292页。

③ (清)吕肃高修,张雄图、王文清纂:《(乾隆)长沙府志》卷13《学校》,岳麓书社2008年版,第296页。

④ (清)胡尔恺:《直陈湖南利弊疏》,载(清)罗汝怀编:《湖南文征》第3册,岳麓书社2008年版,第1223页。

⑤ (清)刘献廷:《广阳杂记》卷2,中华书局1957年版,第67页。

⑥ (清)蒋永修:《蒋慎斋遇集》卷4《复归孝仪修撰论文书》,《四库全书存目丛书》集部第215册,齐鲁书社1997年版,第695页。

⑦ (清)蒋永修:《莅楚学记·永州府儒学记》,《四库全书存目丛书》集部第215册,齐鲁书社1997年版,第722页。

二、文教的恢复与重建

在时人看来,湖南本为人才渊薮之地,此时之所以文教不兴,固然有战乱频仍、社会凋敝的因素,但主要还是主政者提倡无方的结果:

> 湖南素称材薮。长沙上治安之策,濂溪阐太极之微,英贤辈出,代不乏人。兹自兵燹之余,继值输将之困,先民型范敦笃罔闻,后进时髦莫由矜式。士风颓靡,举业废弛,虽曰时势使然,良由上焉者无鼓舞振作之规,斯下焉者鲜户诵家弦之实也。①

随着平叛战争的推进,湖南政局逐渐稳定下来,在前后几任地方官员的倡导和努力下,湖南的文教事业得以恢复和重建,文化开始振兴。

重建学校,恢复殿堂,是当时湖南地方官员振兴文化时所采取的第一个举措。蒋永修认为,"学以教士,为治之本也"②,"文化由兴,士习由起,学校之所最重者"③。到湖南后,他发现当地"今逆氛虽熄而大成殿之粪溷未除,庙貌粗存而棂星门之颓落如故",于是上书要求"今后不得于文庙住畜兵马",④然后积极谋求恢复各地学宫、文庙建筑。清承明制,学政有周历本省、考校学子之责,蒋永修每到一地,必亲至学宫,展拜文庙,由此发现了不少亟待修整的建筑,并亲自捐资助工。康熙十九年(1680年)两次考校衡州士子期间,他发现安仁县"学宫久圮,且位置鲜当,于士气弗振,非改弦更张之不可"⑤,于是"勉捐葺资"为倡,至翌年冬告成。途经祁阳县时,发现当地文庙"倾颓万状,剥蚀

---

① (清)周召南:《建义学檄》,载(清)吴兆熙、张先抡等修纂:《(光绪)善化县志》卷19《政绩》,岳麓书社2011年版,第345—346页。

② (清)蒋永修:《苾楚学记·重葺安仁县儒学记》,《四库全书存目丛书》集部第215册,齐鲁书社1997年版,第735页。

③ (清)蒋永修:《苾楚学记·宝庆府学记》,《四库全书存目丛书》集部第215册,齐鲁书社1997年版,第720页。

④ (清)蒋永修:《苾楚学记·请禁学宫屯驻兵马文》,《四库全书存目丛书》集部第215册,齐鲁书社1997年版,第740页。

⑤ (清)蒋永修:《苾楚学记·重葺安仁县儒学记》,《四库全书存目丛书》集部第215册,齐鲁书社1997年版,第735页。

无端",乃至"荒烟迷目,荆楚与人齐,履瓦砾,藤茨牵衣裳",①于是与县令袁维霖共相经理,竭力捐赀,县内各绅士各助费有差,数月间有所起色。②

蒋永修此举,表面上看来只是一种对因战争而损毁的古建筑的修复行为,实际上却对当地学术环境、风气等具有潜移默化的积极作用。正如宁远县学宫修复完成后,其在叙述重建过程的《重建宁远县学宫记》一文中所写到的:

> 自今往,邑中咸知有孔子庙,诸生以时习礼其间……则文教日盛,蒸蒸向风,而斯道亦绵于勿替。过其地者,咸得闻弦诵之声,岂不快哉!③

直白地道出了其之所以呕呕谋求修复各地学宫、文庙的真正原因。

值得注意的是,除了本就负有文教之责的学政,清初湖南地方其他官员也很重视文教事业。康熙二十三年(1684年)担任偏沅巡抚的丁思孔,面对"学舍茂草,博士废讲"的情景,"慨然以振兴为任"。④ 到任后的第二年,他即开始重建岳麓书院。康熙二十五年(1686年),完成圣殿、两庑、斋舍的修复,招致生徒肄业其中,"设赡饩廪,每月课试者三,手自丹黄甲乙之,为多士劝"。康熙二十六年(1687年)高明、中庸诸亭完成修复,因当时负笈来学者日众,又捐俸购田三百余亩以资膏火。修复过程中,丁思孔恐"不重以朝廷之明命,虞其久而或替也",乃于康熙二十四年(1685年)十二月和康熙二十五年(1686年)四月先后两次上疏请求赐额、赐书。康熙二十六年(1687年),康熙皇帝颁赐御书"学达性天"匾额及日讲经义、十三经、二十一史等书给岳麓书院。⑤

---

① (清)蒋永修:《莅楚学记·祁阳县学记》,《四库全书存目丛书》集部第215册,齐鲁书社1997年版,第732页。

② (清)蒋永修:《莅楚学记·祁阳县学记》,《四库全书存目丛书》集部第215册,齐鲁书社1997年版,第733页。

③ (清)蒋永修:《莅楚学记·重建宁远县学宫记》,《四库全书存目丛书》集部第215册,齐鲁书社1997年版,第734页。

④ (清)刘采邦、张延珂等编纂:《(同治)长沙县志》卷18《名宦》,岳麓书社2010年版,第325页。

⑤ (清)丁思孔:《重建岳麓书院碑记》,载(明)吴道行、(清)赵宁等修纂:《岳麓书院志》,岳麓书社2012年版,第431页。

丁思孔此次对岳麓书院的重建,是在当时湖南社会尚未完全恢复,地方经济还比较凋敝的情况下进行的,所谓"经其野,田尚污莱;入其城,市犹墟落"①,而其之所以选择在此时进行看上去并非当时之急务的书院修复,看重的也是书院在陶冶学风、教化士人等方面的作用。康熙二十七年(1688 年),丁思孔调任河南巡抚,离开湖南前,他撰文回顾了岳麓书院的修复过程,文章最后写道:

> 继自今垦辟之土被野,烟火之气满郊,诵读之声遍城郭,时屡丰矣,民安堵矣。后有来莅来宣者,鉴于兹而踵事焉。日渐月摩,士因文艺而敦器识,民亦感慕而知廉耻,教化大行,风俗醇美,岂不重有赖乎!②

鼓励读书,倡导学术,是清初湖南官员振兴地方文化的又一举措。蒋永修提出,"道义明而后心术正,经术备而后治化昭","四子五经之书,犹日月之经于天而不可晦,江河之行于地而不可绝",③认为湖南经"廓清扫荡,固已变兵气为佳祥,而《诗》《书》《礼》《乐》之教犹难使其同轨而合度也",希望湖南士子从此"厚自砥砺"。④ 康熙二十三年(1684 年)担任长沙府同知的山阴人赵宁,任内曾辑《岳麓志》,"尤以文雅饰吏治,召致诸名隽肄业岳麓书院,每于霜天白菊时开阁雅集,或以夜渡江,尊酒论文,忘其身之为吏"⑤。偏沅巡抚兴永朝任内以"湖南文风不振,士习多乖",乃"通行各学月举一课,数月以来,诸生既以诵习为功,武断把持之事亦觉渐减"。其离任后,康熙帝认为此举"振兴

---

① (清)丁思孔:《重建岳麓书院碑记》,载(明)吴道行、(清)赵宁等修纂:《岳麓书院志》,岳麓书社 2012 年版,第 431 页。

② (清)丁思孔:《重建岳麓书院碑记》,载(明)吴道行、(清)赵宁等修纂:《岳麓书院志》,岳麓书社 2012 年版,第 432 页。

③ (清)蒋永修:《蒋慎斋遇集》卷 3《日怀堂稿自订序》,《四库全书存目丛书》集部第 215 册,齐鲁书社 1997 年版,第 655 页。

④ (清)蒋永修:《蒋慎斋遇集》卷 5《月课湖南诸生檄》,《四库全书存目丛书》集部第 215 册,齐鲁书社 1997 年版,第 702 页。

⑤ (清)李瀚章、裕禄等编纂:《(光绪)湖南通志》卷 103《名宦志十二》,岳麓书社 2009 年版,第 2146 页。

士子,裨益生民",要求接任巡抚"督率属员,务期实心奉行,毋得怠玩"。① 康熙中先后担任湖广学政、偏沅巡抚的宜兴人潘宗洛,赴任前康熙皇帝曾赐御书朱子六言诗一首②,任内乃极力提倡当时朝廷立为正学的朱学,曾捐俸金重刊《学蔀通辨》③,并为部分少数民族童生争取到了参加科举考试的资格④,鼓舞士子向学之心。

三、省籍意识的觉醒

随着文教事业的恢复和读书风气的兴盛,之前因战乱而被破坏的湖南文化和学术得到恢复与发展,湖南在升格成为省级行政区的同时,也积极谋求成为一个独立的学术文化地理单元。这一省籍意识在学术文化领域的觉醒,是清初以来湖湘地域文化复兴的结果,又反过来促进了湖南地域学术文化的进一步振兴。

清朝入关后,其地方行政区划在很大程度上继承了元明以来的行省制度。其中,今湖南和湖北一起组成湖广省,省城设在武昌,巡抚、左右布政使司、提刑按察使司均驻武昌。康熙元年(1662年),科臣姚启圣请求将湖广以洞庭湖为界分为湖北、湖南,各设巡抚进行管辖。康熙三年(1664年)三月,湖广行省被一分为二,其中武昌、汉阳、黄州、安陆、德安、荆州、襄阳、郧阳八府归湖广巡抚管辖,长沙、衡州、永州、宝庆、辰州、常德、岳州七府及郴州、靖州二州归偏沅巡抚管辖,同时增设湖广按察使驻长沙府。四月,移湖广右布政使驻长沙,至

---

① 《圣祖仁皇帝实录》卷141,《清实录》第5册,中华书局1985年版,第550—551页。

② (清)陈康祺:《郎潜纪闻四笔》,中华书局1990年版,第172页。按,此六言诗为:"春晓云山烟树,炎天雨壑风林。江阁月临静夜,溪桥雪拥寒襟。"此御书诗后于康熙四十五年(1706年)勒石,藏于武昌紫阳书院御书楼。(见《紫阳书院志略》卷3,湖北教育出版社2002年版,第179页。)

③ (清)潘宗洛:《潘中丞文集》卷2《重刻〈学蔀通辨〉序》,《四库全书存目丛书》集部第257册,齐鲁书社1997年版,第40页。

④ (清)潘宗洛:《潘中丞文集》卷1《请题通道县熟苗童生应试疏》,《四库全书存目丛书》集部第257册,齐鲁书社1997年版,第27—28页。

此,"抚、布、按的设置与辖区同步一分为两,而且抚、布、按的辖区完全重合,分省实际上完成"①。同年闰六月,偏沅巡抚由沅州偏桥镇移驻长沙府。雍正二年(1724年)二月,以"巡抚衙门移驻长沙,而偏桥地方久已裁归贵州,并非湖南所辖"②,改偏沅巡抚为湖南巡抚。

尽管康熙三年(1664年)之后,湖南已从湖广省中分离出来而成为一个独立的省级行政区,但在学术文化上却仍未独立,主要表现在三个方面:一是湖广虽已分为湖北、湖南两省,但乡试尚未分闱,湖南士子仍需到武昌参加乡试;二是两省教职合选,以致"湖南教谕一途,尽为湖北举人之捷径,而湖南恩拔副榜及改降举人本分应选之缺,尽为湖北举人占去"③;三是两省仍共用一个学政,"楚省向因督学一职,南北兼司,先理楚北八府,继诣湖南九属"④。

需要指出的是,在这个问题上,以往学术界比较重视两湖分闱这一历史事件,研究成果也多,⑤而对当时湖南士人谋求教职分选和单独设立学政的活动则分析较少。笔者梳理资料,对后两件史事进行考述,以期丰富对此问题的认识。

康熙四十一年(1702年),桂阳县举人郭远上《呈请南北分闱文》,第一次提出南北分闱,此后不断有湖南民间士人向地方官员提议分闱,不过湖南地方

---

①　傅林祥、林涓、任玉雪、王卫东:《中国行政区划通史·清代卷》,复旦大学出版社2013年版,第331页。

②　(清)隆科多:《请准偏沅巡抚改为湖南巡抚并铸给关防》(雍正二年二月二十一日),载任梦强主编:《清代吏治史料·吏制改革史料一》,线装书局2004年版,第85页。

③　(清)王文清:《请分选湖南湖北公呈》,载(清)刘采邦、张延珂等编纂:《(同治)长沙县志》卷20《政绩二》,岳麓书社2010年版,第365页。

④　(清)魏廷珍:《湖南分设学政疏》,载(清)吴兆熙、张先抡等修纂:《(光绪)善化县志》卷19《政绩》,岳麓书社2011年版,第339页。

⑤　目前学术界对于湖广分闱的研究可分为两个方面:一是对分闱过程和史事的考证。如王兴国通过考察,认为最早提出"南北分闱"的是汝城人郭远(王兴国:《汝城人郭远首倡"南北分闱"考》,《湖南科技学院学报》2012年第10期)。李兵利用《清实录》《钦定科场条例》等文献,详细爬梳了分闱的原因、过程以及新建湖南贡院的情况(李兵:《清代两湖南北分闱再探》,《历史档案》2013年第1期)。二是对分闱影响的分析。如彭大成认为分闱促进了湖南人才的兴起(彭大成:《清朝"两湖分闱"与湖南人才之兴起》,《船山学刊》1996年第2期)。

行政长官对此却十分谨慎,直到十年后的康熙五十一年(1712 年)才由巡抚潘宗洛上《题请长沙分闱乡试疏》,正式向朝廷提出请求,①然未获批准。潘宗洛之后,巡抚李发甲又先后两次奏请分闱,皆告失败。此外,在外任职的湘籍人士陈彭年及曾典湖广乡试的御史吕谦恒也曾上疏请求分闱。② 清廷直到雍正元年(1723 年)才正式同意湖南修建贡院,次年第一次单独举行乡试,显示当时朝廷对此问题的谨慎。

与分闱的曲折过程类似,当时湘人争取教职分选的过程也比较曲折。康熙四十六年(1707 年)十月,时任偏沅巡抚赵申乔以全楚延袤数千里,中隔洞庭大湖,路途既遥,风波复险,恳将候选候补教职之恩拔岁副贡生,籍系湖北者,则选湖北之缺,籍系湖南者则选湖南之缺。吏部议复后认为"应如所题",得到了康熙皇帝的批准。③ 尽管与分闱相比,教职分选比较早地取得了令湘人满意的成果,但并没能持续多久,很快就又恢复为合选的旧做法,以致雍正二年(1724 年)分闱后,湖南士人不得不再次请求分选。雍正二年(1724 年)进士,曾任宗人府主事的宁乡人王文清提出,"两闱乡试既分,教职自宜各选"④,其云:

> 因往年未赐分闱,湖南应举者少,中式寥寥,故湖南教谕一途,尽为湖北举人之捷径,而湖南恩拔副榜及改降举人本分应选之缺,尽为湖北举人占去。曾蒙前院赵宪题请分选,已经奉旨允行,如谭右新、蔡来仪、谭仙芝俱系湖南举人降选湖南教谕可据。奈分选未几,复将教谕例破,仍从通

---

① 按,学术界曾依据《(光绪)湖南通志》等史料,认为康熙四十一年担任偏沅巡抚的赵申乔是第一位提出两湖分闱的湖南巡抚。事实上,赵申乔当日所上为《请均楚省乡试南北额数疏》,疏中因"分闱事属创始,固难轻议",提出两湖南北分卷录取,并非分闱(参见李兵:《清代两湖南北分闱再探》,《历史档案》2013 年第 1 期)。

② 参见(清)陈鹏年:《恳请再题分闱呈》,载(清)刘采邦、张延珂等编纂:《(同治)长沙县志》卷 20《政绩二》,岳麓书社 2010 年版,第 364 页。(清)吕谦恒:《青要集》卷首,《清代诗文集汇编》第 185 册,上海古籍出版社 2010 年版,第 559 页。

③ 《圣祖仁皇帝实录》卷 231,《清实录》第 6 册,中华书局 1985 年版,第 312 页。

④ (清)王文清:《请分选湖南湖北公呈》,载(清)刘采邦、张延珂等编纂:《(同治)长沙县志》卷 20《政绩二》,岳麓书社 2010 年版,第 364 页。

选,不与训导同途,至穷老青衫,一毡难得。目今湖南州县教谕缺六十有三,湖南本籍止选三员,余六十人总皆湖北破例者,计京华路隔五千,惟有守株候选,缺出,则捷足先得,何年遍及穷乡? ……倘不请复往年分选之例,则湖北举人挽占湖南之缺,湖南缺少人多,竟使边地寒儒没齿难膺一席。[1]

王文清从扩宽湖南士子晋身之阶的角度论述了分选的必要,反映出当时湖南文教恢复、文化振兴之后湖南士人积极向学、渴望入仕的新现象。雍正二年(1724 年)六月,湖南巡抚魏廷珍上疏,以地方最高行政长官的身份代表湖南向朝廷请求教职分选,吏部议复后称:“查未分闱以前,就教举人湖北共有一百五十四人,湖南止有二十九人。若南北分选,湖南必致有缺无人,而湖北教职必多壅滞。请仍照旧例选用,俟用完日,将分闱后就教者南北分选。”[2]得到了雍正皇帝的批准。两湖教职分选一事才算最终完成。

与分闱、教职分选类似,湖南士人争取单独设立学政的活动也经历了一个过程。清初,湖广省设有湖南、湖北两名提学道分掌南北教育、学务,顺治十八年(1661 年)合并归一,称湖广提学道,康熙四十二年(1703 年)改称提督湖广学政。湖广地域辽阔,中有大湖相隔,学政往来南北考校,常难以兼顾,故湖南士人一直希望能单独设立学政。雍正二年(1724 年)两湖分闱后,此事开始提上日程。当年闰四月,时任湖南巡抚魏廷珍向朝廷上《湖南分设学政疏》,正式请求单独派遣学政。根据这份奏疏,此事先由湖南士人宋又祁等向地方官陈请,魏廷珍经调查后认为:

学臣兼理南北,不特地方辽阔,跋涉艰辛,为期迫促,弗获从容校鉴。且自长沙而外,各郡科岁连场,不能历兼两度,兼之大比录遗,学臣南北难以兼顾,俱委藩司代理一切,考校临场,未免拮据,诚为未便。

----

[1] (清)王文清:《请分选湖南湖北公呈》,载(清)刘采邦、张延珂等编纂:《(同治)长沙县志》卷 20《政绩二》,岳麓书社 2010 年版,第 364—365 页。

[2] 《世宗宪皇帝实录》卷 21,《清实录》第 7 册,中华书局 1985 年版,第 340 页。

他说,湖南"尔来人文日盛,士子繁多,不无试期迫促,未免遗珠之叹",实有必要分设学政一官,专司湖南,"俾于三年之中,历试南属各郡,从容考校,更于科试录遗一切场务,皆得悉心料理,以副大典"。为了避免因办公场地问题影响学政分设,魏廷珍甚至提前查得长沙府旧署一处,认为可以驻扎学臣,毋庸议建新署。①

雍正皇帝接到此奏后,并未马上允准,当年七月,他在接见接替魏廷珍到湖南担任巡抚的王朝恩时面谕:"湖南督学分差极是的,你到任后即查议具奏。"②与此同时,湖南地方士子也向布政使朱纲提出公呈,朱纲将其转呈巡抚王朝恩,后者批示要求回查出详,"俟详到后再拜疏",未料朱纲碍于时任湖广学政吴家麒情面,"吴学院情面上不好意思,俟伊差满后再出详罢"。③ 王朝恩遂于十一月径行上奏,请求分差督学。次月,清廷"添设湖南提督学政一员,从湖南巡抚王朝恩请也"④。雍正三年(1725 年),朝廷正式向湖南单独派遣学政,翰林院编修即墨人黄鸿中成为首任湖南学政。

单独派遣学政给湖南士子带来了巨大的鼓舞,雍正三年(1725 年)正月二十五日,时任翰林院编修的武陵(今常德)人杨超曾上奏感谢朝廷,称:"前此分设乡闱,已免震撼波涛之恐,今兹重论学政,更从容陶铸……从此澧兰沅芷,观雅化于菁莪,湘雨岳云,涛浓施于湛露",并说自己得到消息后,"欣闻自天,拜舞于地",⑤欣喜之情,溢于言表。

无论是分闱、教职分选,还是分设学政,无不经历曲折过程,这反映出清朝初年湖湘士人在争取成为独立学术地理单元过程中的艰辛,经过一步步努力,

① (清)魏廷珍:《湖南分设学政疏》,载(清)吴兆熙、张先抡等修纂:《(光绪)善化县志》卷19《政绩》,岳麓书社 2011 年版,第 339—340 页。
② 《湖南巡抚王朝恩奏士子感激恩准南北分闱折》(雍正二年十一月初四日),载张书才主编:《雍正朝汉文朱批奏折汇编》第 3 册,江苏古籍出版社 1989 年版,第 925 页。
③ 《湖南巡抚王朝恩奏陈题请分差督学案由折》(雍正三年二月初三日),载张书才主编:《雍正朝汉文朱批奏折汇编》第 4 册,江苏古籍出版社 1989 年版,第 398 页。
④ 《世宗宪皇帝实录》卷 27,《清实录》第 7 册,中华书局 1985 年版,第 419 页。
⑤ (清)杨超曾:《谢湖南添设学政》(雍正三年正月二十五日),载任梦强主编:《清代吏治史料·吏制改革史料一》,线装书局 2004 年版,第 336—337 页。

湖南终于成为一个独立的学术地理单元。这是清初以来湖湘地域文化复兴的结果,又促进了湖南地域学术文化的进一步振兴,成为晚清以降湘人、湘学大放异彩的重要基础。

第二节　士习文风的改造与汉学研究的萌芽

一般认为,乾嘉时期,汉学研究在吴、皖等地大盛,涌现出了一批学术大师,但在湖南却没能流行开来,"独湖湘之间被其风最稀"①,当时湖南地域学术仍以理学为主。事实上,乾嘉时期的湖南汉学虽然和吴、皖地区相比水平有限,但却是晚清湖湘汉学之所以能够兴盛的重要基础。这一时期,地方官员对湖南的士习文风进行了有意识的改造,本地书院中出现了与汉学有关的教育内容,研治汉学的知名湘籍学者开始出现。

一、士习文风的改造

乾嘉时期,中国传统学术进入其发展的顶峰阶段,先后涌现出一大批重要学者,在古代典籍的考订、辨伪等方面取得了突出成就。但从全国范围来看,这一成就的分布却是不均衡的,即主要集中在今安徽、浙江、江苏等省份。而地处长江中游洞庭湖以南的湖南省,尽管经过清初几任地方官员和士人的努力,其文化教育已经有所振兴,但在当时人眼中,仍然是需要改造的文化不发达地区。

乾隆八年(1743年)闰四月,江苏人蒋溥受任命署理湖南巡抚,临行前,乾隆皇帝赠诗一首,中有"江湖襟带地,风俗易移难"②一句,透露出最高统治者

---

① 钱穆:《中国近三百年学术史》下册,商务印书馆1997年版,第638页。

② 全诗为"简畀罗英俊,咨时切治安。江湖襟带地,风俗易移难。谷贱筹农苦,棉轻虑岁寒。承流敷渥泽,应共洞庭宽。"(王锺翰点校:《清史列传》卷20《蒋溥传》,中华书局1987年版,第1534页)按,此诗后勒于青石碑上,碑身通高175厘米,宽97厘米,题头刻"赐蒋溥巡抚湖南",现存长沙市青少年宫院内(长沙市志编纂委员会编:《长沙市志》第13卷,湖南出版社1996年版,第382页)。

对湖南民风的印象。而外省士人作为地方官员就任湖南后,在写给皇帝的奏疏中,也每每以湖南"民俗刁悍""士习交漓"等语上闻。如乾隆十年(1745年)接替蒋溥担任湖南巡抚的江西人杨锡绂就曾说:

> 臣荷蒙圣恩,畀以巡抚重任。到任以来,将及三月,于民风士习吏治或批阅案牍,或咨询属员,或身亲见闻,细加查察,大约民风士习嚚浮不靖,吏治亦因之积疲。即如词讼一项,湖南风气则以健讼为能。每一纸到官,或得批准,不但本人自喜,即亲族亦交相称贺,更有意在拖累,止图批准,不准审理之习。若州县官差唤审讯,反躲避不出,延案难结,以故些小事件而历控上下衙门,久经审断平允而翻控一二十载。为讼师者,本无狡智,惟知混驾无影之词;为地棍者,亦无他能,惟知肆其强横之技。无知愚民,或倚为谋主,或堕入其术中,霸占拐略(掠),行同泛常,抢亲掘坟,视为儿戏。至于命案,无论真假,或抢夺凶犯而误控他人,或捏指伤痕而妄图诈害,或尸亲不愿涉讼而房族从中把持,或本犯甘罪无辞而旁人代为翻诉。庸碌有司,止欲省事,一味姑息,多不按律例定拟……稍有风力之官,略一认真,则地方士民即不能容,百计倾轧。……几至于官畏民而民不畏官。①

直到乾隆四十三年(1778年),审理刘翱《供状》案的湖南巡抚李湖(江西南昌人)还在奏折中说:

> 臣莅任湖南视事甫及两旬,留心体察,该省民俗刁悍,嚚断成风,士习交漓,冠履不辨,凡稍识之无之人句读未明,动辄掉弄笔墨,冒上无等,锢习相沿,恬不为怪。②

上述说法或许存在着一些偏见,但却真实反映出最高统治者和地方最高行政长官对湖南士习文风的不佳印象。盛清诸帝皆提倡文教,其中又以乾隆朝政

---

① (清)杨锡绂:《四知堂文集》卷8《敬陈楚南风俗斟酌办理疏》,《清代诗文集汇编》第295册,上海古籍出版社2010年版,第181页。

② 《李湖奏查缴刘翱藏书及审拟情形折》(乾隆四十三年六月二十六日),载上海书店出版社编:《清代文字狱档》(增订本),上海书店出版社2011年版,第217页。

治安定,国家富足,尤为注重文治。乾隆三年(1738 年)十月,乾隆帝训士子留心经学,称:"士人以品行为先,学问以经义为重……治一经必深一经之蕴,以此发为文辞,自然醇正典雅。若因陋就简,只记诵陈腐时文百篇以为弋取科名之具,则士之学已荒,而士之品已卑矣。"①乾隆皇帝还曾多次以经学为题进行考试,如乾隆十年(1745 年)四月策试天下贡士曰:"五、六、七、九、十一、十三之经,其名何昉,其分何代,其藏何人,其出何地,其献何时,传之者有几家,用以取士者有几代?"②因此,历任湖南官员都把改造地方士习学风作为一项重要任务,大力提倡文教,倡导经学。

其一,整顿书院,倡导实学。书院为士子荟萃之所,风气所向,常能左右本地学术。因此,历任湖南巡抚都比较重视从书院入手来改造士习民风。其中,岳麓书院作为湖南当地最负盛名、影响最大的书院,成为地方官改造整顿的重点。杨锡绂认为,"湖南民风刁险,先由士习不谨,而书院萃各属之俊髦,必皆整躬励行,足为士习之倡,亦可为齐民观感"③,任内颁布《岳麓书院学规》,以"立志""求仁""变化""正文体"勉励士子④。乾隆二十八年(1763 年),陈弘谋第二次巡抚湖南期间,重新整合省城书院,颁布《申明书院条规以励实学示》33 条,对招生名额、考试内容、奖惩制度、图书借阅等作出了详细规定。⑤除了建章立制,乾嘉时期的湖南巡抚还身体力行,亲自参与到岳麓书院的实际教学中。如乾隆四十五年(1780 年)担任巡抚的刘墉,政务之暇辄亲至岳麓书院,"与山长并坐讲堂,论文谈道,士子环集听讲"⑥。嘉庆十六年(1811 年)担

---

① 《高宗纯皇帝实录》卷 79,《清实录》第 10 册,中华书局 1985 年版,第 243—244 页。
② 《高宗纯皇帝实录》卷 239,《清实录》第 12 册,中华书局 1985 年版,第 82 页。
③ (清)杨锡绂:《四知堂文集》卷 8《请增设书院以期实效疏》,《清代诗文集汇编》第 295 册,上海古籍出版社 2010 年版,第 194 页。
④ (清)杨锡绂:《四知堂文集》卷 20《岳麓书院学规》,《清代诗文集汇编》第 295 册,上海古籍出版社 2010 年版,第 417—419 页。
⑤ (清)陈弘谋:《培远堂偶存稿文檄》卷 48《申明书院条规以励实学示》,《清代诗文集汇编》第 281 册,上海古籍出版社 2010 年版,第 397—402 页。
⑥ (清)吴兆熙、张先抡等修纂:《(光绪)善化县志》卷 18《名宦》,岳麓书社 2011 年版,第 321 页。

任巡抚的满洲镶黄旗人广厚，"嗜学好士，尝刊《儒门法语》分给岳麓书院肄业生，以端士习"①。嘉庆二十五年(1820 年)担任巡抚的浙江山阴人李尧栋在所撰《岳麓书院藏书记》中说："士，民之表也；经，士之业也。民风淳本于士习端，士习端本于经术明，经明则行修。一人行修移于一家，一家行修移于一乡一国。训世正俗，其必由通经之士乎!"②

除了整顿岳麓书院外，乾嘉时期，湖南地方官员还积极兴建其他书院，以求改造地方士习学风。比如杨锡绂到任后，通过实地考察，发现岳麓书院离城十余里，中隔湘江，每逢春夏水涨，弥漫八九里，稍遇风浪，即须守候，不能截渡，士子多因此裹足不前，于是谋求另设书院。当时，湖南省城书院除岳麓外，原尚有城南、惜阴二处，但因年久废为僧舍，杨锡绂乃与司道各捐养廉银，将城南原长沙协都司衙门旧署加以增修，仍用"城南书院"之名③，后几经更迭，成为省城长沙的又一所重要书院。再如乾隆十八年(1753 年)，醴陵知县管乐在该县学宫故地创建渌江书院，先后有张九钺、余廷灿、罗汝怀等学者主讲，皆一时名流。

需要指出的是，杨锡绂、陈弘谋等以"实学"教导湖湘士子，此一"实学"，就二人的学术宗尚来看，却未必是以考证、训诂为特征的乾嘉汉学，而应当是当时被奉为功令的程朱理学。④ 正如杨锡绂在叙述城南书院兴建始末的文章中所说，望诸生"守朱、张两夫子之正学，而不为功利词章之习所摇夺，则东南之道脉益有以永其传而扩其绪"⑤。但这种倡导读书、鼓励静下心来立志求学

① (清)吴兆熙、张先抡等修纂：《(光绪)善化县志》卷 18《名宦》，岳麓书社 2011 年版，第 322 页。

② (清)李尧栋：《岳麓书院藏书记》，载(清)瞿中溶编：《岳麓书院新置官书总目录》，收入《岳麓书院志》，岳麓书社 2012 年版，第 481 页。另按，李尧栋乃知名汉学家卢文弨之婿。

③ (清)杨锡绂：《四知堂文集》卷 8《请增设书院以期实效疏》，《清代诗文集汇编》第 295 册，上海古籍出版社 2010 年版，第 194 页。

④ 事实上，杨、陈二人皆是乾隆朝著名的理学官僚。

⑤ (清)杨锡绂：《四知堂文集》卷 20《城南书院记》，《清代诗文集汇编》第 295 册，上海古籍出版社 2010 年版，第 417 页。

的治学导向,就其内在精神而言,却不能不说与乾嘉汉学所主张的实事求是之学有一定相通之处,在一定程度上为汉学在湖南大地的生长提供了土壤。

其二,规范士习,端正文风。据统计,乾隆、嘉庆两朝,清廷一共任命了三十余位湖南学政①,其中不乏名儒硕学者,甚至有的学政本人就是知名的汉学家,如乾隆三十一年(1766 年)任职的卢文弨。"学政的本职在于校士衡文,整顿各地学校的文风与士习。这不仅关系到士人个人的进退,而且对当地诗文与学术风气的盛衰有着重要影响"②。总体来看,乾嘉时期的湖南学政大多都能恪尽职守,任内提倡读书,重视经学,对改变湖南士人的健讼之风,将其引入读书治学一路,起到了积极作用。

乾隆三十六年(1771 年)担任湖南学政的褚廷璋认为,"学政于诸生,如父兄之于子弟,有教化之责"③,任内乃极力教化士人,遇控案中涉及伦常事件,每于批究外躬亲传讯,为之委曲譬晓。他还亲作劝导诗一首,要求学子置于家塾,时时警醒,其曰:

> 士为四民首,文与行兼勖。
>
> 持身尤所先,圭璧宜自淑。
>
> 奈何烦讯谳,公庭待匍伏。
>
> 肇衅非一端,其事更可仆。
>
> 或轻儇纵恣,罪甚不可赎。
>
> 或因缘牵率,咎在偶失足。
>
> 读书须闭户,戋帛贵修幅。
>
> ……
>
> 圣朝勤造士,学校首风俗。

---

① 钱实甫:《清代职官年表》第 4 册《学政表》,中华书局 2019 年版。

② 安东强:《清代学政规制与皇权体制》,社会科学文献出版社 2017 年版,第 106 页。

③ (清)褚廷璋:《筠心书屋诗钞》卷 7《书批呈存稿后》,《清代诗文集汇编》第 363 册,上海古籍出版社 2010 年版,第 257 页。

弦歌泽诗书,闻望保全玉。

儒林无遗行,美善式邦族。

使者区区心,愿为后时祝。

作诗代赠言,倘可置家塾。①

乾隆四十二年(1777 年)担任学政的姚颐,在任期间持己甚严,但对当地士人却十分爱护,"召诸生集署中,教以立身、行己之方与古人为学次第,远方乔野士恒宽其礼数,戒门吏不得壅蔽,投刺者立见之,斗酒款洽,和蔼乐易,乡塾师弟不过也。精藻鉴寒士才质可造者,供膏火,亲教之署中,赖以成业者甚多",后人言"楚风丕变,公之力焉"。② 姚颐,字雪门,江西泰和人,乾隆三十一年(1766 年)一甲二名进士(榜眼),历任翰林院编修、湖南学政、山西知府、甘肃按察使等职。

除此之外,乾嘉时期的湖南学政还十分重视对士子的考校,为其订正文字,甚至进行了手把手的教导。乾隆四十八年(1783 年)担任学政的钱沣,"每按临试郡县毕,例进诸生晓以程序,先解经义,次指示诗文佳劣,有字体谬误及音韵失谐者,必面斥或亲责其掌,而于等第列前者,尤不少恕。当时所号老生宿学,值发落日恒惴惴焉"③。钱沣,字东注,号南园,云南昆明人。乾隆三十六年(1771 年)进士,曾任翰林院编修、通政司副使等职,乾隆四十八年(1783 年)任湖南学政,后因政绩突出而留任,前后督学六载,是一位对湖湘学术有重要影响的外省籍士人。同治七年(1868 年)十二月,湖南士人上奏朝廷,请求将其入祀名宦祠,得到允准。④ 在钱沣遗集的编纂过程中,时任湖南巡抚刘

---

① (清)褚廷璋:《筠心书屋诗钞》卷 7《偶检视学以来先后缘事除名诸生,辛卯年多至三十余人,嗣后按年递减,至甲午则七人而已,虽士习渐归醇谨,而姓名犹累,爱书身教言教两俱抱愧爰成是什并示诸生》,《清代诗文集汇编》第 363 册,上海古籍出版社 2010 年版,第 256 页。

② (清)严如熤撰,冯岁平、张西虎注:《乐园文钞》卷 4《姚雪门先生纪略》,三秦出版社 2015 年版,第 103 页。

③ (清)左宗棠:《钱南园先生文存序》,载《钱南园先生遗集》卷首,《清代诗文集汇编》第 397 册,上海古籍出版社 2010 年版,第 241 页。

④ 《穆宗毅皇帝实录》卷 248,《清实录》第 50 册,中华书局 1987 年版,第 458 页。

崑,湘人郭嵩焘、左宗棠等,或为之搜集诗文,或为之撰写序跋,均极为肯定其对湖湘学术的贡献。① 钱沣还工于书法,"尝大书'用严'二字于澧州试院,见者肃然"②。而亦曾担任湖南学政的著名汉学家卢文弨虽因到任后一年所上之条陈被乾隆皇帝痛斥,撤其回京严加议处,任职时间很短,但由于其任内重视以经学考校士子,故对湖南汉学之提振亦为有功,如其在常德府所出题目为:

> 经以名道,传以翼经,孔子作十翼而易道兴,后人入象象文言于卦爻中,次第果无失欤?《诗》《书》皆有序,后人略《书》序不道,《诗》小序出于子夏,或以为卫宏所作,或以为出于国史,然欤?《春秋》三传,左氏纪事,公、穀解义,乃习《春秋》家近宗胡氏而三传束之高阁,何欤?《礼记》有夏殷之制,又有秦官删《小正》而载《月令》,其何以说?《周礼》致太平之书,或云草创未行,其官制与他经不同者何在?冬官之属亦尚有可考者否?其条举以对。③

另外,卢文弨任内拔擢多人,如唐鉴之父湘籍汉学家唐仲冕,13岁应童子试时曾获其称赞,多年后仍感念不已④,后世湘人亦赞卢文弨任内"以经学课士,甄拔多名才"⑤。

---

① 按,钱沣去世后,其诗文集的编纂经历了一个漫长的过程。先是道光十五年(1835年)刻成遗文二卷,名为《南园文存》。同治十一年(1872年)刘崑收得诗存若干,郭嵩焘又收得遗诗一卷,刘崑并取他文之散见者,编为五卷刻成。光绪七年(1881年)钱沣族孙钱墉以钱沣诗文集请序于左宗棠,后者为之作序。此后,钱沣诗文集又先后于光绪十九年(1893年)、光绪二十一年(1895年)、民国十四年(1925年)多次被刊刻。(参见方树梅:《钱南园先生年谱》,载余嘉华主编:《钱南园诗文集校注·附录四》,云南民族出版社2007年版,第464—465页。)

② (清)李瀚章、裕禄等编纂:《(光绪)湖南通志》卷105《名宦志》,岳麓书社2009年版,第2176页。晚清时期,江标担任湖南学政,按试至此,见此仍肃然起敬。[(清)江标:《江标日记》下册,凤凰出版社2019年版。]

③ (清)卢文弨:《抱经堂文集》卷23《湖南科试诸生策问九首》,《清代诗文集汇编》第342册,上海古籍出版社2010年版,第517页。

④ (清)唐仲冕:《陶山文录》卷1《秋水赋》,《清代诗文集汇编》第437册,上海古籍出版社2010年版,第392页。

⑤ (清)刘采邦、张延珂等编纂:《(同治)长沙县志》卷18《名宦》,岳麓书社2010年版,第328页。

二、汉学教育的出现

关于乾嘉时期湖南的学术风气，主要活动在咸同年间的湘人罗汝怀曾有这样的描述："湖湘尤依先正传述，以义理、经济为精闳，见有言字体、音义者，恒戒以逐末遗本。传教生徒，辄屏去汉唐诸儒书，务以程朱为宗。"①此言经常被学者征引，用来说明这一时期湖南地域学术与作为全国主流学术的乾嘉汉学相异的独特性。事实上，这一论断在强调湘学理学底色的同时，却也忽视了同一时期考据汉学以书院为载体，在湖南大地滋生、传播的情况。更准确地说，乾嘉时期，湖湘学术一方面继承了本地自南宋以来尊崇理学的学术宗尚，另一方面也在有意识地接纳、学习和传播考据汉学。

作为省内规模最大、地位最高的书院，岳麓书院这一时期的教学特点颇能说明考据汉学在湖南的发展情况。该书院起源于唐末五代，南宋时成为以胡安国、胡宏、张栻等为代表的湖湘学派的学术基地，朱熹亦曾不远千里从福建前来讲学，"朱张会讲"从此成为佳话。明代科举，考试内容以儒家经义为主，题目限于"四书""五经"，考生答卷时以朱熹《四书章句集注》为立论依据，不许另有见解，程朱理学被奉为官方正统思想。清朝入关后，在沿袭前朝制度的基础上，还通过升祀朱熹于文庙十哲之次等做法，进一步强化了程朱理学的统治地位。应该说，程朱理学在明、清两代不断被尊崇的历史过程，也是以这一思想为其学术宗尚的岳麓书院地位不断得到巩固和加强的过程。特别是乾隆九年（1744年），最高统治者钦赐"道南正脉"匾额，实际上赋予了岳麓书院在湖南乃至整个南方地区理学传承中的核心地位，在给湘人带来极大自豪感的同时，也强化了理学在岳麓书院的核心地位。

尽管如此，乾嘉时期，在王文清、罗典等山长的倡导下，岳麓书院在尊崇程朱理学的同时，其教学方法和教学内容中仍出现了一些汉学的相关内容。

---

① （清）罗克进：《皇清诰封通议大夫太常寺卿衔候选内阁中书舍人选授龙山芷江等县儒学训导湘潭罗府君行状》，载（清）罗汝怀：《绿漪草堂文集》卷首，清光绪九年刻本。

　　王文清,字廷鉴,湖南宁乡人,雍正二年(1724 年)进士,部选九溪卫(今湖南醴陵)教授,后改岳州府教授,后经湖南巡抚钟保、学政吴大受等举荐,赴北京参加博学鸿儒考试,落第后留京供职,曾充三礼馆纂修官,以博学强记著称,时人有"记不明,问文清"之语①。此外,王文清还参与纂修《律吕正义》,考订五代史等,直至乾隆十一年(1746 年)59 岁时告归。② 王文清本就笃于经学,加之参与官修典籍多年,于乾隆初年京师的汉学研究风气多所浸染,曾自述"我亦备员同事此,汉注唐疏共细论"③。在这个过程中,王文清吸纳了汉学的一些理念,并萌生了以汉学研究定理学之是非的想法,有诗云"朱陆纷纷争衲凿,一从考订何同异"④。

　　王文清返湘后,先后于乾隆十三年(1748 年)和乾隆二十九年(1764 年)两次担任岳麓书院山长,主持制定了学规和读书法。学规六言一条,共计 18 条。除了以"时常省问父母""朔望恭谒先贤""气习各矫偏处""举止整齐严肃"等规定对生徒进行行为举止上的要求外,还特别注重对儒家经典的研究,要求"日讲经书三起""读书必须过笔""疑误定要力争"⑤。读书法则分为读经、读史两部分,其中"读经六法"为"正义、通义、余义、疑义、异义、辨义"⑥。不难看出,这实际上是鼓励书院生徒在经学研究中重视文本,并大胆地怀疑前人成说,这与南宋湖湘学派的开创者胡安国等人所持之"重义理而轻训诂"的学术态度相比,无疑已有较为明显的差异,与清代汉学家不守成说,勇于疑经,并敢于通过考证提出新见解的学术精神是一致的。当代学者也认为,这"反

----

① (清)邓显鹤编纂,沈道宽、毛国翰、左宗植校订:《沅湘耆旧集》第 200 卷《杂谣歌辞·都下语》,载《沅湘耆旧集》第 6 册,岳麓书社 2007 年版,第 665 页。

② 秦熏陶编,钟筑甫订正:《王九溪先生(王文清)年谱》,载熊治祁编:《湖南人物年谱》第 1 册,湖南人民出版社 2013 年版,第 377—382 页。

③ (清)王文清:《锄经余草》卷 6《送同馆李栗侯太史归里》,载《王文清集》,岳麓书社 2013 年版,第 150 页。

④ (清)王文清:《锄经余草》卷 6《赠李穆堂先生长句因送其奉祭禹陵便道归省》,载《王文清集》,岳麓书社 2013 年版,第 145 页。

⑤ 邓洪波:《中国书院学规》,湖南大学出版社 2000 年版,第 174—175 页。

⑥ 邓洪波:《中国书院学规》,湖南大学出版社 2000 年版,第 175 页。

映出岳麓书院开始受到新学风的影响,走向经史之路"①。

乾隆年间,曾任岳麓书院山长长达 27 年的罗典,也是一位著述等身、学养深厚、对湖南地域学术有较大贡献的学者。罗典(1719—1808 年),字徽五,号慎斋,湖南湘潭人,乾隆十六年(1751 年)进士,历任江南道监察御史、吏科掌印给事中、工科掌印给事中、鸿胪寺少卿、四川学政等职。罗典深于经学,于《易》《书》《诗》《春秋》各经皆有著述。担任四川学政时,按试诸郡,"至则诣明伦堂,集师生讲经书,声响如钟,所讲明白晓畅,近里切己,针顽砭愚,听者悚然心动。试毕,进诸生规诲之,娓娓无倦容,即未列高等生,以疑义叩训,示无所吝,乐易恳勤,朗如霁日,而和如惠风,蜀中士习文风,日烝烝上"②。

乾隆四十七年(1782 年),罗典应时任湖南巡抚李世杰之邀,担任岳麓书院山长,直至嘉庆初年病逝。在任期间,他一方面以相当精力从事经学研究,先后写出了《凝园读诗管见》《凝园读春秋管见》等著作,这些著作采用了汉学"字枇而句梳之"的研究方法,"既皆有确切注脚,则通之一章,又通之全篇,全经有所窒,则废寝食,夜以继日,必得其融贯而后安",③后人也认为,罗典关于《毛诗》的研究,"字句诠释,能补毛郑之略"④。另一方面,在生徒教育中,罗典也十分重视经学研究,"晨起讲经义"⑤,推动了诂经研史之风在岳麓书院的兴盛。

需要指出的是,乾嘉时期,汉学研究风气在湖南的萌发,并不意味着理学的衰弱。无论是王文清还是罗典,其作品中都不乏对理学的颂扬之辞。王文

---

① 朱汉民、邓洪波:《岳麓书院史》,湖南教育出版社 2013 年版,第 407 页。
② (清)严如熤撰,冯岁平、张西虎注:《乐园文钞》卷 4《鸿胪寺少卿罗慎斋先生传》,三秦出版社 2015 年版,第 103—104 页。
③ (清)严如熤撰,冯岁平、张西虎注:《乐园文钞》卷 4《鸿胪寺少卿罗慎斋先生传》,三秦出版社 2015 年版,第 104 页。
④ (清)陈嘉榆、王闿运等修纂:《(光绪)湘潭县志》卷 8《二罗列传》,岳麓书社 2010 年版,第 294 页。
⑤ (清)严如熤撰,冯岁平、张西虎注:《乐园文钞》卷 4《鸿胪寺少卿罗慎斋先生传》,三秦出版社 2015 年版,第 104 页。

清首次掌教时,下车伊始,即登岳麓山瞻仰朱张遗迹,写下了"嫡脉衍朱张,吾道中天睹。今看饮马池,恍惚过邹鲁"①的诗句。王文清两次掌教期间担任山长的衡山人旷敏本甚至认为,岳麓书院之所以能够在湖南书院中拥有首屈一指的地位,就是因为其传承了理学的缘故,其云"南岳七十二峰,独岳麓传者,以书院也。书院遍域中,独首岳麓者,以朱张也"②。这些都说明,乾嘉时期,湖湘学者在接纳、吸收、传播汉学的同时,依然坚持着他们对理学,特别是作为湖南地域学术传统的朱张理学的认同。在这个意义上,甚至可以说,湖湘汉学是萌芽于湖湘学术这棵植根于深厚理学传统的大树上的一片新叶,其生长过程不可避免地受到作为湖湘地域学术文化传统的理学的影响,甚至汲取了后者的某些营养。这也使得湖湘汉学在其产生之初,就带有较强的自身特点,与吴皖地区的汉学有较大不同。

三、本土学者的涌现

乾嘉时期,湖南本土出现了不少学者,他们有的曾在三礼馆、四库全书馆等机构供职,参与了当时官方大型图书的编纂工作,于新兴的汉学风气多所浸染;有的则埋头著述,写下了不少考经证史的著述。

乾隆元年(1736年)六月,刚刚即位改元的乾隆帝下令设立三礼馆,纂修《三礼义疏》,这是乾隆朝特开众多官方书馆中的第一个③,也是乾嘉时期重要的学术事件之一。湖南祁阳人陈大受曾在三礼馆中担任副总裁,宁乡人王文清曾任职纂修。其中,又以后者任职时间较长,贡献尤大。

陈大受(1702—1751年),字占咸,号可斋,湖南祁阳人。雍正十一年(1733年)进士,改庶吉士,授编修。乾隆二年(1737年)五月,乾隆帝御乾清

---

① (清)王文清:《锄经余草》卷11《初至岳麓讲席时壬辰二月朔日》,载《王文清集》,岳麓书社2013年版,第264页。

② (清)旷敏本:《朱张祠碑记》,载(清)丁善庆纂辑:《长沙岳麓书院续志》卷4《艺文》,《岳麓书院志》,岳麓书社2012年版,第634页。

③ 张涛:《乾隆三礼馆史论》,上海人民出版社2015年版,第9页。

宫考试翰詹,名列一等一名①,自此"四岁七迁,洊历中外重任"②。乾隆四年
(1739年)后,相继担任安徽、江苏、福建巡抚。乾隆十二年(1747年)授兵部
尚书,次年授吏部尚书、协办大学士,在军机处行走。乾隆十四年(1749年)
起,相继担任直隶总督、两广总督,乾隆帝曾御书"熙绩良谟"赐之。乾隆十六
年(1751年)卒,谥"文肃"。

乾隆四年(1739年)八月,陈大受以吏部右侍郎任三礼馆副总裁,同年十
一月,外放安徽巡抚。关于陈氏在馆事迹,其门人赵青藜曾有"彼来屡从先
生,后备职编纂,益聆绪论"③的说法。学者张涛认为,陈大受在馆不满一年,
旋即外放安徽巡抚,自无暇总揽馆务,且身后门生朱珪撰传,不言其三礼馆事,
恐是已不知其在馆经历,故赵青藜所言多半属于客套。④ 笔者认为,就具体编
纂工作而言,陈大受可能确因在馆时间过短而无多大建树,但就三礼馆所折射
出的清代学术转向以及乾嘉时期湖湘学术的变化而言,陈氏的这一任职,则又
具有相当的象征意义。

一般认为,清代学术在乾隆初年出现了由宋入汉的变化。这一点,在三
礼馆的纂修工作中也有所体现。马宗霍先生曾对此进行过一番分析,指出
其中"《周官》虽采掇群言,《仪礼》虽多宗敖说,而郑注兼用,《礼记》则更博
采汉唐遗文,而于陈澔《集说》仅弃瑕录瑜,杂列诸儒之中,不以冠首,与
《易》《诗》《书》三经异例"⑤。而陈大受出方苞之门,"单心六经,于濂洛关闽

---

① 《高宗纯皇帝实录》卷42,《清实录》第9册,中华书局1985年版,第754页。按,道光二
十三年(1843年)三月,曾国藩以大考升授翰林院侍讲后,曾在致祖父母的信中提及陈大受此次
经历,云:"湖南以大考升官者,从前唯陈文肃公一等第一以编修升侍读,近来胡云阁先生二等第
四以学士升少詹,并孙三人而已。孙名次不如陈文肃之高,而升官与之同。此皇上破格之恩
也。"[(清)曾国藩:《禀祖父母》(道光二十三年三月二十三日),载《曾国藩全集》(修订版)第20
册《家书之一》,岳麓书社2011年版,第55页。]
② (清)彭维新:《墨香阁集》卷8《光禄大夫太子太保两广总督文肃陈公墓志铭》,岳麓书
社2010年版,第136页。
③ (清)赵青藜:《漱芳居文钞》卷3《送陈中丞序》,清乾隆泾县赵氏漱芳居刻本,第5页。
④ 张涛:《乾隆三礼馆史论》,上海人民出版社2015年版,第114页。
⑤ 马宗霍:《中国经学史》,湖南师范大学出版社2018年版,第117页。

书横竖钩贯"①。因此，其以理学推重者担任三礼馆副总裁，一定程度上可说是见证了清代宋学向汉学的转向，在湖南这样一个以理学为主流学术的地域学术史上，可谓别具意义。

与陈大受相比，王文清在三礼馆中不仅任职时间较长，且贡献更大。乾隆元年(1736年)七月，三礼馆开馆后不久，王文清即由总裁鄂尔泰等推荐入馆②，根据张涛的研究，王氏在馆主攻《礼记》与礼图，是《礼记义疏》编纂过程中出力最多的四个人之一③。另外，他还从《永乐大典》中辑出南宋湘人易祓的《周礼总义》，"此本辑佚，尚早于四库全书馆几达四十年"④。王文清还利用馆中资料写成《仪礼分节句读》一书，并将这部书稿呈予方苞、李绂等馆中同事阅看，共同研究，"偶有未安，辄为改定，总于一节一句一读一圈一点中不敢淆杂，必求清晰妥当，乃成是本"⑤。

乾隆六年(1741年)，王文清被荐入律吕正义馆，两年后又被调入武英殿经史馆，主要负责《新五代史》的校勘工作，"当事属校勘五代史，为摘三十五条为考证以进。当事即以进呈，御笔批定，未驳字"⑥。其间老父病重，因馆中乏人，亦不克归养，休假四个月后仍回馆供职，直至乾隆十一年(1746年)上述三馆书成议叙后，方于九月回乡，所以王文清实际上参与了乾隆初年多个官方修书馆的纂修工作。

返回湖南后，王文清先后两次主讲岳麓书院，给湖南大地带来了一股清新的汉学之风，上文已经有所论述，此处不赘。他还潜心研究，先后写下了五十

---

① （清）彭维新：《墨香阁集》卷8《光禄大夫太子太保两广总督文肃陈公墓志铭》，岳麓书社2010年版，第136页。

② 史语所藏内阁大库档案，登录号210114—001。转引自张涛：《乾隆三礼馆史论》，上海人民出版社2015年版，第214页。

③ 张涛：《乾隆三礼馆史论》，上海人民出版社2015年版，第145页。

④ 张涛：《乾隆三礼馆史论》，上海人民出版社2015年版，第67页。

⑤ （清）王文清：《仪礼分节句读·凡例》，清刻本。转引自张涛：《乾隆三礼馆史论》，上海人民出版社2015年版，第66页。

⑥ 杨布生：《岳麓书院山长考》，华东师范大学出版社1986年版，第125页。

余种约千余卷著述,远较《船山遗书》三百余卷为多①,陈弘谋巡抚湖南时,曾表其里门曰"经学之乡"②。可惜的是,这些著作大部分没有流传下来,以至"遗书不行于士林,后学寡知其名姓"③。

作为乾嘉时期规模最大、影响最为深远的官方修书机构,四库全书馆对清中叶以前的传统典籍进行了一次大规模的整理。该馆以纪昀为首,集合了陆锡熊、戴震、邵晋涵、周永年、翁方纲、王念孙等一流学者,梁启超称之为"汉学家大本营"④。湘人长沙刘权之、刘校之兄弟,湘潭刘亨地、罗修源、张九镡,宁乡王坦修,湘乡罗国俊等亦厕身其中。由于人数较多,此处仅择要介绍几人。

刘权之(1739—1818年),字德舆,号云房,湖南长沙人。乾隆二十五年(1760年)进士,授编修,历官安徽学政、礼部右侍郎、江南学政等职。嘉庆二年(1797年)调吏部侍郎,迁左都御史。嘉庆六年(1801年)授吏部尚书、军机大臣。嘉庆十年(1805年)授礼部尚书、协办大学士,加太子少保,后因故革职,降为编修,不久即获起用,升侍读,迁光禄寺卿,授兵部尚书。嘉庆十五年(1810年)授协办大学士,次年任体仁阁大学士,管理工部,复加太子少保。嘉庆十八年(1813年)以原品休致回籍。嘉庆二十三年(1818年)卒,谥"文恪"。

乾隆三十八年(1773年)闰三月,刘权之以司经局候补洗马被选为四库全书馆纂修⑤。刘权之为纪昀门生,在《四库全书总目》起草与修订过程中发挥了比较重要的作用。"聚珍版提要有四篇署其名:《猗觉寰杂记》《后山诗注》《茶山集》《文苑英华辨证》"⑥。在乾隆四十七年(1782年)二月军机大臣遵

① 寻霖、龚笃清:《湘人著述表》第1册,岳麓书社2010年版,第44页。

② 秦熏陶编,钟筑甫订正:《王九溪先生(王文清)年谱》,载熊治祁编:《湖南人物年谱》第1册,湖南人民出版社2013年版,第393页。

③ 李肖聃:《王九溪先生遗嘱跋》,载《李肖聃集》,岳麓书社2008年版,第45页。

④ 梁启超:《中国近三百年学术史》,复旦大学出版社1985年版,第116页。

⑤ 《办理四库全书处奏遵旨酌议排纂四库全书应行事宜折》(乾隆三十八年闰三月十一日),载中国第一历史档案馆编:《纂修四库全书档案》,上海古籍出版社1997年版,第76页。

⑥ 司马朝军:《四库全书总目编纂考》,武汉大学出版社2005年版,第35页。

旨拟定的《四库全书》议叙一、二等人员名单中,刘权之被列为二等第二名,赏给墨刻一本、如意一柄、八丝大缎一疋等物。① 同年七月,四库全书馆总裁、皇六子质郡王永瑢等以其前后在馆五年,颇为勤勉,现又协同校办《简明目录》,奏请准其于对品侍讲缺出,通行补用,以示鼓励,同日乾隆帝谕曰:"刘权之遇有侍讲缺出,准其借补。"②

除此之外,刘权之还在《四库全书》的复校过程中发挥了比较重要的作用。乾隆五十二年(1787年),乾隆皇帝巡幸避暑山庄期间,偶然翻阅收藏于此地的文津阁《四库全书》,发现错误多处,于是命令原编纂校对人员对藏于内廷四阁的《四库全书》进行复校。乾隆五十五年(1790年)三月,在原总纂陆锡熊的带领下,刘权之与关槐、潘曾起等赴盛京详校文溯阁《四库全书》,"按照部分次第校看",其中陆锡熊"总司核签,仍兼分阅",刘权之、关槐、潘曾起等每人分得一千余函,"将各书逐段匀派,按股阄分",③至七月十二日查勘完竣。这次校对,除点画讹误随阅随改外,"查出誊写错落、字句偏谬书六十三部,漏写书二部,错写书三部,脱误及应删处太多,应行另缮书三部,匣面错刻、漏刻者共五十七部"④。

乾隆五十六年(1791年)七月,乾隆帝再次翻阅文津阁《四库全书》,发现"扬子《法言》一书其卷一首篇有空白二行,因检查是书次卷核对,竟系将晋唐及宋人注释名氏脱写",遂命将及详校官庄通敏交部分别议处,同时,对刚刚完成检查的文溯阁《四库全书》再行抽查。陆锡熊担心抽查发现问题,主动上

---

① 《军机大臣等奏遵旨拟赏四库全书议叙人员及未经引见名单片(附单)》(乾隆四十七年二月),载中国第一历史档案馆编:《纂修四库全书档案》,上海古籍出版社1997年版,第1463页。

② 《质郡王永瑢等奏刘权之协同校办简明目录可否遇缺补用片》(乾隆四十七年七月十九日),载中国第一历史档案馆编:《纂修四库全书档案》,上海古籍出版社1997年版,第1604—1605页。

③ 《都察院右副都御史陆锡熊奏详校文溯阁四库全书办法折》(乾隆五十五年三月二十九日),载中国第一历史档案馆编:《纂修四库全书档案》,上海古籍出版社1997年版,第2174页。

④ 《都察院右副都御史陆锡熊奏查勘文溯阁书籍完竣折》(乾隆五十五年七月十二日),载中国第一历史档案馆编:《纂修四库全书档案》,上海古籍出版社1997年版,第2192页。

奏要求再赴盛京校阅,与此同时,刘权之亦奏请自备资斧前赴文溯阁查检书籍①,未料次年初比至盛京,陆锡熊即去世,遂由刘权之接替其职,故文溯阁《四库全书》的第二次复校,实际上是由刘权之主持的。这次校阅,刘权之将原应由陆锡熊校对的一千余函与各详校摊匀分阅,同时"每人各付一册档,填写姓名,其签改之处,并令详载各书卷数及某页某行,以便按籍抽核"②,至四月校勘事竣,其中《性理大全》一书,由刘权之撤出,带回另缮③。

与刘权之在《四库全书》纂修中所发挥的作用相似,王坦修也先后参与了纂修和复校两个阶段的工作。王坦修(1744—1809年),字中履,号正亭,湖南宁乡人。乾隆三十七年(1772年)进士,改庶吉士,授检讨,官侍讲学士,充顺天乡试、会试同考官。嘉庆四年(1799年)丁父忧回湘,后不再出,历主常德朗江、湘潭昭潭书院。嘉庆十四年(1809年)任岳麓书院山长,未几卒。

从档案来看,在《四库全书》的纂修过程中,王坦修早期的表现似乎比刘权之更优秀一些。在乾隆四十七年(1782年)二月军机大臣所拟定的《四库全书》议叙一、二等人员名单中,刘权之列二等,王坦修为一等,获赏八丝大缎二疋、砚一方、笔一匣、墨刻一本等物。④ 此外,王坦修还参与了文津阁《四库全书》的两次复校工作。第一次是在乾隆五十二年(1787年),其与纪昀、祁韵士等于十月十五日抵达热河,二十二日开始办理⑤,至次年正月完成。此次校勘,共看书五千八百九十二函,共查出誊写错落、字句偏谬者六十一部,内《西

---

① 《礼部右侍郎刘权之奏请自备资斧前赴文溯阁查检书籍折》(乾隆五十六年十二月十一日),载中国第一历史档案馆编:《纂修四库全书档案》,上海古籍出版社1997年版,第2278—2279页。

② 《礼部右侍郎刘权之奏校阅文溯阁书籍情形折》(乾隆五十七年二月二十五日),载中国第一历史档案馆编:《纂修四库全书档案》,上海古籍出版社1997年版,第2294页。

③ 《盛京将军琳宁等奏重校文溯阁书籍人员事竣回京折》(乾隆五十七年四月二十二日),载中国第一历史档案馆编:《纂修四库全书档案》,上海古籍出版社1997年版,第2304页。

④ 《军机大臣等奏遵旨拟赏四库全书议叙人员及未经引见名单片(附单)》(乾隆四十七年二月),载中国第一历史档案馆编:《纂修四库全书档案》,上海古籍出版社1997年版,第1463页。

⑤ 《礼部尚书纪昀奏请将文渊阁翻译册档移送热河一分等事折》(乾隆五十二年十月二十四日),载中国第一历史档案馆编:《纂修四库全书档案》,上海古籍出版社1997年版,第2081页。

域图志》一册，空白回部字六页，无人能写，《春秋辨义》一册，底本下截破烂，无可查填，带回另办赍送①。第二次是在乾隆五十七年(1792 年)三月，签出空白、舛误一千余条，另检出经部内《周礼注疏删翼》等书共三十册，史部内《平定准噶尔方略正编》等书共六十二册，子部内《西清古鉴》等书共一百二十一册，集部内《范忠贞集》等书共一百十七册错误较多，换卷另缮，带回京办理。②

值得一提的是，同样是在四库馆任职，所完成的工作也大体一致，刘权之由候补洗马"遇有侍讲缺出，准其借补"③，其后一路升迁，放学政、任侍郎、入军机，官拜大学士，可谓官运亨通，而王坦修的仕途却一直没有起色，"回翔禁近，不得显擢"④。无怪乎嘉庆四年(1799 年)其父去世，王氏丁外艰回湘后再不愿返京为官，从此终老故乡。其中原因，民国《宁乡县志》的编者认为是其"恬退不慕声利，高宗末年倦勤，权要招延，绝不一往"⑤。

四库全书馆中的湘籍学者除了参与实际的编校工作，还贡献了不少藏书，

① 《礼部尚书纪昀奏来热勘书完竣并查明阙失颠舛各书设法办理折》(乾隆五十三年正月二十七日)，载中国第一历史档案馆编：《纂修四库全书档案》，上海古籍出版社 1997 年版，第2304 页。

② 《热河总管福克精额等奏文津阁书籍校竣已照式归架折》(乾隆五十七年闰四月二十七日)，载中国第一历史档案馆编：《纂修四库全书档案》，上海古籍出版社 1997 年版，第2305 页。

③ 《质郡王永瑢等奏刘权之协同校办简明目录可否遇缺补用片》(乾隆四十七年七月十九日)，载中国第一历史档案馆编：《纂修四库全书档案》，上海古籍出版社 1997 年版，第1604—1605 页。

④ 周震麟修，刘宗向纂：《(民国)宁乡县志》卷 10《先民传十八·王坦修传》，民国三十年活字本，第 3 页。

⑤ 周震麟修，刘宗向纂：《(民国)宁乡县志》卷 10《先民传十八·王坦修传》，民国三十年活字本，第 2—3 页。细考王坦修的仕宦履历，在乾隆、嘉庆之交确实有不同寻常、难以解释的地方。按王坦修于乾隆三十六年(1771 年)中举，次年连捷成进士，散馆后任翰林院检讨，充四库馆纂修、武英殿分校，乾隆四十五年(1780 年)任顺天乡试同考官，次年任会试同考官，乾隆四十九年(1784 年)丁内艰，服阙，升右赞善，乾隆五十三年(1788 年)任侍讲，转侍读，充日讲起居注官，一路尚属平顺。然自乾隆五十六年(1791 年)开始，王氏先后两次在翰詹大考中失利。第一次是其乾隆五十六年(1791 年)二月，名列三等(共四等)，由侍讲学士降补洗马，此次降补五年后的嘉庆元年(1796 年)，王坦修官复原职，复任侍讲，未料嘉庆三年(1798 年)大考，王氏再一次降衔候补。王坦修本人并非无识之人，否则不可能在担任会试同考官时，于落卷中拔擢出后来担任浙江巡抚、以廉能著称的清安泰，更不可能被选中担任上书房行走，傅皇孙。因此，其接连两次在翰詹大考中失利，实有不合常理之处，这或许从侧面印证了后人"权贵打压"的猜测。

刘亨地就是其中的一个典型。刘亨地(1734—1777 年),字寅桥,湖南湘潭人。清乾隆二十二年(1757 年)进士,改庶吉士,授编修,迁国子监司业,乾隆四十二年(1777 年)任广东乡试副考官,归卒于道,年仅四十余岁。刘亨地与纪昀友善,去世后,后者为其撰写墓志铭,专门谈到了其在四库全书馆中的任职情况:

> 辛卯夏,余自塞外蒙赐环,再授馆职,公亦服阕来京师。会有诏,搜罗遗书以充《四库》,余与公同司编纂之役,乃晨夕聚一堂。时馆阁英俊,毕预是选,咸踔厉风发,挺然有以自见;公独落落穆穆,手丹墨二毫,终日无一语。然叩所学,援古证今,具有经纬;勘所辑录,亦条理秩然,是非不苟,如坐古人于旁而面为商榷也。①

《四库全书》纂修过程中,刘亨地献书多种,今《四库全书总目》著录其藏书 11 种 50 卷,其中经部 3 种 16 卷、史部 2 种 3 卷、子部 1 种 4 卷、集部 5 种 21 卷,多于翁方纲、王昶、邵晋涵等人。②

除了在官方修书机构中的辛勤工作,乾嘉时期的湖南学者还埋头著述,在当时和后世都获得了很高的赞誉。

余廷灿(1729—1798 年),字卿雯,号存吾,湖南长沙人。乾隆二十六年(1761 年)进士,改庶吉士,散馆授检讨,曾充三通馆纂修官,以母老乞养归,曾主濂溪、石鼓、城南等书院。著有《存吾文集》等。余廷灿私淑戴震,自言"未识其面而喜读其书"③,清人曾盛赞余氏学术,称"其学兼综经史及诸子百家、象纬、句股、律吕、音韵,皆能提要钩玄"④。民国《湖南通志》编纂期间,负责《艺文志》编修的杨树达先生曾为余廷灿著作撰写提要,亦盛赞其学术精深:

---

① (清)纪昀:《纪文达公遗集》卷 16《翰林院侍讲寅桥刘公墓志铭》,《清代诗文集汇编》第 354 册,上海古籍出版社 2010 年版,第 413 页。

② 郑伟章、姜亚沙:《湖湘近现代文献家通考》,岳麓书社 2007 年版,第 15 页。

③ (清)余廷灿:《戴东原先生事略》,载戴震研究会、徽州师范专科学校、戴震纪念馆编纂:《戴震全集》第 6 册,清华大学出版社 1999 年版,第 3447 页。

④ 王锺翰点校:《清史列传》卷 68《王文清传附余廷灿传》,中华书局 1987 年版,第 5484 页。

卷一《释射》一首,取凡与射义有关之文字一一加以诠诂,与沈彤《释骨》、任大椿《释缯》、孙星衍《释人》体例略同,而博洽亦复相类;《旅酬考》《九献考》二篇,融会经文,条举件系,令读者于繁复之礼制一览了然,最为详核。他如《寝衣辨》据《说文》证寝衣之为被,考引戴震、阮元之说而加以申证,皆考核详明,不为肤论。①

而张舜徽先生虽认为余氏"考证名物,不能邃密,信无以望并时吴皖诸儒","固未足以经学名家",然仍肯定其"《释射》一篇,贯串经训,有条不紊,足与孙星衍《释人》、洪亮吉《释舟》之属比重耳。其次如《郝京山传》《王船山传》《朱竹君传》《江慎修传》《戴东原事略》诸篇,均翔实可诵,又自有阐幽表微之功也"。②

唐仲冕(1753—1827年),字六枳,号陶山居士,湖南善化(今长沙)人。乾隆五十八年(1793年)进士,先后担任江南荆溪(今江苏宜兴)、奉贤(今属上海)、吴江(今属苏州)知县,海州(今江苏东海)、通州(今江苏南通)知州、苏州知府等职,官至陕西布政使,道光三年(1823年)以病乞归,侨居南京,道光七年(1827年)去世。唐仲冕虽为湘人,但久在江浙学术渊薮之地任职,退职后又长期居住在南京,故结交了一大批当时的一流汉学家。张舜徽先生阅读唐著《陶山文录》后发现:

是集为仲冕自定,每篇之尾,附载钱大昕、王昶、姚鼐、孙星衍、洪亮吉、段玉裁、法式善、秦瀛、伊秉绶、许桂林诸家评语。钱、王、姚年辈视仲冕为长,盖尝从褰裳奉手;孙、洪、段、法、秦、伊诸家,乃等夷之人,情好较密;许则其门下士也。证之《陶山诗录》二十四卷中酬答之作,知其与乾嘉学者,交游殆遍,宜其闻见博洽,卓然有成。③

① 杨树达:《〈存吾文集〉四卷提要》,载(民国)湖南文献委员会编:《湖南文献汇编》第2辑,湖南人民出版社2008年版,第84—85页。
② 张舜徽:《清人文集别录》,华中师范大学出版社2004年版,第213页。
③ 张舜徽:《清人文集别录》,华中师范大学出版社2004年版,第259—260页。

此外,唐仲冕本人也于学术研究多有创建。他幼年随父亲唐焕仕宦山东平阴,乾隆四十六年(1781 年)应邀赴泰安主持泰山书院,直至乾隆五十八年(1793年)中进士。其间,他以相当精力修辑《岱览》一书。"由于久居泰山脚下,唐仲冕对泰山的历史、宗教、地理、名胜、掌故、传说、文献乃至各支山的情况了如指掌,从而培养出扎实的文献与考据功底,成为日后他预于汉学之流以及校论汉学的学识基础"①。今存《陶山文录》中之经说亦多创见,钱大昕推许其所说《易》义,穷极窈眇,《周礼》义,考核精审。② 段玉裁亦谓其所著《周易》《周礼》诸条,剖析精确,悬诸日月而不刊。③ 晚清学者李慈铭则评价其著作"实事求是,多可取备一义"④。张舜徽先生认为,唐仲冕之所以获得乾嘉第一流学者的认同,在于其"致力之端,力宗古注,语必有据,无宋元诸儒架空立论之习"⑤。

除了余廷灿、唐仲冕等人,乾嘉时期,湖南还有一批科第不高、官位不显,在今天看来也并不那么知名的学者,他们潜心汉学,写下了不少著作。对这些人物进行梳理,有助于更加全面地了解这一时期湖南汉学的发展情况,并在此基础上,更为准确地了解湘水校经堂成立之前湖南汉学的发展情况。

潘相(1713—1790 年),字润章,号经峰,湖南安乡人。乾隆二十五年(1760 年)举人,充武英殿分校、琉球国官学教习,乾隆二十八年(1763 年)进士,官山东福山知县,三十四年(1769 年)调曲阜知县,三十九年(1774 年)升濮州知州,四十三年(1778 年)以葬亲乞归,四十五年(1780 年)补授云南昆阳州知州。潘相一生,虽官位仅至知州,但"著述宏富,实九澧数百年来所未有"⑥,其中经学部分,汇编为《经学八书》,另有《琉球入学见闻录》《澧志举

---

① 蔡长林:《学问何分汉宋:唐仲冕的经术文章》,《中国文化研究所学报》2018 年 7 月。
② (清)钱大昕:《跋》,载(清)唐仲冕:《陶山文录·题跋》,清道光刻本。
③ (清)段玉裁:《跋》,载(清)唐仲冕:《陶山文录·题跋》,清道光刻本。
④ (清)李慈铭撰,由云龙辑:《越缦堂读书记》下册,上海书店出版社 2000 年版,第808 页。
⑤ 张舜徽:《清人文集别录》,华中师范大学出版社 2004 年版,第 260 页。
⑥ 王燸纂修:《(民国)安乡县志》卷 23《潘氏列传》,民国二十五年石印本。

要》等著作,还主持编纂了乾隆《曲阜县志》等地方志书。其中,《毛诗古音参义》认为读古音者宜祖陈第《毛诗古音考》与顾炎武《音学五书》之说。① 《尚书可解辑粹》得著名皖派汉学家程瑶田为之作序,内言潘相之治《尚书》"如攻坚木,久之无不相说以解。试披其策,伏而读之,若《尧典》《禹典》,若《禹贡》,若《洪范》,皆钜篇之多节目而根柢之盘互者。今皆依文说之,若网在纲,有条不紊"②。

朱景英(生卒年不详),字幼芝,又字梅冶,晚号研北翁,湖南武陵人。清乾隆十五年(1750 年)中举人第一名,十八年(1753 年)起相继任福建连城、宁德、侯官知县,三十四年(1769 年)擢台湾府鹿耳海防同知,四十一年(1776年)调北路理番同知,四十三年(1778 年)告病归乡。③ 朱景英"博涉书史",所著《畬经堂文集》中有多篇论述经典、考证舆地之作,如卷二《毛诗注疏考》《三礼授受考》《春秋三传注疏考》《左传官名地名异同考》,卷三《沅水考》《辰水考》《沅州辨》等。④

需要指出的是,除了湘籍学者,这一时期,湖南还有不少任职于此的外省籍汉学家。其中特别值得一提的是大汉学家钱大昕之婿,江苏嘉定(今上海)人瞿中溶。瞿中溶(1769—1842 年),字木夫,又字镜涛,晚号空空叟,年三十一补诸生,援例捐布政司理问。⑤ 据其自订年谱,瞿中溶于嘉庆十二年(1807 年)签分湖南,道光三年(1823 年)因老病辞官,共在湖南任职 16 年。⑥ 其人本好金石文字之学,在湘任职期间,又四处搜访遗物,学更精深,嘉庆二十一年(1816 年)至

---

① (清)潘相:《毛诗古音参义》首卷,清嘉庆五年执谦堂刻本。
② (清)程瑶田:《修辞余录·尚书可解辑粹叙》,载程瑶田:《通艺录》,清嘉庆刻本。
③ (清)恽世临修,陈启迈纂:《(同治)武陵县志》卷 21《朱景英传》,清同治七年刻本。
④ (清)朱景英:《畬经堂文集》,清乾隆刻本。
⑤ 支伟成:《清代朴学大师列传·金石学家列传十八·瞿中溶》,岳麓书社 1998 年版,第274 页。
⑥ (清)瞿中溶编,缪荃孙校:《瞿木夫先生自订年谱》,民国二年南林刘氏嘉业堂刻本。

二十五年(1820年)《湖南通志》编纂期间,受聘撰写其中的《金石志》①。

瞿中溶虽非湘人,但长期在湖南任职,所取得的汉学研究成绩也与其在湖南的任职经历息息相关。如所著《奕载堂古玉图录》一书,据其自序,乃是"游宦长沙,每见持售者其中有古物,乃以薄俸所入,节省日用之余,稍稍购置,积之十年,聚至三四百枚",归田后遍检古今书目,唯元代有朱氏《德润古玉图》一卷。《四库全书》存目中虽有宋代龙大渊奉旨所编之《古玉图谱》一百卷,但皆当时内府所藏,非民间之物,且二书传本甚少,遂发奋撰成此书。② 可以说,对瞿中溶而言,乾嘉时期的湖南已不仅仅是其宦游的所在,更为其从事金石学研究提供了基础条件。更引人注意的是,瞿中溶在湖南的汉学研究也对湘人产生了影响。咸丰二年(1852年)道州人何绍基被任命为四川学政,自京赴任时路过西安,曾阅读瞿著《集古官印考》一书③,藏于今北京大学图书馆的同治十三年(1874年)刻《集古官印考》,卷首即有何绍基咸丰二年(1852年)写于西安行馆的题签。据该书卷末瞿中溶之子瞿树镐跋,何绍基当时还曾为该书谋求刊刻,后来因为在四川学政任上因言得咎,此事遂寝。

第三节　湘水校经堂的开办与鸦片战争前夜的湖南汉学

嘉庆以降,传统汉学研究依然占据着学界主流,并且出现了从原来的吴、皖等个别地域向外扩张的趋势。在湖南,汉学研究在这一时期经历了曲折发展。一方面,得益于地方官员和本地学人的共同倡导,开办了湘水校经堂这样

---

① (清)巴哈布等修,王煦等纂:《(嘉庆)湖南通志》卷首《修纂职名》,清嘉庆二十五年刻本。
② (清)瞿中溶:《奕载堂古玉图录》卷首《叙》,民国十九年刻本。
③ 毛健整理:《何绍基〈西輶日记〉(中)》,载《湘学研究》2015年第1辑,中国社会科学出版社2015年版。

的专门学校,成为湖湘汉学发展史上的标志性事件。另一方面,随着清朝由盛转衰的变化,在思索如何解决社会危机的过程中,大盛于吴、皖并执学界牛耳的汉学被重新审视,倡导义理、注重阐发微言大义的宋学和今文经学兴盛起来,对汉学进行了相当多的批判,造成了一定冲击。总体来看,这一时期,不少湖南学者将实证研究与解决国家民族的现实问题结合起来,使得当时湖南的汉学研究具有非常鲜明的经世致用的特点。

一、汉学风气的鼓舞与湘水校经堂的开办

一般认为,道光十三年(1833 年)春,湖南巡抚吴荣光在岳麓书院内创办湘水校经堂,给湖南学界带来了一股清新的汉学之风,从此"三吴汉学入湖湘"。但是,如果我们将视野放宽,就会发现,在鸦片战争前的湖南社会,湘水校经堂的开办及对汉学的提倡并非吴荣光一人灵光一现的偶然事件,而是一个群体长期共同努力的结果。这个学人群以祁寯藻、程恩泽、康绍镛、程祖洛、吴荣光等在湘任职的地方官员为核心,包括黄本骥、邓显鹤等一批倾心汉学的本地学人,以及郑珍等当时在湖南生活并从事汉学研究的非湖南籍学者。他们以同年、师生、友朋等关系为纽带联系在一起,共同受到当时最为重要的汉学提倡者——阮元的影响。

阮元(1764—1849 年),字伯元,号芸台,江苏扬州人,占籍仪征。乾隆五十四年(1789 年)进士,历官乾隆、嘉庆、道光三朝,先后担任山东、浙江学政,浙江、河南、江西巡抚,湖广、两广、云贵总督,体仁阁大学士等职,卒谥文达。阮元历任中外要职,所至皆提倡经学,先后主持修纂《经籍籑诂》《十三经注疏》《皇清经解》,设立诂经精舍、学海堂,倡导汉学。后人称其"身历乾、嘉文物鼎盛之时,主持风会数十年,海内学者奉为山斗焉"[1]。

道光二年(1822 年)五月,时任翰林院编修,并在南书房行走的山西寿阳

---

① 赵尔巽等:《清史稿》卷 364《阮元传》,中华书局 1977 年版,第 11424 页。

人祁寯藻被任命为广东乡试正考官。消息传来,祁氏赋诗一首,中有"天南正辟拏经室(原注:时阮芸台制军方以经学训励多士),文教都由帝都敷"①一句,显示他对当时阮元在两广总督任上创办学海堂、倡导经学的作为已有所耳闻并十分倾慕。到广东后,祁寯藻和阮元交往甚密,诗文酬唱不断②,亲眼目睹了后者提倡汉学的事迹。翌年,祁寯藻被任命为湖南学政,所至皆提倡汉学,自言任内"试诗赋多以经语命题,不敢割裂经句"③,考试辰州府期间,他发现"边疆僻邑,间于诗律字体未尽讲求",乃"谆切面谕,并摘取五经、诗题,辨正通俗文字,刊示诸生,令其按日课习,由学呈送批阅"。④后人称其在任期间,用朴学倡导后进⑤,"手辑经史粹语有关忠孝大节者颁示士子资警,又以学贵通经,俾讲求汉、唐、宋诸儒笺疏、传注及名物、象数、训诂、音韵之学,由是经数日盛"⑥。

道光五年(1825年),祁寯藻任满回京,接替他的是他的好友程恩泽。程恩泽(1785—1837年),字云芬,号春海,安徽歙县人,嘉庆十六年(1811年)进士,历官礼部、工部、户部侍郎等职。程恩泽与祁寯藻关系密切,二人曾于道光元年(1821年)一同入值南书房。入值之初,祁寯藻曾写了一首诗给程恩泽,以故乡山西籍名臣陈廷敬、孙嘉淦二人相期许。⑦寯藻典试广东途中,旅途不

① (清)祁寯藻:《馤飦亭集》卷4《五月十二日奉命典试广东,感恩恭纪》,载《祁寯藻集》第2册,三晋出版社2011年版,第27页。

② 参见(清)祁寯藻:《馤飦亭集》卷5《芸台制府前辈修拓号舍新成,赋诗见示次韵》《次韵芸台先生〈甲子监临浙闻〉,和坡公〈试院煎茶〉作》诸诗,载《祁寯藻集》第2册,三晋出版社2011年版,第43页。

③ (清)祁寯藻:《观斋行年自记》,载《祁寯藻集》第1册,三晋出版社2011年版,第146页。

④ (清)祁寯藻:《为报明接考辰州等处情形事奏折》(道光四年九月初七日),载《祁寯藻集》第3册,三晋出版社2011年版,第2页。

⑤ (清)王先谦:《虚受堂文集》卷9《诰授光禄大夫经筵讲官工部尚书兼管顺天府尹事务祁文恪公神道碑》,载《葵园四种》,岳麓书社1986年版,第192页。

⑥ (清)李瀚章、裕禄等编纂:《(光绪)湖南通志》卷107《名宦志》,岳麓书社2009年版,第2209页。

⑦ (清)祁寯藻:《馤飦亭集》卷3《初入直庐呈程云芬前辈恩泽》,载《祁寯藻集》第2册,三晋出版社2011年版,第22页。

寐,亦有诗篇思念恩泽①,程恩泽集中也有不少与祁寯藻唱和的诗篇。在学术上,程恩泽也和祁寯藻一样倾向汉学。歙县为清代皖派汉学的发源地之一,先后涌现出程瑶田、凌廷堪等一流学者。程恩泽青年时即从同乡凌廷堪游,主张"义理自训诂出,训诂舛,则义理亦舛"②。凌廷堪为阮元挚友,故程恩泽与阮元亦有交往,阮元曾赞其"学识超于时俗,六艺九流皆好学深思,心知其意。本工篆法,益熟精汉许氏说文之学","约礼博文,实事求是"。③ 在鸦片战争前夜的学术舞台上,在拔擢人才方面,程恩泽曾被视作与阮元齐名的人物,何绍基曾说:"京师才士之薮,魁儒硕生究朴学能文章者,辐凑鳞比,日至有闻。至于网罗六艺,贯串百家,又巍然有声名位业,使天下士归之如星戴斗,如水赴海,在于今日,惟仪征及司农两公而已。"④

程恩泽到湖南后,认识了湘籍学者邓显鹤,并很快结为至交。二人诗文酬唱不断,后编为《北湖酬唱集》二卷。邓显鹤(1777—1851年),字子立,一字湘皋,湖南新化人,与程恩泽同为嘉庆九年(1804年)举人,故程恩泽订交诗中曾有"同谱偶然耳,对面不相识"⑤之句。道光六年(1826年)大挑二等,选宁乡县训导。晚年主讲常德朗江书院、宝庆濂溪书院等处。邓显鹤工于吟咏,一生致力于湖南地方文献的搜集与整理,曾编纂《沅湘耆旧集》《资江耆旧集》,增辑《楚宝》,刊刻《船山遗书》,梁启超称之为"湘学复兴之导师"⑥。一般认为,程、邓二人的交往在文学史上具有重要意义,推动了道咸时期宗宋

---

① (清)祁寯藻:《馆斛亭集》卷4《旅馆不寐怀程云芬前辈》,载《祁寯藻集》第2册,三晋出版社2011年版,第29页。

② (清)程恩泽:《程侍郎遗集》卷7《金石题咏汇编序》,清咸丰五年《粤雅堂丛书》本。

③ (清)阮元:《诰授荣禄大夫户部侍郎兼管钱法堂事务春海程公墓志铭》,载《程侍郎遗集》卷首,清咸丰五年《粤雅堂丛书》本。

④ (清)何绍基:《龙泉寺检书图记》,载《程侍郎遗集》附录,清咸丰五年《粤雅堂丛书》本。

⑤ (清)程恩泽:《程侍郎遗集》卷2《订交诗赠邓湘皋同年学博》,清咸丰五年《粤雅堂丛书》本。

⑥ 梁启超:《说方志》,载《饮冰室合集·文集之四十一》,中华书局1989年版,第84—99页。

诗风的形成。① 事实上,二人对训诂与义理的关系也有过一番讨论,程恩泽考校沅州府期间,曾写了一封信给邓显鹤,表达了他对"舍训诂而谈义理"的担忧:

> 窃以为留心义理,推之事功为有用之学,而制度名物昧于所从来,亦不足以识古先圣王礼乐之深意。而不知天者不足与议历象,不知地者不足与议攻守。不知小学者不足与议训诂,训诂且不解,奚义理之有哉! 故凡欲通义理者必自训诂始。世有束书不观,置训诂不讲,而以义理表暴者,其病足以祸天下。泽深慨焉! 故设教时谆谆以通训诂、明义理为属,而门径之说则择人以告,彼志于博者乃可议门径,否则徒知禄利之诱攻帖括而已。诱之以禄利而责之以义理,是犹建曲表而求直影;不诱以禄利人谁应之? 故贡举之法惟遴选、举优二途尚可责以义理,他考不与焉。

他同时请求邓显鹤的帮助:

> 贡举之弊,今日尤甚。法出而奸生,令行而诈起。非法令不足以御奸诈,由教之不先,而利禄之诱有以致之也。先生植品高粹,学有本原,居宁乡必有裨于宁乡,安得执木铎者皆如先生,则士服其教矣。《传》云:"以身教者从,以言教者讼。"义理尤贵躬行,躬行乃能及物;否则徒堕讲学之习亡,益而有害。泽有见于教与学之道,而诚不足以充之,谨以质之先生,愿先生择焉。②

邓显鹤在回信中赞同程恩泽的看法,认为"至设教之法不一,而小学为先,小学之教亦不一,而训诂为先,诚如钧谕所云",并进一步阐发道:

> 由训诂而识义理,由义理而博通乎古先圣王制度名物及历象躔次、河渠水利、兵刑名法、民生休戚、时政得失,与夫天人相与、休咎征验、古今治乱循环之故。洞悉详究,灿然为体用明备之学,诗文工拙其末焉者也。明

---

① 周芳:《邓显鹤与道咸宗宋诗风的形成》,《中南大学学报》(社会科学版)2011 年第 6 期。

② (清)邓显鹤:《南村草堂文钞》卷 9《复督学程春海先生书附录春海先生来书》,岳麓书社 2008 年版,第 182 页。

乎此，则汉学、宋学一以贯之，门户之说又可不存已。①

　　除此之外，程恩泽还将自己在贵州学政任上拔擢的学者郑珍延至湖南从事汉学研究。据郑珍之子郑知同说：

　　　　乙酉，拔贡成均。学使者为程春海恩泽侍郎，侍郎邃于古学，天下称文章宗伯，见先子文，奇其才。旋移视学湖南，先子廷试归，即招以去，期许鸿博，为提倡国朝师儒家法，令服膺许、郑。先子乃博综三礼，探索六书，得其纲领。……居侍郎门下年余，戊子，辞归，侍郎有"吾道南矣"之叹。②

在湖南，郑珍还结交了邓显鹤、黄本骥等人。黄本骥（1781—1856 年），字仲良，号虎痴，湖南宁乡人，道光元年（1821 年）举人，选黔阳教谕。他涉猎广博，有《郡县分韵考》《湖南方物志》《金石萃编补目》《历代职官表》《避讳录》等20 种著作，汇编为《三长物斋丛书》。时人称"虎痴精考据，家藏金石文字数百种，多前人所未有，于时湖湘名士言博赡者以虎痴为首"③。郑珍在黄本骥处观览先秦、两汉以来墨本数千卷，"因悟隶楷法"④。返回贵州后，郑珍成为汉学在贵州传播的关键人物，著有《经说》《说文大旨》《说文逸字》《仪礼私笺》等，后世誉为"西南巨儒"。

　　在鸦片战争前夜湖南汉学的发展历史上，除了祁寯藻、程恩泽两位前后相继的学政，康绍镛、程祖洛、吴荣光等先后担任湖南地方最高行政长官的巡抚也发挥了不小的作用。尤其值得注意的是，此三人同为嘉庆四年（1799 年）己未科进士，而是科副考官正是阮元。

----

　　① （清）邓显鹤：《南村草堂文钞》卷 9《复督学程春海先生书附录春海先生来书》，岳麓书社 2008 年版，第 181 页。
　　② （清）郑知同：《敕授文林郎征君显考子尹府君行述》，载（清）郑珍：《巢经巢诗钞注释》，三秦出版社 2002 年版，第 704 页。
　　③ （清）王金策：《旧序》，载（清）黄本骥：《三长物斋文略》卷首，《黄本骥集》第 1 册，岳麓书社 2009 年版，第 118 页。
　　④ （清）郑知同：《敕授文林郎征君显考子尹府君行述》，载（清）郑珍：《巢经巢诗钞注释》，三秦出版社 2002 年版，第 704 页。

嘉庆四年(1799年)四月,清廷举行己未科会试。这次考试,是嘉庆帝亲政后所举行的第一次会试,故极为重视,命吏部尚书帝师朱珪为正考官,都察院左都御史刘权之、户部侍郎阮元、内阁学士文宁为副考官。阮元认为,"得文者未必皆得士,而求士者惟在乎求有学之文"①,故极为重视对积学好古之士的拔擢,是科共录取王引之、张惠言、郝懿行、陈寿祺等二百余人,其中不乏后世知名的汉学家,"一时名流搜拔殆尽,为士林宗仰者数十年"②。时人曾将其与康熙、乾隆时所开之博学鸿儒科类比:

> 国家自康熙己未、乾隆丙辰皆有鸿博科,以罗天下贤俊瑰奇之士。嘉庆己未,虽未试鸿博,然是科进士人才之盛,论者谓不在康熙、乾隆两大科下。③

在这些人当中,有后来担任湖南学政的汤金钊,担任湖南巡抚的康绍镛、程祖洛、吴荣光,以及掌教岳麓书院长达27年的欧阳厚均。清代科举,中考士子对考官例称座师,自称门生,终身奉行。这些人学养深厚,加之崇敬阮元,推动了汉学在湖南的发展。

道光三年(1823年)五月,祁寯藻被任命为湖南学政,临行前,曾于嘉庆十六年(1811年)担任湖南学政的吏部侍郎汤金钊写诗赠之,并"告以旧政"④。此事表面上看是前辈对后来者的一番经验传授,但若考虑到汤氏嘉庆四年(1799年)己未科进士的出身,以及鸦片战争前夕,该科进士在湖南政坛、学界的地位和影响力,则汤金钊的这个举动就不仅仅只是一种个人行为,更可以看成是一个倾向汉学的学人群体在有意识地对湖南地域学术施加影响。

---

① (清)阮元:《揅经室集》卷7《嘉庆四年己未会试录后序》,中华书局1993年版,第572页。

② 赵尔巽等:《清史稿》卷340《朱珪传》,中华书局1977年版,第11094页。

③ (清)陈寿祺:《左海文集》卷10《驾部许君墓志铭》,《续修四库全书》第1496册,上海古籍出版社2002年版,第392页。

④ (清)祁寯藻:《馤䬸亭集》卷11《敦甫先生惠报佳章,再次奉谢》,载《祁寯藻集》第2册,三晋出版社2011年版,第99页。

如果说汤金钊的这番"告以旧政",对湘学的作用尚需要通过作为湖南学政的祁寯藻为中介进行转达,只能算是一种间接的影响。那么,同为嘉庆四年(1799年)己未科进士,又相继在湖南担任地方最高行政长官的康绍镛、程祖洛、吴荣光三人,则是在日常行政中对湘学产生了直接的影响。

康绍镛(1770—1834年),字兰皋,山西兴县人。嘉庆四年(1799年)进士,先后担任军机章京、鸿胪寺少卿、安徽布政使、安徽巡抚等职。康绍镛会试受知于阮元,并曾与后者同城为官。嘉庆二十四年(1819年)闰四月,康绍镛被任命为广东巡抚,至道光元年(1821年)六月调京另候简用,共在任三年两月有余,而时任两广总督正是阮元。康绍镛在任期间,正值阮元在广州大办学海堂,提倡古学,首批生徒即于嘉庆二十五年(1820年)三月初二日开学。①很难想象,如果没有同城巡抚的支持,学海堂的建设能够如此顺利地进行。

道光五年(1825年)八月,康绍镛调任湖南巡抚,其间,他在将相当精力用于治理洞庭湖和苗疆事务之外,也十分关注湘学。邓显鹤增辑、重刻《楚宝》时,曾遍求其书而不得,正是在康绍镛帮助下,才通过安徽人李海帆自永州所带来的周系英家藏《楚宝》刻本,得以披阅原书,并最终撰成《楚宝增辑考异》四十五卷。稿成后,康绍镛又为之出资刊刻,并亲自作序。② 除此之外,康绍镛还曾从落卷中拔擢罗汝怀,甄送岳麓书院。③

道光十年(1830年)六月,康绍镛调京,任工部侍郎,继任者为其己未科同年程祖洛。程祖洛(1776—1848年),字问源,号梓庭,安徽歙县人,嘉庆四年(1799年)进士,授刑部主事,官至闽浙总督,卒谥"简敬"。程祖洛一生三至湖南为官,皆有功于湘学、湘士。第一次是嘉庆十五年(1810年)任湖南乡试

---

①　(清)张鉴:《阮元年谱》,中华书局1995年版,第146页。

②　(清)康绍镛:《楚宝序》,载(明)周圣楷编纂,(清)邓显鹤增辑:《楚宝》上册,岳麓书社2008年版,第1—3页。

③　(清)罗汝怀:《绿漪草堂文集》卷13《易鉴序》,载《罗汝怀集》,岳麓书社2013年版,第186页。

正考官,"取中多知名士"①;第二次是嘉庆二十五年(1820年)十一月任湖南布政使,其间与巡抚左辅共同改建城南书院,"以复名迹而敦实学"②;第三次是道光十年(1830年)八月任湖南巡抚,当年十一月调江苏巡抚③。此次任职虽不足三个月,但仍做了很多实事。其间,曾"亲诣岳麓、城南两院阅课,奖银二百两资助膏火,士林德之"④。

道光十年(1830年)十一月,程祖洛调江苏巡抚,继任者为满洲正红旗人苏成额,后者在任不足一年,次年八月即调仓场侍郎,接任者即是另一位嘉庆己未科进士——吴荣光。吴荣光(1773—1843年),字伯荣,号荷屋,晚号石云山人,广东南海人。嘉庆四年(1799年)进士,由编修擢御史,道光中任湖南巡抚兼湖广总督,后降为福建布政使。其人工书画,精鉴赏,著有《筠清馆金石录》《筠清馆帖》《辛丑销夏记》《石云山人文集》等。

在康绍镛、程祖洛、吴荣光这三位鸦片战争前夕相继担任湖南巡抚的嘉庆己未科进士中,吴荣光受阮元的影响是最深的。他自言少年时好为六朝骈文,嘉庆十四年(1809年)迁居京师下斜街期间,恰逢阮元因刘凤诰案由浙江巡抚降职翰林院编修,寓居相近,得以"日夕过从","始究心经义"。⑤吴荣光还有意模仿阮元历官所至,皆提倡汉学的事迹,曾在贵州布政使任上,与时任贵州学政的程恩泽提倡经学,后程恩泽调任湖南学政,吴荣光撰文送别,深表不舍,⑥晚年手定年谱,回忆及之,仍有"程春海司农恩泽自甲申定交,与余最洽,

---

① (清)吴兆熙、张先抡修纂:《(光绪)善化县志》卷18《名宦》,岳麓书社2011年版,第323页。
② (清)余正焕、左辅:《城南书院志》卷1《布政使程移建城南书院札稿》,载《城南书院志校经书院志略》,岳麓书社2012年版,第6页。
③ 魏秀梅:《清季职官表附人物录》,中华书局2013年版,第524页。
④ (清)吴兆熙、张先抡修纂:《(光绪)善化县志》卷18《名宦》,岳麓书社2011年版,第323页。按,关于程祖洛在湖南为官的事迹,《(光绪)善化县志》的相关记载存在错误,如云程任湖南巡抚"月余调任江西巡抚"。事实上,程祖洛于道光十年(1830年)八月任湖南巡抚,当年十一月调离,在任近三个月,并非月余,所赴新任乃江苏巡抚,并非江西巡抚。
⑤ (清)吴荣光、吴尚忠编,吴尚志补编:《荷屋府君年谱》,清道光刻本,第19页。
⑥ (清)吴荣光:《石云山人文集》卷3《送程春海恩泽学士视学楚南叙》,清道光二十一年吴氏筠清馆刻本,第26—27页。

气谊相投"①的感慨。

道光十三年(1833年)正月,在给阮元70岁生日的四首祝寿诗中,吴荣光赞扬老师创办诂经精舍、学海堂的事迹,"堂堂诂经舍,多士奉圭臬。……至今学海堂,保公文满箧"②,并回顾了自己及门受教的经历,"伊余实固陋,及门卅五载。初学为文章,继学为吏案。……往往从公游,请业执经侍。泊我来楚南,依邻质疑殆。荏苒岁月深,所守幸未改"③。

在湖南任职期间,吴荣光与湖南地方学者,特别是当时在长沙分别担任岳麓书院和城南书院山长的欧阳厚均、贺熙龄二人来往密切。其中欧阳厚均是吴荣光的己未科同年,交谊最洽,吴荣光曾称:"余在楚南六年,与岳麓山长欧阳坦斋侍御讲求经义诗文无间,心曲同年,如侍御者,三十八年中尚有几人?"④贺熙龄则和其兄贺长龄一起与吴荣光多有唱和,交往频繁,⑤正是在他们的支持下,道光十三年(1833年)三月,湘水校经堂于岳麓书院内开办,授课不习举业,专课经史,吴荣光本人也亲自讲学、课士、评卷,曾以"经言五行有无生克考"命题,并进行了详细的阐发,⑥史称其"按月用经义发策课士,兼理诗古文辞,每手自评骘,生争以通经为尚"⑦。此外,他还捐出俸禄购买经籍数

① (清)吴荣光编,吴尚志补编:《荷屋府君年谱》,清道光刻本,第48页。

② (清)吴荣光:《石云山人诗集》卷17《阮仪征节相七旬寿诗四首》其三,清道光二十一年吴氏筠清馆刻本,第13页。

③ (清)吴荣光:《石云山人诗集》卷17《阮仪征节相七旬寿诗四首》其四,清道光二十一年吴氏筠清馆刻本,第13页。

④ (清)吴荣光:《〈粤东游草〉叙》,载(清)欧阳厚均:《欧阳厚均集》上册,岳麓书社2013年版,第117页。

⑤ 贺熙龄诗集《寒香馆诗钞》卷三中与吴荣光的酬唱之诗颇多,如《题吴荷屋中丞湖山秋霁图》《龙塘阡图为吴荷屋中丞题》《荷屋中丞筠清消夏第四图》等。(分别参见《贺长龄集 贺熙龄集》,岳麓书社2010年版,第161、163、164页。)贺长龄《耐庵诗存》中也有《题荷屋中丞西湖秋泛图》一诗,内赞吴荣光抚湘期间"亲课两书院,朴学勤爬搜",小注曰"省城有岳麓、城南两书院,公于常课外,以四孟月课经解古学"。(《贺长龄集 贺熙龄集》,岳麓书社2010年版,第448页。)

⑥ (清)吴荣光:《石云山人文集》卷2《经言五行有无生克考》,清道光二十一年吴氏筠清馆刻本,第1页。

⑦ (清)李瀚章、裕禄等编纂:《(光绪)湖南通志》卷107《名宦志》,岳麓书社2009年版,第2207页。

万卷供诸生研讨。

以往学界在言及清代湖南汉学之兴起原因时,多归因于鸦片战争前夕吴荣光在湖南创立的湘水校经堂。事实上,学术趋尚的形成是一个长期过程,很难由一人一时所转移。即就湘水校经堂而言,今人在肯定吴荣光创立之功的同时,也须注意到吴氏之前几任湖南地方官员,特别是当时在湖南任职的嘉庆己未科进士群体的努力,没有他们对湖南汉学研究风气前后相继的持续倡导,吴荣光创办湘水校经堂的活动恐怕不会那么顺利,更遑论影响湘人的学术趋尚了。

二、宋学的挑战与经世学风的兴起

在晚清湖南汉学的叙事史上,湘水校经堂一直被赋予重要意义,但值得注意的是,几乎就在吴荣光等人创办湘水校经堂、开启后人眼中湖南汉学发展史上崭新一页的同时,在湖南本地学人中,批判汉学的声音也逐渐高涨起来。其中最值得一提的当属曾经参与创办湘水校经堂的贺熙龄。对这个问题进行分析,有助于进一步复原近代湖南地方学术变迁过程的历史真实图景,了解晚清湖湘汉学兴起过程中不同学术彼此竞逐的复杂面相。

贺熙龄(1788—1846年),字光甫,号蔗农,湖南善化人,贺长龄之弟。嘉庆十九年(1814年)进士,改庶吉士,授编修,曾任河南、山东、四川道监察御史,湖北学政等职,道光十六年(1836年)因目疾归乡,后任长沙城南书院山长,道光二十六年(1846年)卒。

贺熙龄于嘉庆十六年(1811年)与兄长龄一同考中举人,为学崇敬宋学,讲求经世致用,担任湖北学政期间,他从"正心术、端学术、正文体"三个方面训导士子,认为"万事皆本于心,心正则无不正"。[1] 在他看来,汉学家"溺于训诂、考据,断断于一名一物之微",疏于身心性命之学,放松了对道德修养的

---

[1] (清)贺熙龄:《寒香馆文钞》卷1《训士文》,载《贺长龄集 贺熙龄集》,岳麓书社2010年版,第4页。

要求，"故其出而临民也，卤莽灭裂，以利禄为心，而民物不被其泽"，①是造成嘉道时期社会危机的原因之一。贺熙龄同时还批判汉学家埋头故纸、脱离现实的弊病，提出学者最重要的是通过"读书穷理"而"学为人"，而"穷理必自读《四书》始"，"读《四书》者必自朱子始"，其云：

> 学者之所以学为人也，读书穷理，将以自治其身心而为国家天下之用也。《四书》融会众理，开示明切，故穷理必自《四书》始，而注疏得其粗，章句集解得其精，故读《四书》者必自朱子始。朱子辨别毫厘，剖析疑似，至易篑时犹改《诚意》章，一生精力尽萃于此。学者诚潜心而玩味焉，如沿江河而求至于海也，必有得矣。乃风会所趋，以一名一物穿凿附会为能，于朱子之义理精微未能究心，而惟刻求其训诂征引之小有出入者，以为诟厉，岂非养其一指而失其肩臂，培其枝叶而忘其本根者乎？吾身心之未治而欲以治天下国家，无怪其颠倒迷惑而不能自主，眩摇于祸福利害而无能自克也，亦可为大哀者已。②

贺熙龄一方面攻击汉学，提倡宋学，另一方面又与吴荣光共同创办湘水校经堂，这看似矛盾的做法实际上反映了当时湖南士人对汉学的矛盾心理，同时也提示今人，汉学在湖南的产生和发展过程实际上相当曲折。在吴荣光等人于湖南大力提倡汉学、创办湘水校经堂的同时，湖南学人对考据汉学还存在着一定的保留意见。在那个国家日渐衰弱、呼唤人才的时代，不少湘人更看重宋学对士人道德品格的陶铸作用。比如贺熙龄就曾在湘水校经堂的授课内容中明确加入了义理的内容。道光二十八年（1848 年），湖南地方官员在请求将贺熙龄入祀本地乡贤祠的奏疏中曾称：

> 癸巳春，与吴抚倡立湘水校经堂。一岁四课，一季分课一经，因人而

---

① （清）贺熙龄：《寒香馆文钞》卷 2《唐镜海四砭斋文存序》，载《贺长龄集　贺熙龄集》，岳麓书社 2010 年版，第 18 页。

② （清）贺熙龄：《寒香馆文钞》卷 2《潘孝桥四书章句集注辅序》，载《贺长龄集　贺熙龄集》，岳麓书社 2010 年版，第 19—20 页。

授之课程。又虑诸生不自检饬令,尝出一纸以相示云:"予既主讲斯席,自当为诸生讲明义理。为诸生存一分气节,即是我有一分教化。若全然不能为诸生存一分气节,便是我全无一分教化。"①

无怪乎吴荣光离任湖南巡抚后不久,湘水校经堂即告停办,直到光绪初年才在学政朱逌然的主持下重建,这些都说明当时汉学在湖南的发展并不是一帆风顺的。表面上看,道光时期,湖南依靠地方最高行政长官的推动,开办了湘水校经堂这一专门的汉学研习机构,湖湘汉学取得了突破性的发展,但这一突破所带来的成果却难以持久,究其原因,则是汉学在湖南发展的过程中,与被朝廷立为官方学术,同时也是湖南地域学术文化传统的——宋学之间的矛盾逐渐显现。

汉学与宋学,原本是传统儒学各有侧重的一体两面,但在长期发展的过程中逐渐演化成为互相争胜的两派。四库馆臣曾说"自汉京以来,学凡六变……要不过汉宋二家,互为胜负"②,将二千余年儒学发展的历史归纳为汉宋二家互相争胜的过程。湖湘学术一直以宋学,特别是朱张理学为地域学统。尤其值得注意的是,当清初吴、皖等地的学者在经历了一个以群经辨伪为代表的理学批判运动而进入汉学时,湖南地区却通过最高统治者御赐匾额的形式,在不断抬高岳麓书院地位的同时,也进一步强化了其业已存在的地域理学学统。换句话说,理学在清初湖南不仅没有被清算,反而得到了加强,成为湘籍学人引以为豪的地域学术正统。这使得湖南地区的学术研究一直无法摆脱,也不愿意摆脱宋学的牵绊。

乾嘉时期,国家富足,社会稳定,学者们有机会悠游林下,沉潜书斋,能够从容地从事各自的研究工作,湖南地域学术中的汉宋冲突并不明显,但当时代

---

① 《皇清诰授朝议大夫、掌四川道监察御史加二级、前翰林院编修、京畿道监察御史、提督湖北学政贺蔗农先生崇祀乡贤录》,载《贺长龄集　贺熙龄集》附录,岳麓书社 2010 年版,第 209 页。

② (清)永瑢等:《四库全书总目》卷 1《经部总叙》,中华书局 1965 年版,第 1 页。

来到了鸦片战争前夕,此时的大清王朝,历经百余年的发展,各种社会问题、矛盾突出,已显露出明显的衰世之相。这一切,都使得此时的湖湘学人,已无法再如他们的前辈那样埋首书斋,不问世事。在思考如何解决社会危机、挽救衰世的过程中,这些学者忧心于国家民族的未来,很自然地对那些看上去对维持世教人心、解决国计民生实际问题没有直接效用的学术研究,以及从事这些研究的学人产生了一种愤怒感。鸦片战争前夕,湖湘学术中宋学的复兴及对汉学的激烈批评,正是在这一背景下产生的。

值得注意的是,亟须解决的社会矛盾与危机并非没有对汉学家造成触动,部分湖湘学人对汉学言辞激烈的批评也不是没有引起汉学提倡者的注意。吴荣光作为当时湖南地方最高行政长官和汉学研究机构——湘水校经堂的创立者,在卸任湖南巡抚奉旨回京前,写下了四首诗,其中较常为学界所引用的一首为"校经遥邈岁朝阳,重是人师开讲堂。奥衍总期探郑许,精微应并守朱张"①,表达了汉宋兼采的态度,但是湖南的学者们对此却似乎并不满意。在贺熙龄的心目中,学术研究的目的在于"经世"。他曾说:"夫读书所以经世,而学不知要,瑰玮聪明之质,率多瘰败于词章训诂、襞绩破碎之中,故明体达用之学,世少概见。"②

正是在这一思想的作用下,贺熙龄所掌教的城南书院与湘水校经堂均极为提倡经世致用。湖南湘阴人,晚清"中兴四大名臣"之一的左宗棠就是在这一学风熏陶下成长起来的佼佼者。道光十一年(1831 年),20 岁的左宗棠进入城南书院,贺熙龄授以汉宋儒先之书,"诱以义理经世之学,不专重制艺帖括"③。在湘水校经堂的考试中,左宗棠曾经"七冠其曹"④。道光十九年

---

①　(清)吴荣光:《石云山人诗集》卷 18《湘南述别四首》其三,清道光二十一年吴氏筼清馆刻本,第 6 页。

②　(清)贺熙龄:《寒香馆文钞》卷 2《严乐园文钞序》,载《贺长龄集　贺熙龄集》,岳麓书社2010 年版,第 17 页。

③　罗正钧:《左宗棠年谱》,岳麓书社 1983 年版,第 8 页。

④　罗正钧:《左宗棠年谱》,岳麓书社 1983 年版,第 9 页。

（1839 年），贺熙龄离湘赴京，左宗棠与罗汝怀"挐舟相送"①。贺氏后赋诗一首，题为《舟中怀左季高》，赞其"开口能谈天下事，读书深抱古人情"，并称"季高近弃词章，为有用之学，谈天下形势，了如指掌"。② 后人认为，"左宗棠治学术本倾向于经世一途，复经熙龄指导，一生治学之宗旨遂笃定"③。

湖湘文化在清代嘉庆、道光时期进入快速发展阶段，其中最显著的一个表现就是湘籍人才开始大量涌现，出现了以陶澍、贺长龄、李星沅等为代表的嘉道经世派人才群体。据统计，到鸦片战争前夕，湖南已有近 20 人或在地方出任总督、巡抚、布政使、按察使、学政的要职，或在中央担任六部尚书，总揽一部事务④，成为近代中国历史舞台上湘籍士人独放异彩的先声。这些人身在庙堂，勇于任事，积极参与清政权的国家治理，对当时日益深重的社会问题有切身体会，对推动学风、士风的变革发表了许多看法，对推动湖湘学术走向经世一途，发挥了重要的作用。

陶澍（1779—1839 年），字子霖，一字子云，号云汀，湖南安化人。嘉庆七年（1802 年）进士，授编修，先后担任江南道、陕西道监察御史，山西、福建、安徽等省按察使、布政使，道光三年（1823 年）起，相继出抚安徽、江苏，道光十年（1830 年）任两江总督，卒谥"文毅"。

作为嘉道时期经世派的首领人物，陶澍历任所至，皆孜孜求治，极有政绩，正如他去世后，道光皇帝在御制碑文中所称赞的："任以疆圻，而遇事倍形勇敢；宠之节钺，而殚忧益矢公忠。挽醝纲于积弊之余，独排众议；奠河流于既平

---

① （清）贺熙龄：《寒香馆诗钞》卷 4《左子季高、罗子研生挐舟相送，别后却寄》，载《贺长龄集 贺熙龄集》，岳麓书社 2010 年版，第 179 页。

② （清）贺熙龄：《寒香馆诗钞》卷 4《舟中怀左季高》，载《贺长龄集 贺熙龄集》，岳麓书社 2010 年版，第 179—180 页。

③ 孔令谨：《左宗棠生平及其学行》，载杨慎之编：《左宗棠研究论文集》，岳麓书社 1986 年版，第 70 页。

④ 周敏之、许顺富、梁小进：《近代湖湘文化与近代湘籍人才群体》，岳麓书社 2017 年版，第 214 页。

之后,务策万全。"①此外,他还对如何培养士人经世致用的品格发表了很多看法。不过值得注意的是,在陶澍看来,经世致用绝不意味着废书不观,而是以"研经究史"为基础的"通经致用"。他提出"经术明,则人才蔚起"②,"研经究史,为致用之具"③,并认为"有实学,斯有实行,斯有实用",否则,即如"五石之匏,非不枵然大也,其中乃一无所有","以中无所有之人,即幸邀有司一日之知,责其实用难矣哉"!④ 也正因为如此,陶澍并没有完全否定汉学,相反,他曾效仿阮元所创办的诂经精舍和学海堂,于道光十八年(1838 年)在两江总督任上,于南京创办惜阴书院。

> 金陵之有惜阴书院,道光中陶文毅公督两江时仿浙之诂经精舍、粤之学海堂而为之也。盖圣人之立言垂教,其道莫著于经,然文字训诂之未明,曷由进而探性命精微之旨? 而诗赋杂体文字,又所以去其颛一固陋之习,使之旁搜遐览,铺章擒藻,以求为沉博绝丽之才,异日出而润色鸿业高文典册,以鸣国家之盛者也,其意岂不厚哉!⑤

与陶澍一样,贺长龄也强调研究经史对培养国家栋梁的重要性,曾提出经济当从经学中出的观点。⑥ 贺长龄(1785—1848 年),字耦耕,号西涯,晚号耐庵,湖南善化人。清嘉庆二十三年(1818 年)进士,先后担任山西学政、南昌知府、江苏布政使、贵州巡抚等职,官至云贵总督兼署云南巡抚。在贺长龄的提

---

① 陶思曾:《资江陶氏七续族谱》卷 8《御制碑文》,民国二十九年刻本。
② (清)陶澍:《印心石屋文钞》卷 5《四川乡试录序》,载《陶澍全集》第 6 册,岳麓书社 2010 年版,第 54 页。
③ (清)陶澍:《印心石屋文钞》卷 32《惜阴书舍章程》,载《陶澍全集》第 6 册,岳麓书社 2010 年版,第 323 页。
④ (清)陶澍:《印心石屋文钞》卷 9《钟山书院课艺序》,载《陶澍全集》第 6 册,岳麓书社 2010 年版,第 109 页。
⑤ (清)孙锵鸣:《惜阴书院东斋课艺》卷首《序》,载璩鑫圭编:《鸦片战争时期教育》,上海教育出版社 2007 年版,第 300 页。
⑥ (清)贺长龄:《耐庵文存》卷 6《与黄惺斋年兄书》,载《贺长龄集　贺熙龄集》,岳麓书社 2010 年版,第 564 页。

议与支持下,魏源编辑完成了 120 卷的《皇朝经世文编》①。该书成书于道光六年(1826 年),翌年刊行,分学术、治体、吏政、户政、礼政、兵政、刑政、工政八个部分,选辑清初至道光以前有关于国家治理的官方文书、论著、奏疏、书札等。据说此书编成后,"三湘学人,诵习成风,士皆有用世之志"②,以致"嘉道以后,留心时政之士大夫,以湖南最盛"③。

如果说陶澍、贺长龄等在外服官的湘人是以显宦提倡经世,开风气之先,那么袁名曜、欧阳厚均等退职还乡的湘人则通过书院讲学的方式,直接推动了经世学风在湖南本土的生长。

袁名曜(1764—1830 年),字道南,号岘冈,湖南宁乡人。嘉庆六年(1801年)进士,改庶吉士,授编修,累迁至侍读,充日讲起居注官,母丧归乡后不复出,主讲岳麓书院以终。袁名曜对与现实有关的实用之学十分重视,据说他"尝历游辽蓟、燕赵、齐鲁、吴越、中州、豫章、两粤"④,尤留心边防、水利、山川险隘、古今沿革等,为严如熤、陶澍等所推重。严如熤曾遣其子至岳麓书院从袁名曜学,家书云:"汝岘冈叔为楚南第一流人物,汝朝夕亲近,当深得其经世之学,毋徒请益于文词也。"⑤与陶澍、贺长龄一样,袁名曜也十分强调研经读史对培养经济之学的重要性,主持岳麓书院期间,批阅生徒课业"一字不肯忽过,厘定甲乙,众服其平"。去世后,门人将遗诗稿汇为《吾吾庐草存》五卷,道光十三年(1833 年)十月,时任湖南巡抚吴荣光为该书撰写序文,赞其"熟悉天下舆图、险隘、兵防、水利及星学、算学,固不仅以文章鸣世矣"。⑥

---

① 关于《皇朝经世文编》的编者,以往学界普遍认为主要是魏源的贡献,但从该书编撰所需的思想基础、物质条件以及后人的有关论述等方面来看,在《皇朝经世文编》的成书上,贺长龄应该作出了比魏源更大的贡献。参见刘鹤:《贺长龄、魏源与〈皇朝经世文编〉》,《长沙大学学报》2008 年第 6 期。

② 黄浚:《花随人圣庵摭忆》,上海古籍书店 1983 年版,第 200 页。

③ 孟森:《明清史讲义》,中华书局 1981 年版,第 618 页。

④ (清)袁名曜:《吾吾庐草存》卷首《行述》,清刻本,第 8 页。

⑤ (清)袁名曜:《吾吾庐草存》卷首《行述》,清刻本,第 9 页。

⑥ (清)吴荣光:《叙》,载(清)袁名曜:《吾吾庐草存》卷首,清刻本,第 1 页。

欧阳厚均(1766—1846 年),字福田,号垣斋,湖南安化人。嘉庆四年(1799 年)进士,历任户部主事、郎中、浙江道御史等,后以母老乞养归湘,主持岳麓书院长达 27 年。前文曾经述及,欧阳厚均为嘉庆四年(1799 年)已未科进士,参与了同年吴荣光创办湘水校经堂的活动。与此同时,欧阳厚均也极为提倡经世致用,"公于经无所不通,而指示人者,往往切于日用实行"①,曾教导岳麓生徒"出为名臣,处为名儒,固不徒在区区文艺之末也"②,所著《易鉴》"鉴古即所以鉴今,显示穷经致用之旨"③。欧阳厚均长期主持岳麓书院,多次受到清廷的嘉奖,先后获准记录八次,得旨叙议三次。"前后从游者以数千计,其捷南宫登贤书、贡成均者,指不胜屈。内而选瀛馆列仙曹,入直枢廷,出操衡鉴者,比肩而结绶,外而鹿夹輶兔飞舄,秉师儒之铎,佐郡邑之符者,接踵而弹冠"④。曾国藩、郭嵩焘、刘蓉、罗绕典、江忠源、李元度、唐训方等晚清中国历史舞台上的湘籍名臣皆出其门下。

无论是陶澍、贺长龄还是袁名曜、欧阳厚均,都在重视经世之学的同时提倡研经究史,这就为汉学研究的发展留下了空间,使得这一时期的湖南汉学,即使遭到了部分宋学家的强烈批评和指责,依然能够存续,成为晚清时期湖南汉学异军突起的重要基础。

三、学兼汉宋、注重经世的学人群体

在地域学统和经世学风的共同影响下,这一时期的湖南汉学呈现出与吴、皖等地的相关学术较为不同的地域特点:一是主张汉宋兼采,对宋学的接纳程

---

① (清)欧阳世洵:《序》,载(清)欧阳厚均:《易鉴》卷首,《欧阳厚均集》下册,岳麓书社 2013 年版,第 278 页。

② (清)欧阳厚均:《望云书屋文集》卷上《岳麓课艺三集序》,载《欧阳厚均集》上册,岳麓书社 2013 年版,第 182 页。

③ (清)欧阳世洵:《序》,载(清)欧阳厚均:《易鉴》卷首,《欧阳厚均集》下册,岳麓书社 2013 年版,第 278 页。

④ (清)欧阳厚均:《望云书屋文集》卷上《续刻岳麓书院同门齿谱序》,载《欧阳厚均集》上册,岳麓书社 2013 年版,第 184 页。

度更高;二是提倡经世致用,较为重视对典章制度、山川地理等与现实政治有关问题的实证研究。

何绍基(1799—1873年),字子贞,号东洲,晚号蝯叟,湖南道州人,何凌汉子。何绍基幼年寄居外家,嘉庆十一年(1806年)7岁时,随前一年考中探花的父亲进京后,长期在北京读书,于当时京师的汉学研究风气多有浸染。加之何凌汉为学重视汉学,对何绍基亦有影响。道光十一年(1831年),何凌汉典试浙江,事毕,即被任命为浙江学政,其间曾拔擢许瀚、沈垚等知名学者。同年,何绍基回湘参加乡试,得到时任湖南学政程恩泽的赞赏。① 何绍基还与吴荣光、阮元等当时重要的汉学倡导者交往密切。道光十五年(1835年),他第六次回湘参加乡试时,在长沙拜见了时任湖南巡抚吴荣光,观其所藏金石碑帖。次年,何绍基考中进士,改庶吉士,正值阮元担任庶吉士教习一职,遂从此对阮元以师称之。道光十八年(1838年),阮元致仕回乡,何绍基写下《送仪征阮宫保相国师傅予告归里序》为其送行。② 两年后何凌汉去世,何绍基扶枢归湘,路过扬州时,曾请求阮元为父亲撰写了神道碑铭。

特别值得一提的是,何绍基还曾出现在吴荣光所绘之《授经图卷》中。2015年12月31日,由湖南省博物馆、上海博物馆、南京博物院、佛山市博物馆、长沙博物馆等单位联合主办的《还原大师——何绍基的书法世界》何绍基书法艺术展览在长沙展出。在众多的艺术品中,有一幅现藏于佛山市博物馆的道光十八年(1838年)纸本《授经图卷》(见图1-1)。

该卷纵38厘米,横132厘米。据民国十二年(1923年)《佛山忠义乡志》卷16《金石志》引吴荣光五弟吴绥光之孙吴荃选记载,此图为吴荣光所绘,"文达公为荷屋座师,道光戊戌(1838年),荷屋公曾绘《授经图卷》以明渊源之

---

① (清)何庆涵:《先府君墓表》,载《眠琴阁遗文》不分卷,清光绪刻本,第5页。

② (清)何绍基:《东洲草堂文钞》卷3《送仪征阮宫保相国师傅予告归里序》,载《何绍基诗文集》,岳麓书社2008年版,第679页。

图 1-1　吴荣光《授经图卷》
（图片来源：佛山市博物馆）

自。座师为文达公,门生为余伯祖,小门生则何氏子贞也"①。今观其卷,画面正中红衣者当为阮元,他手持简册,似在传道解惑,左右两侧分别坐着一位听讲者,其中左侧一人手持书卷一帙,容貌稍长,应为吴荣光,右侧一人面容较为年轻,作恭听之状,应为三人中辈分最小的何绍基。关于此卷中所描绘的场景,有学者认为乃"当时阮元、吴荣光、何绍基三人文会授经的真实场景……为我们更深入了解、还原大师的艺术世界提供了珍贵的史料"②。也有学者发现,画卷中描绘的是南方园林景致,"图中场景,为园林式夏景,有芭蕉、梧桐、太湖石、菖蒲、修竹、仙鹤、石栏、祥云及立于芭蕉丛中随时候命的书童两人",与吴荣光题识中所回忆的在京师杖履相从阮师的情形不甚相符。因此,"吴荣光实则是在构筑一个虚拟的场景,并非写实,其主旨是在突出阮元授经、课徒,故选取自己熟稔的自然环境来衬托,因而也就在情理之中了"。③

　　笔者认为,虽然吴荣光所绘并非完全真实的历史场景,但却得到了另两位当事人的认可,应与真实情况相距不远,理由是吴荣光此图卷完成后,阮元、何

　　①　汪宗准等修,洗宝干等纂:《佛山忠义乡志》卷 16《金石志》,民国十二年刻本,第 13—14 页。
　　②　《何绍基与吴荣光:从〈还原大师——何绍基的书法世界〉展览的一件作品谈起》,《佛山日报》2016 年 3 月 25 日。
　　③　朱万章:《他画与自画:吴荣光小像》,《读书》2019 年第 4 期。

绍基二人皆有题咏。其中，阮元的诗句为：

古人专传经，科名等过客。蠹简半在冢，漆书或藏壁。或治伏生书，或传孟氏易。

由篆变为隶，由竹写于帛。后世经义多，书卷日堆积。不专传一经，探索乃更赜。

唐初尚守古，中唐少精核。昌黎读经文，但向奇葩摘。习之逃空虚，外儒而内释。

吾于经甚疏，传授鲜古册。诗无鲁与韩，春秋昧高赤。惟于古人训，或者少有获。

吴氏起岭南，于经□有癖。遥遥四十年，久列门生籍。在都更相亲，出游共车迹。

廉赵万柳堂，冯家园改亦。① 身虽在台阁，地乃拟泉石。绘像秋林间，函丈接两席。

相对写须眉，或苍或全白。两貌颇相肖，我老当更瘠。古今异□趋，学术如迁宅。

而我数十年，虑仁屡审择。或甘为平近，或失于偏僻。究将何所□，商取二三策。②

值得注意的是，在这首长诗中，阮元说吴荣光此画"两貌颇相肖，我老当更瘠"，指出自己因年老，应当比画中所绘更瘦削一些，认为学生美化了自己的形象，这说明他不仅看过此画，并且观察得十分仔细。

何绍基的题画诗则云：

---

① 原注：元万柳堂为冯益都之亦园，在都常同游于此。

② 佛山市博物馆藏《授经图卷》阮元后跋（1838 年）。识读时参考了张雪莲的文章（参见张雪莲：《从吴荣光〈授经图卷〉看阮元思想影响》，《岭南文史》2011 年第 1 期）。

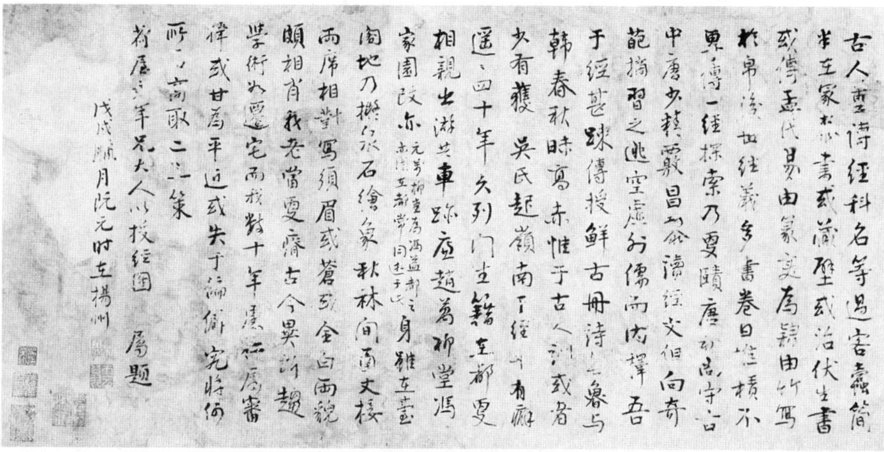

图1-2　《授经图卷》阮元后跋
（图片来源：佛山市博物馆）

忆昔岁丙申，初对大廷策。蓬山许游翔，尘海任孤僻。作赋不能丽，抱经思所择。

馆师仪征相，时雨润甲宅。每聆一义丰，足愈万言瘠。微言大义兼，六经如日白。

入室南海公，讨论恒夺席。有如堂上乐，同音奏笙石。我时但俯听，清风肃肱亦。

自维驽骀姿，敢蹑骅骝迹。如愚或同颜，数典恐类籍。南海本吾师，爱土早成癖。

门墙先后共，呜叩大小获。惟公于仪征，孔氏之雍赤。执经四十年，铜铜抱古册。

别来望北斗，朝暮不能释。瓣香托图画，髭而疑可摘。絜余窘步趋，怩义强甄复。

旁人或嗤欨，见谓耽奇赜。缅怀邢上堂，沉思万端积。图末倘许附，何异名书帛？

秋风昨夜来，庭树色更易。恨恨复有念，喈喈向虚壁。太息程司农，早作千岁客。①

画中的何绍基谨身端坐,聆听前辈绪论,俨然一副汉学传承者的模样,而吴荣光作为绘图者,对何绍基形象的此番塑造,也折射出何氏在其心目中"学术接班人"的形象和地位。不过作为湘人的何绍基虽然接续了从阮元而来的汉学研究传统,也有不少考证文字传世,还曾提出"诗文中不可无考据"②的看法,但他同时并不排斥宋学,某些时候甚至十分尊崇。

在代替父亲何凌汉所作的《道州重修学宫记》一文中,何绍基将周敦颐与孔子相提并论,认为"吾州周子,当五季迭兴之后,绍千秋不传之绪,于尼山之位,可谓具体而微","周子之道之于孔子具体而微者也"。③ 在重刊何凌汉在浙江学政任上刊行的《宋元学案》时,何绍基则称父亲"平生服膺许、郑之学,而于宋儒之言性理者,亦持之甚力",并说自己这一次重刻此书,乃是"卒成先志"。④ 此外,何绍基自己的考证研究也十分注重与现实的联系,比如其文集中的《皇后服制考》一文,即是因应当时道光皇帝的孝全皇后钮祜禄氏去世,清廷办理丧仪而作。⑤

如果说何绍基以世家子广交名流,得以传承汉学,兼采汉宋,那么陈本淦、张璞昭、杨丕复等则以一介老儒,潜心学术,也取得了不俗的成绩,在他们的身上,体现了鸦片战争前夕湖南学者的一般面貌,反映了当时湖湘汉学研究的一般水平,同样值得学界注意。

陈本淦,字念吾,湖南长沙人,诸生。曾掌教陕西横渠、古莘书院,因其时

---

① (清)何绍基:《东洲草堂诗钞》卷7《题荷屋师授经图,倒用元韵》,载《何绍基诗文集》,岳麓书社2008年版,第142—143页。

② (清)何绍基:《东洲草堂文钞》卷5《题冯鲁国小像册论诗》,载《何绍基诗文集》,岳麓书社2008年版,第730页。

③ (清)何绍基:《东洲草堂文钞》卷4《道州重修学宫记》,载《何绍基诗文集》,岳麓书社2008年版,第697页。

④ (清)何绍基:《东洲草堂文钞》卷5《重刊宋元学案书后》,载《何绍基诗文集》,岳麓书社2008年版,第713—714页。

⑤ (清)何绍基:《东洲草堂文钞》卷5《皇后服制考》,载《何绍基诗文集》,岳麓书社2008年版,第718—721页。

学子于汉魏古注及乾嘉学者之书茫然无知,遂搜罗自汉郑玄、虞翻至清毛奇龄、惠栋、焦循、张惠言诸家易说,统而编纂,为《易艺举隅》六卷,有清道光十九年(1839年)天香阁刻本。民国初续修《四库全书》时,学者尚秉和曾为之撰写提要,称是书:

> 专以甄录汉代郑、虞、荀、陆诸家之遗说,及清儒毛奇龄、惠栋、焦循、张惠言诸氏书之要义,亦兼及唐李鼎祚、宋朱震、明来知德诸家,而于来氏尤详。其意盖欲学者手此一编,而于历代象数家所谓爻辰、卦气、变互、错综、旁通、反对、纳甲、纳音诸术,均可得其梗概,用意甚善。惟其又恐诸生之习制举业者无所取资,末并附诸名家易艺十余首,以资矜式,且名其书曰《易艺举隅》。一若其书乃专为习制艺者而设,无与于经生之业。而世人遂亦只以制艺选本目之,兹可惜耳。①

张瓚昭,字斗峰,湖南平江人,道光十五年(1835年)举人,曾任镶红旗官学教习、东安训导。张瓚昭早年曾在岳麓书院从罗典读,并受知于时任湖南学政张姚成。张姚成,字忍斋,浙江仁和人,"贯通经学,为两浙儒宗"②,担任湖南学政时"留心考据,喜人读全经,且喜人读群经,以《十三经注疏》示教"③。张瓚昭留心经学,自谓"读书不甘为古人所愚",著有《经笥质疑易义原则》六卷、《易义附篇天文地舆》四卷、《经笥质疑书义原古》二卷,其中《经笥质疑书义原古》一书,生前刊刻未完,光绪十一年(1885年)由杜贵墀校订续刊于武昌经心书院,后影印收入《四库未收书辑刊》第4辑第3册中。据书前杜氏序言,是书为辨伪古文《尚书》之作,当时阎若璩《尚书古文疏证》一书尚未广泛传播,"世方渠蔡《传》之简易,师一家之说,以为暧暧姝姝,而先生独不苟为附和,其立说与阎氏诸人略同,且有彼所未及者"。④

---

① 尚秉和:《易说评议》,光明日报出版社2006年版,第293页。
② (清)赵慎畛:《榆巢杂识》上卷《张忍斋通经》,中华书局2001年版,第106页。
③ (清)胡启荣:《序》,载(清)张瓚昭:《易义附篇》卷首,清道光七年刻本。
④ (清)杜贵墀:《序》,载(清)张瓚昭:《经笥质疑书义原古》卷首,《四库未收书辑刊》第4辑第3册,北京出版社2000年版,第274页。

杨丕复(？—1829年),字愚斋,湖南武陵人。嘉庆十二年(1807年)举人,后"四试春官不第",乃一意撰述,曾任石门县训导。杨丕复一生著述颇丰,有《重校仪礼经传通解》四十卷、《春秋经传合编》三十卷、《朱子四书纂要》四十卷、《年表》二卷等。其人学术虽以程朱为宗,但"亦不为苟同,时取其书宣而究之,务判别其是非离合,折归于中"①。杨丕复在舆地考证方面成就突出,著有《舆地沿革表》四十卷。该书摘录历代舆地沿革资料,按年代顺序汇辑成帙,完成于道光五年(1825年),一直未曾刊刻,直到光绪十四年(1888年)方由其孙杨琪光刊行。② 是书前四卷为总纲,余为分纪。总纲以九州为序次,起唐虞至清代。分纪以盛京为首,止于贵州。表中于建置沿革下,附录其地山水脉络源流,甚为明晰。九州总图冠于卷首,统领全书,征引广博,辩证精详,为近代历史地理学名著。

第四节 "湘运之兴"与湘学之兴

第一次鸦片战争后不久,清朝爆发了太平天国运动。从广西偏僻山乡走出的农民军一时间所向披靡,迅速席卷大半个中国,成为统治者眼中的"心腹之患"。在镇压太平天国运动的过程中,"以书生领山农"的湘军发挥了关键作用,以往"碌碌无足轻重于天下"的湖南涌现出一大批杰出人才,不仅成功挽救了清朝政权,更开创了"同治中兴"的繁荣局面,使这个清朝君臣眼中"地居偏远,向非富强"③的省份一跃成为令湘人自豪、他省艳羡的所在,并逐渐成

---

① (清)杨琪光:《石门训导先大父愚斋公家传》,载(清)杨丕复:《舆地沿革表》卷首,清光绪十四年武陵杨氏刻本,第5页。

② 参见拙文:《晚清湖南武陵杨氏家族的学术研究与文化传衍》,《武陵学刊》2022年第4期。

③ 咸丰十一年二月,山东人毛鸿宾署湖南巡抚,当年七月,他在给咸丰帝的奏折中说:"湖南地居偏远,向非富强。"(王锺翰点校:《清史列传》卷48《毛鸿宾传》,中华书局1987年版,第3805页。)

为此后晚清四十年间中国政治舞台上一支举足轻重的力量。

走上历史舞台中央的湘人不满足于战场上的赫赫战功,他们重新审视湘学,对汉学这一湘地学术传统中的短板进行了较多反思,并采取多种措施提倡汉学。与此同时,以江、浙籍学人为主体的湖南学政也在施政过程中有意识地推动湘学向汉学考据一途发展,在二者的共同努力下,湖南的汉学研究终于在晚清时期迎来了其前所未有的繁盛时期。

一、"湘运之兴"

晚清湖南人才的井喷式增长,早在道光时期已经初显端倪。道光二十五年(1845 年),湖南人萧锦忠(号史楼)高中状元,同时中榜的还有八位湖南籍士子。得知这一消息后,时任翰林院侍读的曾国藩非常兴奋,在给弟弟的家书中专门言及此事。① 仅过了一个月,他又在家信中说:"今年新进士善书者甚多,而湖南尤甚。萧史楼既得状元,周荇农寿昌去岁中南元,孙芝房鼎臣又取朝元,可谓极盛。现在同乡诸人讲求词章之学者固多,讲求性理之学者亦不少,将来省运必大盛。"②

在平定太平天国运动的过程中,湘军"以一隅之力支柱天下"③,立下了赫赫战功,随之而来的,是湘籍显宦的脱颖而出,正如时人李元度所描述的,"领疆圻者,肩项相望,五等之封烂焉"④。这给湘人带来了极大的自豪感,曾国藩甚至以"吾湖南近日风气蒸蒸日上",认为"目前能做到湖南出色之人,后世即

---

①　(清)曾国藩:《致澄弟温弟沅弟季弟》(道光二十五年四月二十四日),载《曾国藩全集》(修订版)第 20 册,岳麓书社 2011 年版,第 98 页。

②　(清)曾国藩:《致澄弟温弟沅弟季弟》(道光二十五年五月初五日),载《曾国藩全集》(修订版)第 20 册,岳麓书社 2011 年版,第 99—100 页。

③　(清)郭嵩焘:《刘韫斋中丞八十寿序》,载《郭嵩焘全集》第 14 册,岳麓书院 2012 年版,第 416 页。

④　(清)李元度:《天岳山馆文钞》卷 23《诰封光禄大夫周公筱风神道碑铭》,载《天岳山馆文钞诗存》,岳麓书社 2009 年版,第 521—522 页。

推为天下罕见之人矣"，①勉励诸弟潜心立志。同治初年相继担任湖南盐法长宝道、盐运使、按察使、布政使的江苏人翁同爵曾在家书中不无艳羡地说，湖南仅湘乡一县，"保至一、二品者，不知凡几，舆台走卒皆为参游等官"②，光绪年间编纂的《新宁县志》则统计该县"武职二品以上且百余人"③。

值得注意的是，在当时的湖南人看来，这些人才的大量涌现，反映了湖南声势正隆的"省运"，即所谓"湘运之兴"，固然令人欣喜自豪，但同时也引发了他们的深深忧虑。支撑湘军无双功业、无两风头的，是一个满目疮痍、不堪重负的湖南地方经济。咸丰时期，为镇压太平军出省作战的湘军饷源无着，乃于咸丰十年（1860年）在湖南成立了"东征筹饷局"（以下简称"东征局"），推行隔省筹款。曾国藩在写给咸丰皇帝的奏折中说，自己与左宗棠之前在湖南招募勇丁近二万人，饷项、军装，为款甚巨，皆由湖南竭力协济，方得以从容集事：

> 臣以一省之物力只有此数，协助外省者日多，则供给本省者日少。此有所盈，则彼有所缺。本不欲再用湖南之饷，致蒙竭泽而渔之讥。无如添募勇丁，添制枪炮，添造船只，在在与湖南相交涉，不得不借资湘中之力，扼注皖省之师。④

虽然曾国藩在奏折中对最高统治者做出了"凡盐、茶货物，酌抽厘金。于商民税则所增无几，而于本省厘务，两不相妨"⑤这样轻描淡写的陈述，但事实上，东征局在湖南于"本省厘金外加抽半厘"的做法，对湖南经济产生了极大的负面影响。更值得注意的是，"东征局不仅聚敛巨款，严重阻碍了湖南经济

---

① （清）曾国藩：《致季弟》（咸丰十年六月二十七日），载《曾国藩全集》（修订版）第20册，岳麓书社2011年版，第497—498页。

② （清）翁同爵：《致翁同龢函》（同治五年二月初八日），载《翁同爵家书系年考》，凤凰出版社2015年版，第101页。

③ （清）张葆连、刘坤一修纂：《（光绪）新宁县志》卷5《人物表》，岳麓书社2011年版，第42页。

④ （清）曾国藩：《湖南设立东征局请颁发部照折》（咸丰十年十二月二十八日），载《曾国藩全集》（修订版）第2册《奏稿之二》，岳麓书社2011年版，第663页。

⑤ （清）曾国藩：《湖南设立东征局请颁发部照折》（咸丰十年十二月二十八日），载《曾国藩全集》（修订版）第2册《奏稿之二》，岳麓书社2011年版，第663页。

的发展,而且扰害多端,甚有急于采办芒硝,在民间拆屋挖墙之事"①,引发了湖南百姓的不满。曾在曾国藩幕中游走,后官至江苏布政使的四川人李鸿裔在咸丰十一年(1861年)写给莫友芝的信件中就曾描述说,"湖南之民日怨东征"②。长期在湖南任职,先后担任宝庆同知、永州知府、湖南衡永道的湖北汉阳人黄文琛不无忧虑地说道:"湘中十载用兵,动以顾全大局自诩,今则饷竭民贫,稍肯杀贼者强半殂谢,譬之廷宇洞开,墙垣圮倾而无虞,岂可得哉!"③

而在社会风气方面,当时的湖南"志气骄纵,习尚奢靡,骎骎乎有瓠外窳中之患"④。陶澍之婿湖南长沙人彭申甫曾说,彼时湖南"四民三教皆有不靖之气":

> 洋人之流毒中国也,无智愚贤不肖知之矣。其以烟蛊害,以邪教炫惑,本王法之所必禁。国家以怀柔远人之故,屈而与之讲和,苟有沉机胜算,自当与之委蛇,不必求快于一逞,而一旦借绝不干己之事,全无影响之词,揭帖于通衢,又假三书院肄业以为名,长官不及问,掌教不及知,<u>此士气之不靖也</u>。农工商贾,自以各安其业为职,而游惰者以博戏为能,浮荡者以应募为急,皆有唾手而取富贵之志,<u>此民气之不靖也</u>。食盐而有定界,税茶以给外夷,定制已数百年,乃梟徒充斥于途,私贩接迹于道,视朝廷法令若不为我设者,<u>此商贾之气不靖也</u>。僧道以坐禅茹素为本近,乃弃其本原,或诈伪以惑人,或结纳以为势,至于奸淫盗贼,无所不为,则无足论矣。<u>此二氏之流其气亦不靖也</u>。举四民三教皆有不靖之气,不岌岌乎殆哉!⑤

令人担忧的还有当时充斥湖南的各种匪徒,以及地方官员对此所持的麻木

---

① 朱东安:《曾国藩幕府》,辽宁人民出版社2018年版,第90页。
② (清)莫友芝:《莫友芝日记》,凤凰出版社2014年版,第34页。
③ (清)黄文琛:《思贻堂书简》卷3《与张东墅太守弟》第二通,载《思贻堂集三种》,清同治十二年刻本。
④ (清)彭申甫:《朵园文集》卷2《湖南风俗利病说》,清刻本。
⑤ (清)彭申甫:《朵园文集》卷2《湖南风俗利病说》,清刻本。下划线为引者所加。

态度：

> 然其最甚者，则无如会匪，一曰哥弟会，一曰天主教，一曰斋匪，其人
> 不知礼仪，不顾死生，错杂于丰民之境，而团保不及知，比邻不能察，甚而
> 父兄宗族，皆莫能知，行踪诡秘，皆有辍耕叹息、揭竿奋起之势，此则奸民
> 之大可虑者。而大府特以簿书期会必报，下吏奉承无违，谓此所以苟安无
> 事，而一二缙绅之家，相与习为势利，结为党援，子弟目不识丁即窜名功勋
> 册中，珊冠雀翎，夜郎自大，毫不为怪。①

正是由于目睹了以上种种情况，同治十一年（1872 年），左宗棠在给儿子们的
家信中，做出了"此时吾湘极盛，实则衰机已伏"②的判断。这一点，就连当时
在湖南任职的外省人也注意到了，比如翁同爵就在多封写给弟弟翁同龢的信
件中表达过对湖南未来的担忧："湖南省近年来虽称完善之区，然筹兵筹饷，
亦已外强中干"③，"他日隐忧正未有艾"④。同治四年（1865 年）八月，在写给
儿子翁曾翰的家书中，翁同爵甚至以天道轮回之说对当时湖南的社会情况进
行了评论：

> 吾尝谓军兴以来，天下半遭蹂躏，人民皆荡淅离居，而功名富贵、玉帛
> 子女，无一不归之湖南，且此等得志之人，回籍后，又不能持盈保泰，尚无
> 恶不作，恐天道好还，此间未必能久保无事。然此种议论，却不敢人前道
> 只字。⑤

在当时人看来，若想继续保持湖南在全国的领先地位，必须首先整顿风

---

① （清）彭申甫：《朵园文集》卷 2《湖南风俗利病说》，清刻本。
② （清）左宗棠：《与威宽勋同》（同治十一年），载《左宗棠全集》第 13 册，岳麓书社 2009 年
版，第 152—153 页。
③ （清）翁同爵：《致翁同龢函》（同治四年三月初六日），载《翁同爵家书系年考》，凤凰出
版社 2015 年版，第 38 页。
④ （清）翁同爵：《致翁同龢函》（同治四年三月十九日），载《翁同爵家书系年考》，凤凰出
版社 2015 年版，第 44 页。
⑤ （清）翁同爵：《寄翁曾翰函》（同治四年八月二十八日），载《翁同爵家书系年考》，凤凰
出版社 2015 年版，第 205 页。

俗,改变当时湖南的社会风貌。同治十年(1871年),时任苏松太道的安徽人涂宗瀛被任命为湖南按察使,临行前,正在上海督练兵轮兼理船局事务的湖南沅陵人吴大廷以文赠之。吴认为湖南风俗旧称朴素,而此时湘中之所以哥老会不时蠢动,乃是因为回乡之楚勇"在军中久习于豪侈,非复从前作苦之旧性"①,故建议为官者喜勤持平,以上率下。曾任贵州按察使、山西布政使等职的湖南龙阳(今常德汉寿)人易佩绅则先后致信刘崐、王文韶两任湖南巡抚,提出"挽风气以崇简朴为始"。在他看来,"明于是非短长之真,而不为世俗所淆,学术而已矣"。② 罗汝怀则将学术与士习民风之间的互动关系剖析得更为透彻:

> 学术敝则安得有人才,人才敝则安得有风俗,风俗敝则安得赋民不兴? 故欲治赋民必正风俗,欲正风俗必储人才,欲储人才必端学术,有断然者。③

在当时人看来,彼时的湖南,正是因为"大道之不明,学术之不讲,人各任其气质而安于习俗,不贤者固无足论,而贤者亦不能自振",故而"治日少而乱日多也"。④ 出于这样的认识,当时的湘人明确建议湖南地方官员兴办教育,提倡学术,以期改造士习,转变世风。如易佩绅言:

> 敦士习以责成师儒为始,如士之俊异者,须进之以道义、经术,化其嚣兢之习。庸劣者须申之以科条、戒饬,惩其邪滥之习,则惟在各学教官之称职,各书院山长之得人也。无师儒之学、师儒之范,不足以膺师儒之责,

---

① (清)吴大廷:《小酉腴山馆文集》卷6《送涂朗轩观察湖南序》,清光绪五年刻本,第3页。并参见(清)吴大廷:《小酉腴山馆主人自著年谱》卷2,清光绪五年刻本,第19页。

② (清)易佩绅:《函楼文钞》卷4《上署湖南巡抚王夔石书》,清光绪二十年龙阳易氏刻本,第21页。

③ (清)罗汝怀:《绿漪草堂外集》卷1《保甲七条》,载《罗汝怀集》,岳麓书社2013年版,第802页。

④ (清)易佩绅:《函楼文钞》卷4《上署湖南巡抚王夔石书》,清光绪二十年龙阳易氏刻本,第19—20页。

此其关系最重。①

持同样看法的还有郭嵩焘,他认为"为政莫先善教,而贻泽之远且长,莫大于兴起人文"②。基于这样的理念,晚清时期,湖南出现了一个书院建设的高潮。据统计,同治、光绪四十余年间,"全省创建书院 73 所,修复书院 4 所",年平均数 1.67,超过了清代湖南历史上的任何一个时期,位居第一。③可以说,时人所津津乐道的"湘运之兴",既是湘人在政治、军事舞台上的崛起,也是湖南人文、学术的又一次繁荣。

二、对汉学的重新认识

就在湘人不断提倡学术,以期塑造士人、改造世风的同时,湘学内部的汉宋学术关系也发生了一些值得注意的变化,即一些曾经大力提倡宋学的湘籍士人对汉学有了新的认识,这在一定程度上为晚清时期汉学在湖南的兴盛提供了助力。

曾国藩早年提倡宋学,他曾将西汉以来的学术分为"义理""考据""词章"三大类,认为其中以"义理之学最大","义理明则躬行有要而经济有本。词章之学,亦所以发挥义理者也",明确表示"考据之学,吾无取焉矣"。④ 他还批评乾嘉时期的汉学家标榜实事求是,诋宋儒为空疏,认为其不知所谓"实事求是,非即朱子所称即物穷理者乎?"指责这些汉学家"名目自高,诋毁日月,亦变而蔽者也"。⑤ 在为朱文炽著作撰写的序言中,曾国藩用相当激烈的文字对汉学进行了批评:

① (清)易佩绅:《函楼文钞》卷 4《上湖南巡抚刘韫斋夫子》,清光绪二十年龙阳易氏刻本,第 12 页。
② (清)郭嵩焘:《金鹗书院记》,载《郭嵩焘全集》第 14 册,岳麓书社 2012 年版,第 662 页。
③ 邓洪波:《湖南书院史稿》,湖南教育出版社 2013 年版,第 307 页。
④ (清)曾国藩:《致澄弟温弟沅弟季弟》(道光二十三年正月十七日),载《曾国藩全集》(修订版)第 20 册《家书之一》,岳麓书社 2011 年版,第 49 页。
⑤ (清)曾国藩:《书〈学案小识〉后》,载《曾国藩全集》(修订版)第 14 册《诗文》,岳麓书社 2011 年版,第 229 页。

　　嘉道之际,学者承乾隆季年之流风,袭为一种破碎之学。辨物析名,梳文栉字,刺经典一二字,解说或至数千万言。繁称杂引,游衍而不得所归。张己伐物,专抵古人之隙。或取孔孟书中心性仁义之文,一切变更故训,而别创一义。群流和附,坚不可易。有宋诸儒周、程、张、朱之书,为世大诟。间有涉于其说者,则举世相与笑讥唾辱,以为彼博闻之不能,亦逃之性理空虚之域,以自盖其鄙陋不肖者而已矣。①

　　不过,随着时间的推移,曾国藩对汉学的认识逐渐发生了变化,即从鄙视汉学、厌弃汉学发展为尊重汉学、提倡汉学,并教导子弟从事汉学研究,认为"国朝大儒,如顾、阎、江、戴、段、王数先生之书,亦不可不熟读而深思之"②。他曾在日记中说:"余于本朝经学、小学诸家,独服膺王怀祖先生父子之精核"③,并教导儿子曾纪泽读书时多作札记,"其惬意者,则以朱笔识出;其怀疑者,则以另册写一小条或多为辨论,或仅著数字,将来疑者渐晰,又记于此条之下,久渐成卷帙,则自然日进"④,这正是汉学家的治学方法。更值得注意的是,曾国藩还曾多次以乾嘉时期大汉学家王念孙、王引之父子的事迹勉励曾纪泽,在咸丰八年(1858年)十二月的家书中,曾国藩期望儿子将来能成为王引之那样的大学者:

　　　　余于本朝大儒,自顾亭林之外,最好高邮王氏之学。王安国以鼎甲官至尚书,谥文肃,正色立朝。生怀祖先生,念孙经学精卓。生王引之,复以鼎甲官尚书,谥文简。三代皆好学深思,有汉韦氏、唐颜氏之风。余自憾学问无成,有愧王文肃公远甚,而望尔辈为怀祖先生,为伯申氏,则梦寐之

_____

　　① （清）曾国藩:《朱慎甫遗书序》,载《曾国藩全集》(修订版)第14册《诗文》,岳麓书社2011年版,第194页。
　　② （清）曾国藩:《谕纪泽》(咸丰八年八月二十日),载《曾国藩全集》(修订版)第20册《家书之一》,岳麓书社2011年版,第373页。
　　③ （清）曾国藩:《曾国藩日记》(咸丰十一年二月初十日),载《曾国藩全集》(修订版)第17册《日记之二》,岳麓书社2011年版,第133页。
　　④ （清）曾国藩:《谕纪泽》(咸丰八年十月二十五日),载《曾国藩全集》(修订版)第20册《家书之一》,岳麓书社2011年版,第389页。

际,未尝须臾忘也。①

翌年,他又在家信中说:"本朝善读古书者,余最好高邮王氏父子,曾为尔屡言之矣。……泽儿若能成吾之志,将《四书》《五经》及余所好之八种一一熟读而深思之,略作札记,以志所得,以著所疑,则余欢欣快慰,夜得甘寝,此外别无所求矣。至王氏父子所考订之书二十八种,凡家中所无者,尔可开一单来,余当一一购得寄回。"②除此之外,曾国藩自己也在读书过程中部分涉及了考证之学,乔彦康因曾国藩《求阙斋读书录》四种"详于考证,不涉议论"而疑其为伪,理由是"文正之学在经济,何事繁称博引,疑为伪作",③引来李桓的批评。对于当时湖南部分学者对汉学的过激批评,曾国藩也进行了反驳。善化人孙鼎臣曾将太平天国之役归罪于汉学,曾国藩对此进行了批评,认为"近者汉学之说,诚非无蔽,必谓其致粤贼之乱,则少过矣"④。

青年时期曾与曾国藩往来密切,亦提倡宋学的郭嵩焘,此时也对汉学有了新的认识。署理广东巡抚时,他与汉学家陈澧来往密切,并以"行谊渊茂,经术湛深",保举其人至国子监任职,同时被郭嵩焘推荐的,还有湘籍汉学家罗汝怀等人⑤。郭嵩焘还致力于学海堂的重建工作。学海堂为阮元所创立的汉学研习机构,咸丰七年(1857年)英军占领广州后,被占据为兵营。署广东巡抚期间,郭嵩焘翻阅《学海堂志》,发现专课生课程因"膏火经费无出,至今旷不举行",在他的支持下,学海堂恢复了专课生徒的招收,并添设了一门新学

① (清)曾国藩:《谕纪泽》(咸丰八年十二月三十日),载《曾国藩全集》(修订版)第20册《家书之一》,岳麓书社2011年版,第404页。
② (清)曾国藩:《谕纪泽》(咸丰九年四月二十一日),载《曾国藩全集》(修订版)第20册《家书之一》,岳麓书社2011年版,第425—426页。
③ (清)李桓:《十三峰书屋全集·书札》卷4《致乔彦康》,清光绪庚寅龙安书院刻本,第38页。
④ (清)曾国藩:《孙芝房侍讲刍论序》,载《曾国藩全集》(修订版)第14册《诗文》,岳麓书社2011年版,第207页。
⑤ (清)郭嵩焘:《保举实学人才疏》,载《郭嵩焘全集》第4册,岳麓书社2012年版,第720页。

科——算学。同治五年(1866年)正月二十日,郭嵩焘亲赴学海堂,送专经生十人入学,并择定陈澧、邹伯奇等四人为学长,专司指导课程。① 此外,在郭嵩焘的主导下,学海堂制定了三条新规,其中值得重视的是第一条:"肄业诸生每日读书,用红笔挨次点句,毋得漏略凌乱,以杜浮躁,至于评校、抄录、著述三项,视乎其人学问浅深,凡为句读工夫者不限以兼三项,为三项工夫者必限以兼句读,期使学问风气益臻笃实。"②这表明,在郭嵩焘的支持下,学海堂的汉学研究传统得到了恢复并加强,这也从一个侧面反映出他对汉学的认同。

或许正是在与广东学海堂的比较中,郭嵩焘对湖南汉学研究的现状进行了思考,在为罗汝怀所撰写的墓志铭中,他说:"乾、嘉之际,经师辈出,风动天下,而湖以南黯然,无知郑、许《说文》之学者。"③无论乾嘉时期的湖湘汉学是否真如郭氏所描述的那样乏善可陈,这番论断都反映出他对湖南汉学发展水平的不满。在叙述江忠淑重建新宁书院事迹的文章中,郭嵩焘的态度更加鲜明:

> 天下之文开于楚,而后无闻。……徐氏集经说百二十有一人,阮氏集国朝经说百有二人,楚以南无得叙录者。前无与承,后无与述,相与沉沦汩没,终安于卑陋。④

正因为如此,郭嵩焘将相当多的精力投入到主讲书院、提倡学术之中,并在这个过程中提倡经学训诂,以期改造湘学。主讲城南书院期间,他对该书院内祠堂的入祀者进行了考订,特别增祀吴荣光一人,理由是吴"始以经学训诂教试肄业生"⑤。同治十二年(1873年)九月,他曾计划开办校经堂,因当时正

---

① (清)郭嵩焘:《郭嵩焘日记》,载《郭嵩焘全集》第9册,岳麓书社2012年版,第190页。
② (清)郭嵩焘:《酌定学海堂课业事宜》,载邓洪波主编:《中国书院学规集成》第3卷,中西书局2011年版,第1291页。
③ (清)郭嵩焘:《罗研生墓志铭》,载《郭嵩焘全集》第15册,岳麓书社2012年版,第581页。
④ (清)郭嵩焘:《江幼陶重修新宁书院记》,载《郭嵩焘全集》第14册,岳麓书社2012年版,第649页。
⑤ (清)郭嵩焘:《城南书院名宦院长二祠碑记》,载《郭嵩焘全集》第14册,岳麓书社2012年版,第650页。

修建曾国藩祠,故将校经堂改名为思贤讲舍,并且议定了章程八则、专课生章程八则、董事经理章程八则①,不过此事因郭嵩焘不久后即奉旨出使英国而搁置。归国后,郭嵩焘着手建设思贤讲舍,在这个过程中,他参考了阮元创立学海堂时的章程:"往在粤东,见学海堂章程,自乾隆之季垂至于今八九十年,相与循守,无有变易,而叹阮文达公遗法之善,其故有二:一在不使人居之以为利;一在学长八人必择有学行者,缺则补之,不必皆劳以事,而名数必备,以能一脉相承,无稍间断。"②更值得注意的是,思贤讲舍不教举业,专讲经史,郭嵩焘在授课中甚至说:"读书必自经始,读经书必自训诂始,学问本原,必由于此。"③完全一派汉学家口吻。除此之外,郭嵩焘还曾大力支持时任湖南学政朱逌然重建湘水校经堂的工作。关于这个问题,下文还将详细叙说。

三、"思以通经博古提倡湘人"——晚清湖南的江浙籍学政

在晚清湖湘汉学的崛起过程中,有一个群体功不可没,那就是这一时期在湖南任职的地方官员,尤其是其中本就负有文教之责的学政。关于学政在转移风气中的作用,湘人唐鉴所言言简意赅:"学政者,士子之所趋向,人材之所由成就者也。"④对于这个群体,以往学界只是在叙述湘水校经堂的发展历史时,对其中朱逌然、张亨嘉等个别人物的事迹略有叙述,而对这个群体中的其他人物,以及他们在晚清湖南汉学发展史上的作用,则几乎没有涉及。

① (清)郭嵩焘:《郭嵩焘日记》,载《郭嵩焘全集》第9册,岳麓书社2012年版,第594—595页。
② (清)郭嵩焘:《郭嵩焘日记》,载《郭嵩焘全集》第11册,岳麓书社2012年版,第342—343页。
③ (清)郭嵩焘:《郭嵩焘日记》,载《郭嵩焘全集》第11册,岳麓书社2012年版,第408页。
④ (清)唐鉴:《唐确慎公集》卷2《赠贺藕耕太史提学山西序》,载《唐鉴集》,岳麓书社2010年版,第49页。

　　晚清时期,清廷在湖南先后差遣了26名学政,具体情况见表1-1。光绪三十二年(1906年)四月裁撤学政,改派提学使后,又任命了两任湖南提学使,具体情况见表1-2。提学使本由学政改革而来,又承担相似的职责,在本节中,为了叙述方便,将二者统称为学政。值得注意的是,晚清时期,清廷在对湖南学政的选任上,呈现出非常明显的地域化倾向,即以江浙籍士人占绝大多数。比如咸丰五年(1855年)任职的浙江人张金镛、同治九年(1870年)任职的江苏人廖寿恒以及光绪二年(1876年)任职的浙江人朱逌然等,甚至出现了前后两任湖南学政皆为江浙籍士人的情况。比如同治十二年(1873年)接替江苏人廖寿恒任职的顾云臣是江苏山阳(今淮安)人,而光绪五年接替浙江籍人朱逌然任职的陶方琦是浙江会稽(今绍兴)人。具体情况见表1-3。

表1-1　晚清湖南学政任职表

姓名	籍贯	任职时间	姓名	籍贯	任职时间	姓名	籍贯	任职时间
张鏐	直隶	道光廿年	陈坛	河南	道光廿三年	梁同新	广东	道光廿六年
车顺轨	陕西	道光廿九年	刘崐	云南	咸丰元年	张金镛	浙江	咸丰五年
胡瑞澜	湖北	咸丰七年	白恩佑	山西	咸丰十一年	钱宝廉	浙江	同治二年
吕朝瑞	安徽	同治二年九月	温中翰	山西	同治六年	廖寿恒	江苏	同治九年
顾云臣	江苏	同治十二年	朱逌然	浙江	光绪二年	陶方琦	浙江	光绪五年
曹鸿勋	山东	光绪七年	陆宝忠	江苏	光绪十一年	张亨嘉	福建	光绪十四年
张预	浙江	光绪十七年	江标	江苏	光绪廿年	徐仁铸	直隶	光绪廿三年
吴树梅	山东	光绪廿四年	载昌	宗室	光绪廿六年	柯劭忞	山东	光绪廿七年
吴庆坻	浙江	光绪廿九年	支恒荣	江苏	光绪卅年			

资料来源:魏秀梅:《清季职官表附人物录》,中华书局2013年版。
说明:江国霖于道光二十六年八月四日被任命为湖南学政,翌日即调湖北学政,未到湖南任,故未列入。

表1-2　晚清湖南提学使任职表

姓名	籍贯	任职时间	姓名	籍贯	任职时间
吴庆坻	浙江	光绪卅二年	黄以霖	江苏	宣统三年

资料来源:魏秀梅:《清季职官表附人物录》,中华书局2013年版。

表 1-3　晚清湖南学政省籍统计表

省别	数量	省别	数量	省别	数量
河南	1	山西	1	湖北	1
广东	1	安徽	1	云南	1
陕西	1	江苏	6	山东	3
浙江	7	福建	1	直隶	2
宗室	1				

说明:吴庆坻光绪二十九年任湖南学政,光绪三十二年又任湖南提学使,故计算 2 次。

值得注意的是,尽管经过清初以来地方官员和湘籍士人的不断努力,湖南地方学术已经取得长足进步,也出现了一些在全国范围内较为知名的汉学家,但在那些来自江浙学术发达地区的士人看来,湖南仍属于文化落后地区,湘学的总体水平依然不高。曾在湖南服官十四年,先后担任兴宁(今资兴)、耒阳等县知县的著名学者江苏长洲(今苏州)人宋翔凤,曾这样描写其所任职地区的文教情况:

> 洞庭一巨浸,其南列数州。自古蛮夷乡,深溪接山陬。
>
> 颓风兼悍俗,情伪不可求。中有僻小邑,绝无缙绅流。
>
> 诗书付荒秽,仁义消螟蟊。偶傥出学校,善类为仇雠。
>
> 惩劝未及行,挟作且不休。师儒竟虚设,令长徒空忧。[①]

在另一首诗中,他将湖南的学术环境与家乡吴越之地进行了对比,在他看来,湘人更擅长词赋之学,训诂考订、研经究史既非湘人所长,也不是湘人感兴趣的对象:

> 吴越多藏书,家家游竹素。私收存七录,官写备四库。
>
> 善本多流传,遗编共裒聚。就邻易借抄,闭户足研注。
>
> 一官忽西行,篇轴恐残蠹。澧沅积香草,从古擅词赋。
>
> 揽华不求实,根柢非所务。往往问古书,茫如坠烟雾。

---

① (清)宋翔凤:《洞萧楼诗记》卷 17《县舍偶然作五首》其一,清道光刻木,第 10 页。

目未见卷轴,况与论训故。流传曾不到,搜罗亦曾误。①

另一位曾对湘学深感失望的是江苏人翁同爵,在他的描述中,湖南的学术环境处处不如江浙远甚,"贡院制度,迥不如吾江南,其号舍亦不及,围墙则更低矮,似难于防弊"②,"湘省虽有书肆,然皆是新书,无一旧书店,故欲购一旧板旧抄者不可得,即偶有旧家出来者,亦奇贵不能买"③。"此间书院肄业生童,膏火、花红均不多。其考绩好者,每年亦不过二十余千,故士子不甚踊跃"④。

尤其值得注意的是,晚清时期,尽管湘人作出了"朝廷倚以复兴,东南仰其苏息"⑤的巨大贡献,但湖南在江浙学人眼中仍属于学术落后地区。这其中,又以浙人李慈铭的看法颇具代表性。在写给即将赴湖南担任学政的同乡兼好友朱迪然的送别文中,李慈铭盛赞湘人举世无双的功业:

湘阴使相,胜汝南之甲兵;衡阳侍郎,突临淮之壁垒。其余生为民扞,死作国殇,罄竹殚缣,难穷纪载。以故魏家象阙,不数祁连之山;明堂报功,遍作睢阳之庙。白骨所积,将齐迴雁之峰;碧血成流,欲过仓浪之水。论材武者于兹而极盛,蓄山川者悉发而无余矣。⑥

但他同时又指出湖南"其气骜而不驯,其学驳而不理",并期待同乡朱迪然的上任能够给湘学带来改变,"楚辞虽富,得越吟而益和;娥瑟有灵,接姚江

---

① (清)宋翔凤:《洞萧楼诗记》卷18《刘子寿康红豆山庄藏书图》,清道光刻本,第2—3页。

② (清)翁同爵:《致翁同龢函》(同治四年九月二十七日),载《翁同爵家书系年考》,凤凰出版社2015年版,第77页。

③ (清)翁同爵:《致翁曾翰函》(同治四年九月),载《翁同爵家书系年考》,凤凰出版社2015年版,第216页。

④ (清)翁同爵:《致翁曾翰函》(同治四年十月),载《翁同爵家书系年考》,凤凰出版社2015年版,第229页。

⑤ (清)李慈铭:《越缦堂骈体文》卷3《送朱肯夫侍讲视学湖南序》,载《越缦堂诗文集》下册,上海古籍出版社2008年版,第1195页。

⑥ (清)李慈铭:《越缦堂骈体文》卷3《送朱肯夫侍讲视学湖南序》,载《越缦堂诗文集》下册,上海古籍出版社2008年版,第1195页。

而弥婉"。①

正是在这样的认识下,晚清时期,当一个又一个江浙籍士人被任命为湖南学政,担负起湖南的文教之责后,提振学术、改造湘学,使其向注重研经究史的汉学一途发展,便成为他们的共同选择。

咸丰五年(1855 年),正在山西担任乡试正考官的浙江平湖人张金镛(号海门)被任命为湖南学政,当他渡过湘水,赶赴新任时,写下了这样一首表达心境的诗:

> 词人爱说潇湘好,今日收驷暮雨寒。
>
> 惭愧坛庸领香草,要从战地植椒兰。②

当时的湖南,由于太平天国战事的影响,导致咸丰二年(1852 年)壬子科、咸丰五年(1855 年)乙卯科两次乡试无法正常举行,清廷直到咸丰七年(1857 年)丁巳才在湖南补行此两次考试。在此期间担任学政的张金镛在湖南大力提倡学术,对改善士风、振兴学术起到了非常重要的作用。曾国藩曾将张金镛在湖南的政绩与道光年间曾任湖南学政的祁寯藻相提并论,认为"往时祁文端、张海门视学吾乡,最得士心"③。熟悉湖南掌故的朱克敬也说:"张金镛督学湖南,奖诱后辈特勤,才思稍异,即招至后堂,赐酒食笔墨,劝之勤学。放黜者有佳句,辄标举之,一时才俊争愤于学。至今儒生谈海门先生故事,辄欷歔感叹。"④据说其离职时,"送者塞江,舟不得发"⑤。

与张金镛一样致力于改造湖南学术风气的还有顾云臣。顾云臣(1830—1899 年),字子青,号持白,江苏山阳(今淮安)人。同治四年(1865 年)进士,

---

① (清)越缦堂:《越缦堂骈体文》卷 3《送朱肯夫侍讲视学湖南序》,载《越缦堂诗文集》下册,上海古籍出版社 2008 年版,第 1194 页。

② (清)张金镛:《躬厚堂诗录》卷 9《渡湘水》,清同治三年刻本,第 1 页。

③ (清)曾国藩:《复许振祎》,载《曾国藩全集》(修订版)第 10 册,岳麓书社 2011 年版,第 641 页。

④ (清)朱克敬:《雨窗消意录》甲部卷 4《平湖张金镛》,岳麓书社 1983 年版,第 193 页。

⑤ 《皇清诰授奉政大夫文渊阁校理翰林院侍讲湖南学政显考海门府君行述》,载(清)张金镛:《躬厚堂诗录》卷末,清同治三年刻本。

授编修。同治十二年(1873年)任湖南学政。在任期间,"思以通经博古提倡湘人"①,"每当校士时,必终日躬自批阅,虽有三四幕僚,仍不稍自暇逸,故拔取多一时勤学之士,士论翕然"②。

除了倡导风气,晚清时期的江浙籍湖南学政还十分重视专门机构在培植湖南汉学中的作用。这其中,尤以朱逌然、陶方琦、陆宝忠等前后相继,对湘水校经堂所进行的持续建设值得称述。前曾述及,湘水校经堂虽在晚清湖南学术史上具有重要意义,但其本身的发展历程却并非一帆风顺,创办者吴荣光离任后,很快即遭停办。咸丰末年,时任湖南巡抚毛鸿宾曾筹集经费恢复,并"定立章程,自中丞以下至郡守,月一课"③,但为时甚短,湘水校经堂很快又一次停办。

光绪二年(1876年)八月,时任翰林院侍讲的浙江人朱逌然被任命为湖南学政。朱逌然(1836—1882年),字肯夫,号味莲,浙江余姚人,同治元年(1862年)进士,改庶吉士,授编修,先后担任湖南、四川学政,官至詹事府詹事。到任后,朱逌然有意模仿阮元任职地方时提倡汉学的事迹,"欲迹文达之所为"④,在循例周历本省、考校士子之外,于光绪五年(1879年)筹措恢复湘水校经堂。

湘水校经堂原附设于岳麓书院中,此次恢复,迁建于长沙天心阁城南书院旧址,设山长,下辖经、史、文、艺四学长及提调、监院各1人,定额招本省及商籍生徒24名肄业其中。朱逌然还聘请著名学者成孺至湘担任山长。成孺(1816—1883年),原名蓉镜,字芙卿,一字心巢,江苏宝应人。其人以孝行闻名,精于天文、地理、音韵之学,著有《尚书历谱》《禹贡班义述》《步算释例》等

---

① 《翰林顾先生传》,载(清)顾云臣:《抱拙斋文集》卷首,民国三年孟冬射阳顾氏铅印本。
② (清)陆润庠:《序》,载(清)顾云臣:《抱拙斋文集》卷首,民国三年孟冬射阳顾氏铅印本,第4页。
③ (清)郭嵩焘:《重建湘水校经堂记》,载《郭嵩焘全集》第15册,岳麓书社2012年版,第663页。
④ (清)黄以周:《儆居杂著七种》,《史说略四》,清光绪刊本。

书。成孺在湘水校经堂"立学程,设博文、约礼两斋,湘中士大夫争自兴于学"①。晚清湖南知名汉学家胡元仪与其弟胡元直就是在这一时期进入校经堂学习的,据说朱逌然对胡氏兄弟赞誉备至,尝语人曰:胡大经学,胡三词章,合而为一,天下无敌。② 朱逌然对湘水校经堂的重建得到了时人的肯定,李鸿章曾言其"在近日学政中声望最优,最为湘士所推服"③,郭嵩焘则认为其"开偏隅风气之先",功不可没:

> 嘉、道之间,仪征阮文达公立诂经精舍浙江,继又立学海堂广东,奖进人才为盛。自顷十余年,各直省亦稍建书院,以治经为名,下及郡县亦相率为之。而湖南校经堂课实开偏隅风气之先,意者经学将遂昌明,承学之士有所凭藉以资讨论,庶几一挽末世之颓风邪! 余姚学使之功,殆尤不可泯矣。④

朱逌然任满离湘后,接替他的是另一位浙籍学者陶方琦。据后者回忆,二人交接之际,朱逌然曾以湘水校经堂事谆谆托付。⑤ 陶方琦(1845—1884年),字子珍,一作子缜,浙江会稽(今绍兴)人。光绪二年(1876年)进士,改庶吉士,授编修。陶方琦本就精于汉学,自言僻嗜阳湖孙氏、高邮王氏、左海陈氏三家之书⑥,有《淮南许注异同诂》《许君年表》《郑易马氏学》《郑易小学》等著作。张舜徽先生读其文集后曾认为,陶方琦"一生所从事者,辑逸解故之

---

① 赵尔巽等:《清史稿》卷480《成孺传》,中华书局1977年版,第10013页。

② 张舜徽:《清人文集别录》,华中师范大学出版社2004年版,第567页。

③ (清)李鸿章:《复湖南学台张》(光绪十九年十月初二日),载《李鸿章全集》第35册,安徽教育出版社2008年版,第570页。

④ (清)郭嵩焘:《重建湘水校经堂记》,载《郭嵩焘全集》第15册,岳麓书社2012年版,第664页。

⑤ 朱逌然去世后,陶方琦作诗一首怀念,中有"报国文章仍末事,爱人遗德在尊经(原注:琦适与丈后先相代,丈以校经堂事谆托也)"一句。[见(清)陶方琦:《湘麋阁遗诗》卷4《哭朱宫詹丈》,清光绪十六年刻本,第1—2页。]按,当时赋闲在家的郭嵩焘曾在日记中对二人交接时间有所记录,"陈右铭告知新学使陶子缜已至,朱肯甫廿三日受代,廿八日启行。乃与约廿四日一谈"。[(清)郭嵩焘:《郭嵩焘日记》,载《郭嵩焘全集》第11册,岳麓书社2012年版,第200页。]托付湘水校经堂一事,即当在此期间。

⑥ (清)陶方琦:《汉孳室文钞》补遗《书左海经辨后》,清光绪刻本。

业,步趋孙氏,文字校勘之学,宗仰王氏,名物考证之事,师法陈氏。私淑诸人,轨辙具在"①。在湘期间,陶方琦在考校宝庆、永州两郡士子的过程中,发现通经者甚少,乃萌发了将湘学引入经史一途的想法,在写给李慈铭的信中,他说自己"欲以许郑之学光绪振兴之"②。在湘水校经堂的办学事业上,陶方琦在沿袭朱逌然办学思路的基础上,做出了更为严格的要求:

> 照得省垣设立校经书院,原以振拔人才,前院会同抚部院筹款定章,厚以廪饩,课以学识,劝养教导,创成矩矱。本院莅任以来,接理一切。时虑业荒于嬉,有虚孟晋。该肄业诸生应朝夕感奋,覃思稽诵,于课程、日记日新月异,渐进学途,庶为有志。若甘怠惰,徒骛虚名,甚或延搁程课,废堕日记,不□朴学,既疏诵读之功,又负栽培之意。

他同时赋予校经堂所在地长沙府学教授以监院之责:

> 此合札监院长沙府教授,文到仰即传,严切敦勉,俾得互相劝勉,研砥精勤。诸生不得以此自怠。所有程课、日记,按时查饬齐存,待本院反省之时,当调取,检考勤惰。倘有狃习因循,许先据实详报,以凭扣除。该学有监院之责,同为国家培养人才,不得坐视苟且,至负责任。③

由于学政有周历本省、考校士子之责,不能时时在校经堂内考校,所以任命监院,使得对湘水校经堂的考校能够常态化,不因学政的缺席而旷废,进一步完善了相关制度。陶方琦在湖南学政任上的作为也得到了同僚的认可。光绪六年(1880 年)十二月二十一日,时任湖南巡抚李明墀就在奏折中向最高统治者汇报称:"臣留心体察,该学政考试各属,场规严整,去取公平,多士畏服。"④

在朱逌然、陶方琦的努力下,湘水校经堂一跃成为湖南书院中引人注目的佼佼者,此后,几乎每一位到湖南担任学政的地方官员都对该书院的建设有所

---

① 张舜徽:《清人文集别录》,华中师范大学出版社 2004 年版,第 537 页。
② (清)李慈铭:《越缦堂日记》第 12 册,广陵书社 2004 年版,第 8712 页。
③ (清)陶方琦:《学政严饬董率事》,载(清)张亨嘉等:《校经书院志略》,岳麓书社 2012 年版,第 111 页。
④ 中国第一历史档案馆编:《光绪朝朱批奏折》第 3 辑,中华书局 1995 年版,第 460 页。

用力。比如陶方琦的继任者曹鸿勋就曾捡选优秀生徒课艺,编为四卷本《校经堂初集》,并于光绪十一年(1885 年)刊刻。曹鸿勋还曾拔擢叶德辉,在童生考试中取其为第一名,评语称"此生尚属英年,诸艺如出己作,他日当以诗文名世",被叶德辉视为"平生第一知己"。①

陆宝忠作为曹鸿勋的继任者,又编辑整理出《校经堂二集》九卷,于光绪十四年(1888 年)刊行。陆宝忠(1850—1908 年),字伯葵,江苏太仓人,光绪二年(1876 年)进士,官至礼部尚书。在书前序言中,陆宝忠说:"湘中当咸同中兴,数千百年来,山川磅礴蜿蟺之气一旦踔厉奋发,尽萃于曾、左诸公。愚意窃以为今日之湘宜收声敛实,藏气于根,深培厚壅,俾益充实完固,踵嗣乎发荣滋长之盛,无有穷极。"②显然是希望湘水校经堂所进行的学术研究能在湖南倡导出一种笃实风气。而在光绪十四年(1888 年)担任学政的学者张亨嘉建设下,湘水校经堂正式改名为校经书院,迁至长沙城北湘春门新址,并增加员额 20 名,共计 44 名。经过几任湖南学政的精心培育,由湘水校经堂演变而来的校经书院终于发展成为湖南汉学的重要基地,"是时湖南承学之士始益究心故训,一二硕儒倡之,学院相仿以为进退,由是风气日盛,稍能称说许、郑,诵习戴、段,期月间即得大名"③,"若校经书院,实湖南汉学之大会也"④。

四、江标与晚清湖湘汉学

在晚清湖湘汉学的发展过程中,曾于光绪二十年(1894 年)至光绪二十三年(1897 年)担任湖南学政的江标是一个十分重要却长期没有得到充分研究的人物。以往学界在讨论该人时,主要注目于其倡导新学、支持变法的事迹,

---

① 叶德辉:《郎园六十自叙》,载王逸明主编:《叶德辉集》第 2 册,学苑出版社 2007 年版,第 135 页。

② (清)陆宝忠:《校经堂二集序》,载(清)张亨嘉等:《校经书院志略》,岳麓书社 2012 年版,第 110—111 页。

③ 罗正钧:《劬庵文稿》四编《亡友六君列传》,民国九年湘潭罗氏养正斋刻本。

④ 李肖聃:《湘学略·校经学略》,载《李肖聃集》,岳麓书社 2008 年版,第 109 页。

而忽略了其出身吴下,自幼浸润于考据汉学,并在湖南任上传播考据学的事实,"后人多以提倡新学论江标,而传播旧学之功,久为所掩"①。

江标出生于作为清代吴派汉学大本营的江苏元和(今苏州),"东吴三惠"、顾广圻等乾嘉汉学巨擘即出于此乡。受乡先贤的影响,江标幼年即对文字考订之学发生兴趣,17岁时已能与好友张炳翔、祝秉纲搜集旧本,考校《说文解字》,并得到了陶方琦、叶昌炽等人的赞赏。在时任山东学政的内兄汪鸣銮幕中,江标利用随汪周历全省、考校士子的机会,留意金石之学,所到之处访碑、拓碑,撰成《士礼居题跋校讹》等著作,并曾协助汪鸣銮考校其所购得的海源阁善本,撰写提要、整理篇目。② 可以说,以提倡新学闻名于后世的江标,其学术根柢实际上却是正统的乾嘉汉学。

尽管倾心于传统学术,但江标却不是一个脱离现实的泥古守旧者,他热切地关注着现实社会。甲午中日开战后,江标曾多次向其会试座师时任军机大臣的李鸿藻上条陈,对时局发表意见,也深刻地意识到,在当时的情况下,要化解清廷的统治危机,必须改革成法不可。到湖南后,江标对校经书院进行了改革,分经、史、掌故、舆地、算术、词章六门课士,"添置天文、舆地、测量诸仪,光、化、矿、电实验各器"③,并创办《湘学新报》作为介绍、传播西学的窗口。值得注意的是,在提倡新学的同时,江标也用了很大力气来传播传统学术,对湖南汉学的发展起到了重要作用。

一是用考据汉学衡文课士。据江标日记,他在光绪二十年(1894年)九月被任命为湖南学政后,于次月二十九日抵达长沙,十一月十二日接印。就在正式上任的前一天,十一月十一日,江标拟定了首次考察地方士子的观风题

---

① 王逸明、李璞编著:《叶德辉年谱》,学苑出版社2012年版,第56页。
② 关于江标早年的为学情况,黄政在其学位论文中梳理得相当详细。参见黄政:《江标生平与著述刻书考》,硕士学位论文,北京大学中国古典文献学专业,2011年,第12—13页。
③ (清)江标:《推广书院章程讲求新学折》,载(清)张亨嘉等:《校经书院志略》,岳麓书社2012年版,第114页。

目①,其中首题即为《述而不作,信而好古》,而在其余 25 道题目中,又有《续经义考》《九经古义补》《续小学考》《读廿四史表志札记》《吴荷屋中丞〈筠清馆金文〉释谊补正》《湖南金石诗》《宋元刻书官私版本考》诸题②。对此,部分湘籍学者持不同意见。比如皮锡瑞就指出完成这些题目需有丰富藏书,又需时间充裕,"非仓促可办也"③,认为江标"不过欲见己之学问而已"④,称"江学使习目录之学,然此学非可以取士"⑤。尽管如此,皮锡瑞也不得不为自己的儿子作《岳麓峰〈禹王碑〉》《李北海〈岳麓山寺碑〉》诗二首⑥,又为其改《述而不作》文一篇⑦。可见,掌有通省士子黜陟之权的学政之为学好尚如此,学子们若要脱颖而出,必须在相关领域有所用力,这就在一定程度上将湖南士子,特别是基层士子引入考据汉学一途。

二是积极拔擢从事汉学研究的青年士子。在湖南任上,江标多次以阮元、毕沅等自况,特别是"身历乾嘉文物鼎盛之时,主持风会数十年,海内学者奉为山斗焉"⑧的阮元,尤其是其追拟模仿的对象,自言"奉节来湘,自惭孤陋,惟事事以文达为师"⑨。在下车伊始所出观风题目的最后,江标写道:

> 昔阮文达公在浙江、江西,毕秋帆尚书在陕甘,皆合众力,成书多且速。使者虽不敢仰希前哲,然沅湘学者未必无臧拜经、孙渊如、洪北江、江郑堂其人,使者实有所厚望焉。⑩

希望能如阮元一般,在湖南士子中培植出像臧庸、孙星衍那样的汉学名家。他

---

① (清)江标:《江标日记》下册,凤凰出版社 2019 年版,第 586 页。

② (清)江标:《湖南学政观风题目》,载《江标集》,凤凰出版社 2018 年版,第 33—35 页。

③ (清)皮锡瑞:《皮锡瑞日记》,载《皮锡瑞全集》第 9 册,中华书局 2015 年版,第 357 页。

④ (清)皮锡瑞:《皮锡瑞日记》,载《皮锡瑞全集》第 9 册,中华书局 2015 年版,第 364 页。

⑤ (清)皮锡瑞:《皮锡瑞日记》,载《皮锡瑞全集》第 9 册,中华书局 2015 年版,第 353 页。

⑥ (清)皮锡瑞:《皮锡瑞日记》,载《皮锡瑞全集》第 9 册,中华书局 2015 年版,第 364 页。

⑦ (清)皮锡瑞:《皮锡瑞日记》,载《皮锡瑞全集》第 9 册,中华书局 2015 年版,第 365 页。

⑧ 赵尔巽等:《清史稿》卷 364《阮元传》,中华书局 1977 年版,第 11424 页。

⑨ (清)江标:《江标日记》下册,凤凰出版社 2019 年版,第 669 页。

⑩ (清)江标:《湖南学政观风题目》,载《江标集》,凤凰出版社 2018 年版,第 35 页。

曾赠送《四库全书提要类序》与永州生童①，又赠衡州府学附生刘焕辰以"北朱南阮各分门，绝学乾嘉二老尊。大义先通新说立，实求仍守汉人言"②的诗句。在按试各地时，江标特别留意在汉学研究中有所成就的士子。湘潭人刘肇隅就是这一时期在院试中以经义被选拔的，其人笃好文字之学，曾从叶德辉问学，江标还将所撰《宋元行格表》交给刘肇隅编校，刘乃"手自编写，间亦拾遗补阙"，分上下二卷，光绪二十三年（1897年）刊于长沙③，该书"涉及版本学的知识比较广博，尤其对版本和书证两端，既可体现江标对古籍鉴别的工夫，也可体现刘肇隅考证的勤奋"④。清制，学政于任满离职前，需察举地方优秀教职生员具折上奏。江标离任前共荐三人，其中一人系王先谦从弟，时为长沙县学廪生的王先慎。江标认为，王先慎著《韩非子集解》二十卷"合诸家之说，推阐发挥，义取持平，通资弼教，实非寻常著述之才"⑤。

必须指出的是，尽管谭嗣同、唐才常等湘籍维新派士人曾对江标在湖南学政任上提倡新学的举措有过广泛赞誉，但对于这一"新学"的内容，他们的认知却未必与江标本人完全一致。谭嗣同、唐才常均强调江标任内引介西学、提倡洋务的事迹，但江标本人却似乎更注重追拟乾嘉名臣阮元。《定香阁笔谈》记载了阮元在山东、浙江学政任上召集生徒，编纂《山左金石志》《浙西金石志》《经籍籑诂》《畴人传》等书的事迹，光绪二十二年（1896年）七月按试岳州期间，江标说自己"少日读文达此记，辄有忻羡之意"，并云：

　　　　前年持节来湘中，适中倭战事方炽，旋成和议，痛上下不知新学之病，致受欺于邻国，遂专以新学导湘士。自定条例，拟集士之好学者，仿马氏《通考》例，撰《西学通考》《西政通考》两书。又集录先辈及同时人手稿

───────────────

①　（清）江标：《江标日记》下册，凤凰出版社2019年版，第604页。

②　（清）江标：《江标日记》下册，凤凰出版社2019年版，第615页。

③　刘肇隅：《叙》，载（清）江标：《宋元行格表》卷首，光绪二十三年刻本，第1—2页。

④　钱亚新：《江标与〈宋元行格表〉》，《文献》1986年第4期。

⑤　（清）江标：《奏荐举教官并激励生员以重实学折》，载《江标集》，凤凰出版社2018年版，第10页。

付刻工,辑《灵鹣阁丛书》若干卷,已成者三集。又得南宋书棚陈思刻唐人小集四十九家,影写付梓,不失毫发,为《元和江氏影南宋本唐人诗集》。又精写各藏书家宋元校抄本书目,汇而刻之,为《师郘室目录丛刻》若干家。适吾湘吴恁斋世丈开府在湘,遂乞作图,亦名之曰《修书》,本文达意也。①

可见,在江标心目中,所谓"新学"并不专指西学,更意味着与当下湖南既有学术不同的"新"学术。在江标看来,当时的湖南士子,在亡国灭种危机的刺激下大力提倡向西方学习,高谈阔论,其为学倾向已经出现了空虚的危险。在写给业师俞樾的信中,他说:"湘士近亦颇谈西学,以初蜕之蝉而欲震响于九霄,难矣。且西学事事求实,全凭确证;今之谈者则变为空虚之术,彼己之理不明,缓急之事莫辨,徒事嚣张,毫无实际,切有慨焉。……今年无事,爰于学会中创设学报,语语求切实之要。"②因此,江标之所以创办《湘学新报》,就其初衷而言,并不仅仅是介绍、传播西方学问,更蕴含着纠正湘地空疏学风的目的,而其使用的方法,就是提倡注重征实的乾嘉学术,他曾有"经济先从考证求,烂翻掌故历朝搜"③的诗句,《申报》也曾在评论其学政任上的施政时说:"原其用意,盖一以矫迂腐谬戾、不知时变之小儒,一以警轻率浅躁、浮慕西学之俗士。盖所谓西学者,必须于彼中政治风俗洞悉于心,而又须心性朴诚,志气忠勇,庶不使沾染洋风,舍己从人,艳彼教而致忘根本。"④

小　结

作为一种学术形态,汉学在晚清湖南的兴盛并非一蹴而就,而是经历了一

① (清)江标:《江标日记》下册,凤凰出版社2019年版,第586页。
② (清)江标:《致俞樾》(其二),载《江标集》,凤凰出版社2018年版,第80页。
③ (清)江标:《江标日记》下册,凤凰出版社2019年版,第615页。
④ 《论湘省振兴西学之速》,《申报》光绪二十三年十二月二十二日(1898年1月14日)。

个漫长的过程,并与湖南地域的社会变迁密切相关。通过梳理清初以降湖南社会演变和学术变迁的历史过程,本章对湖南汉学的兴盛过程进行了分析。认为鸦片战争之后汉学在这一地区的异军突起,实际上是清初以来湖湘学术的另一面相——汉学逐渐发展,由隐到彰的结果,并与当时湖南地域社会所发生的变化密切相关。更准确地说,晚清时期,汉学学术在湖南大地的崛起是内因主导下的内外因共同作用的结果,学术界以往较为看重的"三吴汉学入湖湘"不过是起到了催化剂的作用。

第二章　晚清湖湘汉学之著述考

　　要对晚清湖湘汉学的发展情况进行研究,首先必须全面掌握这一时期湖南汉学的著述情况。晚清以降,湖南先后开展了多次省志编修,在此过程中,对湘人的撰述情况进行了多次梳理。其中,《(光绪)湖南通志·艺文志》卷帙宏富,间有评论,惜其断限至同治年间。1948 年开始编修的《(民国)湖南通志》最终虽未能成书,但仍进行了相当多的工作,其中《艺文志》部分由杨树达、李肖聃二先生执笔,每书撰一提要,颇多精当之语,惜所著录之书以别集为主,专门著作较少。2003 年,湖南省地方志编纂委员会编成《著述志》二册,据书前《编辑说明》,该书之编纂始于 1990 年,积十三年之功而成,共收著作4736 种,其中近代 1242 种,每书撰一提要,颇为详细,但仍存在不少错误。如《尚书大传礼征》一书,误将书名作《尚书大传礼》,又误将作者刘鑫耀作刘鑫经。① 再如《诗疏评议》一书,作者黄焯系湖北蕲春人,黄侃之侄,并非长沙人。② 目前关于湘人著述最为详细的梳理当属 2010 年出版的《湘人著述表》,该书以人系书,并为其中部分著作写有提要,为对湘人著述与学术的进一步分析提供了线索和门径。

　　本章参考以上这些著作,对晚清湘人撰著于 1840—1911 年间的汉学著述

---

　　① 　湖南省地方志编纂委员会:《湖南省志》第 29 卷《著述志》下册,湖南人民出版社 2003 年版,第 520 页。

　　② 　湖南省地方志编纂委员会:《湖南省志》第 29 卷《著述志》下册,湖南人民出版社 2003 年版,第 525 页。事实上,晚清长沙另有一名"黄焯"者,其人字恕皆,善化人,道光二十年(1840 年)进士,官至吏部侍郎,有兄名黄兆麟,曾任光禄寺少卿。

情况进行梳理,部分撰写于晚清时期,刊刻于民国年间的著作,亦酌为收入。需要说明的是,由于种种原因,不少著录于《(光绪)湖南通志·艺文志》《湘人著述表》中的著作并未流传下来,比如以博学闻名的邹汉勋,其《夏小正义疏》等著作很早就散佚了。因此,此处只列举至今尚存,或有序言、跋语存世,能够考索出其主要内容的著作,并尝试每书撰一简介,略述作者生平与著述大旨。

第一节　经学研究

湖南经学在清代达到鼎盛,涌现出大量的经学大家。据研究,清代近三百年中,"湖南共有554位经学研究人员,平均每年大概诞生2位;共有996部经学著作,平均每年有著作3.71部"①。这其中,不少是道咸以降的晚清时期涌现的。就本研究所涉及的汉学研究领域而言,也出现了不少研究者和专门著作。

一、《易》类

《易象阐微》五卷附《大易图解》一卷,萧寅显撰。萧寅显(1757—1851年),字仲簏,善化人。家贫授徒,不事功名。卷首有丁取忠所撰序文,略述刊书经过。寅显学主宋儒,然是书取汉以下讲易诸家之说,详细研究,随文诠释,"于汉宋之义不为苟异,亦不为苟同,殆其反复潜研,殊有心得,非竟嗳嗳姝姝,守一先生之言,持门户之见也"②。有咸丰二年(1852年)刻本。

《周易经传通解》十五卷,戴醇撰。戴醇,字和生,湘潭人,道光岁贡。《湖南文征》收录其考证之作五篇③。其人甘贫强学,五经皆能默诵,论经学者多

---

① 刘焱:《清代湖南经学初探》,硕士学位论文,湖南大学中国哲学专业,2010年。
② 中国科学院图书馆整理:《续修四库全书总目提要　经部》,中华书局1993年版,第125页。
③ (清)罗汝怀:《湖南文征》卷4《姓氏传》,岳麓书社2008年版,第98页。

称道之。尤深于《易》，虽耄耋，朱墨不去手，旁行笺记，书纸尽满。久为经师，足以自赡。① 是书前有作者咸丰元年（1851年）自序。叶启勋认为是书"即以象求理，皆引据旧文以互相参正，终不同于冥心臆测，私心自用者"②。有同治六年（1867年）刻本。

《易解经传证》五卷，张步骞撰。张步骞，字乘槎，益阳人，诸生。是书研究象数，批评宋儒朱熹《周易本义》舍象以说理的弊病，后人赞其"胜于空谈义理者"③。有同治十年（1871年）刻本，文听阁图书有限公司2010年出版影印本。

《周易训诂大谊》四卷，罗汝怀撰。罗汝怀（1804—1880年），字研生，一字念生，湘潭人。道光十七年（1837年）拔贡，候选内阁中书，晚授芷江、龙山训导，皆未就。是书《（光绪）湖南通志·艺文志》著录为"三卷"，并言该书"以说《易》各家无专言训故者，取汉丁宽《易说》训故举大谊之意著是编，以补其缺，大抵依据于《说文》，于汉唐诸儒之说亦择别征引"④。民国初续修《四库全书》时，学者尚秉和为撰提要，言其原为五卷，至坎离而止，中又缺第二卷，实只四卷，并认为汝怀"长于小学，疏于《易》理"⑤，然于异同之字，则检择颇精，皆详善可取。今未见，似已不传。

《周易经句异文通诂》三卷，李德淑撰。李德淑，字懿甫，常宁人，县学监生，生平不详。根据咸丰二年（1852年）太平军攻打常宁县城时，其曾与乡绅李孝经、吴楚良等"同盟于关庙，誓贼来而不杀贼者明神击之，共启知县吴冠

---

① 寻霖、龚笃清：《湘人著述表》第1册，岳麓书社2010年版，第393页。
② 中国科学院图书馆整理：《续修四库全书总目提要 经部》，中华书局1993年版，第129页。
③ 中国科学院图书馆整理：《续修四库全书总目提要 经部》，中华书局1993年版，第130页。
④ （清）李瀚章、裕禄等编纂：《（光绪）湖南通志》卷245《艺文一·经部》，岳麓书社2009年版，第4942页。
⑤ 尚秉和：《易说评议》，光明日报出版社2006年版，第115页。

庠开立城局,复设三十二团于四乡"①的事迹,估计其生活于咸同年间。其人"精于汉学"②。是书前有作者自序,称"究心于《易》之异文有年矣,以今所行王弼本而证以诸家本,与王异者集而录之,并撷于陆氏《释文》、许氏《说文》与夫经注疏所见,迁史内所有,班、范二书所载,六朝说部所引,或字异而音同,或义同而字异,又或音义虽同而字分古今,靡不旁搜博考,裒合以成"③。民国初续修《四库全书》时,叶启勋曾睹该书,言"德淑是书,于经句异文考辨极为精密,论其大端,实足为有功《易》学之书已"④。今未见藏本,或已不传。

《易古兴钞》十二卷,唐学谦撰。唐学谦,字赤兑,新化人,以布衣终老,于《诗》《书》《礼》《乐》《春秋》诸书皆有著作。是书前有作者自序及时任湖南宝庆知府杜瑞联《序》。唐氏自序言"书莫古于《易》","易者象也,天地间有一物即有一象",⑤杜瑞联《序》称其"以经解经,不空不凿,所谓言有物也",后人也认为是书"语皆中肯,足为专以空理说《易》者之针砭,使其猛醒"。⑥ 有同治七年(1868 年)邵州刻本。

《周易补注》四十一卷,段复昌撰。段复昌,诸生,衡阳人。早年贫苦,后以经学修明,于光绪十一年(1885 年)十一月被保奏教职,交部议奏。据《郭嵩焘日记》,光绪七年(1881 年),段复昌曾送该书四册与郭嵩焘阅读,郭云己"于《周易》不乐汉说,为跋数语归之"⑦,盖后又有补缀也。卷首有作者识语,是书所辑之注,纯以汉魏六朝为主,不仅宋人讲义理者一字不取,即王、孔注疏

---

① 杨奕青、唐增烈等编:《湖南地方志中的太平军史料》,岳麓书社 2010 年版,第 670 页。
② 寻霖、龚笃清:《湘人著述表》第 1 册,岳麓书社 2010 年版,第 393 页。
③ (清)玉山修,李孝经等纂:《(同治)常宁志》卷 9《艺文》,清同治九年刻本,第 3 页。
④ 中国科学院图书馆整理:《续修四库全书总目提要　经部》,中华书局 1993 年版,第 161 页。
⑤ (清)关培钧等修,刘洪泽等纂:《(同治)新化县志》卷 33《艺文志》,清同治十一年刻本,第 11 页。
⑥ 尚秉和:《易说评议》,光明日报出版社 2006 年版,第 135 页。
⑦ (清)郭嵩焘:《郭嵩焘日记》,载《郭嵩焘全集》第 11 册,岳麓书社 2012 年版,第 395—396 页。

之语亦无录入者。有光绪十五年(1889年)刊本,影印本后收入上海古籍出版社2002年出版之《续修四库全书》中。

《易家法表》不分卷,罗长裿撰。罗长裿(1865—1911年),字申田,罗长祎之弟,湘乡人。光绪二十一年(1895年)进士,改庶吉士,曾官江南候补道,先后主持或开办江苏仕进馆、江苏政治学堂、江南将弁学堂、江南陆师学堂。调四川,总办四川陆军小学。应驻藏大臣联豫召赴拉萨,被任命为西藏督练公署兵务处总办。宣统二年(1910年)出使印度,归国后任驻藏左参赞,卒于拉萨辛亥兵变。是书卷首为《诸经家法表》,正文各部分以表格形式详细列出古代易学各系统的传承和授受源流,后详述该系统中代表性人物的学说。今有稿本藏中国国家图书馆。①

二、《书》类

《禹贡章句》四卷,谭澐撰。谭澐,字心兰,湘潭人,举人,通历算。同治初年修《湘潭县志·天文书》②,曾入同乡山西学政龚承钧幕,随同校士至阳城时,与时任阳城知县善化人赖昌期结识,被延至当地纂修《阳城县志》,其间"与诸君悉心参酌,别类分门,而于旧志正其舛讹,补其缺略者凡数十事"③。同治十三年(1874年)任郴州学正。谭澐与王闿运友善,逝世后谭子不能自存,王闿运曾向张祖同请托,"雨珊向不揽事,居然慨允",未料张不久即去世,王闿运乃又致信廖树蘅:"首府岳、常厘局皆可位置,求转告庄廉使一吹嘘之,或能于贵局委用更佳,亦国粹也。"④是书卷首有咸丰九年(1859年)作者自

---

① 李翠平、寻霖编著:《历代湘潭著作述录·湘乡卷》,湘潭大学出版社2019年版,第200—201页。

② (清)王闿运:《湘绮楼文》卷3《湘潭县志序》,载《湘绮楼诗文集》第1册,岳麓书社2008年版,第89页。

③ (清)赖昌期:《新修阳城县志序》,载(清)赖昌期修,谭澐纂:《(同治)阳城县志》卷首,清同治十三年刻本。

④ (清)王闿运:《湘绮楼笺启》卷7《廖荪畡十启》,载《湘绮楼诗文集》第2册,岳麓书社2008年版,第271—272页。

序,言《禹贡》"自汉以来,诸家注释互有异同得失,未能划一,兼以山水形势,古今变迁,地名又数改异",乃"参考众书,综辑群书,推表山川支分节解而训诂之"。① 有光绪六年(1880 年)谭氏家塾刻本,影印本收入西安地图出版社2006 年出版的《历代禹贡文献集成》中。

《禹贡九州今地考》二卷,曾廉撰。曾廉(1856—1928 年),字伯隅,邵阳人,中秀才后,入湘水校经堂学习,后主讲沅水校经堂,光绪二十年(1894 年)中顺天乡试举人。留京任国子监助教、会典馆校对官,捐候补同知。他激烈反对维新变法,樊锥建立南学会邵阳分会时,曾廉联合邵阳守旧派士绅,领衔发布《邵阳士民驱逐乱民樊锥告白》,要求将其"驱逐出境,永不容其在籍再行倡乱"。曾廉还上书光绪皇帝,称康有为、梁启超为"舞文诬圣,聚众行邪,假权行教"之徒,要求诛二人以谢天下,被守旧派认为是当时"最有力之弹章"。辛亥革命发生时,曾廉痛心疾首,后见复辟无望,乃闭门谢客,从事著述。② 曾廉思想保守,主张严"夷夏大防",反对向西方学习。是书考《禹贡》水道,以今证古,州各为篇。先举源流、变迁,次分列今地之名,"甚有条理",③收入《邵阳曾氏三种》,有光绪三十二年(1906 年)刊本。卷首有作者自序,略述写作大旨。

《禹贡九江三江考》一卷,荣锡勋撰。荣锡勋(1845—?),字咨岳,醴陵人,附贡生,长于堪舆。荣氏认为,始于《禹贡》的九江三江之名之所以历汉晋唐宋众喙纷如,主要是由于以往学者"跋涉未周,故其著书立言,恒与地舆相左也",于是荣氏乃"游览大江形胜,遍阅荆沱变迁"④,撰成《洞庭源流考》一书,后改名《禹贡九江三江考》。卷首有光绪二十六年(1900 年)自序,有光绪二

---

① （清)谭澐:《禹贡章句》卷 1《序》,清同治九年谭氏家塾本。

② 关于曾氏生平,参见阳信生:《曾廉的生平与思想》,《中南大学学报》(哲学社会科学版)2003 年第 6 期。

③ 古国顺:《清代尚书学》,文史哲出版社 1981 年版,第 223 页。

④ （清)荣锡勋:《禹贡九江三江考·小序》,载《历代禹贡文献集成》第 4 卷,西安地图出版社 2006 年版,第 1665 页。

十七年(1901年)刻本,影印本收入《历代禹贡文献集成》中。

《禹贡释水》附《渌江源流考》不分卷,彭应奎撰。彭应奎,生平不详。据卜世藩序,其人宣统元年(1909年)时已82岁,故可推知其生于道光七年(1827年)。其时上距乾嘉诸老不远,彭应奎亦崇尚考据,有志于著作之林,卜世藩言是书"为考据之文,而不为考据所苦"①。《(民国)醴陵县志·艺文志》著录有宣统元年(1909年)正月刊本,今未见。

《尚书古文考实》一卷,皮锡瑞撰。皮锡瑞(1850—1908年),字鹿门,善化人。早年肄业于长沙城南书院,光绪八年(1882年)中举人,后因多次会试不第,绝意仕进,专心著述,先后主讲湖南龙潭书院、江西经训书院。戊戌维新期间,在长沙南学会讲学,宣传变法维新。变法失败后,被革去举人功名,晚年在潜心著述外,积极参与创办地方新学,先后担任善化小学堂监督、湖南高等学堂监督等职。是书共35条札记,无序跋,据吴仰湘先生研究,其中部分内容与皮著《尚书古文疏证辨正》相同,《古文尚书冤词平议》中亦多引用②,有光绪二十二年(1896年)湖南思贤讲舍刊本,又有点校本收入《皮锡瑞全集》。

《尚书古文疏证辨正》一卷,皮锡瑞撰。皮锡瑞有《尚书古文考实》,生平见前。皮氏高度肯定清初学者阎若璩对古文《尚书》的辨伪成绩,认为自阎著《古文尚书疏证》书出,"而古文孔《传》之伪,如秦、越人洞见五脏症结,使学者不为伪书所惑,厥功甚伟"③,但仍存在有部分论证不充分的地方,故著是书为之辨证。有光绪二十二年(1896年)湖南思贤讲舍刊本,影印本收入上海古籍出版社《续修四库全书》中,又有点校本收入《皮锡瑞全集》。

《古文尚书冤词平议》二卷,皮锡瑞撰。皮锡瑞有《尚书古文考实》,生平见前。是书为批驳清初学者毛奇龄为《伪古文尚书》辩护的《古文尚书冤词》

---

① 陈鲲修,刘谦纂:《(民国)醴陵县志》卷10《艺文志》,民国三十七年铅印本,第19页。
② 吴仰湘:《皮锡瑞的经学成就与经学思想》,湖南大学出版社2013年版,第102页。
③ (清)皮锡瑞:《尚书古文疏证辨正·自序》,载《皮锡瑞全集》第1册,中华书局2015年版,第357页。

一书而作,皮锡瑞赞赏毛氏"不用宋儒新说"①,但指出其为伪古文鸣冤的错误,有光绪二十五年(1899年)湖南思贤书局刊本,影印本先后收入新文丰出版公司1977年版《尚书类聚初集》、北京出版社2000年版《四库未收书辑刊》中,又有点校本收入《皮锡瑞全集》。

《尚书大传补注》七卷,王闿运撰。王闿运(1833—1916年),字壬秋,晚号湘绮老人,湘潭人。咸丰七年(1857年)举人,先后主讲四川尊经书院,长沙思贤讲舍、校经书院,衡阳石鼓书院等地。辛亥革命后,任清史馆馆长。《尚书大传》是西汉今文经学家对《尚书》的解释性著作,旧题为伏生所撰,传至宋时,已不完整,后逐渐亡佚。进入清代以后,先后有多位学者开展了辑佚工作,其中又以陈寿祺辑《尚书大传定本》最为重要。王闿运此书在卢见曾本的基础上,补郑玄注之阙略,后又以陈寿祺本补校。是书版本颇多②,较常见本为上海古籍出版社《续修四库全书》第55册影印1923年《王湘绮先生全集》本。

《尚书大传疏证》七卷,皮锡瑞撰。皮锡瑞有《尚书古文考实》,生平见前。皮锡瑞是书以陈寿祺辑本为主,兼取诸家之长,"在搜集考校与疏通证明两个方面同时用功","既使《尚书大传》得到最大程度的恢复,更使伏生之学粗具梗概"。③ 有光绪二十二年(1896年)师伏堂初刻本,影印本先后收入《尚书类聚初集》《续修四库全书》中,又有点校本收入《皮锡瑞全集》。

《尚书大传礼征》五卷,刘鑫耀撰。刘鑫耀,字楚金,湘潭人,与兄刘肇隅一同受学于叶德辉,"颇通古学",叶氏曾认为弟子中佼佼者唯二人与杨树达,"余固知他日三子之成就必在诸生上也",④惜年二十余而卒。著者以伏生

---

① (清)皮锡瑞:《古文尚书冤词平议·自序》,载《皮锡瑞全集》第1册,中华书局2015年版,第456页。

② 学者蒋秋华曾对《尚书大传补注》一书的版本进行过详细罗列,参见蒋秋华:《王闿运〈尚书〉著述考》,载《台湾学术新视野:经学之部》,五南图书出版公司2007年版,第81—82页。

③ 吴仰湘:《皮锡瑞的经学成就与经学思想》,湖南大学出版社2013年版,第133页。

④ 叶德辉:《新序集证序》,载王逸明主编:《叶德辉集》第2册,学苑出版社2007年版,第62页。

《尚书大传》中多记三代古礼之文,后儒无类述之者,乃依"吉、凶、军、宾、嘉"五礼之目,摘录《尚书大传》中的礼文,编为五卷,加以疏证,具体则以陈寿祺辑校本为主,参校卢见曾、孔广林本,首录郑注,旁采先贤之说,别下己意,疑者则阙之不传,杨树达先生赞其"颇为明晰"①,又有学者称其"笃守汉儒家法,书中所采诸儒之说,皆著明来历,无掩取群言、据为己有之弊,其所论定,亦元元本本,据有经纬,非饾饤成编、挂一漏万者可比"②。有宣统三年(1911年)湘潭刘氏刻本。

《今文尚书考证》三十卷,皮锡瑞撰。皮锡瑞有《尚书古文考实》,生平见前。中华书局收入《十三经清人注疏》丛书点校出版,点校者认为皮锡瑞"虽是今文学派一家之说,但总的看来,取材丰富,考订严谨,能够做到言必有据,不作武断臆说,在清人疏证《尚书》的众多著作中,书最后出,而持论比较平允"③。刘起釪先生也认为该书对西汉今文《尚书》进行了总结性叙述,在段玉裁、陈乔枞所集材料之外,"另增加了大量汉碑材料及段、陈偶未引到的文献材料","在尽可能的范围内恢复了汉代《今文尚书》的原貌"。④ 有光绪二十三年(1897年)师伏堂刊本,影印本先后收入《尚书类聚初集》《续修四库全书》《四部要籍注疏丛刊》中,中华书局1989年出版盛冬铃、陈抗点校本,另有吴仰湘点校本收入《皮锡瑞全集》。

《尚书中候疏证》一卷,皮锡瑞撰。皮锡瑞有《尚书古文考实》,生平见前。《尚书中候》为汉代谶纬学的重要文献,通过模仿《尚书》文体,记述古代帝王的符命瑞应,与"七纬"并称"纬候"。汉代人认为,该书与《尚书》同时产生,

---

① 杨树达:《〈尚书大传礼征〉五卷提要》,(民国)湖南文献委员会编:《湖南文献汇编》第2辑,湖南人民出版社2008年版,第146页。

② 中国科学院图书馆整理:《续修四库全书总目提要(稿本)》第4册,齐鲁书社1996年版,第728页。

③ 盛冬玲、陈抗:《点校说明》,载(清)皮锡瑞:《今文尚书考证》,中华书局1995年版,第3页。

④ 刘起釪:《尚书学史》,中华书局1989年版,第416页。

经孔子删定,《隋书·经籍志》著录有郑玄注本五卷,后亡佚。明清以降,辑本众多,日本学者安居香山、中村璋八亦有辑本。皮锡瑞认为,《尚书中候》一书,"超诸纬而独出,纪实为多;拟《逸周》之删除,征文尤信"①。该书在清人袁钧辑本的基础上,采众家之说,征引广博,考证细密。有光绪二十五年(1899年)湖南思贤书局刊本,影印本先后收入《尚书类聚初集》《续修四库全书》中,又有点校本收入《皮锡瑞全集》。

《尚书今古文注》三十卷,王闿运撰。王闿运有《尚书大传补注》,生平见前。是书取孙星衍《尚书今古文注》稍加补正而成,有光绪五年(1879年)成都尊经书局刊本。

《尚书孔传参正》三十六卷,王先谦撰。王先谦(1842—1917年),字益吾,号葵园,长沙人。同治四年(1865年)进士,改庶吉士,曾任翰林院侍讲、国子监祭酒、江苏学政。光绪十五年(1889年)致仕回湘,先后主讲长沙思贤讲舍、城南书院,并主持岳麓书院达十年。戊戌湖南新政初期,参与创办了宝善成机器制造公司等近代工业企业,后期政治立场趋向保守,联合叶德辉、张祖同等提出《湘绅公呈》,攻击时务学堂。辛亥革命后,僻居平江,民国六年(1917年)去世。是书卷首有王氏光绪三十年(1904年)所作之《序例》,认为"伏先生脱秦烬、发壁藏,以延三代圣经一线之脉,厥功甚钜",乃取"《史》《汉》《论衡》《白虎通》诸书,迄于熹平石经可以发挥西汉三家经文者,采获略备";对于二十五篇《古文尚书》,则认为古文虽伪,但"功令所布,家传僮习,莫敢废也"②,乃参以汉儒马融、郑玄以来历代学者的传注笺疏,加上自己的考证,也进行了注释,属兼采今古文之书。有清光绪三十年(1904年)虚受堂刊本,后被中华书局列入《十三经清人注疏》中标点出版。

---

① (清)皮锡瑞:《尚书中候疏证·自序》,载《皮锡瑞全集》第1册,中华书局2015年版,第577页。

② (清)王先谦:《尚书孔传参正·序例》,中华书局2011年版,第1—2页。

三、《诗》类

《诗古音疏证》四卷,罗汝怀撰。罗汝怀有《周易训诂大谊》四卷,生平见前。据郭嵩焘云,光绪八年(1882年)正月十六日,其曾收到罗汝怀子罗顺循所寄来的罗汝怀著作八种,其中就有《诗古音疏证》一书①,可见该书当时还是保存完好的,今未见。据罗汝怀子罗克进所撰行状,是书"多补顾氏所未及"②。

《韩诗经考》二十八卷,王荣兰撰。王荣兰,字子佩,湘潭人。道光时,邑儒士"皆务科举,有谭经注古者,辄共讪之",荣兰独喜"疏故事,列群说","坐高会,辄默不语,徐手一卷,欣然诵览"。③ 曾辑录历代史书中有关湘潭的资料,《光绪湘潭县志》编修时,即以此本为底稿。并曾与邹汉勋一同校订王船山《说文》学著作。④ 王荣兰初拟辑韩《诗》遗说,并进行疏证而未成,乃撰为此书。⑤《(光绪)湘潭县志·艺文志》《(光绪)湖南通志·艺文志》著录。今未见。

《诗异文考证》八卷存二卷,郭庆藩撰。郭庆藩(1844—1896年),原名立埙,字孟纯,号子瀞,湘阴人。郭崑焘子,郭嵩焘侄。早年应试屡次不第,援例得任通判,保叙浙江知府,后以道员转江苏,主持扬州运河疏浚工程,后卒于任上。是书就《诗经》文字之异同,征引四部各家之说,逐句考证。湖南图书馆藏有稿本。

《三家诗异文表》一卷,王闿运撰。王闿运有《尚书大传补注》,生平见前。

---

① (清)郭嵩焘:《郭嵩焘日记》,载《郭嵩焘全集》第11册,岳麓书社2012年版,第455页。

② (清)罗克进:《皇清诰封通议大夫太常寺卿衔候选内阁中书舍人选授龙山芷江等县儒学训导湘潭罗府君行状》,载(清)罗汝怀:《绿漪草堂文集》卷首,《罗汝怀集》,岳麓书社2013年版,第6页。

③ (清)陈嘉榆、王闿运修纂:《(光绪)湘潭县志》卷8《王命宣附王荣兰传》,岳麓书社2010年版,第267页。

④ (清)陈嘉榆、王闿运修纂:《(光绪)湘潭县志》卷10《艺文志》,岳麓书社2010年版,第416页。

⑤ (清)李瀚章、裕禄等编纂:《(光绪)湖南通志》卷245《艺文志》,岳麓书社2009年版,第4950页。

是书为学者刘少虎在湖南图书馆查阅王氏著作时发现,以《毛诗》为蓝本,从《文选》《汉书》《后汉书》《太平御览》等书中,采辑与《鲁诗》《韩诗》《齐诗》不同的诗句,以表的形式一一列出。①

《诗三家义集疏》二十八卷,王先谦撰。王先谦有《尚书孔传参正》,生平见前。该书依通行《毛诗》的篇章安排次第,经文下以"注"的形式列出三家《诗》说,胪举宋代以来不同学者的有关论述,最后以"愚案"的形式提出自己的观点,是荟萃、总结前人辑佚三家《诗》已有成果,并加以分析研究的一部著作,也是清代今文《诗经》学的集大成之作。有1915年虚受堂刻本,中华书局《十三经清人注疏》收录吴格点校本,1987年出版,岳麓书社2011年出版吴格、田吉、崔燕南点校本,为《湖湘文库》丛书之一种。

《毛诗补笺》二十卷,王闿运撰。王闿运有《尚书大传补注》,生平见前。王闿运虽宗尚今文经学,但仍涉猎部分古文经典。是书是对《毛传》和郑玄《诗笺》的补正性笺释。有光绪二十三年(1897年)刊本、光绪三十一年(1905年)江西书院刊本。

《〈小戎篇〉车制器饰考》不分卷,王闿运撰。王闿运有《尚书大传补注》,生平见前。该书为考证《诗经·秦风·小戎》的著作,论证"小戎"为群臣之车兵,并对其器饰进行了一一考证,附有《汉人注〈尔雅〉多从毛读考》等三篇文章,为手抄本,藏于湖南图书馆。②

《毛诗经句异文通诂》七卷,李德淑撰。李德淑有《周易经句异文通诂》,生平见前。李氏认为,"《诗》自齐、鲁、韩、毛分为四家,有音同而字异者,有义同而字异者,且有音与字皆异而义仍同者",虽有"王伯厚网罗散佚,参取三家异同,撰为《诗考》",但"尚多遗漏,又未注明某篇某卷某字之音义若何,学者难于检寻",乃于"肄习之余,以毛氏为宗主,而博采群帙之训诂,广搜字书之

---

① 刘少虎:《经学以自治——王闿运春秋学思想研究》,华夏出版社2007年版,第90页。
② 刘少虎:《经学以自治——王闿运春秋学思想研究》,华夏出版社2007年版,第92页。

通释"。①《续修四库全书总目提要　经部》著录有民国间自刊本,今未见。

《诗义择从》四卷,易佩绅撰。易佩绅(1826—1906年),字笏山,一字子笏,龙阳人。咸丰八年(1858年)举人,历任贵州按察使、山西布政使等职,官至江苏布政使。据书前自序,其以五经唯《诗》易读,故说者众多,无所适从,加之"宦游四方,得历代至国朝各家诗说共四十余种",故光绪中自江苏布政使任上归湘后,即对诸家诗说进行考辨。是书按《诗经》原篇目编排,"以经文自幼所诵,可不忘,或偶忘之,原书易检也,非如各书之散在各本也",②乃但录篇名、章数和各家经文解释,而不录经文,篇末以案语提出己见,自言于孔、朱及各家皆择善而从之。当今学者研究发现,是书对朱熹诗论进行了相当多的批评,指出谬误、纠正偏见,并对其中好为异见的地方提出了批评,是一本值得重视的《诗经》读本。③ 有光绪十四年(1888年)刊本。

《诗韵字声通证》七卷,李次山撰。李次山,字结甫,常宁人,唐训方姻弟。关于其人生平,现有各书多语焉不详。叶启勋曾言"次山之时代,当在魏源、邓显鹤之后"④,《清人别集总目》著录其《百果山房文稿》二卷《诗稿》二卷时,于生平仅言"李次山,常宁人"⑤。《湘人著述表》所述稍详,言其"同治元年(1862年)试用教谕,治朴学,以教授生徒终身"⑥,至于生卒年份、其他事迹等则无一语及之。据《郭嵩焘日记》,光绪十五年(1889年)七月二十八日,李次山曾致信郭嵩焘,并赠送《百果山房文集》《诗集》《字学举隅》等六种著作。据郭言"其年七十有五"⑦,可知其生于嘉庆十九年(1814年)。又据《湘绮楼

① (清)玉山修,李孝经等纂:《(同治)常宁志》卷9《艺文》,清同治九年刻本,第3—4页。
② (清)易佩绅:《诗义择从》卷首《序》,清光绪刻本。
③ 方鹏、宋朝群:《浅析易佩绅〈诗义择从〉对朱熹诗论的批评》,《文学教育》(上)2011年第11期。
④ 中国科学院图书馆整理:《续修四库全书总目提要　经部》,中华书局1993年版,第1057页。
⑤ 李灵年、杨忠主编:《清人别集总目》(上),安徽教育出版社2000年版,第785页。
⑥ 寻霖、龚笃清编著:《湘人著述表》第1册,岳麓书社2010年版,第364页。
⑦ (清)郭嵩焘:《郭嵩焘日记》,载《郭嵩焘全集》第12册,岳麓书社2012年版,第392页。

日记》,光绪十九年(1893年)七月十六日,李曾至王闿运处拜访,"年七十九,小舟烈日,道貌粹然"①,可知其是年仍在世。李次山出自常宁李氏,四代研治朴学,"嗜古多藏书"②,郭嵩焘曾赞其"家学固有渊源矣"③。且又关心时政,咸丰初年,太平军辗转湖南期间,常宁境内土匪蜂起,纠众攻城,经知县刘宗城、绅士李孝经登陴设守,敌退走,李次山与吕岳等"会团勇击之,尽歼其众"④。是书前有作者自序,有光绪十九年(1893年)百果山房刻本。

《诗古音绎》一卷,胡锡燕撰。胡锡燕,字蓟门,一字伯蓟,湘潭人,诸生。四子元仪、元常、元直、元玉,皆有名。胡锡燕是陈澧早期弟子中关系最为密切,也是最受赏识器重的得意门生之一,他早年曾短暂地随陈澧读书,后陈著《汉儒通义》,锡燕在广州参与校雠之役,并写了长篇跋文。陈澧曾称胡锡燕"最有学问",闻其死讯,"悲怆不能支,须将尽白"。⑤ 是书卷首有陈澧致锡燕书札一通,又有《凡例》四则,有同治间长沙胡氏刻本,影印本后收入《续修四库全书》中。

《诗本音谱》,胡锡燕撰。胡锡燕有《诗古音绎》,生平见前。著者认为声音与训诂相表里,欲通古义,必明古音,而治古音者,必先从事于古音谱,于是取段玉裁古音表,依其部分次第,不论四声,以《诗经》首见之韵为端,凡同用之韵类聚之,务使同牵共理,皦如绎如。民国时叶启勋为作提要,称其"不为奇龄所惑,而参酌诸家,以炎武书定于一尊,洵为卓见,而古韵之有条理,亦无过是编","一扫南宋以来随意叶读之谬论"。⑥《(光绪)湖南通志·艺文志》著录,《续修四库全书总目提要　经部》著录有同治间刊本,今未见。

《毛诗谱》,胡元仪辑。胡元仪(1848—1907年),字子威,号兰苣,湘潭

---

① (清)王闿运:《湘绮楼日记》,学生书局1985年版,第570页。
② (清)唐训方:《唐中丞文集》卷下《百果山房文稿题词》,清光绪十七年归吾庐刻本。
③ (清)郭嵩焘:《郭嵩焘日记》,载《郭嵩焘全集》第12册,岳麓书社2012年版,第392页。
④ 杨奕青、唐增烈等编:《湖南地方志中的太平军史料》,岳麓书社2010年版,第37页。
⑤ (清)陈澧:《与郑小谷书》,载《近代中国史料丛刊》第762册《东塾续集》,文海出版社1971年版,第201页。
⑥ 中国科学院图书馆整理:《续修四库全书总目提要　经部》,中华书局1993年版,第1252页。

人,胡锡燕长子,官候选直隶州州判。早年在湘水校经堂学习,清光绪十年(1884年)与季弟元直同为拔贡,一府学,一县学,郭嵩焘称为佳话。①《毛诗谱》,即郑玄为《诗经》所作之"序"。孔颖达云:"郑于三《礼》《论语》为之作序,此谱亦是序类,避子夏序名,以其列诸侯世及《诗》之次,故名'谱'也。"②《旧唐书·经籍志》著录为二卷,《新唐书·艺文志》著录为三卷,至宋代残缺。欧阳修曾于河东绛州得一残本,为之补正。清人从事相关辑佚者甚众,胡元仪以前人所辑颇多错谬,乃辑成此书,后被王先谦收入《皇清经解续编》中。

《诗古训补遗》十卷,黄朝桂撰。黄朝桂,新宁人,生平不详。是书卷首有光绪十九年(1893年)黄氏自序,称阮元《诗书古训》一书,刺取经史子书中引《诗》书语,汇而成编,好古之士,莫不家置一编,但其中尚多遗漏,即使是阮元所引用之书,亦有遗漏,黄氏查考未经阮元所引诸书,再加汇辑,乃成此书。抄本后与《广春秋人地名对》等三书汇编为《西园读书记》。

《诗达诂首卷》二卷,彭焯南撰。彭焯南,字笙陔,号二玉山樵,新化人,"时人称新化多积学能文之士,而笙陔最朴厚"③。彭焯南与同县邹代钧友善,讲求实学,所著《周易指事》《明史论文》二书,时任湖南学政朱逌然"极嘉赏之"④。另有《明史论略》一书,郭嵩焘曾为之作序。⑤是书为彭著《诗达诂》的首二卷,原书共三十二卷,"先刻首二卷,余俟续刻",故名《诗达诂首卷》。有光绪二十三年(1897年)二玉山馆刻本。

《毛诗诂训传释例》一卷,舒立淇撰。舒立淇,溆浦人,宣统元年(1909年)以孝廉方正咨送朝考,民国初任溆浦县公立高等小学校长,编有《溆浦县

---

① (清)郭嵩焘:《郭嵩焘日记》,载《郭嵩焘全集》第12册,岳麓书社2012年版,第45页。
② 李学勤主编:《十三经注疏·毛诗正义》(上),北京大学出版社1999年版,第9页。
③ (清)严玉森:《虚阁遗稿》卷6《〈周易指事〉序》,《清代诗文集汇编》第737册,上海古籍出版社2010年版,第260页。
④ 此事为郭嵩焘所述,见(清)郭嵩焘:《郭嵩焘日记》,载《郭嵩焘全集》第11册,岳麓书社2012年版,第314页。
⑤ (清)郭嵩焘:《彭笙陔〈明史论略〉序》,载《郭嵩焘全集》第14册,岳麓书社2012年版,第330—331页。

志》三十二卷首一卷。是书附于舒氏所撰《说文解字举隅》后,有民国四年(1915年)刻本。

四、《礼》类

《三礼从今》三卷,黄本骥撰。本骥生平见第一章第三节。据书前自序云,吴荣光任湖南巡抚时,黄本骥曾入幕中,并为其编辑《吾学录》十四卷,书板后由吴荣光携往广东,湖南罕有传本,黄本骥故而抽出其中昏、丧、祭三项,汇成一部,题曰《三礼从今》。有道光二十四年(1844年)刻本。

《读〈仪礼〉录》一卷,曾国藩撰。曾国藩(1811—1872年),初名子城,字伯涵,号涤生,湘乡(今属娄底)人,道光十八年(1838年)进士,改庶吉士,授翰林院检讨。相继升授侍讲、内阁学士、礼部侍郎、兵部侍郎等职。太平天国运动爆发后,在湘依靠师徒、亲戚、好友等人际关系组织湘军,出省应战。咸丰十一年(1861年)奉旨督办苏、皖、浙、赣四省军务,巡抚、提镇以下悉归节制。同治三年(1864年)攻破天京,加太子太保、一等侯爵,后又督师剿捻,同治七年(1868年)改任直隶总督,其间办理天津教案。同治十一年(1872年)任两江总督,卒谥"文正"。是书为曾氏研读《仪礼》的札记,原载于王启源编《求阙斋读书录》中,王先谦辑《皇清经解续编》时,将其单独辑为《读〈仪礼〉录》一卷收入。

《典礼质疑》六卷,杜贵墀撰。杜贵墀(1824—1901年),字吉阶,号仲丹,巴陵(今岳阳)人,光绪元年(1875年)举人,曾主湖北勺庭、经心,湖南岳阳、校经书院讲席。是书卷首有光绪二十五年(1899年)杜氏自序,叶启勋认为"颇多新说","未始非一家之学也"。① 有光绪二十六年(1900年)长沙叶氏观古堂刻本。

《仪礼丧服辑略》一卷附《丧服杂说》一卷,张华理撰。张华理,长沙人,曾助胡林翼纂辑书籍。咸丰九年(1859年)六月胡林翼曾致信张氏,请其赴鄂编

---

① 中国科学院图书馆整理:《续修四库全书总目提要　经部》,中华书局1993年版,第628页。

书:"林翼新纂《左传》《通鉴》兵事、地理诸书,非得博极群编、精于考据者详加校对,窃恐乖舛杂陈,遗讥来者。阁下淹通如贵与,精核如升庵,必能辨别风淮雨之讹,订安息酉阳之误。兹特以一书为介绍,即祈命驾来鄂,俯赐参订,俾成善本,是所切祷。"①后成《读史兵略》一书,李慈铭读后言其"考证颇核"②,可见张华理在考据学方面确有建树。是书前有丁叙忠序,《增订书目答问》列入"天文算法第七,兼用中西法者"。有同治十二年(1873年)长沙荷花池刻本、光绪十七年(1891年)湘西李氏鞠园刊《读礼丛抄》本。

《丧服今制表》一卷,张华理撰。张华理有《仪礼丧服辑略》一卷附《丧服杂说》一卷,生平见前。该书据《大清通礼》胪列成表,以人为纲,以服为目,书死者于前,而备列生者于后,区分九世,以清眉目,取其便于检寻。有同治十三年(1874年)长沙荷花池刻本。

《鲁礼禘祫义疏证》一卷,皮锡瑞撰。皮锡瑞有《尚书古文考实》,生平见前。禘、祫是在宗庙举行的两种祭祀礼仪,与春夏秋冬四时举行的时祭不同,被称为殷祭,亦即大祭。有光绪二十五年(1899年)湖南思贤书局刊本,今有点校本收入《皮锡瑞全集》。

《周官笺》六卷,王闿运撰。王闿运有《尚书大传补注》,生平见前。王闿运宗尚今文经学,但也涉猎部分古文经典。《周官》又名《周礼》,历来为古文经学家所宗。王氏此著,于每句经文下,先列郑玄的注,次为王氏的笺,对郑注有所考订。有光绪二十二年(1896年)东洲书院刊本,影印本收入《续修四库全书》中。

《周礼郑注正字考》十二卷,叶德辉撰。叶德辉(1864—1927年),字焕彬,一字奂份,别号郋园,湘潭人。光绪十八年(1892年)进士,曾任吏部主事,后归乡读书侍亲。辛亥革命后因反对革命,被拘禁处死。是书为未刊稿本,今未见。据叶德辉之侄叶启勋云,成于光绪三十三年(1907年),前有作者自序,

---

① (清)胡林翼:《致张华理》,载《胡林翼集》第2册,岳麓书社2008年版,第310页。
② (清)李慈铭撰,由云龙辑:《越缦堂读书记》,上海书店出版社2000年版,第506页。

称郑玄注三礼,往往改字,"知其改字之故,则于文字声音训诂,一览可以贯通,将使人人能读古书,不至妄有疑义,故一一为其考订原委"。叶启勋认为该书"征引精核,简略详明,颇有助于考证","以视段玉裁《周礼汉读考》,殆有过之矣"。①

《仪礼郑注正字考》十七卷,叶德辉撰。叶德辉有《周礼郑注正字考》,生平见前。是书为未刊稿本,今未见。据叶启勋云,是书大旨以绁绎郑玄注文,博考而研究之,遍采周秦诸子、司马、班、范两汉儒书,比傅经文,存其旧谊。②

《礼记郑注正字考》二十卷,叶德辉撰。叶德辉有《周礼郑注正字考》,生平见前。是书为未刊稿本,今未见。据叶启勋云,是书成于光绪三十三年(1907 年),民国七年(1918 年)又为订正。③ 是书积叶氏十余年之功而成,于古音古字,皆为之分别疏通,使无疑似。又援引诸史百家之文,相互参证,用工至勤。

五、《春秋》类

《春秋日月考》四卷,谭沄撰。谭沄有《禹贡章句》,生平见前。作者用历法密率推算春秋日月,自鲁隐公元年(前 722 年)至鲁哀公十六年(前 479 年),二百四十三年间逐日定朔,对经文所言日食及内外传所言经度皆详为推算,细加考证。有光绪三年(1877 年)郴州学署刻本。

《左氏春秋义笺》十卷,王荣兰撰。王荣兰有《韩诗经考》,生平见前。是书摘取经传之文而疏解之,于地理为详,于顾炎武、惠栋、焦循等前人所已言者,则不复置议。《(光绪)湘潭县志·艺文志》《(光绪)湖南通志·艺文志》

---

① 中国科学院图书馆整理:《续修四库全书总目提要　经部》,中华书局 1993 年版,第526 页。

② 中国科学院图书馆整理:《续修四库全书总目提要　经部》,中华书局 1993 年版,第571 页。

③ 中国科学院图书馆整理:《续修四库全书总目提要　经部》,中华书局 1993 年版,第571 页。

著录。今未见。

《驳春秋名字解诂》一卷,胡元玉撰。 胡元玉,字子玉,号镜珠斋,湘潭人。光绪十四年(1888 年)优贡,官教谕,民国后官国史馆总纂,因清代湘潭县属长沙府,故常自署籍贯为"长沙"①。是书为辨正王念孙《春秋名字解诂》失误之作。卷首有光绪十年(1884 年)自序,胡氏认为,认为王氏所解,虽"合于古假借者不少,而专取同音之字为说者,颇不免轻易本字之失"②。是著驳正王氏人名数十条,皆先录原文,再申己见。王氏原书有 25 人阙疑未释,胡氏依旧目为之补释。有《皇清经解续编》本,影印本收入《续修四库全书》中。

《左传浅说》二卷,皮锡瑞撰。 皮锡瑞有《尚书大传疏证》,生平见前。皮锡瑞治学宗尚今文,但于古文经学亦有涉猎。是书为其研读《春秋左传正义》的札记,据吴仰湘先生研究,大体可分为"训诂字词、解说文句""考求史事、论说人物""辨析名物、疏证典制""校勘文字、审辨句读""分析书法、发抒议论"五类。③ 此书长期以来不为学界所重视,"不仅民国年间编纂的《续修四库全书总目提要》未加著录,当代从事《左传》校注的学者也未列作引用书目;不但研究清代杜解补正的学者未注意到它,甚至研究皮锡瑞《春秋》学的人也绝口不提它"④。有清光绪二十五年(1899 年)长沙思贤书局刊本,影印本后收入《四库未收书辑刊》中,今有点校本收入《皮锡瑞全集》。

《春秋谥法表》一卷,陈延龄撰。 陈延龄,郴州人。卷首有宣统二年(1910 年)孟冬作者自序,认为历代谥法可分为"书家""礼家"两派,是书本史家年表之例,"据书家佚文,参以礼家遗说,凡谥品见于《春秋》经传者,并撮其名号,

---

① 参见张子帆:《〈续修四库全书总目提要〉及〈尔雅诂林·叙录·书目提要〉"胡元玉〈雅学考〉"条订补》,《中国典籍与文化》2021 年第 1 期。
② (清)胡元玉:《驳春秋名字解诂·叙》,《续修四库全书》第 128 册,上海古籍出版社 2002 年版,第 443 页。
③ 吴仰湘:《皮锡瑞的经学成就与经学思想》,湖南大学出版社 2013 年版,第 226—227 页。
④ 吴仰湘:《皮锡瑞的经学成就与经学思想》,湖南大学出版社 2013 年版,第 245 页。

都为一编,间加注释,剖辨异同"①,以补顾栋高《春秋大事表》无谥法表之阙。该书分别部居,分天子谥、王臣谥、诸侯谥、世子谥、列国大夫谥、妇人谥六个项目,有宣统二年(1910年)北京开智石印局石印本,影印本后收入北京图书馆出版社出版的《历代名人谥号谥法文献辑刊》中。

《春秋人名异文考》二卷,叶德辉撰。叶德辉有《周礼郑注正字考》,生平见前。是书以三传人名颇多异文,乃博引众书,考其异同。民国《续修四库全书总目提要　经部》著录有手稿本,今未见。

《春秋地名异文考》二卷,叶德辉撰。叶德辉有《周礼郑注正字考》,生平见前。是书考订三传地名之异文。上卷列三传经文异文,下卷列传文与群书异文,"大旨以《左传》为主,而附载《公》《穀》及群书之文",叶启勋认为"考《春秋》土地名者,不可不手此一编也"。② 民国《续修四库全书总目提要　经部》著录有手稿本,今未见。

《穀梁范注阙地释》一卷,彭梦日撰。彭梦日,字干翘,廪贡生,湘乡人。是书卷首有光绪十五年(1889年)作者自序,自言浏览学海堂辑刻经解,见《穀梁》尚无专书,乃就晋人范宁注《穀梁》所阙,起自汉志,以迄近儒所释《春秋》地者,集为若干条,有光绪二十九年(1903年)扶云山房刻本。

六、《孝经》类

《孝经今古文传注辑论》,吴大廷撰。吴大廷(1824—1877年),字彤云,一作桐云,沅陵人。初由拔贡入赀为内阁中书,咸丰五年(1855年)顺天乡试举人,任内阁中书,曾入李续宜、左宗棠等幕,又得曾国藩赏识,参与镇压太平天国活动,官至按察使衔台湾兵备道,卒赠太仆寺卿。吴大廷为学崇尚桐城

---

① （清)陈延龄:《春秋谥法表·序》,载贾贵荣、张爱芳编:《历代名人谥号谥法文献辑刊》第1册,北京图书馆出版社2004年版,第108页。

② 中国科学院图书馆整理:《续修四库全书总目提要　经部》,中华书局1993年版,第802页。

派,曾为方东树《仪卫轩文集》撰写序文,内言"乾嘉时,声为汉学者,恃其纵横博辨,专务掊击程朱为能,惜抱辞而闢之,其风未熄也。先生以穷老诸生,时客广东阮文达幕中。文达盖以名卿魁宿主张汉学者,先生独慨然发奋,著《汉学尚兑》一书,而又尝以两书与文达极力抗辩,不稍依阿"①。吴大廷虽倾心桐城一派,然此作认为《古文孝经》与《今文孝经》虽文字、章句略有不同,但其大义并无不同之处。是书首列古文,次列今文,其下为注疏,后又总论。有同治五年(1866年)刻本、同治十二年(1873年)重刻本。

《孝经郑注疏》二卷,皮锡瑞撰。皮锡瑞有《尚书大传疏证》,生平见前。是书在严可均所辑佚之《孝经郑注》的基础上,再行考校补辑,并在还原郑注文本的同时,对其进行了翔实的注释与阐发,自此之后,关于《孝经》郑玄注的真伪问题,始得到彻底的解决。有光绪二十一年(1895年)师伏堂初刻本,今人吴仰湘先生有点校本,先后收入中华书局2015年出版之《皮锡瑞全集》和中华书局2016年出版之《十三经清人注疏》中。

七、《四书》类

《四书异同商》二十八卷,黄鹤撰。黄鹤,字汉皋,新化人。道光五年(1825年)拔贡,曾任宁乡县教谕。其人专精经学,郭嵩焘曾赞该书"多异朱注,与予平昔之论相吻合者十之六七,引证赅博,不愧绩学之士"②。刘咸炘也说其"荟萃汉学家及讲章而折衷之,甚详备细密。不录经文,以章节编次,用力甚勤"③。有咸丰十年(1860年)宁乡学署刻本。

《四书遗文异字考》一卷,黄鹤撰。黄鹤有《四书异同商》,生平见前。是书《(同治)新化县志》之《艺文志》著录,言其"杂引《史记》《汉书》及其他传

---

① (清)吴大廷:《小酉腴山馆文集》卷3《仪卫轩文集序》,清光绪五年刻本,第9页。
② (清)郭嵩焘:《郭嵩焘日记》,载《郭嵩焘全集》第8册,岳麓书社2012年版,第387页。
③ 刘咸炘:《部次流别 以道统学:刘咸炘目录学论集》,生活·读书·新知三联书店2018年版,第324页。

记,考订凡遗文、重文、衍文、脱文、异字、异音、异读共若干条"①。今未见。

《**四书异同商补订**》**七卷,黄鹤撰**。黄鹤有《四书异同商》,生平见前。是书为作者对己著《四书异同商》的修订,有光绪二十八年(1902年)湖南书局刻本。

《**天文本单经论语校勘记**》**,叶德辉撰**。叶德辉有《周礼郑注正字考》,生平见前。据卷首光绪二十三年(1897年)自序,叶氏在北京得日本天文癸巳(1533年)刻单经《论语》,发现此本与当时中国所传者颇有差异,于是取日本足利本、正平本、皇侃《义疏》本等校勘异同,成《校勘记》一卷,后附跋文一篇,对异同略加论证。便于后世学者考证。有光绪二十八年(1902年)刻本,1966年艺文出版社出版影印单行本,2002年上海古籍出版社又将影印本收入《续修四库全书》出版。

《**论语大学中庸考异别钞**》**,吴敏树撰**。吴敏树(1805—1873年),字本深,号南屏,巴陵(今岳阳)人,道光举人,官浏阳县教谕。据书前同治九年(1870年)自序,言其读仁和翟灏《论语》《大学》《中庸》考异之书,发现其中《大学》翟氏未列古本,他认为,"盖读书者,稽古也,先知古训,源流乃明","自时文取士法行,功令定主《集注》,以一趋尚。而天下之士,或者苟就功名,不复问学,因陋就简,《论语》不知有何晏旧书释文三论文字之异。《戴记》中遂去《大学》《中庸》之刻,其谬甚哉"!② 乃依照钦定《戴记》补抄《大学》,并及《中庸》。今未见,似已不传。

《**四书字诂**》**七十八卷,段谔廷撰**。段谔廷,字诩庵,黔阳人,道光贡生,一生未仕,肆力经学,著有《十三经集字音训》数十册。是书段氏生前未曾刊行,黄本骥读后认为"其书以《学》《庸》《论》《孟》为首,而以《周易》至《尔雅》为

---

① (清)关培钧等修,刘洪泽等纂:《(同治)新化县志》卷33《艺文志》,清同治十一年刻本,第16页。

② (清)吴敏树:《祥湖文录》卷3《论语大学中庸考异别钞序》,载《吴敏树集》,岳麓书社2012年版,第303页。

次之。逐字详说,朱墨错施,征引经传,颇为博洽,小字手抄,不知稿凡几易"①,因不忍听其湮没,故加以整理,抽出其中《四书》部分,即为此书。有道光二十九年(1849 年)黔阳杨氏刻本。

《孟子辨证》二卷,谭澐撰。谭澐有《禹贡章句》,生平见前。是书卷首有作者自序,自称"熟玩《孟子》本文,参考诸家之说,益知《史记》六国表之年为不可易"②。学者伦明称其"据《史记》以正《历谱》,俱极确审"③,有光绪六年(1880 年)刊本。

八、小学类

《六书统考》,罗汝怀撰。罗汝怀有《周易训诂大谊》,生平见前。是书以续许书为经,而纬以后来各家考证之说,使"考字者一展卷而知此字之有篆与无篆之正为附,韵之何字不见篆,篆之何字不入韵,与夫指事、会意、象形、谐声、假借悉具其中,转注则别自为说,故名之曰《六书统考》"④。今未见,似已不传。

《六书转注说》一卷,罗汝怀撰。罗汝怀有《周易训诂大谊》,生平见前。据《续修四库全书总目提要 经部》,是书前有罗氏自序,谓转注之字,混于会意、形声二者之中,于统考中无所位置,乃另为此说,别自为编。《续修四库全书总目提要 经部》著录有罗氏自刊本⑤,今未见。

《文字偏旁举略》,罗汝怀撰。据其自序,是书为罗氏作《六书统考》未毕,又分韵摘取其字,字撮其义……而于偏旁之义未能钩元提要,恐学者但循其当

---

① (清)黄本骥:《序》,载《四书字诂》卷首,清道光二十九年黔阳杨氏刻本。
② (清)谭澐:《孟子辨证·序》,清光绪六年味义根斋刻本。
③ 中国科学院图书馆整理:《续修四库全书总目提要 经部》,中华书局 1993 年版,第933 页。
④ (清)罗汝怀:《绿漪草堂文集》卷 13《六书统考自叙》,载《罗汝怀集》,岳麓书社 2013 年版,第 188 页。
⑤ 中国科学院图书馆整理:《续修四库全书总目提要 经部》,中华书局 1993 年版,第1137 页。

然,而于隐僻之处仍多习焉不察,故更为一编。① 今未见,似已不传。

《字弟》十卷,李次山撰。李次山有《诗韵字声通证》,生平见前。据叶启勋云,是书取《说文》九千三百五十三文,据声系联,依形分类。② 有清钞本,今未见。

《五韵论》二卷,邹汉勋撰。邹汉勋(1805—1854 年),字叔绩,一字绩父,号叔子,新化人,咸丰元年(1851 年)举人。太平天国起事之初,以从援南昌有功,以知县叙用,后又从江忠源守安徽庐州(今合肥)有功,迁直隶州同知。后庐州城破,江忠源自杀,汉勋亦死于阵中。李慈铭曾阅是书,认为其"大旨以阳阴去上入为五音,不出顾亭林氏之说,而以上平为阳,下平为阴,属商角,上声为宫,去入声为征羽,力辟前人以上平为宫、下平为商、上为徵、去为羽、入为角之非及温守字母之谬"③。有光绪十三年(1887 年)《学艺斋遗书》刻本。

《音学质疑》六卷,彭焌南撰。彭焌南有《诗达诂首卷》,生平见前。是书含《通韵说》一卷、《古韵表》二卷、《入声表》一卷、《书后》二卷,有光绪二十三年(1897 年)上梅二玉山馆刻本。

《集雅》八卷,王荣兰撰。王荣兰有《韩诗经考》,生平见前。是书体例略仿《尔雅》,摘取群书中词语典故分门别类,成二十八门,是一部具有类书性质的雅学专著,有同治元年(1862 年)扫叶山房本。

《雅学考》一卷,胡元玉撰。胡元玉有《驳春秋名字解诂》,生平见前。胡元玉认为《尔雅》之学自汉代兴起后,虽历代学者颇为讲求,但"宋谈性理,实学渐荒,雅学诸书,用是散佚,迄于今日,惟余郭注",及至清代讲求实学,哀辑

---

① (清)罗汝怀:《绿漪草堂文集》卷 13《文字偏旁举略叙》,载《罗汝怀集》,岳麓书社 2013 年版,第 188 页。
② 中国科学院图书馆整理:《续修四库全书总目提要　经部》,中华书局 1993 年版,第 1058 页。
③ (清)李慈铭著,由云龙辑:《越缦堂读书记》,上海书店出版社 2000 年版,第 197 页。

前代遗书,《尔雅》旧注固已搜罗略备,然仍存在不少问题,如"《释文》序录记樊光之名,或强易其称为某氏。《周礼正义》载康成之注,或竟指所注为纬文","如斯之类,踌驳殊甚",①乃考宋以前《尔雅》著述诸家,与所著《驳春秋名字解诂》《汉音钩沉》《郑许字义异同评》三书,合刻于长沙,名《胡氏杂著》。有光绪十七年(1891年)长沙益智书局刊本、1936年北京大学重刊本,影印本收入《续修四库全书》中。

《尔雅集解》十九卷,王闿运撰。王闿运有《尚书大传补注》,生平见前。是书为王氏数十年心血之作,可与邵晋涵《尔雅正义》、郝懿行《尔雅义疏》相参照。有光绪二十六年(1900年)初刊本、光绪二十九年(1903年)东洲书院重刊本,后者经黄巽斋整理点校,2010年由岳麓书社出版。此外,民主与建设出版社2016年出版的《湘学研究丛书》中所收之周柳燕编辑的《王闿运辑》一书,内有《尔雅集解》第10卷《释丘》、第12卷《释水》二卷。

《汉音钩沉》一卷,胡元玉撰。胡元玉有《驳春秋名字解诂》,生平见前。是书卷末有胡氏自记:"元玉辑此书后九年,创通谐声之义,于形声乃反悟所自始,益信此编足匡曩哲。"②有光绪十七年(1891年)长沙益智书局刊《胡氏杂著》本,文听阁图书有限公司2013年出版影印本。另,黄侃有手批《汉音钩沉》稿,现存湖北省图书馆。

《郑许字义异同评》二卷,胡元玉撰。胡元玉有《驳春秋名字解诂》,生平见前。是书卷首有自序,言"世人习见郑驳《五经异义》,辄于郑、许遗说强求其异,岂知笺毛驳许,固自同情。许实先师,郑非异党,判以门户,窃不谓然。因取郑笺注说字义者,证以《说文》,辑比平议,以畅厥指,通其所同,辨其所异"③。在体例上,该书先标郑说,次列许书,然后加以评说。有光绪十七年(1891年)长沙益智书局刊《胡氏杂著》本,文听阁图书有限公司2013年出版

---

① (清)胡元玉:《雅学考·自序》,清光绪十七年长沙益智书局刻本。
② 徐雁平编著:《清代家集叙录》(上),安徽教育出版社2017年版,第496页。
③ 徐雁平编著:《清代家集叙录》(上),安徽教育出版社2017年版,第496页。

影印本。

《释名疏证补》八卷、《补遗》一卷、《续释名》一卷、《疏证补附》一卷。王先谦撰。王先谦有《尚书孔传参正》，生平见前。卷首有自序，指《释名》为"反切之统宗"，但旧本阙讹特甚，虽有长洲吴氏所刊顾千里校本，但其中"奥义微文，未尽挥发"①，乃广辑历代诸家之说，逐条注释，并曾与皮锡瑞、苏舆、王先慎等商讨。有清光绪二十二年（1896年）思贤讲舍刻本，上海古籍出版社、湖南大学出版社先后于1984年和2019年出版影印本，中华书局2008年出版祝敏彻、孙玉文点校本。

《虚字阐义》三卷，谢鼎卿撰。谢鼎卿，字视侯，耒阳人，副贡。早年游粤，与杨颐同学于徐台英，有用天下之志，光绪七年（1881年）任湘乡县教谕，其间曾由都察院代递上疏，建议制造"疏河转地枰"以治理黄河泥沙，李鸿章核复后认为"徒费工力，难收成效"，建议"毋庸添造，以节糜费"。② 卷首有同治九年（1870年）作者自序，有光绪元年（1875年）北京琉璃厂善成堂刻本。

《说文儗雅》二十卷，魏源撰。魏源（1794—1857年），字默深，邵阳人。道光二年（1822年）举人，后屡试不第，曾佐贺长龄辑《皇朝经世文编》，又入陶澍幕，参与办理漕运、水利。鸦片战争期间，入两江总督裕谦幕，参加抗英。道光二十五年（1845年）中进士，先后担任江苏东台、兴化知县，高邮知州。在防堵太平军的过程中，因"贻误文报"被参劾去职，后虽经保举复职，但终因"年逾六十，遭遇坎坷，世乱多故，无心仕宦"③而辞职，晚年潜心学佛，辑有《净土四经》。

是书合《说文》《尔雅》而成。魏源认为，《尔雅》有"释亲"，无"释人"，"五官、四肢、五事、五伦、五性最广之字，皆无类可归，尽入之'释诂'"，致该门

---

① （清）王先谦：《释名疏证补序》，载（东汉）刘熙撰，（清）毕沅疏证，王先谦补：《释名疏证补》，中华书局2008年版，第2页。

② （清）李鸿章：《核复疏河转地枰无用片》（光绪十二年二月初九日），载《李鸿章全集》第11册，安徽教育出版社2008年版，第342页。

③ （清）魏耆：《邵阳魏府君事略》，载《魏源全集》第14册，岳麓书社2011年版，第334页。

"臃肿杂沓,不便稽检",乃别立"释人"一门。又以《尔雅》"不尽用字之本谊,专取假借,故六书之本义不明",乃"专以部首分类,而以其虚文语助为'释言',别辑其专行借谊、反废古谊者为'释训'",同时将《说文》分部之失并为更正。① 是书魏源生前未及刊刻,有咸丰元年(1851年)作者自序一篇收入《古微堂外集》中。值得注意的是,魏源自序并未说明其卷帙篇幅,《(光绪)湖南通志·艺文志》著录时,标注为"二十卷"②。齐思和先生发现,广仓学宭1916年出版的《学术丛编》第一册收有魏著《蒙雅》一卷,认为"当即此书"③。熊焰、黄娜虽然注意到《蒙雅》未收《专注释例》《假借释例》《意声事形释例》三篇与《说文儗雅叙》一起收入《古微堂外集》卷一的文献,但仍赞同齐思和先生的观点,并进一步论断,《说文儗雅》"后易名为《蒙雅》刊行"④。

笔者认为,《说文儗雅》与《蒙雅》并非一书。首先,《蒙雅》是以童蒙初学为对象的字书,格式为四字韵言,所取皆通行正字,20世纪30年代成都志古堂取《广仓学宭丛书》本重刊时,刘咸炘先生曾撰写序言,也认为该书"诚诏幼之良书也"⑤。这与魏源在《说文儗雅叙》中对该书的描述完全不同。《说文儗雅》合《说文》《尔雅》而成,于《尔雅》别立"释人"一门,并对《说文》分部的缺失进行了更正。如果说《蒙雅》是启蒙读物,那么《说文儗雅》就是研究著作,二者之间有非常明显的差异。其次,魏源自撰的《说文儗雅叙》中明确提到,别为《专注释例》《假借释例》《意声事形释例》三篇"以冠于首"⑥,那么现存《蒙雅》中未收这三篇文献,就很令人怀疑其与《说文儗雅》之间是否存在明

① (清)魏源:《古微堂外集》卷1《说文儗雅叙》,载《魏源全集》第13册,岳麓书社2011年版,第71—72页。

② (清)李瀚章、裕禄等编纂:《(光绪)湖南通志》卷246《艺文志》,岳麓书社2009年版,第4967页。

③ 齐思和:《魏源与晚清学风》,《燕京学报》第39期,1950年12月。另按,《学术丛编》后分类装订,称为《广仓学宭丛书》。

④ 熊焰、黄娜:《魏源佚著考论》,《邵阳学院学报》(社会科学版)2019年第1期。

⑤ 刘咸炘:《重刻蒙雅序》,载《魏源全集》第2册,岳麓书社2011年版,第630页。

⑥ (清)魏源:《古微堂外集》卷1《说文儗雅叙》,载《魏源全集》第13册,岳麓书社2011年版,第72页。

确的继承关系。可惜的是,《说文儗雅》一书并没有保存下来。

《校补说文解字系传》,胡焯撰。胡焯,字光伯,武陵人,道光二十一年(1841年)进士,授编修,曾任广西学政。胡焯好考据、训诂之学,早年曾入祁寯藻幕①,道咸年间在京任职期间,参加顾祠会祭。是书《(同治)武陵县志》卷四十五《艺文志》著录,今未见。

《说文部目便读》十四卷,罗镇嵩撰。罗镇嵩,字穆青,湘乡人,罗信西次子,曾客新疆巡抚刘锦棠幕,官甘肃固原直隶州知州。罗镇嵩认为"小学通而经学不患不明,经学明而圣人之道乃可得详说"②,又认为《说文解字》"昔人所谓偏旁之学,实全书之纲领也,非熟读精思,无由发关键以窥奥突",乃"尊修旧文,仍分为十四篇,依段玉裁注本所编次第,断三字为一句,其有奇零,则以部字、终字足成之",以应童蒙之求。③ 有光绪三十三年(1907年)长沙刻本、民国长沙学务处刻本。

《说文经斠》十三卷附《说文正俗》一卷,杨廷瑞撰。杨廷瑞,字子杏,善化人。是书卷首有王闿运序,正文以十三经为经,许慎《说文》为纬,将经籍中通假及一切后起字一一证以许书各求其本义而得其本字、正字,认为经籍有而《说文》无,及《说文》有而经籍无者,均为后起字。叶启勋言其征引诸儒训诂,反复考证,颇见精核,"有是一编,固大有益于经训也"④。有清光绪十七年(1891年)善化杨氏澄园刻本,影印本收入《续修四库全书》中。

《方言校注》十三卷,郭庆藩撰。郭庆藩有《诗异文考证》,生平见前。《方言》为东汉学者扬雄所著,是中国第一部汉语方言比较词汇集,在训诂学史上具有重要意义。晋人郭璞曾为之作注,清人戴震为之疏证,写成《方言疏证》

---

① (清)王先谦:《虚受堂文集》卷9《诰授光禄大夫经筵讲官工部尚书兼管顺天府府尹事务祁文恪公神道碑》,载《葵园四种》,岳麓书社1986年版,第192页。

② (清)罗镇嵩:《下学寮汇稿》卷1《〈说文部目便读〉后序》,清光绪三十三年刻本。

③ (清)罗镇嵩:《下学寮汇稿》卷1《〈说文部目便读〉后序》,清光绪三十三年刻本。

④ 中国科学院图书馆整理:《续修四库全书总目提要 经部》,中华书局1993年版,第1115页。

十三卷。卢文弨曾盛赞戴书,称"《方言》至今日而始有善本,则吾友休宁戴太史东原氏之为也"①。郭庆藩认为"戴、卢所述,已具椎轮,援据发明,犹资讨论",乃取二本详校合刊之,"既为古籍广其流传,亦俾儒先表彰之功无有失坠"。② 有清光绪十七年(1891 年)思贤讲舍刊本。

《说文经字考辨证》四卷,郭庆藩撰。郭庆藩有《诗异文考证》,生平见前。是书为辨正陈寿祺所著《说文经字考》而作,各条首列陈寿祺原文,其次为郭氏辨证,逐字详释,有光绪二十一年(1895 年)湘阴郭氏扬州刻本。

《说文经字正谊》四卷,郭庆藩撰。郭庆藩有《诗异文考证》,生平见前。是书卷首有李桢序及郭庆藩自序,自序言陈寿祺《说文经字考》虽可补钱大昕之阙,但时有涉浅易之处,故博采诸儒训诂,反复更订,逐字详释。叶启勋认为虽时有智者之失,但仍肯定全书"精核者甚多"③,有光绪二十年(1894 年)湘阴郭氏扬州刻本,影印本收入《续修四库全书》中。

《说文谐声谱》十五卷,邹汉勋撰。邹汉勋有《五韵论》,生平见前。据书前《叙例》所言,"是书以指事、象形、会意之文字领谐声之字,其无谐声者,亦得为部首,杂厕其间,故虽名曰《谐声谱》,实具六书之文字"④。邹氏回顾了古音以往的分部情况,郑庠分六部,顾炎武分十部,江永分十三部,戴震分十六部。入声顾炎武分四部,江永分八部,戴震分九部。邹汉勋是书则分为五部,每部三类,凡十五类,入声分十类。十五类分别是宫上、宫中、宫下、商上、商中、商下、角上、角中、角下、徵上、徵中、徵下、羽上、羽中、羽下。文字各从其类,以为部首。⑤ 今未见,似已不传。

---

① (清)卢文弨:《抱经堂文集》卷 3《重校方言序》,商务印书馆 1935 年版,第 32 页。

② (清)郭庆藩:《方言校注》卷首《自序》,清光绪十七年思贤讲舍刊本。

③ 中国科学院图书馆整理:《续修四库全书总目提要 经部》,中华书局 1993 年版,第 1116 页。

④ (清)邹汉勋:《学艺斋文存》卷 5《说文谐声谱叙例》,载《邹叔子遗书七种》,岳麓书社 2011 年版,第 550 页。

⑤ (清)邹汉勋:《学艺斋文存》卷 5《说文谐声谱叙例》,载《邹叔子遗书七种》,岳麓书社 2011 年版,第 550 页。

《说文逸字辨正》二卷，**李桢撰**。李桢，字佐周，善化人，附贡生。李桢与王先谦为老友，而不干以私，"安贫自守，非其义一介不取"，郭庆藩自浙西归，念其贫，袖四百金遗之，拒而不受。① 是书为辨正郑珍《说文逸字》而作，有宣统元年（1909 年）长沙思贤书局刻本。

《说文解字补逸》二卷，**张祖同撰**。张祖同（1835—1905 年），字雨珊，晚号狷叟，长沙人，同治元年（1862 年）举人，晚清重臣张百熙之长兄②。张祖同是清末湖南地方的知名士绅，与陈宝箴、王先谦、叶德辉、黄自元、熊希龄等皆有往来，曾参与创办善记和丰火柴公司、湘裕炼矿公司、宝善成制造公司、鄂湘善后轮船局等多个湖南地方近代工矿企业。张祖同长于诗词，有《湘雨楼词》《湘离恨谱》等，为晚清湖南地方词坛的代表人物之一。是书卷首有张氏自序，言"夫文字者，经籍所本，王教斯关。古人用以垂今，今人因以识古者"，且乾嘉以来治小学者颇多，但搜罗典籍，颇未能遽然，乃"详考本书，旁证经典，得逸字若干文，一仍许例，系以说解，各次部属，鸠而录之，各家据补不复重记"。③ 是书传本不多，据笔者目力所见，仅湖南图书馆藏有一民国间抄本。

《说文重文本部考》一卷，**曾纪泽撰**。曾纪泽（1839—1890 年），字劼刚，号梦瞻，曾国藩子，同治九年（1870 年）以二品荫生补户部员外郎，光绪三年（1877 年）袭侯爵，次年派充出使英国、法国大臣，后兼任出使俄国大臣，经过艰苦谈判，签订《中俄伊犁条约》。光绪十二年（1886 年）回国，任兵部侍郎、刑部侍郎、吏部侍郎等职。是书卷首有学者张文虎序，认为是书可补阮元《经籍纂诂》之阙，而两便于今学、古学者也。有同治八年（1869 年）半亩园刻本。

《〈释人〉疏证》二卷，**叶德辉撰**。叶德辉有《周礼郑注正字考》，生平见

---

① 李肖聃：《桐园杂钞·善化诸儒学案叙》，载《李肖聃集》，岳麓书社 2008 年版，第263 页。

② 张祖同出身世家，祖父、伯父、父亲、弟弟均有名。参见拙文：《其名虽诗，实亦为史——张祖同及其〈湘雨楼诗〉》，《书屋》2017 年第 11 期。

③ （清）张祖同：《说文解字补逸》卷首《序》，民国抄本。按，参见拙文：《张祖同文二篇辑释》，载《湘学研究》2020 年第 2 辑，社会科学文献出版社 2021 年版。

前。是书取孙星衍、孙冯翼二人关于《释人》的研究成果,考订补阙,为之疏证。叶启勋认为"不独有功于小学,于医家针灸、法家检验,亦有所裨益,非仅许氏一家之学也"①。光绪八年(1882年)撰成,光绪二十八年(1902年)收入《观古堂丛书》中刊行。

《说文段注校》三种三卷,刘肇隅编。刘肇隅(1875—1938年),又名萃隅,字廉生,号晓初、淡园居士,湘潭人。与弟刘鑫耀(字楚金)皆受学于叶德辉,江标任湖南学政时,曾于院试中拔擢刘肇隅,并请其校勘己作《宋元行格表》。曾署巴陵教谕,官候选训导。后留学日本,入早稻田大学,习法律。民国后任教湖南省立一师、上海光华大学、正风文学院、群治大学等。是书为清人徐松、龚自珍和桂馥关于《说文》段注的著作汇编,均经刘肇隅校订,有光绪二十八年(1902年)长沙叶氏刊本。

《湘绮先生校补许氏〈说文〉古籀释》,王闿运撰。王闿运有《尚书大传补注》,生平见前。是书为光绪十二年(1886年)王闿运重校《说文解字》时,对其中一些古籀文字的注释,有抄本藏湖南图书馆。②

《文字通释略》四卷,钟祖绥撰。钟祖绥,字寄樵,长沙人,生平不详,中年目盲,据江标日记,其曾于光绪二十一年(1895年)正月具禀,自言"素熟许氏书,欲仿何晏《集解》例成《说文集注》",请求时任湖南学政的江标"筹款助之",江标召来谈,认为其人颇通达,并叹"楚材真未可量也"。③ 是书成于光绪三十三年(1907年),翌年刘人熙为之刊行,书前有刘序及自序,影印本后收入北京出版社出版之《四库未收书辑刊》中。

《说文校勘记》十四卷,吴光尧撰。吴光尧,字冀阶,湘阴人,早年先后入葛承霖、张修府、彭玉麟幕,后被时任江苏学政的王先谦延揽入幕,"析疑问

① 中国科学院图书馆整理:《续修四库全书总目提要 经部》,中华书局1993年版,第1027页。
② 刘少虎:《经学以自治——王闿运春秋学思想研究》,华夏出版社2007年版,第92—93页。
③ (清)江标:《江标日记》下册,凤凰出版社2019年版,第595页。

故,多所诤难"。光绪十二年(1886年)卒于江阴,陈三立曾为其撰写行状。据陈言,吴光尧好聚古书,讲求椠本,长于目录校雠之学,"尤专许书,以为有声音而后有文字,治小学者,舍声而求乎义与形,犹欲入室而闭之门也"。是书乃穷许慎声读及省声、亦声之类,博考通人成说,参互二徐本同异而撰成。①今未见。

《说文建首字释》八卷,吴光尧撰。吴光尧有《说文校勘记》,生平见前,据陈三立所撰行状,是书于王筠所论许慎建首部次略无义例,深纠其非是,分句读、解谊、条例、部叙、古音表、建首字音表、建首字次系表、订讹八个部分。今未见。

《说文通谱》十四卷,邹永修撰。邹永修,字觉人,新化人,邹代钧族子,曾肄业于两湖书院,为张之洞、梁鼎芬所赏识,后被选拔赴日本考察教育,有《烟海楼文集》十六卷。张舜徽先生言其"于舆地之外,复博通经史","校史之功弥勤,非泛泛涉览者比也"。②自序言十五六岁时从事《说文解字》,茫无条绪,逾年得段玉裁注读之,于许慎义例洞若观火,因类聚而别之,为五十二谱,如指事谱、象形谱之类。自言"虽无甚发明,研究许学者就吾谱求之,有从入门矣"③。今未见。

《字谊指归》二卷,舒立淇撰。舒立淇,溆浦人,宣统元年(1909年)以孝廉方正咨送朝考,民国初任溆浦县公立高等小学校长,编有民国《溆浦县志》三十二卷首一卷。卷首有舒氏自序,言于《说文》之学从事有年,先儒小学诂训之书亦颇浏览。舒立淇认为,经典之字为《说文》所无者,雷浚已言之详,《说文》所有而出于假用者,段玉裁、王筠、钱大昕、陈寿祺、郝懿行虽颇多发明,但"或不专为此,不能类成一编,或类成一编,而又未及详尽"④,乃因《说

① 陈三立:《散原精舍文集》卷2《清故湘阴县廪贡生吴君行状》,载《散原精舍诗文集》(增订本)中册,上海古籍出版社2014年版,第771—773页。
② 张舜徽:《清人文集别录》,华中师范大学出版社2004年版,第578页。
③ 寻霖、龚笃清:《湘人著述表》第1册,岳麓书社2010年版,第528页。
④ 舒立淇:《字谊指归·序》,清光绪二十五年刻本,第1页。

文》部居编次校录,得数百字。有光绪二十五年(1899 年)刻本。

《说文解字举隅》一卷,舒立淇撰。舒立淇有《字谊指归》,生平见前。学术界以往在论及该书时,曾将其置于"民国以来的湖南语言文字学"条目下进行分析①。这一归类,应是注意到了该书出版于民国四年(1915 年)的情况。但根据卷首光绪十六年(1890 年)、民国二年(1913 年)的两篇舒氏自序和民国四年(1915 年)清梁刘明远序,该书始撰于光绪十六年(1890 年),至民国二年(1913 年)修订完成,民国四年(1915 年)只是刊刻出版的时间,故仍应归入晚清时期。

《说文解字便笺》一卷,舒立淇撰。舒立淇有《字谊指归》,生平见前,有民国四年(1915 年)刻本。

九、群经总义类

《群经释地》十六卷,周翼高撰。周翼高,字仲瞻,号厚生,湘潭人。该书对《易》《诗》《书》《礼》《春秋》《论语》《孟子》等经书所涉及的地名等加以诠释,或释地名缘起,或追索地名变迁,间及典故,对研究有关经书及考证地理沿革等,均有一定资料价值。有光绪十九年(1893 年)静谧草堂刻本。

《十六观斋经说》一卷,何维栋撰。何维栋,字研荪,道县人,何绍基之弟,何绍业长孙。光绪九年(1883 年)进士,官刑部主事。是书大部分内容为其在江南惜阴书院时的课业,分《易》《书》《诗》《礼》《孟子》等若干篇,"诸条虽援证未广,而理解颇新,不无可取"②。有民国间抄本。

《郑志疏证》八卷,皮锡瑞撰。皮锡瑞有《尚书大传疏证》,生平见前。《郑志》一书,原为郑玄之孙,三国时魏国人郑小同编,记载了郑玄与门人赵商、张逸等的问答之词,原书已佚,清人有多种辑本,又以袁钧所辑后出,最为详审。

---

① 朱汉民总主编:《湖湘文化通史》第 5 册,岳麓书社 2015 年版,第 274 页。
② 中国科学院图书馆整理:《续修四库全书总目提要 经部》,中华书局 1993 年版,第 1392 页。

皮锡瑞认为"是书可与诸经注义参证,以考郑君生平学术先后异同之故"①,故在袁本基础上,参考《南菁书院丛书》中所收之成蓉镜考订未竟之本,复加校订,为表示不掠美前人,将成蓉镜已有之考证俱列简端,其未及者乃补之,附以《郑记》与《答临孝存周礼难》。有光绪二十五年(1899年)思贤书局刊本,影印本收入《续修四库全书》中,今有点校本收入《皮锡瑞全集》中。

《常华馆经说》一卷,刘鑫耀撰。刘鑫耀有《尚书大传礼征》,生平见前。是书为其研究经学的札记汇编,有《易》一条、《书》二条、《诗》二条、《周礼》三条、《仪礼》一条、《春秋》一条,并附有关经义的其他文章六篇,"大抵皆探训诂声音文字之原,而求之于经,以明其大义,于诸儒之说无门户之私"②,有光绪三年(1877年)刊本。

《经义莛撞》四卷,易顺鼎撰。易顺鼎(1858—1920年),字仲实,号湘农,又号哭盦,龙阳(今汉寿)人,易佩绅之子。光绪元年(1875年)举人,官广西右江道、云南临安开广道、广东钦廉道等。易顺鼎以诗闻名,对经学亦有研究,曾被张之洞聘为两湖书院经史讲席。甲午战争期间,曾两次赴台湾抗日。是书为易顺鼎青年时期所作,刊行时年仅27岁。书中对经义的说解多有创获。皮锡瑞认为"虽多新说,而创获者甚精当"③。民国初,学者江瀚为作提要,称"惜顺鼎肆力于时,此事遂废,使卒为之,宁非俞樾《群经评议》之亚欤"④?张舜徽先生也认为其"考证经义,语多足征",并赞"才士亦知尊重朴学"。⑤ 有《琴志楼丛书》本。

《读经琐记》一卷,易顺鼎撰。易顺鼎有《经义莛撞》,生平见前。是书附

①　(清)皮锡瑞:《郑志疏证自序》,载《皮锡瑞全集》第3册,中华书局2015年版,第150页。

②　中国科学院图书馆整理:《续修四库全书总目提要　经部》,中华书局1993年版,第1395页。

③　(清)皮锡瑞:《皮锡瑞日记》,载《皮锡瑞全集》第9册,中华书局2015年版,第514页。

④　中国科学院图书馆整理:《续修四库全书总目提要　经部》,中华书局1993年版,第1422页。

⑤　张舜徽:《爱晚庐随笔》,华中师范大学出版社2004年版,第291—292页。

于《经义莛撞》之后，民国初，学者江瀚为作提要，认为"不及《莛撞》之善，且间有前人所已言者"①。有光绪十年(1884年)刻本。

第二节　史学研究

晚清时期，湖南在史学研究方面涌现出一大批著名学者。1940年，复旦大学中文系教授、湖南宁乡人鲁实先所著之《史记会注考证驳议》出版后，时任中文系主任的长沙人陈子展先生在复旦大学湖南同乡会会刊上发表了二组共六首旧诗，其中一首云："注史何如四史难，易王平淡少波澜。敖倪二老开湘派，再凿龙门与世看。"在自注中，陈子展写道："吾劝实先早日完成其《史记广注》，则《四史》之新注皆由吾湘人完成之，史学中宁无湘派之地位乎。且近百年间，吾湘史学为盛。自魏默深、邓湘皋、罗研生、皮鹿门、王壬秋、王益吾以及叶奂彬、易寅村、樾村兄弟皆有著述。吾拟为专文述之，生事卒卒，犹未皇也。"②陈子展先生此言，乃就一般意义上的史学撰述而言，而在传统学术四部分类的"史部"，湘人在金石、典章制度、舆地考证等领域也取得了丰富成果，反映了晚清湖湘汉学在史学研究领域的发展情况。

一、正史类

《史记札记》五卷，郭嵩焘撰。郭嵩焘(1818—1891年)，学名先杞，后改名嵩焘。字筠仙，号云仙、筠轩，别号玉池山农、玉池老人，湘阴人。道光二十七年(1847年)进士，任翰林院编修，入值南书房。同治二年(1863年)任广东巡抚，光绪初出任驻英公使，又兼驻法使臣，后称病辞归。是书为郭嵩焘出使

① 中国科学院图书馆整理：《续修四库全书总目提要　经部》，中华书局1993年版，第1422页。

② 陈子展：《陈子展文存》上《题鲁实先史记会注考证驳议——兼寄杨遇夫、潘硈基》，上海古籍出版社2018年版，第583页。

英国期间阅读《史记》后写成,"略仿王念孙《读书杂志》体例,按史公原次抄辑而成"①,郭嵩焘在世时未曾刊刻,民国间刊行,上海商务印书馆1957年重印,岳麓书社2012年收入《郭嵩焘全集》第5册中点校出版。

《汉书注校补》五十六卷,周寿昌撰。周寿昌(1814—1884年),字应甫,一字荇农,晚号自庵,长沙人。道光二十五年(1845年)进士,改庶吉士,授编修,咸丰二年(1852年),大考二等,擢侍讲,转侍读,充日讲起居注官。同治间曾任詹事府詹事,署户部左侍郎兼管三库事务等职,光绪二年(1876年)任内阁学士兼礼部侍郎。光绪四年(1878年)以足疾辞官,后潜心著述。是书前有光绪八年(1882年)作者自序,言自幼于治经之外,好读史书。道光七年(1827年)始读《汉书》,前后用功55年,凡十七易稿,是书依《汉书》原书次序,对颜师古注进行校补,并对其中部分重要词句摘出附以注释。当代学者则认为,是书"所校补者不限于颜注,于《汉书》正文文字异同以及音训文义,皆能遍考诸书取引《汉书》史实者,考辨是非,断以己意,颇有助于后之读《汉书》者"②。有光绪十年(1884年)思益堂刻本、民国九年(1920年)广雅书局刊本。

《汉书补注》一百卷,王先谦撰。王先谦有《尚书孔传参正》,生平见前。《汉书》旧有唐人颜师古所作之注,王先谦认为颜注虽集隋以前旧注之精华,但仍间有讹误,"未发明者固多,而句读讹误、解释舛驳之处亦迭见焉"③,且颜注之后,宋明以来学者之《汉书》校勘考证成果虽多,但散在各书,难以搜捡,故广征博引,采用宋明以下,特别是清代学者对《汉书》的注释和研究成果,进行补注,积三十余年之功而成。有光绪二十六年(1900年)虚受堂刊本,中华

---

① 任凯南:《序》,载(清)郭嵩焘:《史记札记》卷首,《郭嵩焘全集》第5册,岳麓书社2012年版,第3页。

② 《续修四库全书总目提要》编纂委员会编:《续修四库全书总目提要·史部》,上海古籍出版社2014年版,第6页。

③ (清)王先谦:《汉书补注·序例》,中华书局1983年版,第1页。

书局 1983 年影印出版,上海古籍出版社 2019 年出版有上海师范大学古籍研究所点校本共 12 册。

《汉书校勘记》四卷,邹永修撰。邹永修有《说文通谱》,生平见前。是书卷首有邹氏自序,言《汉书》自梁以来即有两本,刘之遴所谓真本者久佚,今所行者明南京国子监本、万历节删注本、汪文盛本、凌稚隆评林本、毛氏汲古阁本、席氏扫叶山房本、清武英殿本、金陵书局本,各本时有异同。是书以毛氏为底本,其各本讹而毛本是,各本是而毛本讹者,一一为之校正。有光绪二十六年(1900 年)新化陈氏西畬山馆刻本。

《汉书注校补》,黄国瑾撰。黄国瑾(1849—1890 年),字再同,醴陵人,迁居贵州贵筑,名宦黄辅辰孙,湖北布政使黄彭年子,苏舆岳父。光绪二年(1876 年)进士,选庶吉士,授编修,黄氏在周寿昌撰写《汉书注校补》时,曾与缪荃孙、瞿鸿禨等参与校订,此或即当日自存手稿,《民国醴陵县志·艺文志》著录①,似民国时尚存。今未见。

《后汉书注补正》八卷,周寿昌撰。周寿昌有《汉书注校补》,生平见前。卷首有光绪八年(1882 年)作者自序,言早年读《后汉书》,"书眉行间,条缀件繫,染墨略遍",因不忍割舍,乃取其中"考证不甚误者写出之,得二百余条",②属李慈铭、朱一新、缪荃孙悉心覆勘,去重复者数十条,后经缪荃孙再加别择,编成八卷。是书考证《后汉书》唐章怀太子李贤注释之失,又刊宋人刘攽《后汉书刊误》之误,于清人惠栋《后汉书补注》所未及者,则加以补注,其余各家校订歧舛者加以辨正。有光绪十年(1884 年)思益堂刻本(影印本收入《续修四库全书》)、民国九年(1920 年)广雅书局刊本(影印本收入《两汉书订补文献汇编》)。

《后汉书集解》一百二十卷,王先谦撰。王先谦有《尚书孔传参正》,生平

---

① 陈鲲修,刘谦纂:《民国醴陵县志·艺文志》,民国三十七年铅印本,第 18 页。
② (清)周寿昌:《后汉书注补正·自序》,载徐蜀编:《两汉书订补文献汇编》第 3 册,北京图书馆出版社 2004 年版,第 609 页。

见前。《后汉书》为南朝学者范晔所作的一部记载东汉历史的纪传体史书,唐章怀太子李贤曾为之注释,清人惠栋又为补注。据卷首王氏自序云,其服膺惠栋《后汉书补注》有年,乃"于遗文奥义复加推阐,惠氏外广征古说,请益同人,所得倍伙,爰取而刊行之",①该书王氏生前刊印未完,后经其弟子整理,至1923 年方刊刻完毕,扬州广陵书社 2006 年影印出版。

《三国志注证遗》四卷,周寿昌撰。周寿昌有《汉书注校补》,生平见前。据书前周氏自序,是书之著,首先按日辑录资料,得数千条,后发觉其中多有前人所及言者,乃删汰与他书重复者,留前人所未发明之三百余条,编为此书,有光绪八年(1882 年)思益堂刻本。

《新旧唐书合注》二百六十卷,王先谦撰。王先谦有《尚书孔传参正》,生平见前。学术界曾长期认为,该书为王先谦在清人沈炳震《新旧唐书合钞》一书的基础上,利用《唐会要》《册府元龟》等史籍,为沈著撰写的补注,黄永年、张舜徽等著名学者皆沿此误。20 世纪 90 年代,谢保成先生翻阅原书,始澄清误解,指出该书"是一部集清以前研治新旧《唐书》成就的巨著,并非仅仅为《新旧唐书合钞》作补注"②。该书撰成于王先谦去世前一年,至今仍未刊行,现收藏于中国科学院图书馆,为馆藏善本。③

《五代史记纂误补续》一卷,周寿昌撰。周寿昌有《汉书注校补》,生平见前。《五代史记》即宋人欧阳修所撰之《新五代史》,也是唐代设馆修史以后唯一的私修正史。对于《五代史记》的订补,周氏之前,已有宋人吴缜所著《五代史记纂误》与清人吴兰庭所著之《五代史记纂误补》。周寿昌此书,以《旧五代

①　(清)王先谦:《后汉书集解·序》,广陵书社 2006 年版,第 1 页。

②　谢保成:《一部研治两〈唐书〉的集大成之作——王先谦〈新旧唐书合注〉》,载荣新江主编:《唐研究》第 3 卷,北京大学出版社 1997 年版,第 400 页。

③　从 20 世纪中叶开始,先后有商务印书馆、科学出版社、中华书局等多家出版社计划出版该书,瞿宣颖先生还曾应科学社之请,为该书写了十余万字的校记,过程极其曲折,但至今仍未出版。中华书局徐俊先生曾对这一段历史进行过详细梳理。参见徐俊:《王先谦〈新旧唐书合注〉的前生今世》,《文汇报》2015 年 8 月 14 日。

史》《资治通鉴》《五代荟要》《旧唐书》《新唐书》等史料参酌考订,共补订十八条,除补欧阳修原书之缺外,也对吴缜、吴兰庭等人的著作有所订正,有光绪八年(1882年)思益堂刻本,影印本收入《续修四库全书》中。

《魏书校勘记》一卷,王先谦编。王先谦有《尚书孔传参正》,生平见前。据卷首王氏自序,时四川人叶大起于北京购得宋监本《魏书》,王先谦读后发现,毛氏汲古阁本所称"'宋本作某字'者,悉与此本同,且多异文,为毛注所未及知",乃"知其可宝也",①恰逢叶氏将携书往广东,王先谦乃与李慈铭、钱振常、缪荃孙、吴祖椿、朱一新、程颂藩、谢崧岱等人以毛本通校是书,后由王先谦编为一帙,即为此书。有光绪十七年(1891年)广雅书局刊本。影印本收入北京图书馆出版社2004年出版之《魏晋南北朝正史订补文献汇编》中。

《魏书官氏志疏证》一卷,陈毅撰。陈毅(1871—1929年),字诒重,一字武仲,晚号郇庐,湘乡人,系湘军名将陈湜孙,光绪三十年(1904年)进士,官邮传部主事、京师大学堂提调。陈氏早年与苏舆一同从学于王先谦,尝自言:"毅受学先生有年,知先生之学,惟毅独深。"②《官氏志》是《魏书》中的一篇,对拓跋氏部落建立北魏前后姓氏、官职的演变情况进行了梳理。由于北魏以鲜卑族入居中原,部名为氏,氏名为族,氏姓复重,译无定字,改革繁赜,推究为难。陈毅旁稽诸史,兼综群书,对其中姓氏部分进行了考订,为研究鲜卑族历史提供了资料。③卷首有苏舆所撰序文。有光绪二十三年(1897年)刻本,影印本收入《四库未收书辑刊》。

《南史勘误》八十卷《北史勘误》一百卷,叶德辉撰。叶德辉有《周礼郑注

---

① (清)王先谦:《魏书校勘记·序》,载徐蜀编:《魏晋南北朝正史订补文献汇编》第3册,北京图书馆出版社2004年版,第489页。

② (清)陈毅:《叙》,收入(清)王先谦:《虚受堂文集》卷首,载《葵园四种》,岳麓书社1986年版,第2页。

③ 《中国历史大辞典·史学史卷》编纂委员会编:《中国历史大辞典·史学史卷》,上海辞书出版社1983年版,第508页。

正字考》,生平见前。是书原稿已佚,据刘肇隅云,是书以北朝出土墓碣及金
石家诸书目所载南北朝碑文对《南史》《北史》二书进行勘误,惜因一时石刻未
易汇齐,补缀须时,未能遽付梨枣。①

《廿二史札记识误》二卷,邹永修撰。邹永修有《说文通谱》,生平见前。
是书为邹氏阅读赵翼《廿二史札记》后,对赵书所作的勘误,有光绪二十六年
(1900 年)新化陈氏西畲山馆刻本。

二、编年类

《资治通鉴校勘记》三十卷,胡锡燕撰。胡锡燕有《诗古音绎》,生平见前。
是书以宋赵刻本校清鄱阳胡氏翻刻元本,得脱文误字数千余条。锡燕生前未
及刊刻,后由其子元常整理,并收入所辑《校刊资治通鉴全书》中刊刻。有光
绪十四年(1888 年)刻本。

三、古史类

《国语释地》三卷,谭澐撰。谭澐有《禹贡章句》,生平见前。是书专释《国
语》所涉地名,偶作考证,考证之法以征引旧说与辨方析理为主,虽非辨极精
微,然亦间有可采。② 有光绪三年(1877 年)刻本。

《晏子春秋集校》七卷,苏舆撰。苏舆,字嘉瑞,号厚庵,平江人。早年随
父亲苏渊泉读书,补县学生员后,入长沙校经书院为肄业生。后经学者杜贵墀
介绍,随王先谦受学,为王氏得意门生。苏舆政治主张保守,反对维新变法。
戊戌湖南新政期间,曾收集张之洞、王先谦、叶德辉等反对维新的书信、奏折、
论述等,编为《翼教丛编》一书,是清末湖南地方政治舞台上的守旧派干将。
光绪三十年(1904 年)成进士,改庶吉士,官邮传部郎中,清帝逊位后去职。是

---

① 刘肇隅:《郋园四部书叙录》,载王逸明主编:《叶德辉集》第 1 册,学苑出版社 2007 年
版,第 7 页。
② 孔祥军:《清儒地理考据研究》第 1 册《先秦卷》,齐鲁书社 2015 年版,第 212 页。

书卷首有苏氏自序,言从王先谦受学后,采集以往诸家关于《晏子春秋》诸说附之正文,王先谦以为可传,取以付梓。有光绪十八年(1892 年)长沙思贤讲舍刊本。

四、地理类

《图史提纲》一卷,胡宣庆撰。关于胡氏生平,现有资料非常少,只知道其于咸丰间中举人,与王先谦、皮树棠(皮锡瑞父)、杨恩寿等有所交往。① 根据作者自序中所言,其"尝慕古人左图右史,宇宙山川著焉,古今之元会详焉,帝王之统绪系焉",著此书目的是"使考舆图者不独知山川之名胜,而且知道里之险阻;言甲子者不独知贞元之会合,而且详世运之盛衰;验天命者不独知帝王之享年,而且知僭窃之偏伪"。② 20 世纪 50 年代,顾颉刚先生阅读是书,言其为"旧日之历史地理手册也",并拟仿照此书"作一手册以饷学人",惜无暇为之。③ 有同治九年(1870 年)刻本、光绪十七年(1891 年)长沙胡氏重刻本。

《皇朝舆地水道源流》五卷,胡宣庆撰。胡宣庆有《图史提纲》,生平见前。是书主要考订直隶、苏、皖、赣、浙、闽、鄂、湘、豫、晋、陕、甘、川、粤、桂、滇、黔等省江河情况及源头支脉,同时也考订了中原形势、关外各长城关隘、西藏道里等,篇末附有县同名录。是书曾在当时湘人中流传,据郭嵩焘日记,其曾于光绪十年(1884 年)九月初十日见过胡氏《图史提纲》《皇朝舆地水道源流》二书④。有光绪四年(1878 年)长沙松桂园初刻本、光绪十七年(1891 年)长沙胡氏重刻本。

《郡县分韵考》十卷,黄本骥撰。黄本骥有《三礼从今》,生平见前。我国历史悠久,各郡县名称曾经多次变化,是书将道光二十年(1840 年)所有府、厅、州、县,依韵分编,每韵中以府、厅、州、县为次序,府之同隶一省,州、县之同

---

① (清)杨恩寿:《坦园日记》卷 5,载《杨恩寿集》,岳麓书社 2010 年版,第 186 页。

② (清)胡宣庆:《序》,载《图史提纲》卷首,清同治九年刻本。

③ 顾颉刚著,王煦华整理:《缓斋藏书题记》,载上海图书馆历史文献研究所编:《历史文献》第二辑,上海科学技术文献出版社 1999 年版,第 31 页。

④ (清)郭嵩焘:《郭嵩焘日记》,载《郭嵩焘全集》第 12 册,岳麓书社 2012 年版,第 54 页。

隶一府者,依次胪列,府、州、县有同名者,则总载其名,分详所属,详述沿革废置。卷首有黄氏自序。有道光二十七年(1847年)刊本。

《水经注合笺》四十卷,王先谦撰。王先谦有《尚书孔传参正》,生平见前。是书以赵一清《水经注释》、戴震《校水经注》为主,参合诸家之说而成,虽发明新见不多,但引据资料广泛,有益于后学。有《四部备要》本。

五、传记类

《北海三考》六卷,胡元仪撰。胡元仪有《毛诗谱》,生平见前。卷首有胡氏自序,言己少承庭训,八岁即读《毛诗》,年逾弱冠,有志于郑玄之学,但见史籍中于郑氏事迹记载不全,乃著此书以表彰郑学。内容包括《事迹考》《注述考》《师承考》,各分上下,较郑珍《郑学录》更加完密。其中《注述考》卷下录《东塾读书记》之郑学卷中纯粹且精者二十三事于后,题曰"郑学指南"。有光绪二年(1876年)刻本。

六、职官类

《三国职官志》二卷,王荣兰撰。王荣兰有《韩诗经考》,生平见前。是书以三国官制皆袭汉制而有所损益,又互有异同,故取晋、宋志参稽为是。然其搜剔往往出二志之外,每官皆述其因革职掌,镕铸旧文,为说有所考证,即旁注各条下。《(光绪)湘潭县志·艺文志》《(光绪)湖南通志·艺文志》著录。今未见。

《历代职官表》六卷,黄本骥撰。黄本骥有《三礼从今》,生平见前。乾隆四十五年(1780年),清廷奉敕编《钦定历代职官表》七十二卷,四十八年(1783年)十月编成初稿。该书以清朝官制为纲,将历代沿革分列于下,每曹各为表,卷帙浩繁。黄本骥以"书藏内府,民间不能尽见"①,乃进行删削,原书

---

① 　(清)黄本骥:《历代职官表·序》,清光绪刻本,第1页。

诸表按原样保留,对于历代职官的叙说全部删去,对清代职官的叙说进行简写。有道光二十六年(1846 年)黄氏《三长物斋丛书》本及光绪五年(1879 年)膺古斋刻本。1965 年上海中华书局编辑所点校出版。

七、政书类

《六典通考》二百卷,阎镇珩撰。阎镇珩(1846—1911 年),初名正衡,字季蓉,号北岳山人,石门人。因屡试不第,遂专意著述。柯劭忞曾言镇珩奋自僻邑,前无师承,论其学诣,宜在王闿运、王先谦之上。张舜徽先生认为柯劭忞光绪间督学湖南,"习其士夫,故评骘独得其实"①。是书前有作者自序,言光绪十四年(1888 年)客于浙幕时,读秦蕙田《五礼通考》,"甚伟其通博,亦颇疑其采取之杂、议论之歧,使观者茫洋无端,易于惝恍而失所守",又以所叙五礼仅六典之一端,"于经旨未为完备",②遂因其例推而广之,经十三寒暑,于光绪二十七年(1901 年)撰成。是书按《周礼》六官职掌编排,分设官制、爵命、禄制、宫政、邦计、膳饮、奄寺、医政、民政、教典、宾兴、委积、荒政、市政、礼制、乐制、礼器、司天、建国、兵制、军礼、王政、职方、刑典、宾礼、都邑、工政、沟洫诸考。将自周初至明末典章制度材料汇为一书,于叙事外间以考证、评论,极便稽查。有光绪二十九年(1903 年)初刻本,江苏广陵古籍刻印社 1990 年影印出版,后又收入《续修四库全书》中。

八、目录类

《宋艺文志补遗》四卷,王荣兰撰。王荣兰有《韩诗经考》,生平见前。是书以《宋史·艺文志》卷帙虽繁,仍多遗漏,采晁公武《郡斋读书志》、陈振孙《直斋书录解题》及宋代文集所载编成,经、史、子、集各成一卷,前有序例。

---

① 张舜徽:《清人文集别录》,华中师范大学出版社 2004 年版,第 573 页。
② (清)阎镇珩:《六典通考·序》,清光绪二十九年刻本,第 2 页。

《(光绪)湖南通志·艺文志》著录,姚名达《中国目录学史》亦曾述及。① 今未见。②

《皇朝经籍志》六卷,黄本骥撰。黄本骥有《三礼从今》,生平见前。据书前黄氏自序,其认为乾隆年间所编之《四库全书》"搜罗广备,采择精详",但学者应"先知近时著作何人,所著何书,然后可以上追往古",③故于《四库全书总目》内检出清代经籍,别为一编,编成是书。全书首列内廷书目一卷,次分经、史、子、集为四卷,末附著书人物一卷。有道光二十五年(1845年)刊本。

《隋书经籍志考证》未分卷,叶德辉撰。叶德辉有《周礼郑注正字考》,生平见前。是书原稿已佚,据刘肇隅云,是书以章宗源《隋书经籍志考证》仅成史部,且不免挂一漏万,乃取近人所辑四部中佚书,录为长编,更取原引之书为之补阙订讹。④

《宋绍兴秘书省续编到四库阙书目》二卷,叶德辉考证。叶德辉有《周礼郑注正字考》,生平见前。《秘书省续编到四库阙书目》为记录宋代官方藏书的目录,南宋初已有刻本,流传很广,还出现了多种增补本,元明以后则传抄秘藏于少数公私藏书馆楼。⑤ 叶德辉对该书进行了考证,自序中云,秘书省书目"自宋浙漕司摹板后,别无刻本,东南藏书家虽间有抄存,而孤本单传,海内学人无由共见","因仿钱氏考证《崇文目》之例,取宋人官私书目,悉录以资校

---

① 姚名达:《中国目录学史》,商务印书馆2017年版,第182页。

② 汇集历代正史、国史艺文经籍志以及相关考证与补撰之作的《二十五史艺文经籍志考补萃编》在编辑时,也曾搜求王荣兰此书,但经多方努力,仍是"查无下落,不见原书"。(参见王承略:《史志目录首次大规模的汇辑和整理——〈二十五史艺文经籍志考补萃编〉编纂出版的学术意义》,载上海社会科学院《传统中国研究集刊》编辑委员会编:《传统中国研究集刊》第16辑,上海社会科学院出版社2017年版。)

③ (清)黄本骥:《皇朝经籍志·序》,清道光二十五年刻本,第1页。

④ 刘肇隅:《郋园四部书叙录》,载王逸明主编:《叶德辉集》第1册,学苑出版社2007年版,第8页。

⑤ 张固也:《古典目录学研究》,华中师范大学出版社2014年版,第167页。

勘,其书名异同、卷帙多寡,必详载之,以见古书传世之存亡,有宋一代朝野崇文之盛治"。① 原文讹误之处,多下按语以校正。有光绪二十九年(1903 年)观古堂刊本。

《四库全书总目版本考》二十卷,叶德辉撰。叶德辉有《周礼郑注正字考》,生平见前。叶德辉在《书林清话》自序中曾说:"二十年前,撰《四库全书板本考》一书,已成经史子三部,而集久未定。"②其弟子刘肇隅撰写《郋园四部书叙录》,也注该书为"俟刻"③。这些都说明叶德辉当日确实写有此书,且其稿民国初尚存。1931 年,武汉大学《文哲季刊》第一卷第 1—4 号载有题为叶德辉撰的《元私本考》,并注明为"四库版本考之一",或即其中部分篇章。惜其全本今未见。

《书林清话》十卷,叶德辉撰。叶德辉有《周礼郑注正字考》,生平见前。叶德辉精通版本之学,又家富藏书,因有感于叶昌炽的《藏书纪事诗》"限于本例,不及刻书源流与夫校勘家掌故"④,乃就家藏典籍,于宣统三年(1911 年)撰成《书林清话》十卷,1919 年观古堂刊行。书前有叶氏自序及缪荃孙序。叶德辉后又将以前采录的宋、元、明至当代说部、笔记中涉及刻书的资料,编为《书林馀话》二卷,1923 年刊行。《书林清话》为我国近代版本目录学名著,百年来翻印本无数。

《雁影斋题跋》四卷,李希圣撰。李希圣,字亦元,号雁影斋主,湘乡人,光绪十八年(1892 年)进士,官刑部主事,后任京师大学堂提调。是书为其读巴陵(今岳阳)方氏碧琳琅馆藏书后所撰,据卷首李希圣自序,完成于光绪二十九年(1903 年)。后人认为,是编虽非经意之作,而一循乾嘉诸家著录旧例,考

---

① 叶德辉:《刊秘书省续编到四库阙书目序》,载王逸明主编:《叶德辉集》第 4 册,学苑出版社 2007 年版,第 301 页。

② 叶德辉:《书林清话·叙》,古籍出版社 1957 年版,第 1—2 页。

③ 刘肇隅:《郋园四部书叙录》,载王逸明主编:《叶德辉集》第 1 册,学苑出版社 2007 年版,第 8 页。

④ 叶德辉:《书林清话·叙》,古籍出版社 1957 年版,第 1 页。

订翔实①,傅增湘先生曾评价其"时或考订其源流,评量其得失,亦复翔实淹赅,与邵亭、邻苏、艺风诸人差可齐镳并辔,亦近代治目录之学者所宜知也"②。2009年,上海古籍出版社将其与《藏书题识》《华延年室题跋》二书合编,收入《中国历代书目题跋丛书》中点校出版。

九、金石类

《古志石华》三十卷,黄本骥撰。 黄本骥有《三礼从今》,生平见前。是书以黄氏个人历年所聚志石拓本,益以友朋所藏及金石家著录之确有可征者,汇录成帙,初稿完成于道光八年(1828年),翌年刊刻,后又续采各志,按年编入,共得282种,分为30卷,完成于道光二十六年(1846年)。有道光二十七年(1847年)《三长物斋丛书》本,上海古籍出版社2020年收入《金石文献丛刊》中点校出版。

《金石萃编补目》三卷,黄本骥撰。 黄本骥有《三礼从今》,生平见前。据卷首咸丰元年(1851年)作者自序,是书为其在湖南巡抚吴荣光幕中所编,后吴荣光离湘调京,携稿而去,又遽归道山,原稿已无可求索,黄氏后于簏中偶检得原目,因思孙星衍《寰宇访碑录》有目无文,并无考按,亦可传,为搜罗前导,遂改题为《萃编补目》,"以存中丞好古之心、鄙人代辑之力"③。有光绪间贵池刘氏《聚学轩丛书第三集》本。

《元碑存目》一卷,黄本骥撰。 黄本骥有《三礼从今》,生平见前。该书补王昶《金石萃编》无元碑之缺,有清光绪间贵池刘氏《聚学轩丛书第三集》本。

---

① 刘昌润:《〈雁影斋题跋〉跋》,《文献》1987年第1期。

② 傅增湘:《雁影斋题跋序》,载湖南图书馆编:《湖南近现代藏书家题跋选》第2册,岳麓书社2011年版,第301—302页。

③ (清)黄本骥:《金石萃编补目序》,载桑椹编:《历代金石考古要籍序跋集录》卷1,浙江古籍出版社2010年版,第289页。

《东洲草堂金石跋》五卷，何绍基撰。何绍基，字子贞，号东洲，晚号蝯叟，道州（今道县）人，何凌汉子。道光十六年（1836 年）进士，历官翰林院编修、国史馆总纂，因任四川学政时上疏陈事被咸丰帝痛责而去职。后主讲山东、湖南等地书院。晚年主持苏州、扬州书局。何绍基出身世家，雅好金石，文集《东洲草堂文钞》卷六至卷十为金石题跋，后人将此五卷辑出，是为此书。有1921 年西泠印社木活字本和 1925 年《湖南丛书》本。2012 年，浙江人民美术出版社将其与沈树镛《郑斋金石题跋记》合为一编，收入《中国艺术文献丛刊》中点校出版。

《宝鸭斋题跋》三卷，徐树钧撰。徐树钧，字衡士，号叔鸿，以得王献之《鸭头丸帖》而名其室为"宝鸭斋"，长沙人。咸丰七年（1857 年）举人，曾官刑科掌印给事中、广西桂平梧盐法道。[1] 是书著录徐氏"所见、所闻、所藏的钟鼎彝器、碑版摩崖，以及兵器、墓志、造像、陶文瓦当、砖文等材料。其中最大篇幅的是刻石类，碑、墓志、石阙等共 82 篇。吉金类，钟、鼓、灯、壶等共 9 篇。书画题跋 7 篇"[2]，有宣统二年（1910 年）宏文社石印本，点校本收入岳麓书社 2011年出版之《湖南近现代藏书家题跋选》第 2 册中。值得一提的是，徐树钧的这些收藏，后由其子六人分藏，第六子徐桢立择其中金石文字之精美者，付之石印，成《宝鸭斋金石拓存》一卷。"其时长沙市上无能摄影登石者，乃自出新意，径拓以登石，不由摄影，故尤丝毫不失真。兼自督之，用佳纸、佳墨，绝无油渍，直可作原拓观"。1938 年长沙大火，徐宅书卷多付劫灰，此印本存亦仅矣。[3]

《独笑斋金石考略》四卷，郑业敦撰。郑业敦，字君觉，号幼惺，长沙人，先后入左宗棠、彭玉麟幕，后以知府分派直隶，管理天津营务。李鸿章曾言其

① 秦国经主编：《清代官员履历档案全编》第 28 册，华东师范大学出版社 1997 年版，第167 页。

② 徐莉：《徐树钧与〈宝鸭斋题跋〉》，《遵义师范学院学报》2011 年第 2 期。

③ 徐桢立：《〈宝鸭斋金石拓存〉跋》，载湖南图书馆编：《湖南近现代藏书家题跋选》第 2册，岳麓书社 2011 年版，第 750 页。

"器识稳练,堪胜繁缺"①。郑业敩生平致力考据之学,是书为其光绪二年(1876年)在左宗棠幕中所撰,卷首有郑氏自题诗四首及王之春、熊世昌题识,有光绪十三年(1887年)刻本,影印本收入《续修四库全书》中。

《独笑斋金石文考》第一集五卷、第二集八卷,郑业敩撰。郑业敩有《独笑斋金石考略》,生平见前。是书原稿由作者手定,后为端方借去未还,郑业敩去世后,其子郑沅收拾遗稿,编成此书。以三代秦汉金文为第一集,汉石以下为第二集。卷首有郑氏小像及胡玉缙题像诗,其子郑沅序。杨树达先生曾认为郑氏"以近代金石家论衡,其精诣当在吴大澂、方濬益之间,盖缘功力甚深,故能卓有成就也"②。有1927年石印本。1935年,容庚先生将其与林万里《生春红室金石述记》合刊,铅印出版。燕京大学考古学社社刊第1期曾介绍该书,云"郑氏熟于史事,订正《金石萃编》等书之失,令人击节称快。凡购得《金石萃编》者,不得不备此书以相参证也"③。影印本收入《石刻史料新编》第二辑。

《独笑斋金石文考》残稿一卷,郑业敩撰。郑业敩有《独笑斋金石考略》,生平见前。郑业敩曾手定《独笑斋金石文考》一书,原稿后为端方借去未还。1933年,容庚先生在北京隆福寺书肆中得一卷残稿,"无书名序目,不署撰人姓名。素竹纸,每半叶十行,行十六字至廿字不等。每碑自为起讫,不相连。卷末有'陶斋校阅'隶书朱记",经与顾廷龙先生商讨,确定为郑业敩所作,而为端方借阅所未还之一部分。④ 有1935年容庚铅印《考古丛书》本。

---

① (清)李鸿章:《郑业敩考语片》,载《李鸿章全集》第13册,安徽教育出版社2008年版,第112页。

② 杨树达:《积微居小学述林》卷7《读〈独笑斋金石文考〉》,中华书局1983年版,第275页。

③ 《北平燕京大学考古学社社刊》第1期,考古学社1935年6月。

④ 容庚:《〈独笑斋金石文考残稿〉跋》,载《容庚选集》,天津人民出版社1994年版,第416—417页。

第三节　诸子学研究

　　明清之际,随着学术风气的转变和考据学的渐次兴起,子学研究逐渐兴盛起来,乾嘉时期,"适应考据学发展的需要,学者广泛运用子书来考证经书乃至史书,与此同时,还对子书本身做了大量训诂、校勘、辨伪、辑佚、考证的工作"①。鸦片战争以后,子学研究进入了高潮期,②而在湖南,随着本地汉学研究风气的流行,有不少学者从事子部典籍的整理与校释,形成了一批学术成果。

一、儒家类

　　《荀子集解》二十卷《考证》一卷,王先谦撰。王先谦有《尚书孔传参正》,生平见前。自序言"国朝儒学昌明,钦定《四库全书》提要首列荀子儒家,斥好恶之词,通训诂之谊,定论昭然,学者咸知崇尚。顾其说仅有杨琼注,未为尽善。近世通行嘉善谢氏校本,去取亦时有疏舛"③,乃用高邮王氏《读书杂志》例,取诸家校本,参稽考订,补正杨注凡数百事,支伟成称其"可谓'兰陵功臣'"④。书前有《考证》一卷,分为上、下两篇,采录历代关于《荀子》一书的著录、序跋。有光绪十七年(1891年)刻本。

　　《傅子》三卷附《订讹》一卷,叶德辉辑校。叶德辉有《周礼郑注正字考》,生平见前。是书为叶氏对西晋人傅玄所著《傅子》一书的辑佚成果,卷首有叶德辉自序,有光绪十七年(1891年)刻本。

　　《曾子辑注》,彭申甫撰。彭申甫,字丙蕃,中举后更字为丽崧,晚筑别墅,

---

　　① 黄爱平:《清代学术文化研究的新拓展——〈清代诸子学研究〉序言》,《中国文化研究》2004年冬之卷。

　　② 刘仲华:《清代诸子学研究》,中国人民大学出版社2004年版,第293页。

　　③ (清)王先谦:《荀子集解·序》,中华书局1988年版,第1页。

　　④ 支伟成:《清代朴学大师列传》,岳麓书社1998年版,第140页。

自号朵园,人称朵园先生,长沙人。彭永思子,陶澍婿。曾捐候选通判,后中道光十五年(1835年)顺天乡试举人,因会试未售,决志归养,曾先后主讲平江天岳书院、湘阴仰高书院、长沙尊贤讲舍、衡州船山书院,著有《朵园诗文集》①。王先谦曾为该书作序,言其"广采传记中曾子轶闻萃语,汇为一编"②。今未见。

二、法家类

《韩非子集解》二十卷,王先慎撰。王先慎,字慧英,长沙人,王先谦从弟,官教谕。王先谦曾为该书作序,言其"旧注罕所挥发,从弟先慎为之集解,订补阙讹,推究义蕴,然后是书厘然可诵"③。有光绪二十三年(1897年)思贤书局刻本,后被中华书局收入《新编诸子集成》中点校出版。

三、杂家类

《墨子注》七卷,王闿运撰。是书节录《墨子》原文,略作注释,非一般意义上的典籍注释之作,张舜徽先生认为其"谓之钞《墨子》,可也;谓之注《墨子》,不可也"④。卷首有作者自序,有光绪三十年(1904年)刻本。

《墨子笺》十五卷,曹耀湘撰。曹耀湘(?—1891),字镜初,湘乡人。咸丰元年(1851年)举人,曾于咸丰七年(1857年)受欧阳兆熊荐,为曾国藩诊病,后曾国藩与其多有书信往来。曹耀湘潜心佛学,曾于光绪初与杨文会创办长沙刻经处,并代金陵刻经处发售佛经,其人"笃志力行,不尚声华,与人罕交

---

① (清)彭树森:《诰封朝议大夫显考丽崧府君行状》,清光绪刻本。
② (清)王先谦:《虚受堂文集》卷3《〈曾子辑注〉序》,载《葵园四种》,岳麓书社1986年版,第35页。
③ (清)王先谦:《虚受堂文集》卷6《韩非子集解序》,载《葵园四种》,岳麓书社1986年版,第105—106页。
④ 张舜徽:《清人笔记条辨》,华中师范大学出版社2004年版,第335页。

接,故其名不著"①。王闿运称其"博通三教,以为释迦兼仲尼、墨翟,故自许立身兼仲尼、墨翟"②。是书各篇训诂详略不等,《亲士》《修身》《墨经》《大取》各篇训释详细,而《备城门》以下则训释不多。篇末则附议论,有光绪三十二年(1906年)湖南官书局刻本。

《墨子尚书古义》二卷,胡兆鸾撰。胡兆鸾,字律孙,长沙人,早年入校经书院。湖南维新运动期间,曾在《湘学报》上发表《论湘中所行新政》一文,编有《西学通考》三十六卷。胡兆鸾因墨子生于孔子之后、孟子之前,其时经典真本具存,加之墨子亦勤于稽古之士,故认为其称《尚书》者必孔子删定之本,乃依《墨子》篇第,编辑《尚书古义》。有学者认为"其于墨学经学,均为别开生面者矣"③。有1915年湖南官书报局铅印本。

《墨子正义》,陈毅撰。陈毅有《魏书官氏志疏证》,生平见前。据叶德辉所撰序言,是书之撰,早于曹耀湘《墨子笺》和王闿运《墨子注》,待诸家著作刊刻后,陈乃"严自删削,不肯雷同",是书"搜采众说,独具别裁,精诣固多,尤以纠正前人之失为本旨"。④ 今未见。

《淮南鸿烈间诂》二卷,叶德辉辑。叶德辉有《周礼郑注正字考》,生平见前。是书为叶氏辑《淮南子》东汉许慎注,书前有叶氏自序,又有其弟叶德炯跋,有光绪二十一年(1895年)长沙刻本。

《淮南许注钩沉》一卷,易顺鼎辑。易顺鼎有《经义莛撞》,生平见前。是书为易氏所辑许慎《淮南子》注,成书后,见已有陶方琦辑本刊行,遂将己书置之高阁,后又重新修订刊刻。有光绪十六年(1890年)《琴志楼丛书》本,影印本收入国家图书馆出版社2018年出版的《子部辑佚文献汇编》中。

① 杨昌济:《日记》,载《杨昌济集》第1册,湖南教育出版社2008年版,第638—639页。
② (清)王闿运:《曹镜初先生墨子笺书后》,载《湘绮楼诗文集》第1册,岳麓书社2008年版,第294页。
③ 陈柱:《墨子研究》,北京理工大学出版社2020年版,第227页。
④ 叶德辉:《墨子正义序》,载《叶德辉诗文集》第1册,岳麓书社2010年版,第329页。

《淮南子周易古义》一卷，胡兆鸾撰。胡兆鸾有《墨子尚书古义》，生平见前。《汉书·艺文志》著录有《淮南道训》二篇，"淮南王安聘明《易》者九人，号九师"①。该书唐初尚存，后散佚。马国翰据《淮南鸿烈》所引辑为一卷，收入《玉函山房辑佚书》中。是书就《淮南子》阐发《周易》古义，国家图书馆出版社 2017 年收入《子藏·道家部·淮南子卷》第 51 册中出版。

《思益堂日札》十卷，周寿昌撰。周寿昌有《汉书注校补》，生平见前。是书为其证经考史、谈艺论文之作。王先谦曾言其"博综兼搜，尤详掌故，其文词皆清绝可喜，而于骈体文义法尤精"②，有光绪间刻本，影印本收入《续修四库全书》中。

四、道家类

《鬻子》二卷，叶德辉校辑。叶德辉有《周礼郑注正字考》，生平见前。是书据旧本删去逢行珪注，存其章名，复以《列子》《新书》《太平御览》等书所载佚文附之，厘为二卷，有光绪十八年（1892 年）刊本，是书前有叶氏自序。

《庄子集解》八卷，王先谦撰。王先谦有《尚书孔传参正》，生平见前。是书前有宣统元年（1909 年）作者自序，该书收集了晋代司马彪、郭象，唐代陆德明、成玄英等人对《庄子》的注释，编成此书，有宣统元年（1909 年）湖南思贤书局刻本、上海扫叶山房石印本。

《读庄子札记》八卷，郭庆藩撰。郭庆藩有《诗异文考证》，生平见前。是书为札记体，每条均首列《庄子》词句，而后进行校释，全书共 578 条，方勇先生认为，"这些校释条目，除充分利用陆德明《庄子音义》中相关资料外，还大量征引王念孙《庄子杂志》、俞樾《庄子平议》及郭嵩焘之校释文字，在此基础

---

① （汉）班固：《汉书》卷 30《艺文志》，中华书局 1964 年版，第 1703 页。
② （清）王先谦：《虚受堂文集》卷 6《〈思益堂集〉序》，载《葵园四种》，岳麓书社 1986 年版，第 69 页。

上作全面、深入考释,多有发挥、补充或质疑,创获甚为丰硕"①。原为手稿本,藏于上海图书馆,影印本收入 2012 年国家图书馆出版社出版之《子藏·道家部·庄子卷》中。

《庄子集释》十卷,郭庆藩撰。郭庆藩有《诗异文考证》,生平见前。是书于正文之下,依次收录郭象《庄子注》、成玄英《庄子注疏》、陆德明《庄子音义》全文,有保存旧注之功。有光绪间长沙思贤讲舍本。

《读老札记》二卷、补遗一卷,易顺鼎撰。易顺鼎有《经义莛撞》,生平见前。皮锡瑞曾赞该书"精者亦出前人之上,恨如此才,不能治专门业,成一家言尔"②,张舜徽先生曾赞是书"尤饶心得",并言己撰《老子疏证》时,多采其说。③ 有光绪十年(1884 年)《琴志楼丛书》本,点校本收入宗教文化出版社 2011 年出版的《老子集成》第 11 卷中。

小　结

目前学术界对晚清时期湖南汉学的研究,或以王先谦、叶德辉等个别知名学者为研究对象,分析其学术思想;或集中于《礼》学、音韵学等专题,分析当时湘籍学者对相关典籍的考订、辨正,尚无对晚清时期湖南汉学家研究著述情况的全面梳理。本章通过对《(光绪)湖南通志·艺文志》《(民国)湖南通志·艺文志》《湘人著述表》等几部主要志书的考索,结合其他资料,对晚清时期湖南汉学研究著述的基本情况进行了全面梳理,在叙述作者生平、卷帙多寡、存佚情况、版本种类等之外,并尝试每书撰一简介。由于典籍浩博,一己之力难免挂一漏万,尚祈方家不吝赐教。

---

① 方勇:《〈庄子〉提要》,载《诸子学刊》第 15 辑,上海古籍出版社 2017 年版。

② (清)皮锡瑞:《皮锡瑞日记》,载《皮锡瑞全集》第 9 册,中华书局 2015 年版,第 514 页。

③ 张舜徽:《爱晚庐随笔》,华中师范大学出版社 2005 年版,第 292 页。

第三章　晚清湖湘汉学的成就得失

如何科学、准确地评价晚清时期湖南地方汉学研究者所进行的学术研究工作,是开展晚清湖湘汉学研究的题中应有之义。总体来看,晚清时期,湖南汉学在经学、史学、诸子学等多个方面进行了研究工作,既取得了一些成绩,也存在着不少的问题,与同一时期其他地区的汉学研究相比,具有较强的自身特点。而这些特点,又与湘地学术传统、晚清湖湘社会变迁等密切相关。

第一节　经学研究

在中国传统学术的分类体系中,儒家经典具有特别重要的地位,所谓"经秉圣裁,垂型万世,删定之旨,如日中天"①,并随着时代的变迁,其内容也逐渐由"五经"扩展成为"七经"、"十二经"和"十三经",经学研究也随之成为传统学术中最为重要、成果最为丰硕的门类。作为中国传统学术发展史上的巅峰时期,清代的经学研究十分发达,而在湖南,晚清以来,随着本地汉学研究风气的兴盛,各经几乎都出现了专门性的研究著作,散见于时人文集中的单篇论说更是不胜枚举。限于篇幅,此处主要选取晚清时期湖南汉学研究较为集中的《尚书》学、《诗经》学和小学三个方面进行分析。

---

① （清）永瑢等：《四库全书总目》卷 1《经部总叙》,中华书局 1965 年版,第 1 页。

一、《尚书》学

作为一部经历了秦火劫难、命运多舛的典籍,《尚书》为后来者提供了丰富的研究空间和话题,正如四库馆臣所总结的:"《尚书》一经,汉以来所聚讼者,莫过于《洪范》之五行;宋以来所聚讼者,莫过于《禹贡》之山川;明以来所聚讼者,莫过于今文、古文之真伪。"①晚清时期,湖南学者在前人已有研究的基础上,对《尚书》一经进行了许多探索,推动了相关研究的发展。

(一)对古文《尚书》辨伪的补充研究

对古文《尚书》真伪问题的考辨是《尚书》学研究的重要内容。一般认为,对于这个问题,宋人吴棫最早展开疑辨,其后朱熹、吴澄皆有怀疑,明人梅鷟明确提出 25 篇古文及孔安国《序》系后人"蒐括群书,掇拾嘉言,装缀编排,日锻月炼,会粹成书"②。清初学者阎若璩通过详细考证,认为孔壁中有 16 篇真古文,马融、郑玄皆曾见及并作注,但此本永嘉之乱时亡佚,东晋梅赜所上 25 篇为伪书。这一结论受到后来学者高度评价,被视为定论。此后,王鸣盛、丁晏等人先后继起,在其基础上继续对古文《尚书》真伪问题展开研究,纠正了阎著中一些论述不充分的问题。③

晚清湖南学界对古文《尚书》辨伪的研究以皮锡瑞、王先谦二人为代表。皮锡瑞的相关著作有《尚书古文疏证辨正》、《尚书古文考实》和《古文尚书冤词平议》。皮锡瑞认为,阎若璩开创了有清一代的《尚书》之学,使"学者不为

---

① (清)永瑢等:《四库全书总目》卷 12《〈日讲书经解义〉提要》,中华书局 1965 年版,第 100 页。

② (明)梅鷟:《尚书考异·序》,载《景印文渊阁四库全书》第 64 册,台湾商务印书馆 1986 年版。

③ 需要指出的是,就在古文《尚书》之伪已成学界主流观点时,清代学术界仍然存在着一股虽然微弱却不绝如缕的辨真努力,并在晚清时期呈现出特有的高峰,集中出现了一批辨真著作。学者们之所以写作这些在学理上可能并不成立的著作,乃与他们对晚清中国衰败原因在于"世道人心"沦丧的认识有关。学术研究受到了社会变化的影响。(参见拙文:《学术与世变之间——晚清古文〈尚书〉辨真的思想史意义》,《船山学刊》2008 年第 3 期。)

伪书所惑,厥功甚伟",但其著作同时也存在许多问题,"有伪孔本不误而征君以为误者",他指出此"非特无以服伪孔之心,且恐左袒伪孔者将有以借口",加之阎著《尚书古文疏证》一书"向有重名,治《尚书》者奉为佳臬,不为辨正,恐疑误后学",①乃为之逐条辨析,是为《尚书古文疏证辨正》。在体例上,该书先引阎著原文,然后以"辨曰"的形式逐条陈述己见,总体来看,可以概括为以下两个方面。

一是对阎若璩已有论述的深化和扩展。皮锡瑞在肯定阎若璩辨伪之功的同时,多次提到其"尚有未尽者"。例如,阎若璩曾从篇数入手论证古文《尚书》之伪,他引用《汉书》、《后汉书》及马融《书序》中的相关记载,指出古文《尚书》篇数见于西汉、东汉者皆为16篇,而东晋梅赜所上古文《尚书》却有25篇,"无论其文辞格制迥然不类,而只此篇数之不合,伪可知矣"②。对于东汉《论衡》中所记载的"孝景皇帝时,鲁共王坏孔子教授堂以为殿,得百篇《尚书》于墙壁中。武帝使使者取视,莫能读者,遂秘于中,外不得见。至孝成皇帝时,张霸伪造百两之篇,帝出秘百篇以校之",阎若璩认为百篇《尚书》既然出现于西汉成帝时期,而此时正值刘向、刘歆父子校订中秘群籍,撰写《别录》《七略》之时,"及东京班固亦典其职位,岂有亲见古文《尚书》百篇而乃云尔者乎?"于是推断《论衡》所记或得之于传闻,"传闻之与亲见,固难并论也"。③ 皮锡瑞认为阎若璩所言虽为的论,但尚不完善,其所引《论衡》前尚有"济南伏生抱百篇,藏于山中。孝景皇帝时,始存《尚书》。伏生已出山中,景帝遣晁错往受《尚书》二十余篇,伏生老死,《书》残不竟。晁错传于倪宽。至孝宣皇帝之时,河内女子发老屋,得逸《易》《礼》《尚书》各一篇,奏之。宣帝下示博士,然后《易》《礼》《尚书》各益一篇,而《尚书》二十九篇始定矣"数行未引,亦未及辨

---

① (清)皮锡瑞:《尚书古文疏证辨正·自序》,载《皮锡瑞全集》第1册,中华书局2015年版,第357页。

② (清)阎若璩:《尚书古文疏证》卷1,上海古籍出版社2010年版,第2页。

③ (清)阎若璩:《尚书古文疏证》卷1,上海古籍出版社2010年版,第2页。

明,乃辨别如下:

> 仲任所说,与《史记》《汉书》皆乖异,景帝时晁错已大用,何暇使受《尚书》?伏生教于齐、鲁之间,本只二十九篇,非因老死不竟。倪宽受《书》于欧阳生、孔安国,非受之于晁错。河内女子发老屋在武帝时,非宣帝。《史记》言伏生教于齐、鲁即有二十九篇,何待发老屋益一篇而二十九篇始定哉?此皆征君未及辨者。①

经过皮锡瑞的考辨,益加证明了《论衡》相关记载的不足采信,从侧面支持了阎若璩利用《汉书》《后汉书》等文献所做出的古文《尚书》辨伪结论。

二是纠正了阎著论述过程中的一些问题。阎若璩著《尚书古文疏证》是《尚书》学史上的经典之作,该书在宋明以来的考辨基础上彻底论证了古文《尚书》之伪,"引经据古,一一陈其矛盾之故,古文之伪乃大明",后虽有毛奇龄等人进行辨真,"终不能以强辞夺正理,则有据之言,先立于不可败也"。②但阎著的具体论证却并非完美无缺,皮锡瑞从文字训诂、典章制度、历史地理等多个方面对这些问题进行了纠正。如阎若璩在论证《五子之歌》之伪时,认为其中部分内容自《尔雅》中抄袭而来,其云:

> 《尔雅·释诂篇》:"郁陶、繇,喜也。"郭璞注引《孟子》曰:"郁陶思君。"《礼记》曰:"人喜则斯陶,陶斯咏,咏斯犹,犹即繇也。"邢昺《疏》:"皆谓欢悦也。郁陶者,心初悦而未畅之意也。"又引《孟子》赵氏《注》云:"象见舜正在床鼓琴,愕然,反辞曰:'我郁陶思君,故来。'尔,辞也,忸怩而惭,是其情也。"又引下《檀弓》郑《注》云:"陶郁,陶也。"据此,则象曰"郁陶思君尔"乃喜而思见之辞,故舜亦从而喜曰"惟兹臣庶,汝其于予治"。《孟子》固已明下注脚曰"象喜亦喜",盖统括上二段情事。其先言

---

① (清)皮锡瑞:《尚书古文疏证辨正》,载《皮锡瑞全集》第 1 册,中华书局 2015 年版,第 361 页。

② (清)永瑢等:《四库全书总目》卷 12《〈古文尚书疏证〉提要》,中华书局 1965 年版,第 101 页。

象忧亦忧,特以引起下文,非真有象忧之事。大凡凶恶之人伪,为忧尚易伪,为喜实难,故象口虽云然,而色则否。赵氏注一段颇为传神,伪作古文者一时不察,并窜入《五子之歌》中,曰"郁陶乎予心,颜厚有忸怩"。不特叙议莫辨,而且忧喜错认,此尚可谓之识字也乎?历千载人亦未有援《尔雅》以正之者,抑岂可独罪伪作者乎?①

《五子之歌》固为伪书,但阎若璩此处的论证也存在问题,皮锡瑞指出"郁陶"明兼忧、喜二义,"'陶'可训'喜'","'郁'不可训'喜'",认为阎若璩专据《尔雅》,以为"郁陶"皆为喜,"是于《尔雅》之文尚未审也"。②

再如《尚书·禹贡》"西倾因桓是来"一文,阎若璩疑"西倾"为西戎,认为"倾"字"直戎字之讹,盖'西戎因桓是来'最直截了当"③。皮锡瑞使用郑引《地理志》指出西倾山在陇西临洮,"延袤千里,外跨诸羌,正与桓水行羌中相接",认为《魏书·吐谷浑传》"阿豺田于西疆山"即西倾,指出阎若璩"勇于改经"之谬。④

尤其值得注意的是,皮锡瑞还对阎著中由于"过信宋学"导致的错误进行了批判。显示出这位湖南学者虽生活在晚清时期,又宗今文经学,但其对考据汉学治学原则的使用,实际上已经部分地超越了阎若璩这位清代汉学的开山祖师⑤。例如关于《武成》《泰誓》二篇,宋人认为其中所记载的文王受命改元、武王孟津观兵之事为"妄说"。如欧阳修认为纣虽无道,但时为天子,"天子在上,诸侯不称臣而称王,是僭叛之国也"⑥,以文王之圣,必无此事。程颐

①　(清)阎若璩:《尚书古文疏证》卷4,上海古籍出版社2010年版,第155页。
②　(清)皮锡瑞:《尚书古文疏证辨正》,载《皮锡瑞全集》第1册,中华书局2015年版,第390页。
③　(清)阎若璩:《尚书古文疏证》卷6,上海古籍出版社2010年版,第393页。
④　(清)皮锡瑞:《尚书古文疏证辨正》,载《皮锡瑞全集》第1册,中华书局2015年版,第419页。
⑤　清人江藩著《国朝汉学师承记》,即以阎若璩弁诸全书之首。
⑥　(宋)欧阳修撰,李之亮笺注:《欧阳修编年笺注》第2册《泰誓论》,巴蜀书社2007年版,第116页。

则认为："如今日天命绝,则今日便是独夫,岂容更留之三年? 今日天命未绝,便是君也,为人臣子,岂可以兵胁其君? 安有此义!"①阎若璩认为此二事不见于古书记载,又援宋人义理,认为"欧阳永叔《泰誓论》出,而文王之冤始白","而伊川程子出,则谓武王无观兵,武王之冤始白",②于是断定《武成》《泰誓》为魏晋时人伪造。

皮锡瑞认为《武成》《泰誓》固是伪书,但文王受命改元、武王孟津观兵二事却未必非真,尤其是阎若璩援宋人所谓义理辨伪,则更为错谬。他认为"宋儒好以义理悬断千载以前之事实,凡自古相传之事实与其义理少有不合,即凭臆决以为无有。故其持论虽正,而证经稽古则失之"③,指出文王受命改元称王说,见《公羊》。伏生《大传》云"六年称王",《史记》云"诗人道西伯,盖受命之年称王",武王观兵,《大传》《史记》皆载其事,必有依据,认为汉人去古未远,所记必有依据,"未可从宋儒臆说而废汉儒明文也"④。对于宋人阐发的所谓义理,皮锡瑞也有不同看法:

> 文王三分有二,服事不懈,其后以虞、芮质成,为诸国推戴,改元称王,何损至德? 以文王不称王为是,曹操、司马懿、高欢、宇文泰皆终身不称帝,亦可为至德乎? 武王观兵,盖以警纣,若纣知悛改,三仁并用,则孟津之师可不再举,以观兵还师为非,岂必一举灭纣乃为是乎?⑤

再如阎若璩以宋儒邵雍言数无不合,至言"岂非数往者顺邵子,不啻足蹈之;知来者逆邵子,不啻目睹之",甚至引用草庐言"孔子之后,惟邵子一人而

---

① (宋)程灏、程颐:《二程遗书》卷19《伊川先生语》,上海古籍出版社2000年版,第303页。

② (清)阎若璩:《尚书古文疏证》卷2,上海古籍出版社2010年版,第114—115页。

③ (清)皮锡瑞:《尚书古文疏证辨正》,载《皮锡瑞全集》第1册,中华书局2015年版,第382—383页。

④ (清)皮锡瑞:《尚书古文疏证辨正》,载《皮锡瑞全集》第1册,中华书局2015年版,第383页。

⑤ (清)皮锡瑞:《尚书古文疏证辨正》,载《皮锡瑞全集》第1册,中华书局2015年版,第383页。

已矣"。① 皮锡瑞则谓认为"理犹可以空言,数岂可以悬度"？他认为"邵子生于数千年后,元会世运,凭臆推测。其可信者,不过据诸书附会而成;其不可信者,牴牾必不能免","征君以为不啻足蹈、目视,亦过信宋学之故"。② 在宋学悬为功令的时代,能有这样的看法,是难能可贵的。

在补充辨伪诸说的同时,皮锡瑞也对辨真之说进行了驳斥,集中体现在其所撰写的《古文尚书冤词平议》一书中。是书为批驳清初学者毛奇龄为伪古文《尚书》辩护的《古文尚书冤词》一书而作,皮锡瑞赞赏毛"不用宋儒新说","有廓清催陷之功",但指出其为伪古文鸣冤的错误。例如毛奇龄依据《隋书·经籍志》中的记载:

> 后汉扶风杜林,传《古文尚书》,同郡贾逵为之作训,马融作传,郑玄亦为之注。然其所传,唯二十九篇,又杂以今文,非孔旧本,自余绝无诗说。晋世秘府所存,有《古文尚书》经文,今无有传者。及永嘉之乱,欧阳,大、小夏侯《尚书》并亡。济南伏生之传,唯刘向父子所著《五行传》,是其本法,而又多乖戾。至东晋,豫章内史梅赜,始得安国之传,奏之,时又阙《舜典》一篇。齐建武中,吴姚方兴于大桁市得其书,奏上,比马、郑所注,多二十八字,于是始列国学。梁、陈所讲,有孔、郑二家,齐代唯传郑义。至隋,孔、郑并行,而郑氏甚微。自余所存,无复师说。又有《尚书逸篇》,出于齐、梁之间,考其篇目,似孔壁中书之残缺者,故附《尚书》之末。③

认为《隋志》并未言及古文已亡,至东晋始上,因此认为古文经文为秘府旧有,梅赜所上者乃孔传,非《古文尚书》,其《古文尚书》本传习人间。

乾隆中叶,四库馆臣曾对毛奇龄此论提出驳斥,认为其离析《隋志》文字

---

① （清）阎若璩:《尚书古文疏证》卷6,上海古籍出版社2010年版,第350页。
② （清）皮锡瑞:《尚书古文疏证辨正》,载《皮锡瑞全集》第1册,中华书局2015年版,第415页。
③ （唐）魏徵等撰:《隋书》卷32《经籍志》,中华书局1973年版,第915页。

以就已说。① 皮锡瑞的看法则更为明晰,他直接指出《隋志》不足采信,"夫以当时廷议立学官、作《正义》,史臣安能灼知其伪? 即知其伪,安敢昌言直斥其非?《隋志》所云虽历历可征,要皆传伪古文者臆造不经之说也。其不得执单词以断狱,明矣"②。又称:

> 检讨巧为饰辞,谓东晋所上书非经,是传,以《隋志》为左验。使斯言出《汉·艺文志》,固可据信。若《后汉·儒林传》,则已不可信矣。以范蔚宗作书之时,伪书已出,不免为所惑也。况《隋志》修于唐初,在古文立学之后哉! 断疑狱者必两造具备,公听并观,确有证据,始可平反。若即据此一家之言,证此一家之是,未有不偏听致误而颠倒是非者。检讨据唐时崇信古文之书,以证东晋古文经传之非伪,何不考时代先后也?③

这些看法,都是极有见地的。

王先谦的著作《尚书孔传参正》虽然由于"功令所布,家传僮习"④,将伪古文一并收入,但该书汇辑了包括梅鷟、阎若璩、惠栋、程廷祚等人在内的各家辨伪成果,分别注于伪古文正文各条目之下,后学执此一编,颇省翻检之功。除此之外,王先谦还在前人已有研究基础上进行了补充证伪,主要可以分为三个方面,分别是补证伪《书》二十五篇的抄袭造伪、抉发伪孔擅改经文之举、对伪孔传抄袭进行补证。⑤

(二)对今文《尚书》的研究

由于古文《尚书》之伪经几代学者努力,于清初大白于天下,今文《尚书》

---

① (清)永瑢等:《四库全书总目》卷12《〈古文尚书冤词〉提要》,中华书局1965年版,第102页。

② (清)皮锡瑞:《古文尚书冤词平议》卷上,载《皮锡瑞全集》第1册,中华书局2015年版,第471页。

③ (清)皮锡瑞:《古文尚书冤词平议》卷上,载《皮锡瑞全集》第1册,中华书局2015年版,第472页。

④ (清)王先谦:《序例》,载《尚书孔传参正》卷首,中华书局2011年版,第1—2页。

⑤ 关于王先谦对伪书、传的补充证伪,今人龚抗云已有详细研究,参见龚抗云:《王先谦的经学成就与经学思想》第5章《〈尚书孔传参正〉对伪书、传的补充证伪》,湖南大学出版社2013年版。

转而成为学者研究的重点,清儒江声撰《尚书集注音疏》、孙星衍撰《尚书今古文注疏》均不收伪古文。晚清时期,湖南学者在前人已有研究的基础上,对今文《尚书》一经进行了许多探索,尤其是学者皮锡瑞,通过一番艰苦卓绝的考证研究,后来居上,为后学提供了最为全面、完备的《尚书大传》和今文《尚书》文本,在《尚书》学史上具有重要地位。

对《尚书大传》文本的研究。《尚书大传》一书,旧题伏生所撰,实由其弟子张生、欧阳生等撰录伏生遗说而成。该书是最早的一部《尚书》传,被认为保存了《尚书》的许多古义。《汉书·艺文志》著录为四十一篇,汉儒郑玄为之作注,并析为八十三篇。宋人尚及见之,元明之际散佚。清代实学兴起,辑佚之风盛行,出现了多个《尚书大传》或郑玄《尚书大传注》的辑本,知名学者朱彝尊、卢见曾、卢文弨、孔广林、陈寿祺等均曾用力于此。晚清时期,湖南学者致力于《尚书大传》文本研究的主要有王闿运、皮锡瑞、刘鑫耀等。

王闿运、刘鑫耀的研究颇为重视《尚书大传》中的"礼"。王闿运自言 25 岁始治《尚书》,曾自笺二十八篇,"多申伏以异郑"①,其后先改卢见曾本之讹误,又以陈寿祺本参校,撰成《尚书大传补注》七卷,刊于成都尊经书院讲席任上。他认为《尚书大传》中的"礼"可佐世道、存先典。其云:"《大传》之文,多入《礼记》,伏生所述,并孔为经,兼赅六艺,非唯《书》故。济南之学,本不衰微,此书存亡,如骥一毛,然就其断章,寻其宏旨,足以佐治道、存先典、明古训、雄文章,故绝而复明,隐而若显。"②所著中有多处对礼制名物的训释。刘鑫耀则摘录《尚书大传》中的礼文,依"吉、凶、军、宾、嘉"编目,并加以疏证,撰成《尚书大传礼征》五卷。具体则以陈寿祺辑校本为主,参校卢见曾、孔广林本,刘鑫耀从学于叶德辉,颇守乾嘉汉学考订著述之法,所著有采用前人之书者,

---

① （清）王闿运:《尚书大传补注》,《续修四库全书》第 55 册,上海古籍出版社 2002 年版,第 797—798 页。

② （清）王闿运:《尚书大传补注》,《续修四库全书》第 55 册,上海古籍出版社 2002 年版,第 798 页。

均注明出处。

皮锡瑞是晚清湖南《尚书大传》研究中成绩最为突出的学者。他认为尽管清代学人不遗余力地搜辑古书,已在《尚书大传》辑佚方面作出了很多成绩,但仍有讹漏之处,乃决意"重加补正,为作疏证"①,撰成《尚书大传疏证》七卷。在这部著作中,他熟练地使用乾嘉学者的治学方法,一方面广搜博引,新辑入不少资料,另一方面对陈寿祺辑本进行了全面的校订,更正了该书的很多错误,使得他的著作虽然晚出,却后来居上,为后学提供了最为完善的《尚书大传》文本。

对今文《尚书》文本的研究。 晚清时期,湖南学界在今文《尚书》文本研究中有所撰述的,先后有王闿运、皮锡瑞、王先谦等学者。其中,王闿运撰有《尚书今古文注》三十卷,该书取孙星衍《尚书今古文注》一书稍加补正而成,为其在四川尊经书院的授课之本。皮锡瑞长期致力于今文《尚书》研究,撰有《今文尚书考证》三十卷,学术界一般认为,该书考订严谨,言必有据,不作武断臆说,"显示出深厚的朴学功底与严谨的治学态度,与晚清其他重微言大义而武断附会的今文学家迥然有别"②。王先谦所撰《尚书孔传参正》于二十五篇伪古文之外的三十三篇及书《序》部分多采清人已有成说,其中今文部分大量参考了皮锡瑞的著作。

对今文《尚书》异文的全面搜辑和考证是皮锡瑞《今文尚书考证》一书的重要内容。其中有前人已言及者,如"以正仲冬。厥民隩,鸟兽氄毛",皮锡瑞引段玉裁说,认为今文"一作'鸟兽褭毛'",③但更多的是皮氏自己在博览群籍基础上的搜辑。总体来看,又可以分为几种情况。一是前人曾经引用的《尚书》类文献。如《尧典》"钦明文思安安",皮锡瑞据《后汉书·和熹邓后

① (清)皮锡瑞:《尚书大传疏证·自序》,载《皮锡瑞全集》第1册,中华书局2015年版,第9页。

② 田汉云:《中国近代经学史》,三秦出版社1996年版,第348—365页。

③ (清)皮锡瑞:《今文尚书考证》卷1《尧典第一》,载《皮锡瑞全集》第2册,中华书局2015年版,第49页。

纪》《第五伦传》《陈宠传》李贤注皆引《尚书考灵耀》曰"文塞晏晏",认为"此今文作'文塞晏晏'之证"。①　二是由古今文字演变推断异文。如《尧典》中形容尧的品德为"允恭克让"。皮锡瑞据《汉书·艺文志》"道家者流,清虚以自守,卑弱以自持。此人君南面之术也,合于尧之克攘",颜师古注"攘,古'让'字",认为"是今文亦用古字作'攘'也",指出"允恭克让",今文一作"克攘"。②　三是根据今文《尚书》传承过程中的相关人物推断异文。如《尧典》"以正仲冬。厥民隩,鸟兽氄毛",皮锡瑞认为"一作'鸟兽毳毛'",理由是《汉书·晁错传》记晁错上书中有"夫胡、貉之地,积阴之处也,木皮三寸,冰厚六尺,食肉而饮酪,其人密理,鸟兽毳毛,其性能寒"语,由于晁错亲受《尚书》于伏生,于是推断"疑今文《尚书》有作'毳毛'者"。③　通过这些方法,皮锡瑞尽可能广泛地搜集了《尚书》异文,在保存文献方面具有非常重要的意义。

皮锡瑞还对前人已述及的异文进行了辨析。如《尧典》:"帝曰:'吁!嚚讼,可乎?'"《史记·五帝本纪》:"尧曰:'吁!顽凶,不用。'"④清人臧琳、段玉裁指司马迁因"顽"易晓而"嚚"难知,改"嚚"为"顽",又以《尔雅》《说文解字》皆曰"讻,讼",疑今文本作"讻",司马迁误改"凶",故认为"嚚讼"今文《尚书》作"顽讼"。皮锡瑞指出"顽""嚚"各有本义,对文则别,散文则通,且《史记·五帝本纪》下文尚有"父顽,母嚚"字样,可推知司马迁并不认为"顽"易晓而"嚚"难知,"何必以'顽'代'嚚'"?⑤　至于"顽凶"与"顽讼",皮锡瑞指出:

---

①　(清)皮锡瑞:《今文尚书考证》卷1《尧典第一》,载《皮锡瑞全集》第2册,中华书局2015年版,第24页。

②　(清)皮锡瑞:《今文尚书考证》卷1《尧典第一》,载《皮锡瑞全集》第2册,中华书局2015年版,第25页。

③　(清)皮锡瑞:《今文尚书考证》卷1《尧典第一》,载《皮锡瑞全集》第2册,中华书局2015年版,第49页。

④　(汉)司马迁:《史记》卷1《五帝本纪》,中华书局2014年版,第24页。

⑤　(清)皮锡瑞:《今文尚书考证》卷1《尧典第一》,载《皮锡瑞全集》第2册,中华书局2015年版,第53页。

《潜夫论·论荣》篇曰:"尧,圣父也,而丹凶傲。"傲,见《皋陶谟》。丹朱傲凶,即《史记》所云之"凶",又今文《尚书》作"凶"之证也。《汉樊毅修西岳庙碑》云"建武之初,彗埽顽凶",盖用今文《尚书》"顽凶"字。[①]他建议应该尊重《史记》的记载,认为"帝曰:'吁! 嚚讼,可乎?'",今文作"帝曰:吁! 顽凶。"[②]

在搜集异文的过程中,皮锡瑞特别注重申明今文义说,这是由于他认为清代经学,特别是《尚书》学经过乾嘉诸老的研究虽然已经取得了很大进展,但由于这些人崇尚古文经学,每每以东汉马、郑之说为宗,反失西汉今文本义。

国朝经学,尽辟榛芜,山东大师,犹鲜墨守。百诗专攻伪孔,不及今文;西庄独阿郑君,无关伏义。艮庭兼疏伏、郑,多以郑学为宗;茂堂辨析古、今,每据古文为是。渊如以《史记》多古说,遂反执郑义为今;璞园谓郑注皆今文,不顾与伏书相背。[③]

于是致力于辨别今、古,阐发今文义说,说自己"不为北海之佞臣,宁作济南之肖子"[④]。

为此,皮锡瑞一方面在今文异文后广泛搜集史籍、碑刻文字,说明时人引今文义。如"钦明文思安安",皮锡瑞在注明今文作"文塞晏晏"后,除了指出《后汉书》之《邓后纪》刘毅上疏曰"崇晏晏之政",《第五伦传》"体晏晏之姿",《陈宠传》"弘崇晏晏",以及何敞谏为笃、景起第疏"陛下履晏晏之姿",又奏记宋由"明公履晏晏之纯德",又上疏论郅寿曰"昔唐、虞晏晏"等文字外,又引

---

① (清)皮锡瑞:《今文尚书考证》卷1《尧典第一》,载《皮锡瑞全集》第2册,中华书局2015年版,第53页。

② (清)皮锡瑞:《今文尚书考证》卷1《尧典第一》,载《皮锡瑞全集》第2册,中华书局2015年版,第52—53页。

③ (清)皮锡瑞:《今文尚书考证·凡例》,《皮锡瑞全集》第2册,中华书局2015年版,第15页。

④ (清)皮锡瑞:《今文尚书考证·凡例》,载《皮锡瑞全集》第2册,中华书局2015年版,第15页。

用蔡邕《司空袁逢碑》"其惠和也晏晏然"，①《唐扶颂》"崇晏晏之惠康"，《受禅碑》"钦明文塞"，认为以上皆"汉人引今文义也"。② 另一方面则十分注重分别今、古文异说，是今文而非古文。如"乃命羲、和"，古文家以其为上古官制，认为"羲氏掌天官，和氏掌地官，四子掌四时"。③ 今文家则认为羲仲等四人即是羲、和，为周之太史。孙星衍在所著《尚书今古文注疏》中引用《史记·天官书》《百官公卿表》《食货志》《论衡·是应》等资料申明今文说。皮锡瑞赞成孙星衍的意见，并在孙氏引文之外，又引用了《史记·礼书》《法言·重黎》《汉书·律历志》等资料，进一步巩固了今文义说。他还对郑玄阐发的古文义说进行了详细批驳：

> 虞有九官，见于《尚书》，并无六官之名，九官中亦无司马。舜以蛮夷猾夏，属之作士，是兵、刑合为一官。班孟坚作《汉书·刑法志》，兼言兵，不别立《兵法志》，盖用今文《尚书》之义。稷为天官，古无明文。《国语》云"稷为大官"，不云"天官"。郑盖以纬书云"稷为司马"，又云"司马主天"，故附会为是说。然据郑义，夏为司马，则司马非主天。郑又云："初，尧天官为稷，禹登用之年，举弃为之。时天下赖后稷之功，故以官名通称。"其笺《诗》又云："尧登用之，使居稷官，民赖其劳，后虽作司马，天下犹以后稷称焉。"如其说，则弃于尧时已为天官，其职最尊，若周之冢宰矣，何以尧、舜禅让皆不及弃？且稷为天官，司马为夏官，天官尊于夏官，后稷有功于民，何以又由天官而降为司马？④

并分析了其所以致误的缘由：

---

① （清）皮锡瑞：《今文尚书考证》卷1《尧典第一》，载《皮锡瑞全集》第2册，中华书局2015年版，第24页。

② （清）皮锡瑞：《今文尚书考证》卷1《尧典第一》，载《皮锡瑞全集》第2册，中华书局2015年版，第24页。

③ （唐）陆德明：《经典释文》卷3引马融说，上海古籍出版社2013年版，第143页。

④ （清）皮锡瑞：《今文尚书考证》卷1《尧典第一》，载《皮锡瑞全集》第2册，中华书局2015年版，第34页。

郑创为是说者,盖以重、黎司天、地,似近天官、地官;四子分主四时,近春、夏、秋、冬之官。不知唐、虞官制与《周官》不同,非可强合为一。羲、和司天之官,不得兼治方岳之事。《汉书·百官公卿表》云:"《书》载唐、虞之际,命羲、和四子顺天文,授民时;咨四岳,以举贤才,扬侧陋。"是今文家于四子、四岳分别甚明。①

皮锡瑞对今文《尚书》的研究得到了同时代学者的高度赞誉,比如王先谦就认为该书"条理今文,详密精审,兼诸大儒之长而去其蔽。后之治今文者,得是编为前导,可不迷于所往"②。但王氏同时也对皮锡瑞对古文义说的驳斥颇有不同意见,"惟于论古义说,反求而未能释然"③。或许正是由于这个原因,王先谦所撰写的《尚书孔传参正》在疏通今文《尚书》时虽然大量参考了皮锡瑞的《今文尚书考证》,但在今、古文文字及义说的辨析、阐释方面却有不少独到见解。这一点,即使是皮锡瑞本人也颇多赞誉,认为该书"兼疏今、古文,详明精确,最为善本"④。清末湖南巡抚曾将此书进呈皇帝御览,认为其"博采两汉经师微言大义、历朝诸儒考证训释,以引申《孔传》之旧谊,而于梅赜增益之二十五篇一一注明。凡古文今义之散见故籍者,尤能得其确证,犁然悉当。洵为体大思精之作,可补《正义》所未逮"⑤。

二、《诗经》学

《诗经》是我国最早的一部诗歌总集,收录了从西周初年到春秋中叶的三百余首诗歌,反映了周初至周中晚期约五百年间的社会面貌。《诗经》的传授

---

① (清)皮锡瑞:《今文尚书考证》卷1《尧典第一》,载《皮锡瑞全集》第2册,中华书局2015年版,第34—35页。

② (清)王先谦:《序》,载(清)皮锡瑞:《今文尚书考证》卷首,《皮锡瑞全集》第2册,中华书局2015年版,第8页。

③ (清)王先谦:《序》,载(清)皮锡瑞:《今文尚书考证》卷首,《皮锡瑞全集》第2册,中华书局2015年版,第8页。

④ (清)皮锡瑞:《经学通论》,中华书局1982年版,第104页。

⑤ (清)王先谦:《王先谦自定年谱》,载《葵园四种》,岳麓书社1986年版,第766—767页。

在汉代已分为齐、鲁、韩、毛四家,齐、鲁、韩三家以今文传播,并在汉武帝时被立为博士,《毛诗》以古文传播,主要在民间流传,郑玄《毛诗诂训传》流传之后,三家诗逐渐式微,并渐渐亡佚,即所谓"《诗》有四家,毛氏独传"①。清代对《诗经》的研究以乾嘉学者为中心,形成了一门在经义说解上遵从古文经说,在治学方法上注重文字、音韵、训诂和名物、制度、考证,并且非常重视辨伪和辑佚的"《诗经》清学"②。晚清时期,湖南学者对《诗经》研究主要集中于以下两个方面:

(一)对《毛诗》的补充研究

清人对《诗经》研究的相当一部分以《毛诗》为中心展开,囊括了鸟兽草木之名、训诂声音考证等许多方面,成果十分丰富。与此相比,晚清湖南学者对《毛诗》的研究虽数量不甚丰富,但也出现了部分具有一定影响的著作,是相关领域值得重视的研究成果。

音韵研究。清代实学兴盛,对《毛诗》音韵的研究蔚为大观,先后出现了如顾炎武《诗本音》、王夫之《诗经叶韵辨》、段玉裁《诗经韵谱》、江永《古韵标准》、孔广森《诗声类》、苗夔《毛诗古音订》等多部著作。③ 胡锡燕的《诗古音绎》和《诗本音谱》是晚清湖南相关研究中较为突出的两部著作。

在《诗古音绎》一书中,胡锡燕认为"考古音不为之谱,无以见部之当分也,谱之过于精密,又非初学所能从事也",乃"于每部之中以诗首见之韵为目,即以此章之韵系之,以后按其次第通贯各章,其有韵字已完,而所系未尽者,则以最前所见之偏旁系之",④至于韵字《诗》只一见,又非谐声,则各随其声,系之于部末。胡锡燕高度肯定段玉裁的古韵分部观点,认为"段氏玉裁古本音合韵之说极善,有此而后各部之韵至赜而不可乱",其二十部分类也在相

① (清)永瑢等:《四库全书总目》卷15《诗类序》,中华书局1965年版,第119页。
② 洪湛侯:《诗经学史》,中华书局2002年版,第439页。
③ 何海燕:《清代〈诗经〉学研究》,人民出版社2011年版,第49—50页。
④ (清)胡锡燕:《诗古音绎·凡例》,《续修四库全书》第249册,上海古籍出版社2002年版,第230页。

当程度上借鉴了段玉裁的十七部分类之说,"增其部而不改其序"。① 学者伦明曾为该书撰写提要,认为其"使初学读诗,即识古韵,其法甚便"②。《诗本音谱》是胡锡燕的另一部著作,作者认为,清人治音韵学诸家如江永、段玉裁等,其学皆本于顾炎武而加密,皆顾学也,故所著取顾著《诗本音》之旧名,题为《诗本音谱》,以示学之宗主。③ 该书取段玉裁十二、十五两部平入之字,增成十九部,至敛侈清浊之辨、通转假借之由,则因诸儒论说各有成书,故不具载。叶启勋认为该书在清代《诗经》音韵研究的诸多著作中虽属晚出,但后来居上,"于读《诗》者固多所裨益也"④。

除了胡锡燕的两部著作,李次山所撰的《诗韵字声通证》七卷也是晚清湖南《诗经》音韵研究中值得一提的一部著作。作者认为先有谐声之字,后有协韵之诗,就字声之谐,可以证诗韵之协,以字证诗,以诗证诗,故所著名曰《诗韵字声通证》。全书以今韵平声三十部,母为七部,即用郑氏六部,而析东冬江阳庚青蒸为二,依此读《诗》,则古音叶音之说皆可以不用。民国初,学者伦明为作提要,认为李次山所论"虽创而颇有理,亦言声韵者所不得费也"⑤。

辑佚研究。清人对《毛诗》的研究十分重视对郑玄相关著作的搜求。郑玄曾为《诗经》作《序》,因避子夏序名,以谱为名,即《毛诗谱》。该书至宋时残缺,欧阳修曾有补订,清人王谟、孔广林、丁晏、黄奭等人都进行过辑佚。晚清时期,湖南学者胡元仪辑成《毛诗谱》一卷。胡元仪认为,欧阳修所订错谬

---

① (清)胡锡燕:《诗古音绎·凡例》,《续修四库全书》第 249 册,上海古籍出版社 2002 年版,第 230 页。

② 中国科学院图书馆整理:《续修四库全书总目提要 经部》,中华书局 1993 年版,第 399 页。

③ (清)李瀚章、裕禄等编纂:《(光绪)湖南通志》卷 245《艺文志》,岳麓书社 2009 年版,第 4950—4951 页。

④ 中国科学院图书馆整理:《续修四库全书总目提要 经部》,中华书局 1993 年版,第 1252 页。

⑤ 中国科学院图书馆整理:《续修四库全书总目提要 经部》,中华书局 1993 年版,第 424 页。

甚多，"桧郑同谱，彼尚不知，其余乖方，不暇指摘"，其后清儒戴震虽有补充，"所订者仅桧郑同谱、王居雅上二事而已"，丁晏所著《诗谱考正》于欧阳修之误颇致疑焉，"然犹未善也"，乃"怅前贤之未周，愍将来之多惑，反复谱序所云，灼知其例，爰加订正，就耳目之所及，畅郑学之微隐，补其所可补，缺其所已缺"。① 是书重视《诗》的美刺功能，认为但列篇目，则风化芳臭不明，乃并列序之首句，旁行观之，美刺昭然。值得一提的是，胡元仪对自己的研究十分自信，认为"千载沉沦，迷途斯辟，敢云复郑学之旧，庶几不远矣"，"郑君之旧，谅必如此"。② 后世学者对该书虽有微言，如江瀚认为该书无甚新意，并称"如元仪者，抑可谓敢为大言矣"③，但更多的则是赞誉，如蒙文通先生在为《书目答问补正》经部所撰写的按语中则称其为"最善"④，日本学者青木正儿认为"清丁晏之《诗谱考正》、胡元仪之《毛诗谱》，对古人之说，都有考正，而后者更是好书"⑤。范文澜先生更在撰写其《群经概论》一书时，参考了胡著，"本胡氏谱略变其式"⑥。笔者认为，胡元仪所著虽未必如其所言尽为郑学之旧，但毕竟在前人基础上有其独到见解，是一部值得相关学者重视的《诗谱》辑佚著作。

除了音韵、辑佚研究外，晚清湖南还曾出现过一部对《毛诗》的笺释性著作，即王闿运的《毛诗补笺》二十卷。是书无序跋，亦无对写作缘起等进行说明的文字。王闿运曾以该书示杨树达兄弟，据杨树达先生回忆，是书原为王闿运为其第八女授读所编写的教本，"书皆楷字，无一笔忽苟"⑦。与清人马瑞

---

①　（清）胡元仪：《毛诗谱·自序》，清光绪十四年南菁书院《皇清经解续编》本，第44页。

②　（清）胡元仪：《毛诗谱·自序》，清光绪十四年南菁书院《皇清经解续编》本，第45页。

③　中国科学院图书馆整理：《续修四库全书总目提要　经部》，中华书局1993年版，第419页。

④　（清）张之洞撰，范希曾补正：《书目答问补正》，上海古籍出版社2019年版，第19页。

⑤　［日］青木正儿：《中国文学概说》，隋树森译，重庆出版社1982年版，第60页。

⑥　范文澜：《群经概论》，载《范文澜全集》第1卷，河北教育出版社2002年版，第96页。

⑦　杨树达：《题王湘绮先生手书诗册后》，载《积微居小学述林全编》（下），上海古籍出版社2013年版，第444页。

辰、胡承珙、陈奂等撰写的《毛诗》笺释性著作相比,王闿运的这部著作相当简单,叶德辉曾批评其"笺《礼》补《诗》,抹杀前人训诂,开著书简易之路,成末流蔑古之风"①。

(二)对三家《诗》的辑佚和校勘

对齐、鲁、韩三家今文《诗》的辑佚是清代《诗经》学研究的重要内容之一。著名学者如范家相、阮元、陈寿祺、陈乔枞等都有所用力,成果丰硕。清中叶以后,随着今文经学的复兴,对今文《诗》的研究也进入崭新阶段。湘籍学者魏源撰写的《诗古微》是《诗经》学史上的重要著作,该书质疑《毛诗》的传授源流,又认为《毛诗序》非子夏所作,特别强调《诗经》的微言大义,"《诗古微》何以名?曰:所以发挥齐、鲁、韩三家《诗》之微言大义,补苴其罅漏,张皇其幽渺,以豁除《毛诗》美、刺、正、变之滞例,而揭周公、孔子制礼正乐之用心于来世也"②,并不仅仅留心于搜求三家《诗》遗文。魏氏之后,湖南学者致力于三家《诗》研究者甚多,或比勘四家异文,或搜求辑佚遗说。

异文比较。晚清湖南学者在这一领域有所撰述的主要有李德淑、郭庆藩、王闿运三人。李德淑撰有《毛诗经句异文通诂》七卷,他认为四家《诗》在流传过程中有音同而字异、义同而字异以及音与字皆异而义仍同等不同情况,宋人王应麟所撰《诗考》虽涉及了其中部分内容,但遗漏尚多,"又未注明某篇某卷某字之音义若何,学者难于检寻",乃"以毛氏为宗主,而博采群帙之训诂,广搜字书之通释"。③ 民国初,叶启勋为作提要,称其"因王氏之书重加裒集,而稍变其例,较嘉兴冯登府《三家诗异文疏证》阐发尤多,而其辨形声、核诂训,

---

① 叶德辉:《经学通诂》,载郭齐勇主编:《儒家文化研究》第二辑,生活·读书·新知三联书店 2008 年版,第 441 页。

② (清)魏源:《诗古微·序》,载《魏源全集》第 1 册,岳麓书社 2011 年版,第 93 页。该书初刻本为二卷,写成于道光三年以前,刊行于道光九年以前,后又进行了修订,刊行于道光二十年。

③ (清)玉山修、李孝经等纂:《(同治)常宁志》卷9《艺文》,清同治九年刻本,第3—4页。

则固不相伯仲也"①。郭庆藩撰写的八卷《诗异文考证》传本极少,目前所见,仅以善本形式收藏于湖南图书馆,且仅存第一、二卷。该书就《诗经》文字之异同,征引四部各家之说,逐句考证,旁征博引,是研究《诗经》者值得重视的参考资料。② 王闿运研究《诗经》有年,所撰《三家诗异文表》一卷,以《毛诗》为蓝本,从《文选》《汉书》《后汉书》《太平御览》等书中,采辑与《鲁诗》《韩诗》《齐诗》不同的诗句,以表的形式一一列出。③

辑佚研究。王先谦撰写的《诗三家义集疏》二十八卷是晚清湖南地方学术史上的重要著作,也是清代《诗经》学史上的重要著作之一。该书始撰于其江苏学政任上,未及成书而中辍,直到中年致仕归湘后方重新纂辑。根据王先谦写给缪荃孙的书信,这部著作直到1914年方"勉力成书"④,1915年付刻。王先谦认为,"经学昌于汉,亦晦于汉"⑤。就《诗》一经而言,他认为通行的《毛诗》并非《诗经》原本,直接导致了后世对《诗》义的错误理解,"《诗》有美有刺,而刺诗各自为体,有直言以刺者,有微词以讽者,亦有全篇皆美而实刺者。美一也,时与事不伦,则知其为刺矣。自《毛》出乱经,不可复辨"⑥,"《毛诗》诡名子夏,而传授茫昧,姓名参错,其大旨与三家歧异者凡数十,即与古书不合者亦多"⑦,故极力主张恢复齐、鲁、韩三家今文《诗》。《诗三家义集疏》就是他荟萃、总结前人辑佚三家《诗》已有成果,并加以分析研究的一部著作。

由于三家《诗》湮没已久,《毛诗》通行,早已成为广大士子所最熟悉的《诗

---

① 中国科学院图书馆整理:《续修四库全书总目提要　经部》,中华书局1993年版,第436页。

② 阳海清主编:《中南、西南地区省、市图书馆馆藏古籍稿本提要》,华中理工大学出版社1998年版,第13页。

③ 刘少虎:《经学以自治——王闿运春秋学思想研究》,华夏出版社2007年版,第90页。

④ 钱伯城、郭群一整理,顾廷龙校阅:《艺风堂友朋书札》(上),上海人民出版社2018年版。

⑤ (清)王先谦:《诗三家义集疏·序例》,中华书局1987年版,第1页。

⑥ (清)王先谦:《诗三家义集疏·序例》,中华书局1987年版,第2页。

⑦ (清)王先谦:《诗三家义集疏·序例》,中华书局1987年版,第5页。

经》文本,建构了人们的《诗经》知识体系,所以即使是对《毛诗》大为不满的王先谦,也不得不承认"诸家既废,苟欲读《诗》,舍《毛》无从"①,故《诗三家义集疏》仍依通行《毛诗》的篇章安排次第,在经文下以"注"的形式列出三家《诗》说,再将历代典籍中的相关文字进行罗列,然后胪举宋代以来不同学者的有关论述,最后以"愚案"的形式提出自己的观点。具体来看,该书主要在以下四个方面做出了成绩:一是在征引文献之广泛和辑佚之完备两方面超过了前人,二是对前人的一些疏漏、错误多有补充和纠正,三是对各家《诗》说作了一些深入的辨析和客观的评判,四是训释解经时有创获。② 其在《诗经》学史上的地位,正如《诗三家义集疏》的点校者所言,"集疏之问世,固然不能为两千年来今、古文《诗》之争端定案,但搜残补阙、网罗遗佚,为后人提供迄今最完备之三家《诗》读本,其有益于《诗经》学之功绩,自不待赘述"③。

三、小学研究

在中国传统学术中,"小学"指文字之学,一直被视为经学的基础。清代汉学兴起后,学者十分重视通过对文字本身的考证、训诂以探索义理,所谓"夫积字而有句,积字句而有篇章。字训既讹,篇旨或因以舛,非小失也"④,正如王念孙所云"训诂声音明而小学明,小学明而经学明"⑤。乾嘉时期,仅安徽一省,即涌现出江永、戴震、金榜、程瑶田、凌廷堪等知名学者。晚清湖南的小学研究虽无法与传统汉学研究重镇媲美,但在音韵、训诂等小学的分支领域均取得了一定成绩,对《说文解字》的研究成果丰富、蔚为大观,推动了相关研究的发展。

---

① (清)王先谦:《诗三家义集疏·序例》,中华书局1987年版,第5页。
② 龚抗云:《王先谦的经学成就与经学思想》,湖南大学出版社2013年版,第216页。
③ 《点校前言》,载(清)王先谦:《诗三家义集疏》卷首,中华书局1987年版,第4页。
④ (清)陈启源:《毛诗稽古编·叙例》,山东友谊书社1991年版,第24页。
⑤ (清)王念孙:《说文解字注序》,载(汉)许慎撰,(清)段玉裁注:《说文解字注》,上海古籍出版社2015年版,第1页。

（一）音韵学

音韵学是研究古代汉语不同时期声、韵、调系统及其发展规律的一门传统学问，晚清时期，湖南学者在音韵学研究中有所成就的，最值得一提的是新化人邹汉勋。在所著《五韵论》一书中，邹氏创造性地以方言考订古音。他曾说：

> 余生长南楚，南楚鄙人于"庚""耕""清""青"四韵，无一语不合于古音。及至城郭，则递相非笑。长沙诽曰："入浏阳门遇浏阳人，井呼浆，请呼抢，领呼良（上声），整呼□（章浆切），省呼想，影呼涣，颈呼讲。"往年曾作四均俗语以相诽戏，殆至无音不变。今失其稿，然南楚之音于此四均，则近于阳唐。若至蒸登侵，则不读近阳唐，尤为有界划。以此知元音自在天地间，礼失而求诸野也。①

钱玄同先生分析了清代古音学研究史后认为，清代古音学者对于古韵之音读，多数以现代官音读《广韵》之音为准，可以断言，与古音真相必不能符合，而"邹叔绩作《五韵论》，始参考方音以求古韵之音读，颇有可采之处"②。

《说文谐声谱》十六卷是邹汉勋阐发其古韵分部主张的著作，尽管这部书没有刊出就散失了，但从保存在邹氏文集中的叙例中仍可窥见其主要内容。邹氏认为：

> 古音自郑氏庠分六部，顾氏炎武分十部，江氏永分十三部，戴氏震分十六部。入声顾氏分四部，江氏分八部，戴氏分九部。勋窃以己意分五部，每部三类，凡十五类，入声分十类。其五类无入去声祭泰等音从入。凡无入者，非果无入，以其字可展转流变因亡之耳。十五类曰宫上、宫中、宫下、商上、商中、商下、角上、角中、角下、徵上、徵中、徵下、羽上、羽中、羽

---

① （清）邹汉勋：《五均论》下《论耕清青旧音》，载《邹叔子遗书七种》，岳麓书社2011年版，第301页。

② 钱玄同：《古韵廿八部音读之假定》，载《钱玄同文字音韵学论集》，上海古籍出版社2011年版，第177页。

下。文字各从其类,以为部首。①

这个分类的独见之处有两点:一是"去声'祭''泰'等音从入",二是把"脂、皆"和"灰、微"分开,各自成部,前者叫作皆部,后者叫作灰部。过了六七十年,日本学者提出类部、尔部之分,再过二三十年,曾运乾以及王力、赵少咸等也都有脂、微分部之说,穷源溯流,邹是先行者。②

邹汉勋还构想出"古声二十纽"系统。有学者认为,"清代学者的上古声纽研究,由顾炎武、毛奇龄、徐用锡、江永初探萌发,经戴震、钱大昕、段玉裁、任兆麟、钱坫、李元、夏燮立论创说,到邹汉勋这里,才进入系统构想"③。这一创见对后来学者影响甚深,黄侃先生的古声十九纽之说,据他的学生陆宗达说,实本邹汉勋而来。④

(二)训诂学

古书流传既久,一些文字的含义已不为后人所了解,需以今语解释古语,以雅言解释方言,以俗语解释文言,于是产生了训诂学这一解释字义的专门学问。一般认为,《尔雅》产生于战国末期,是我国现存最早的一部训诂学专著和工具书,唐代升格为"经",被学者视为"七经之检度,学问之阶路",认为"夫六经皆以明道,未有不通训诂而能知道者。欲求六经之旨,必自《尔雅》始"。⑤后世仿照《尔雅》,编撰了一系列训诂学著作,如《方言》《释名》之类,对这些著作的研究,也由此成为训诂学研究的重要内容。训诂学在清代得到了极大发展,出现了《经籍纂诂》《经传释词》等重要著作,同时,"以《尔雅》为

---

① (清)邹汉勋:《学艺斋文存》卷5《说文谐声谱叙例》,载《邹叔子遗书七种》,岳麓书社2011年版,第550页。

② 王显:《清代学者在古韵分部研究上的贡献》,载中国社会科学院语言研究所古代汉语研究室编:《古汉语研究论文集》(二),北京出版社1984年版。

③ 李葆嘉:《新化邹氏古声二十纽说研究》,《古汉语研究》1991年第1期。

④ 陆宗达:《我所见到的黄季刚先生》,载程千帆、唐文编:《量守庐学记——黄侃的生平和学术》,生活·读书·新知三联书店2006年版。

⑤ (清)钱大昕:《潜研堂文集》卷33《与晦之论〈尔雅〉书》,载陈文和主编:《嘉定钱大昕全集》第9册,凤凰出版社2016年版,第544页。

代表的雅书受到了高度重视,雅学著作数量空前增加"①,代表作有邵晋涵《尔雅正义》、郝懿行《尔雅义疏》等。

晚清时期,湖南地区的训诂学研究主要集中在几部雅学著作上。王荣兰仿《尔雅》,摘取群书中词语典故分门别类,立为二十八门,成《集雅》八卷,是一部具有类书性质的雅学专著。学术立场倾向于今文经学的王闿运也撰成《尔雅集解》十九卷。据王氏日记,其早年读郝懿行《尔雅义疏》,即有意为之刊补,然"惮繁未起手也"②,直至光绪十三年(1887年)四月重理《尔雅》,校郝懿行《尔雅义疏》所引汉注与马氏玉函山房辑本③,光绪二十六年(1900年)书成刊刻。

《尔雅集解》依《尔雅》原书十九篇分篇设卷,部分卷首撰有引言,如卷一《释故》"释故者,释周以前相传之古字。樊光、李巡、孙炎本皆作'故',郭璞本作'诂'。释,解也"④,卷三《释训》"训者义训,不诂字义,但传经义,如《毛诗》训"⑤,卷四《释亲》"亲始于九族,尧所名也。名类互见,分四部总之"⑥。在具体行文中,则注重搜集、摘录前人注《尔雅》之书,分别附于正文之下,颇便后人观览,如卷三《释训》"明明,斤斤,察也"条下即分别罗列西汉武帝郭舍人注"明明言其甚明,斤斤物精详之察",三国孙炎注"明明性理之察,斤斤重慎之察也"和东晋郭璞注"皆聪明鉴察"。⑦ 王闿运还对前人诸说进行分析辨正,所提出的见解不乏精当之处,并为后来相关研究所证实⑧,使这部著作虽然称

① 窦秀艳:《中国雅学史》,齐鲁书社2004年版,第206页。
② (清)王闿运:《湘绮楼日记》第1卷,岳麓书社1997年版,第254页。
③ 王代功:《清王湘绮先生闿运年谱》,台湾商务印书馆1978年版,第143页。
④ (清)王闿运:《尔雅集解》,岳麓书社2010年版,第1页。
⑤ (清)王闿运:《尔雅集解》,岳麓书社2010年版,第122页。
⑥ (清)王闿运:《尔雅集解》,岳麓书社2010年版,第138页。
⑦ (清)王闿运:《尔雅集解》,岳麓书社2010年版,第122页。
⑧ 作为王著《尔雅集解》的点校者,黄巽斋先生对此有较多论述,参见其撰写的点校本《前言》。此外,学者留金腾、郭鹏飞也认为,"王闿运学识渊博,娴熟文献,深于训诂,训释《尔雅》,指点前人之是非,常能一言中的,而新见屡出"。[参见留金腾、郭鹏飞:《王闿运〈尔雅集解〉探析》,《湖南大学学报》(社会科学版)2018年第3期。]

引者绝少,但在清代《尔雅》学研究史上,自有其应有的地位。

胡元玉撰写的《雅学考》虽仅一卷,但不仅是晚清湖南小学史上的重要著作,在清代雅学史上也具有一定地位。该书详述雅学源流,是一部通史性的雅学著作。胡元玉认为,《尔雅》之学兴起于汉代,文帝置《尔雅》博士,武帝初置博士,必取通《尔雅》者为之,降及隋唐,尤有作者,然"宋谈性理,实学渐荒,雅学诸书,用是散佚,迄于今日,惟余郭注",清儒讲求实学,裒辑前代遗书,《尔雅》旧注固已搜罗略备,然仍存在不少问题,如"《释文》序录记樊光之名,或强易其称为某氏。《周礼正义》载康成之注,或竟指所注为纬文","如斯之类,踳驳殊甚",乃考宋以前雅学著述诸家,撰辑众言,申以己见。宋以后著述不录,以"雅学所由衰歇耳"。①

《雅学考》叙次宋代前雅学著作注十二家、序篇一家、音十五家、图赞二家、义疏二家,各家均首列撰者、书名、撰者生平,次述诸家考证文字,最后以"案"阐发己见,或辨析文字,或考校版本,颇有功于文献。如《尔雅音》一书,即先于书名下注作者江灌生平,"济阳考城人,《陈书》附《江总传》云'第七子灌,驸马都尉,秘书郎,隋给事郎,直秘书省学士'",接着列举了《隋书·经籍志》《历代名画记》《旧唐书·经籍志》及清人余萧客《古经解钩沉》、翁方纲《经义考补正》等著作关于此书的记载与考证文字,在按语中,胡元玉对以往文献误作者"江灌"为"江灌"的疏失进行了辨析,其云:

> 此书自《隋志》而外,皆题江灌,考江灌乃江逌从弟,曾为秘书监,后迁尚书中护军,出为吴郡太守,未拜卒,与陈之江灌判然两人,与《名画记》所云亦不合。据总之长子名溢,字深源,见《总传》,则第七子名灌,字德源,正无可疑。《陈书》失载其字,《名画记》误题其名,不有《隋志》,孰得而订其讹哉! 其书至宋已佚,"灌"之误"灌",盖始于宋以后,徒知晋有

---

① (清)胡元玉:《雅学考·自序》,《续修四库全书》第189册,上海古籍出版社2002年版,第271页。

江灌,曾为秘书监,而不考《总传》故也。①

再如唐人陆德明《尔雅音义》一书,《宋史·艺文志》著录为"陆德明《经典释文》三十卷,又《尔雅音义》二卷",将其视作与《经典释文》不同的另一部著作。朱彝尊《经义考》注为"未见"。胡元玉认为此书系从《经典释文》中摘录出者:"《玉海》云'天圣四年五月戊戌,国子监摹印陆德明《尔雅音义》二卷颁行',此即从《经典释文》中摹写刊行者,后遂与《经典释文》并行于世。《宋志》两录之,误矣。……《经义考》于《尔雅音义》云未见,不达《宋志》致误之由,而以为实有二书也。"②

胡元玉还撰写《祛惑》一篇附于书末,以正前人雅学记述之淆乱。乾嘉学者谢启昆曾在所著《小学考》一书中怀疑《山东通志》著录的何承天《尔雅纂文》十卷、颜延之《尔雅纂要》二卷有误,胡元玉赞同谢氏的看法,并进一步申论道:"考《七录》著录何承天《纂文》三卷,《唐志》著录颜延之《纂要》六卷,书名卷数均与《山东通志》不合,颇似两书,然方志多淆,古书久逸,后起之疑文,未敢信其有据。"③周祖谟先生曾赞《雅学考》"驳正淆乱,使有书者不因书亡而名没不称,无书者不以滥尸作者","雅学源流始得统纪",④并曾仿照胡氏此书体例,辑录宋元至近代五十余家雅学著述,撰成《续雅学考拟目》。后来学者也认为,《雅学考》中的考订"据事按理,言而有当,论而有定,实研究雅学者不可不读之作"⑤,"研究《尔雅》者能据此书考镜源流,对雅学史的研究多有用处"⑥。

---

① （清）胡元玉:《雅学考》,《续修四库全书》第 189 册,上海古籍出版社 2002 年版,第 280 页。

② （清）胡元玉:《雅学考》,《续修四库全书》第 189 册,上海古籍出版社 2002 年版,第 281 页。

③ （清）胡元玉:《雅学考》,《续修四库全书》第 189 册,上海古籍出版社 2002 年版,第 284 页。

④ 周祖谟:《重印〈雅学考〉跋》,载《周祖谟语言学论文集》,商务印书馆 2001 年版。

⑤ 朱祖延主编:《尔雅诂林叙录》上《书目提要》,湖北教育出版社 1998 年版,第 170 页。

⑥ 杨薇、张志云:《中国传统语言文献学》,崇文书局 2006 年版,第 549 页。

对《释名》的校订是晚清湖南训诂学研究的又一重要方面,并产生了《释名疏证补》这一清代《释名》校勘、注释史上的集大成之作。该书虽署名为王先谦,但实际上还有王先慎(王先谦从弟)、王启原、叶德炯、孙楷、皮锡瑞、苏舆等众多湖南地方学者,是一部集体成果,反映了当时湖南训诂学研究水平的整体水平。《释名》为东汉人刘熙所著,是我国第一部汉语声训辞典,"《说文》直言之肇祖,而《释名》者反切之统宗也"①。在王先谦等人以前,乾隆时期的封疆大吏毕沅曾组织学者,编纂有《释名疏正》及《补遗》《续释名》,著名学者顾广圻也有校本,王先谦认为尚有未尽阐发之奥义微文,乃"复加诠释,决疑通滞"②。总体来看,王先谦等人在前人基础上,运用多种方法,进行了更为严密的校勘,此书善于运用音韵学知识训释词义③,成为被学术界所公认的集大成之作。

《方言》为东汉学者扬雄所著,是我国第一部汉语方言比较词汇集,在训诂学史上具有重要意义,晋人郭璞曾为之作注,清人戴震为之疏证,写成《方言疏证》十三卷。卢文弨曾盛赞戴书,称"《方言》至今日而始有善本,则吾友休宁戴太史东原氏为之也"。郭庆藩认为"戴、卢所述,已具椎轮,援据发明,犹资讨论",乃取二本详校合刊之,"既为古籍广其流传,亦俾儒先表彰之功无有失坠",④撰成《方言校注》十三卷。该书卷首有王先谦序及作者自序,但由于王氏《虚受堂文集》中除了收录王氏序外,又收录了郭的自序,并注明为"代作",则郭庆藩的自序亦为王先谦撰写,至于王先谦为何要在已为该书撰有序言的情况下又为郭庆藩代笔撰写自序,目前还不十分清楚。学术界以往对该书注意较少,不仅民国初年编纂的《续修四库全书总目提要 经部》中未有著

① (清)王先谦:《虚受堂文集》卷6《〈释名疏证补〉序》,载《葵园四种》,岳麓书社1986年版,第102页。

② (清)王先谦:《虚受堂文集》卷6《〈释名疏证补〉序》,载《葵园四种》,岳麓书社1986年版,第102页。

③ 孙玉敏:《王先谦学术思想研究》,黑龙江人民出版社2008年版,第136—144页。

④ (清)郭庆藩:《方言校注》卷首《自序》,清光绪十七年思贤讲舍刊本。

录,一般研究《方言》的著作中也很少提及。进入 21 世纪以后,方有学者略有研究,认为此著以"案语形式间附己意,然大多案识不免率尔肤浅"①。笔者认为,在《方言》一书的研究史上,与卢文弨、戴震等乾嘉名儒相比,郭庆藩的这部著作或许并不突出,某些观点甚至肤浅可笑,但毕竟是晚清时期湖南汉学研究者在训诂学领域中的努力,本身就是湖南地方学术中汉学研究发展到一定程度的反映。

(三)《说文》学

东汉学者许慎所著的《说文解字》是我国历史上第一部说解汉字的专门著作。清代汉学兴起后,学术研究强调通过对经典文本的考证、训诂以探寻义理,对《说文解字》的研究也在这一时期进入崭新阶段,形成了一门专门的"《说文》学",成果十分丰富。学者刘新民曾对清人的《说文》研究专著进行了分类梳理,发现仅具有代表性的著作就有四百多种②。

将《说文解字》与其他儒家经典进行比勘研究,是清代"《说文》学"研究的重要内容。钱大昕《潜研堂说文答问》首开其端,其后薛传均撰成《说文答问疏证》六卷,陈寿祺著《说文经字考》一卷,及至晚清,又有俞樾、承培元、吴玉搢、吴云蒸等人先后继起。晚清湖南学界在《说文》经字研究中成绩较为突出的是学者郭庆藩。

郭庆藩高度赞扬前人在相关研究中的已有成绩,认为钱大昕《潜研堂说文答问》"就许书考正诸经异文凡三百余字,足羽翼群经,裨益后学",陈寿祺《说文经字考》可补钱著之阙,但他同时也指出前人著述,特别是陈寿祺著作中的缺失,认为其"间涉浅敷之处,时所不免,而必不容略者,仍多阙如",于是"博采诸儒训诂,反复更订,逐字详释",③撰成《说文经字正谊》《说文经字考

---

① 曹小云:《〈方言〉学史札记二则》,《黄山学院学报》2003 年第 3 期。

② 刘新民:《清代"说文学"专著之书目研究》,硕士学位论文,中国科学院文献情报中心图书馆学,2001 年。

③ (清)郭庆藩:《说文经字正谊》卷 1,《续修四库全书》第 228 册,上海古籍出版社 2002 年版,第 66 页。

辨证》二书。总体来看，这两部著作论证严密，内容也比较翔实。

清人以往对于《说文》经字的研究，无论是钱大昕还是陈寿祺，其论述都是断语式的，即有结论而无论证过程。如钱大昕云："今世所行《九经》，乃汉、魏、晋儒一家之学，叔重生于东京全盛之日，诸儒讲授，师承各别，悉能通贯，故于经师异文，采撷尤备。即予所知者言之，如'塙'即《易》'确乎其不可拔'之'确'，'昏'即'括囊'之'括'……"①至于"塙"何以即《易》"确乎其不可拔"之"确"，"昏"何以即"括囊"之"括"，则无一语及之。陈寿祺在做出"易"则"愁即夕惕若厉"之"惕"，"幣"即"或锡之鞶带"之"鞶"②的论断后，也没有对其依据进行具体说明。郭庆藩的论述则相当严谨、翔实，如他在提出"'笵'为'範围天下'之'範'"后，便列有如下论据：

> 《易·系辞》"範围天下之化而不过"。《郑注》"範，法也"。庆藩案：字当作"笵"说。《说文》"笵，法也"，从竹。竹，简书也。古法有竹刑。（原注：段氏曰：法具于简书，故笵从竹。）据郑说，当以笵为正字。《通俗文》"规模曰笵"。释元应《众经音义》曰："以土曰型，以金曰镕，以木曰模，以竹曰笵，四者一物材别也。"则模笵字当作此，与许说合。《礼运》笵金注云，铸作器用。《荀子·强国篇》刑笵正注云，笵，法也。皆当作笵。《夫通》作范，《考工记》轨崇十尺，注云：书或作軓，軓，法也。（原注：《大驭注》云：故书軓为笵。杜子春云，軓当为軓，軓谓车轼，前也。）经传多借範为笵。《尔雅·释诂》"範，法也，常也"。《书·洪范》郑注"大法也"。《孟子》"吾谓之範我驰驱"。《赵注》"法也，并为笵字之假借"，《说文》"範，軷也。"軷，祖道之祭也，出将有事于道，必先告其神，立坛四通，树茅以依神，既祭，轹牲而行为範、軷与笵字义绝殊，《东观汉纪》廉範字叔度，

---

① （清）钱大昕：《潜研堂文集》卷11《答问·说文》，载陈文和主编：《嘉定钱大昕全集》（增订本）第9册，凤凰出版社2016年版，第170页。

② （清）陈寿祺：《左海经辨》卷下《说文经字考》，载吴伯雄编：《陈寿祺全集》第6册，广陵书社2017年版，第409页。

《晋阳秋》桓範字元则,範并当作范,軏古文,范今文作范,皆讹字也。①
后世学者也认为,郭庆藩此著"颇有订讹正误之功,非抄撮蹈袭者可比也"②。

晚清时期,湖南学者对《说文》逸字也进行了一定的研究。所谓《说文》逸字,指的是在先秦经典中使用,或在《说文解字》的解说中使用,却不见于《说文解字》中的字。一般认为,这些字原来收录于《说文解字》,但在后来的传抄中被遗漏了。逸字研究是《说文解字》研究的一个重要方面。历代《说文》学研究者曾在这一领域有过不同程度的贡献。徐铉奉诏校订《说文》时,补逸字19字于正文中。乾嘉学者段玉裁著《说文解字注》,取徐铉所补6字,新增36字。晚清贵州学者郑珍撰写《说文逸字》,将《说文》逸字研究推向了新的高度。晚清时期,湖南学者李桢撰有《说文逸字辨正》二卷,该书为辨正郑珍《说文逸字》而作,认为郑书对许慎之所以弃取之意未尝深究,故多违许旨,乃为之辨说,多为笃论,张舜徽先生认为其"固尝究心许学者"③。民国年间,丁福保先生编辑《说文诂林》时,曾专门致信胡朴安搜求是书④。张祖同撰有《说文解字补逸》二卷,该书传本极少,《续修四库全书总目提要 经部》未著录,目前所见,仅湖南图书馆藏有一民国间抄本。

晚清民国时期,湖南学者在小学领域有所成就者还有叶德辉。有学者甚至认为,在当时的湖南学界,叶德辉是唯一一位在古文字研究领域"稍可述及"的人物。⑤ 叶德辉认为"崇圣不可以徒致,必首事于通经,通经不可以陵

---

① (清)郭庆藩:《说文经字正谊》卷1,《续修四库全书》第228册,上海古籍出版社2002年版,第68页。

② 中国科学院图书馆整理:《续修四库全书总目提要 经部》,中华书局1993年版,第1116页。

③ 张舜徽:《清人文集别录》,华中师范大学出版社2004年版,第534页。

④ 宣华整理:《胡朴安友朋尺牍(一)》,载上海图书馆历史文献研究所编:《历史文献》第3辑,上海科学技术文献出版社2000年版,第163—164页。

⑤ 袁庆述:《清末民初湖湘学派的古文字研究》,《古汉语研究》2008年第1期。

节,必循途于识字"①,故极为重视小学,有《说文读若字考》《六书古微》《同声假借字考》《说文籀文考证》四部著作,合称为《郎园小学四种》。不过这些著作多撰成并刊行于1911年以后,不在本书所论述的"晚清"这一时间范围内,故此处暂从割爱。

除了以上提及的《尚书》学、《诗经》学、小学三个方面,晚清时期,湖南学者在经学的其他方面也有研究,其中不乏有价值的成果。比如在《春秋》学研究中,胡元玉撰写的《驳春秋名字解诂》虽仅有一卷,但该书辨正乾嘉名儒王念孙之《春秋名字解诂》,认为王氏所解,虽"合于古假借者不少,而去取同音之处颇不免轻易本字之失",是著驳正王氏人名数十条,皆先录原文,再申己见。王氏原书有25人阙疑未释,胡氏依旧目为之补释。杨树达先生认为此书于王书"有所纠弹,亦颇有足以补苴王氏者"②。陈延龄见顾栋高《春秋大事表》无谥法表,乃撰写《春秋谥法表》一书,分天子谥、王臣谥、诸侯谥、世子谥、列国大夫谥、妇人谥六个项目,补前人之阙。彭梦日浏览学海堂辑刻经解,见《穀梁》尚无专书,就晋人范宁注《穀梁》所阙,起自《汉志》,以迄近儒所释《春秋》地者,集为若干条,成《穀梁范注阙地释》一卷。

第二节　史学研究

作为四部分类学术体系中的一个组成部分,传统学术中史部的内容十分丰富,既包括编年、纪传、纪事本末等各种体裁的历史撰著,也包括地理、目录、时令等在现代学科分类体系中被划分到其他学科门类中的内容。晚清时期,随着本地汉学研究风气的兴盛,湖南学者对传统史籍进行了许多注释与考证,

---

① 李肖聃:《湘学略·郎园学略第二十二》,载《李肖聃集》,岳麓书社2008年版,第105页。

② 杨树达:《积微居小学金石论丛》卷5《读春秋名字解诂书后》,上海古籍出版社2013年版,第249页。

并在这个过程中对前人相关著作进行了订补。而在金石学、目录学等领域,晚清湖湘汉学也留下了数量丰富的著作,在相关研究中占有一席之地。

一、对传统史籍的注释与考证

作为当今世界唯一一个文明延续数千年没有中断和消失的国家,中国具有非常绵长的历史著作编撰史,除了历代中央王朝秉承"盛世修史""易代修史"传统所修成的官方史书,私家修史也蔚为大观。需要指出的是,除了编纂史书,学者们也十分注重对前代史著的考订。清代汉学兴起后,对历史撰述的考证研究进入鼎盛时期,乾嘉学者提出"史之为道,撰述欲其简,考证则欲其详","苟无事迹,虽圣人不能作《春秋》;苟不知其事迹,虽以圣人读《春秋》,不知所以褒贬"。[①] 在湖南,晚清时期集中出现了以周寿昌、王先谦等为代表的一批知名学者,产生了不少有分量的著作。

(一)对《汉书》《后汉书》的注释与考证

一般认为,对于中国的历史研究者而言,被称为"前四史"的《史记》《汉书》《后汉书》《三国志》四书具有特别重要的意义,比如钱穆先生就曾指出,研读中国史,需先将此四书读熟,再次第阅读他书。[②] 晚清时期,湖南学者对"前四史"中的各部著作都有研究,如郭嵩焘撰有《史记札记》五卷,周寿昌撰有《三国志注证遗》四卷,但最具代表性的当属对《汉书》和《后汉书》的注释与考订。

《汉书》是我国第一部纪传体断代史,开官修正史之先河,在当时已颇受学者重视,史称"当世甚重其书,学者莫不讽诵焉"[③]。清代汉学兴盛,对《汉书》的研究进入鼎盛时期,据统计,清代《汉书》研究专著和有关《汉书》内容的

---

① (清)永瑢等:《四库全书总目》卷45《史部总叙》,中华书局1965年版,第397页。
② 钱穆:《中国史学名著》,生活·读书·新知三联书店2000年版,第39页。
③ (南朝宋)范晔撰,(唐)李贤等注:《后汉书》卷40上《班彪列传》,中华书局1965年版,第1334页。

笔记有一百五十余家,收录在清人文集中的相关文章有二百多篇。① 在湖南,晚清时期先后出现了周寿昌《汉书校注补》和王先谦《汉书补注》两部代表著作。值得注意的是,二书都在各自卷首列有参订姓名,周寿昌开列 11 人,其中王先谦、瞿鸿禨、黄国瑾、徐树铭、孙宗毅 5 人为湘籍学者②,王先谦开列 20人,除朱一新、李慈铭、缪荃孙、沈曾植 4 人外,其余全是湖南人,内有郭嵩焘、王闿运、瞿鸿禨、叶德辉、皮锡瑞、杜贵墀、苏舆、王启原等人③。叶德辉曾对王先谦此举提出批评,言其注书多杂以本家及门人之注,"注者往往不知门径,以意为之,且又不据古本,校所不当校,注所不必注,灾梨祸枣"④,甚至批评王氏"终是古文家,可以言文章著述,而不可言考订校勘"⑤。今人张海峰则指出名列《汉书补注》"同时参订姓氏"中的诸人并没有"针对《汉书》的某一部分或某一方面作专门研究,也就是说他们没有针对《汉书补注》的编纂进行过分工,因而他们不是该书的编纂人员",而王先谦之所以将他们弁诸卷首,主要是出于提携后进、爱惜亲朋,《汉书补注》实际上仍然是由王先谦一人经过三十多年的不懈努力独立完成的。⑥

笔者认为,这里实际上涉及了两个问题,一是参订名单上所列诸人是否实际参与了校订工作,还是仅为挂名而已? 二是参与诸君的识见如何?

对于第一个问题,笔者认为,上述诸人应该在不同程度上参与了二书的校

---

① 张海峰:《王先谦〈汉书补注〉研究》,博士学位论文,山东大学中国古典文献学,2011 年,第 11 页。

② (清)周寿昌:《汉书校注补》卷首《参校同人姓氏》,清光绪十年小对竹轩刻本,第 1 页。按,这些人中需要说明的是黄国瑾,周寿昌注其为贵州贵筑人,由于其人原籍湖南醴陵,后迁贵州,所著又被《民国醴陵县志·艺文志》收录,故本书仍将其视作湖南学者。

③ (清)王先谦:《汉书补注》卷首《同时参订姓氏》,中华书局 1983 年版,第 4 页。

④ 叶德辉:《致缪荃孙四六》,载王逸明主编:《叶德辉集》第 4 册,学苑出版社 2007 年版,第 390 页。

⑤ 叶德辉:《致缪荃孙二》,载王逸明主编:《叶德辉集》第 4 册,学苑出版社 2007 年版,第 368 页。

⑥ 张海峰:《王先谦〈汉书补注〉研究》,博士学位论文,山东大学中国古典文献学,2011 年,第 23 页。

订,并非只是挂名而已。理由是其中不少人对《汉书》研究颇有心得,还撰有相关著作,完全具备参订周、王二书的能力。比如同时出现在二书中的瞿鸿禨,其人官至外务部尚书、军机大臣、协办大学士,同时也是一位学者,著有《汉书笺识》一书。瞿鸿禨与周寿昌、王先谦均有密切往来,周寿昌曾为瞿母撰写墓表,瞿鸿禨也曾阅读周著,赞其"名山之业,上足补颜、李、裴氏之遗,下足纠诸家之失,而平心静气,绝不张己诋人,此所以尤不可及也"①。周寿昌去世后,郭嵩焘曾邀请瞿鸿禨和王先谦共同校订周著《思益堂日札》。② 黄国瑾也著有《汉书注校补》一书,《民国醴陵县志·艺文志》著录③,民国时尚存。至于列名王先谦书前的皮锡瑞、叶德辉等人,本身就是当时学界具有较大影响力的知名学者。据皮锡瑞日记,其曾助王先谦纂辑《释名疏证补》,所补条目得到王的称赞和采用。④ 光绪二十一年(1895年)正月二十九日,王先谦过皮锡瑞处谈,嘱后者为其校勘所著《汉书补注》。⑤

更值得注意的是,这些参订人彼此之间也有非常密切的联系,有的甚至为姻亲关系。比如瞿鸿禨和郭嵩焘、王先谦、黄国瑾均有密切往来,瞿鸿禨所收藏的惠栋辑《汉事会最》,于"汉魏以来有涉二京者,搜采略备",系海内孤本,曾被黄国瑾借抄一册。⑥ 黄为苏舆岳父,黄去世后,其子厚成哀辑遗诗为《训真书屋诗存》,苏舆撰写序言一篇弁诸卷首。⑦ 至于校订名单中的孙宗毅、王启原等人,虽不及叶德辉、皮锡瑞等为今人所熟知,但在当时却不乏知名度。孙宗毅,字君诒,为孙鼎臣之子,少有文名,与阎镇珩议论相得,颇有过从。⑧

① (清)瞿鸿禨:《复自庵师》,载《瞿鸿禨集》,湖南人民出版社2010年版,第244页。
② (清)郭嵩焘:《复瞿鸿禨》,载《郭嵩焘全集》第13册,岳麓书社2012年版,第433页。
③ 陈鲲修,刘谦纂:《民国醴陵县志·艺文志》,民国三十七年铅印本,第18页。
④ (清)皮锡瑞:《皮锡瑞日记》,载《皮锡瑞全集》第9册,中华书局2015年版,第68页。
⑤ (清)皮锡瑞:《皮锡瑞日记》,载《皮锡瑞全集》第9册,中华书局2015年版,第378页。
⑥ (清)瞿鸿禨:《上筠仙师》,载《瞿鸿禨集》,湖南人民出版社2010年版,第237页。
⑦ 苏舆:《叙》,载(清)黄国瑾:《训真书屋诗存》卷首,清光绪三十二年黄氏家塾刻本。另按,苏舆此文,21世纪以来海峡两岸先后出版的《苏舆诗文集》和《苏舆集》均未收录,详见拙文:《苏舆佚文二篇辑释》,《湘学研究》2019年第2期。
⑧ (清)阎镇珩:《北岳山房诗文集》卷10《孙君诒哀词》,岳麓书社2009年版,第145页。

王启原,字理安,官永明教谕①,其人"读书甚富"②,有《圭复斋诗集》十六卷、《谈艺珠丛》十二册,还编有《求阙斋读书录》《求阙斋日记类抄》二书,并曾助王先谦纂《释名疏证补》。《郭嵩焘日记》显示,孙、王二人均曾多次参加郭嵩焘组织的士人聚会,在当时湖南地方学界有一定知名度和影响力。③

基于此,或可推测,当时湖南地方主要学人中可能存在着一个《汉书》阅读、研究和讨论的团体,周寿昌、王先谦关于《汉书》的相关论说曾在这个团体中被讨论,并在其成书过程中起到重要作用。

对于第二个问题,笔者认为,名列参订姓氏中的各人识见固有高下,但绝非叶德辉等所认为的毫无可取之处。比如名列《汉书补注》参订姓名的苏舆,叶德辉曾批评其"不知注古书之法,纯乎俞曲园之应课材料"④,其实苏并非毫无识见之辈,当代学者曾对王先谦《释名疏证补》中的 342 条苏舆注进行了分析,发现校语涉及音韵、文字、词汇等多项内容,通过大量的引文去疏证、补注、纠错和阐述问题,理据较为充分,说服力较强。⑤《汉书补注》中征引的苏舆注也不少,涉及异文比较、注释文意、文字订误等多个方面。

《史记》记载了三皇五帝至西汉武帝时期的历史,《汉书》记载了西汉一朝的历史,"西汉二百年历史,《史》《汉》两书重叠部分整整一百年有余"⑥。因此,《汉书》《史记》二书的比较研究,一直备受学者关注。《汉书补注》中有多处苏舆比较二书所成的注释,如《汉书·文帝纪》在记载景帝被确立为太子这

---

① (清)张翰仪编:《湘雅摭残》,岳麓书社 2010 年版,第 636 页。

② (清)郭嵩焘:《郭嵩焘日记》,载《郭嵩焘全集》第 11 册,岳麓书社 2012 年版,第 199 页。

③ 如光绪六年(1880 年)九月,孙宗毅与郭嵩焘、郭崑焘等人为重九之会,先同诣定王台,又还饮于浩园。(《郭嵩焘日记》,载《郭嵩焘全集》第 11 册,岳麓书社 2012 年版,第 305 页。)光绪十一年(1885 年)三月,王启原也曾与郭嵩焘、张祖同、陈三立、邓辅纶、郭庆藩等晚酌。(《郭嵩焘日记》,载《郭嵩焘全集》第 12 册,岳麓书社 2012 年版,第 92 页。)

④ 叶德辉:《致缪荃孙四三》,载王逸明主编:《叶德辉集》第 4 册,学苑出版社 2007 年版,第 388 页。

⑤ 魏宇文:《〈释名疏证补〉"苏舆曰"探析》,《嘉应学院学报》(哲学社会科学版)2019 年第 4 期。

⑥ 张大可:《史记研究》,华文出版社 2002 年版,第 570 页。

一史事时说,"有司固请曰:'子启最长,敦厚仁慈,请建以为太子。'",苏舆注曰"《史记》避讳作'子某',此纪直书'子启',盖亲尽不讳也。下文'匄以启告朕',《史记》亦删'启'字"。① 再如《汉书》中一处记录文帝诏书的文字:"诏曰:'方大臣诛诸吕,迎朕,朕狐疑,皆止朕,唯中尉宋昌劝朕,朕已得保宗庙。'",苏舆注曰"《史记》'已'作'以',以、已字通,然依本书例,作㠯为合"。② 对《汉书》文意的注释方面,如《文帝纪》"诏曰:'……其与丞相列侯吏二千石以上议之,有可以佐百姓者,率意远思,无有所隐。'",苏舆注"率意,犹言极意,前诏令三老等率其意以道民,亦谓极其意之所至也"。③《叙传》"四民食力,罔有兼业",苏舆注曰"言专一其业,管子所谓四民不得杂处也"。④ 苏舆还对《汉书》的部分文字提出了质疑,如《高后纪》"二年春,诏曰……",苏舆认为,此段下文有"春正月乙卯",且《功臣表》载此事亦但云"高后二年",无"春"字,则此"春"当作"冬"。⑤ 再如《高后纪》七年"秋九月,燕王建薨",清人钱大昭指出"九月,荀悦《汉纪》作八月",苏舆则根据《史记》《资治通鉴》均作"九月",认为《汉纪》记载有误。⑥

需要指出的是,《汉书补注》中所收录的苏舆注中,也存在着一些有问题的条目,比如《文帝纪》"宗正刘礼为将军,次霸上,祝兹侯徐厉为将军",苏舆注称:

> 祝兹侯,《史记》不书名。"祝兹",史表作"松兹"。(原注:徐广云,一作"祝")本书《功臣表》:厉以吕后四年封,十一年薨。孝文七年,康侯悼嗣。(原注:史表同)据纪,是年厉为将军,则表载薨年误。厉薨当在元年春后,或在明年。悼嗣封,后为将屯将军(原注:见下)金革无辟,礼宜

---

① (清)王先谦:《汉书补注》,中华书局1983年版,第70页。
② (清)王先谦:《汉书补注》,中华书局1983年版,第71页。
③ (清)王先谦:《汉书补注》,中华书局1983年版,第75页。
④ (清)王先谦:《汉书补注》,中华书局1983年版,第1746页。
⑤ (清)王先谦:《汉书补注》,中华书局1983年版,第64页。
⑥ (清)王先谦:《汉书补注》,中华书局1983年版,第65页。

然也。自吕后四年至孝文后七年，表当云二十七年薨。"七年"上夺"后"字。《史记·绛侯世家》及本书《周勃传》并云是年徐厉屯棘门，知非纪误。①

苏舆发现《汉书》中关于祝兹侯徐厉的记载，《文帝纪》与《功臣表》的文字互相矛盾，前者言其文帝后六年屯于棘门，后者则云其薨于吕后十一年。苏舆进一步发现，《史记·绛侯世家》和《汉书·周勃传》也记载了汉文帝后六年徐厉屯于棘门，乃认定《汉书·文帝纪》无误，《功臣表》对徐厉的薨年记载有误。这一判断看似颇有根据，但却是错误的。当代学者秦进才对这一问题进行的详细研究表明，徐厉以舍人从刘邦起兵于沛，《功臣表》对于其去世之年的记载是可信的，文帝后六年驻守棘门的应该是徐厉之子——松兹侯徐悼。②

以往学界论及晚清湖南《汉书》研究，多将目光聚焦于《汉书补注》一书，强调其广征博引，采用宋明以下，特别是清代学者对《汉书》的注释和研究成果，为后人提供了一个最好的《汉书》文本③，集《汉书》注释之大成。而对于其中数量丰富的注释，学界目前关注的重点还是在其中王先谦本人的文字上，而对于其他学者的注释，特别是其中大量征引的当时湖南其他学者的注释文字则较少留意。事实上，这些注释数量丰富，涉及学者众多，除了上面提到的苏舆之外，王启原等人的也有不少，笔者认为，在当前对周寿昌、王先谦等知名学者的相关研究已经进行得比较充分的情况下，可以将注意力更多地放在注释上，从中了解、分析当时湖南一般学者的《汉书》研究情况，以丰富对晚清湖南《汉书》研究的认识。

《后汉书》为南朝宋时学者范晔撰写的一部记载东汉历史的纪传体史书，

① （清）王先谦：《汉书补注》，中华书局1983年版，第76页。
② 秦进才：《汉文帝后六年驻守棘门将军考》，《廊坊师范学院学报》（社会科学版）2010年第5期。
③ 例如，目前最为通行的中华书局点校本《汉书》，即是以《汉书补注》为底本，分段标点，析出注文，只收颜师古注，不收补注。[（东汉）班固撰，（唐）颜师古注：《汉书》卷首《出版说明》，中华书局1962年版，第4页。]

该书出现后不久,就有学者刘昭为其作注,对史实进行了补充。唐初,章怀太子李贤亦曾作注,影响较大。宋人对《后汉书》进行过一些刊误,代表成果有刘攽的《东汉刊误》。进入清代,随着考据学的兴盛,对《后汉书》的研究也进入鼎盛时期。由于《后汉书》原书无表,又无《艺文志》,清人乃为之补充,学者万斯同所撰《历代史表》一书,其中东汉部分有《诸王世表》《云台功臣侯表》《九卿年表》等多篇,清人补作《艺文志》的亦有钱大昭、侯康、顾櫰三、姚振宗等数家。钱大昭《后汉书辨疑》、惠栋《后汉书补注》和沈钦韩《后汉书疏证》是清人在相关领域内较被学界推重的三部著作。晚清湖南学者对《后汉书》进行研究的主要有《后汉书注补正》和《后汉书集解》两部著作。

《后汉书注补正》由周寿昌研读《后汉书》后所成的读书笔记修订而成,在这部著作中,周寿昌一方面对章怀太子李贤的注进行了订误,如《明帝纪》永平九年(66 年)"为四姓小侯开立学校,置《五经》师",李贤注引"袁宏《汉纪》曰,永平崇尚儒学,自皇太子、诸王侯及功臣子弟,莫不受经。又为外戚樊氏、郭氏、阴氏、马氏诸子弟立学,号四姓小侯,置《五经》师。以非列侯,故曰小侯。《礼记》曰'庶方小侯',亦其义也"。[1] 周寿昌认为,李贤以"庶方小侯"比附东汉史事是错误的。因为按照郑玄的注释,《礼记·曲礼》所谓"庶方小侯",乃是指"戎狄子男君也",《正义》也说,"小侯谓四夷之君,非为牧者也",而樊、郭、阴、马四姓侯俱拜国封爵,与列侯等,非四夷比兴,"注引《礼记》,义不合"。[2]

另一方面,周寿昌也对宋代以来诸家《后汉书》注进行了刊误和补充,其中又以正惠栋《后汉书补注》者为多。如《光武帝纪》在记述昆阳围城的情况时说,"积弩乱发,矢下如雨,城中负户而汲"[3]。关于此"负户而汲",惠栋的

---

① (南朝宋)范晔撰,(唐)李贤等注:《后汉书》卷 2,中华书局 1964 年版,第 113 页。

② (清)周寿昌:《后汉书注补正》卷 1,载徐蜀编:《两汉书订补文献汇编》第 3 册,北京图书馆出版社 2004 年版,第 613 页。

③ (南朝宋)范晔撰,(唐)李贤等注:《后汉书》卷 1(上),中华书局 1964 年版,第 7 页。

看法是"言户内穿井,故云负户。《通典》一百五十八卷作负楯"①。周寿昌认为惠氏所言有误:

> 户,门扇也,所以避弩矢之乱也。《通典》一百五十八卷作负楯,即是负户意,是负之而汲以避弩矢也。②

当代学者宋文民先生亦曾对惠说进行辨误,其云:"《说文》云'户,护也,半门曰户',上文云'积弩乱发,矢下如雨',此言'负户',谓以户为掩护外出汲水也。"③所见与周寿昌略同,但晚于周著一百余年。

《章帝纪》元和二年二月"驾言出游,欲亲知其剧易",惠栋曰"病有剧易,谓增剧及变易也,帝欲亲知民之疾苦,故言剧易也。《太公·六韬》曰'知人饥渴,习人剧易',盖古有是语,易音以豉反"④。周寿昌对此持反对意见,他认为:

> 剧艰、剧易读如本字,作去声,言易也,盖欲知民俗之艰剧与平易也。观《太公·六韬》曰"知人饥渴,习人剧易",则剧易为对待字可知,不当如惠氏云云也。考《三国志·吕蒙传》孙权云"子明少时,孤谓不辞剧易,果敢有胆而已",亦以难易为言。⑤

如果说《后汉书注补正》以勘误为主,主要阐发的还是周寿昌个人的学术见解,那么《后汉书集解》则是汇集各家注释,并在此基础上加以考证的一部集大成之作。关于此书的写作初衷,王先谦在其自序中交代得非常清楚,在他看来,章怀太子注成于众手,"美犹有憾",惠栋《后汉书补注》刊于《粤雅堂丛

---

① (清)惠栋:《后汉书补注》卷1,载徐蜀编:《两汉书订补文献汇编》第3册,北京图书馆出版社2004年版,第398页。

② (清)周寿昌:《后汉书注补正》卷1,载徐蜀编:《两汉书订补文献汇编》第3册,北京图书馆出版社2004年版,第610页。

③ 宋文民:《后汉书考释》,上海古籍出版社1995年版,第2页。

④ (清)惠栋:《后汉书补注》卷2,载徐蜀编:《两汉书订补文献汇编》第3册,北京图书馆出版社2004年版,第405页。

⑤ (清)周寿昌:《后汉书注补正》卷1,载徐蜀编:《两汉书订补文献汇编》第3册,北京图书馆出版社2004年版,第614页。

书》中,"无人为之合并",都不是最理想的《后汉书》注本。①《后汉书集解》以清武英殿本与明毛氏汲古阁本对校,遇二者文字歧异之处,详细录出,随文附录各家注释,颇便学者研读。值得注意的是,与《汉书补注》之撰写、刊成于王氏生前不同的是,王先谦去世时,《后汉书集解》还未刊成二卷,据王先谦弟子,后来负责刊印该书的学者黄山说,王氏生前"已就印出者属某君总校","既卒,访之,并书无存矣",黄山乃就王氏旧稿重新加以整理,发现不仅列传部分尚未定稿,《礼仪》《祭祀》《舆服》诸志亦未齐备,且"原板写刻讹夺,纰缪百出,底稿十亡三四",甚至连卷首的篇目也没有,黄山"遂述所闻于先生者,遵《前汉书补注》例,抄补篇目,更聚群籍,比校推考,分别改错",②又经柳兴辰及王氏弟子左震、黄逢元、王正枢等人校勘整理。因此,虽然《后汉书集解》卷首有王先谦1915年撰写的序言,但该书实际上直到1923年方刊行问世。有学者指出,由于《后汉书集解》在王先谦身后经过其多位弟子整理,"如果说《汉书补注》代表了王先谦的个人成就,那《后汉书集解》就是一部由王先谦领衔组织完成的集体产物"③。学术界一般认为,由于未经王氏亲校,与《汉书补注》相比,《后汉书集解》的学术成就较为逊色。

(二)对其他史著的注释与考订

除了对以《汉书》《后汉书》为代表的"前四史"的注释和考订,晚清时期,湖南学者还对二十四史中的其他几部史书进行过注释和考订。王先谦撰成《新旧唐书合注》二百六十卷,除以《新唐书》《旧唐书》二书互证外,征引诸说有三四十家之多,清以前研治《唐书》的专门著作,《廿二史考异》《十七史商榷》等书中的相关部分,以及各种单篇的专题考证,"大体网罗几尽"④,"与

---

① （清）王先谦:《后汉书集解·序》,广陵书社2006年版,第1页。
② 黄山:《后汉书集解附续志集解校补跋》,载（清）王先谦:《后汉书集解》,广陵书社2006年版,第1325页。
③ 孙玉敏:《王先谦学术思想研究》,黑龙江人民出版社2008年版,第171页。
④ 谢保成:《一部研治两〈唐书〉的集大成之作——王先谦〈新旧唐书合注〉》,载荣新江主编:《唐研究》第3卷,北京大学出版社1997年版,第400页。

《汉书补注》《后汉书集解》鼎足而三,是王先谦所撰最重要的汇校集注史籍之一"①。可惜的是,该书至今仍未刊行,仅以善本书收藏于中国科学院图书馆,期待有一天能出版行世,化身千百,为更多学人所观览。

《魏书》是北齐学者魏收撰写的一部纪传体北朝魏时期的史书,分《帝纪》《列传》《志》三部分,共一百三十卷。该书流传至宋代时已残缺不全,清代学者温日鉴撰《魏书地形志校异》,丁谦撰《魏书外国传地理考证》,《魏书校勘记》和《魏书官氏志疏证》则是晚清湖湘汉学在《魏书》研究领域中两部具有代表性的著作。

《魏书校勘记》是王先谦等人将清末发现的宋监本《魏书》与当时通行的毛氏汲古阁本对校后的成果,此事由王先谦发起,参加者既有李慈铭、缪荃孙、朱一新等当时的一流学者,也囊括了程颂藩、谢崧岱等湘籍学者。程颂藩,字伯翰,宁乡人,同治十二年(1873年)拔贡,以朝考优等,授户部七品小京官,江西司行走,光绪间任主事。程颂藩与皮锡瑞、欧阳中鹄、阎镇珩等都有往来,有《程伯翰先生遗集》十卷行世。谢崧岱,一名嵩岱,湘乡人,同治三年(1864年)在北京琉璃厂开设制墨作坊,是著名的"一得阁"墨汁的创始人。谢崧岱曾在国子监就读,就国子监南学藏书编有《南学书目札记》八卷。此次校勘,由王先谦发起,又汇集了众多知名学者,所撰校语多颇为精审,除指出不同版本文字之间的异同外,还利用参考他书,对相关记载进行了考订。

《魏书官氏志疏证》是王先谦弟子陈毅撰写的对《魏书》中《官氏志》一篇的考证著作。在写作体例上,先列《魏书·官氏志》原文,再以"毅曰"的形式陈述自己的观点,多有精当之语。如"次兄为拓拔氏后改为长孙氏",陈毅引用宋人邓名世《古今姓氏书辨正》和司马光《资治通鉴》等书的相关记载,认为"拓拔氏"应作"拔拔氏",其云:

> "拓拔",帝姓也。此当为"拔拔"。《姓氏辨正》三十七云"献帝次兄

---

① 徐俊:《王先谦〈新旧唐书合注〉的前生今世》,《文汇报》2015年8月14日。

为拔拔氏,后改为长孙氏",又三十八云"孝文改姓元氏,自是拓拔氏降为庶姓,散在夷狄"。据《志》,太和前氏及纥骨八氏与帝室为十姓。时帝未改姓,元明氏不得与帝姓同号拓拔。《通鉴》《宋纪一》云"长孙嵩实姓拔拔",《齐纪六》云"魏诏,拓拔氏改元氏,改拔拔氏为长孙氏",可证改长孙之拔拔与改元之拓拔,本两氏。①

这一观点得到了后世学者的认同,姚薇元先生就在其《北朝胡姓考》一书中引用北魏孝文帝《吊比干墓文》碑阴题名有"符玺郎中臣河南郡拔拔臻",认为"可证后魏确有拔拔氏"②。20世纪60年代,中华书局组织专家点校《魏书》时,于《官氏志》一卷,也大量参考了陈毅的观点,校勘记中比比皆是。正如周一良先生所言,该书"虽有氏无官,而旁通曲证,足为佛助功臣"③。

二、目录学

所谓"目录",是"目"和"录"的合称。"目"指篇名或书名,"录"则是对"目"的说明和编次。一般认为,西汉后期,刘向、刘歆父子校理皇家藏书,撰成《别录》《七略》二书,开中国传统目录学之先河。班固在《七略》基础上撰成的《汉书·艺文志》,"截时代而记书目","重在叙述学术源流",④开后世史志目录之先河,也是我国现存最早的一部图书目录。中国传统目录学在清代进入极盛时期,盛清诸帝皆稽古右文,十分重视图书典籍的编纂工作,特别是乾隆中纂修《四库全书》时,曾编成《四库全书总目》,分经史子集四部,44类,67个子目,部有总序,类有小序,各书有提要,"剖析条流,斟酌今古,辨章学术,高挹群言"⑤,在目录学史上具有重要地位。直到今天,这部著作仍然是了

---

① (清)陈毅:《魏书官氏志疏证》,清光绪二十三年刻本,第3页。
② 姚薇元:《北朝胡姓考》,中华书局2007年版,第14页。
③ 周一良:《魏收之史学》,载《周一良学术论著自选集》,首都师范大学出版社1995年版,第268页。
④ 姚名达:《中国目录学史》,上海古籍出版社2019年版,第179页。
⑤ 余嘉锡:《四库提要辨证·序录》,中华书局2008年版,第1页。

解和研究中国传统学术不可或缺的重要工具书。而在民间,随着学术研究风尚的转变,私家目录学著作亦数量可观,学者们或为个人藏书编写目录,或钩沉史料,为前代史著补作《艺文志》,或董理群籍,撰写读书记,成果十分丰硕。

晚清时期,湖南地域藏书风气盛行,湘籍士人中先后涌现出许多著名藏书家,出现了一大批私家藏书目录,版本目录学研究亦随之兴盛,成绩斐然。

(一)藏书之风的兴盛与私家书目的编纂

早在清代中叶,湖南学者中即有不少以藏书知名者。乾隆中,四库馆在全国广征图书,《四库全书总目》著录司经局洗马长沙人刘权之藏书 4 种 27 卷,翰林院侍讲湘潭人刘亨地藏书 11 种 50 卷。晚清时期,藏书、校书、刻书之风在湖南更盛,知名藏家中除了以叶德辉等为代表的知名学者,也有曾国藩、常大淳等高官显宦。

嘉道以降,特别是湘军兴起以后,湘籍士人中担任中央和地方高级官职的人数明显增加,其中不少人喜爱读书,富于藏书。道光三年(1823 年)进士,先后担任安徽、湖北按察使、陕西布政使、浙江巡抚、湖北巡抚等职,卒于太平军攻打武昌之役的衡阳人常大淳,"笃好坟典,藏书三万余卷,皆精刻旧本,其余碑刻千本,研石数百,并当世名品,冠于湖南"①。傅增湘《藏园群书经眼录》著录常氏藏旧写本宋韩驹撰《陵阳先生诗》四卷,王重民《中国善本书提要》亦著录其藏籍多种②。李星沅之子,曾经担任江西布政使,署理巡抚的湘阴人李桓,"俸钱所入,悉以购书,凡得十余万卷"③,编有《海粟楼藏书目》。曾国藩戎马倥偬,然不废读书,身后故居富厚堂亦颇多藏书。

作为晚清湘籍藏书家中的佼佼者,湘潭袁芳瑛的卧雪庐藏书、巴陵(今岳阳)方功惠的碧琳琅馆藏书在当时就已声名远播。袁芳瑛,字漱六,道光二十

---

① (清)罗庆芗、彭玉麟等:同治《衡阳县志》卷 7《常大淳传》,清同治十三年刻本。
② 郑伟章、姜亚沙:《湖湘近现代文献家通考》,岳麓书社 2007 年版,第 57 页。
③ (清)李元度:《天岳山馆文钞》卷 27《海粟楼藏书目录序》,载《天岳山馆文钞诗存》,岳麓书社 2009 年版,第 579 页。

五年(1845年)进士,改庶吉士,散馆授编修,官至松江知府。其人官编修时即已富于藏书,到江南任职后,更是一意收书,并编有《蠹圃书目》二十卷,袁芳瑛去世后,其子榆生不喜读书,"以五间楼房闭置诸籍,积年不问"。朱逌然任湖南学政时,曾在袁家藏书楼见"两层自上至栋皆为书所充塞,非由书丛踏过莫移一步,以书纵横堆垛,即移亦无从遍阅,惟随手翻之,辄是宋元佳椠而已。最可病者,白蚁累累可见,想其中虫蚀已自不少"。① 这些藏书除一部分被当时的湖南巡抚李明墀收购,后辗转入藏今北京大学图书馆外,大部分被袁氏后人出售散尽。方功惠,字庆龄,号柳桥,长期在广东任职,他在父亲方宗徽藏书的基础上广搜藏书,"廉俸所入,尽供插架之藏,宋元精椠多至数十种,尚汲汲勤求,不以所得自足"②,并在广州城北筑馆舍一所,池亭接连,花木萦绕,名曰碧琳琅馆,馆后有楼,为藏书处所。当时广州城内尚有孔广陶三十三万卷楼、潘仕成海山仙馆、伍崇曜粤雅堂等众多藏书家,然均不及方氏。方功惠去世后,其孙方湘宾将这些藏书由广州经海路运到天津,再转运至北京,并请湘乡人李希圣作目录,成《雁影斋题跋》一书,后大部分被卖与琉璃厂书肆,剩余部分十多万卷于光绪三十年(1904年)赠与京师大学堂,后成为今北京大学图书馆藏书的一部分。碧琳琅馆藏书在方功惠生前即编有藏书目多部,如《碧琳琅馆书目》四卷、《碧琳琅馆珍藏书目》二册、《碧琳琅馆藏书记》一册等。③

在晚清湖南众多的汉学研究者中,也有不少以藏书闻名者。叶德辉原籍江苏吴县,曾祖、祖父两世皆好藏书,道光末因躲避战乱来湘时,"行囊不赀,而有楹书数巨篋"④,叶德辉本人第一次到北京参加会试期间,"日从厂肆搜访",光绪十五年(1889年)第二次会试下第,因次年为恩科会试,为免来往奔波,乃留京待考,在京期间,其与长沙人涂景涛同于内城观音寺街赁宅居住,

---

① 郑伟章、姜亚沙:《湖湘近现代文献家通考》,岳麓书社2007年版,第85页。
② (清)袁宝璜:《寄蝤庐诗文集》卷7《碧琳琅馆藏书跋》,民国刊本。
③ 郑伟章、姜亚沙:《湖湘近现代文献家通考》,岳麓书社2007年版,第142—143页。
④ 叶德辉:《观古堂藏书目序》,载王逸明主编:《叶德辉集》第4册,学苑出版社2007年版,第1页。

"间日必出城至厂肆,各挟书而归",①其间正值商丘宋氏纬萧草堂、曲阜孔氏红桐书屋藏书散出,叶德辉力不能全有,乃"择其目所缺载及刻有异同者购之",其中包括明活字本《太平御览》、万历甲辰重刻《太平御览》及清代康雍诸老藏校诸书,共计20箱,捆载南归。袁芳瑛藏书散出时,叶德辉也收得了一些残本。后又得善化张姓书数橱,张氏久宦山东,其藏书中有王士祯池北书库、历城马国翰玉函山房、诸城刘墉故物。庚子之变后,叶德辉又在与日本学者的交往过程中,以自己所刻丛书交换日本影印宋元本医术及卷子诸本,据其自己说,所藏图书到辛亥时已"得卷十六万有奇,以重刻计之,在二十万卷以外"。②当时,日本学者"来游湘中者,必登门求见,备观书籍金石字画,归国则刊之笔记以志荣幸"③。除了广收图籍,叶德辉还十分重视校书,"平时每得一书,必竭数日之力,逐卷校读而后释手,即一书有无数刻本,亦必复读重校,辨其行字异同是非,或某本有误脱、某本有增窜,一寓目即终身不忘。插架齐一,书根多出手书"④。这使得他在版本目录学领域也成就斐然,对于这个问题,下文还将详述。再如《魏书官氏志疏证》的作者,王先谦弟子陈毅,自高祖以下五世藏书,至陈毅时已积藏三十多万卷,"丹黄点校殆遍,手抄并批注《三国志》《新疆疆域纪要》《青海图记》《安禄山事迹》等,批注《高丽史》九百余字"⑤,所藏编有《阙慎室藏书目录》,湖南图书馆藏抄本1册,被定为善本。

(二)叶德辉的版本目录学成就

在晚清时期的湖南,与丰富藏书相伴随的是校书、刊书活动的兴盛,并带动了版本目录学的繁荣,这其中,成绩最突出的非叶德辉莫属。

与乾嘉时期的汉学家一样,叶德辉十分重视版本目录之学,视其为读书问

---

① 王逸明、李璞:《叶德辉年谱》,学苑出版社2012年版,第38页。
② 叶德辉:《观古堂藏书目序》,载王逸明主编:《叶德辉集》第4册,学苑出版社2007年版,第1页。
③ 杨树达等:《郋园学行记》,《近代史资料》1985年第4期。
④ 杨树达等:《郋园学行记》,《近代史资料》1985年第4期。
⑤ 郑伟章、姜亚沙:《湘湖近现代文献家通考》,岳麓书社2007年版,第205页。

学的门径。他曾说："四部备矣,当知鉴别之道,必先自通知目录始。不通目录,不知古书之存亡。不知古书之存亡,一切伪撰抄撮、张冠李戴之书,杂然滥收,淆乱耳目,此目录之学,所以必时时勤考也"①,认为"目录之学,不独增扩闻见,亦且阐扬幽潜"②,并以笔记体的形式,对传统版本目录学进行了系统总结和详细研究,于宣统三年(1911年)撰成《书林清话》十卷,1919年观古堂刊行。

在叶德辉之前,对版本目录学进行过系统研究的还有叶昌炽,其所撰写的《藏书纪事诗》是一部以诗歌形式为藏书家立传的著作,全书共收录五代末至晚清时期的藏书家七百多人,各咏以叶昌炽自作的七言绝句一首,诗下附注。叶德辉盛赞此书"于古今藏书家,上至天潢,下至方外、坊估、淮妓,搜闻佚事,详注诗中,发潜德之幽光,为先贤所未有。即使诸藏书家目录有时散佚,而姓名不至灭如,甚盛德事也",但同时也指出其限于体例,"不及刻书源流与夫校勘家掌故"的缺憾。③ 如果说《藏书纪事诗》主要着眼于人,通过对藏书家生平事迹的钩沉来梳理书史,那么,后出的《书林清话》则聚焦于书本身,以"论刻书之益"开篇,对版刻的起源、名称,历代官方刻书机构与坊刻书肆的变迁情况,私家刻书藏书家及其家世,甚至刻工的工价、刻本的价格,等等,巨细靡遗,缪荃孙盛赞其"所以绍往哲之书,开后学之派别"④。

叶德辉还十分重视对前人目录学著作的搜求、整理和刊布,这部分的成果集中反映在其《观古堂书目丛刻》中。其中不少著作原已湮没无闻,正是由于叶德辉的考校刊刻才得以重新走进人们的视野。如仅光绪二十八年(1902年)一年,叶德辉就刊刻了《南雍志经籍考》《静惕堂书目》《结一庐书目》三

---

① 叶德辉:《藏书十约》,载王逸明主编:《叶德辉集》第2册,学苑出版社2007年版,第21页。

② 叶德辉:《重刊征刻唐宋秘本书目序》,载王逸明主编:《叶德辉集》第4册,学苑出版社2007年版,第327页。

③ 叶德辉:《书林清话·叙》,古籍出版社1957年版,第1页。

④ 缪荃孙:《序》,载叶德辉:《书林清话》卷首,华文出版社2012年版,第5页。

书。《南雍志经籍考》共二卷,是明代志书《南雍志》的一部分,内容为明南京国子监的出版与藏书目录,该书分制书、经类、史类、子类、文集类、类书类、韵书类、杂书类几个部分,详细记载了明南京国子监所收藏的书板 306 种,并对其来源与刊刻情况、完缺好坏情况进行了说明,"堪称明代出版书目的代表"①。由于明时监本多从宋元板补修,晚清藏书家群相推重,"而当时搜藏之原委、补刻之名姓,问之或茫然不知",叶德辉认为其原因正是由于此书流传不广。加之明人续修《南雍志》时,于"经籍刻板,只据见在者记之,其余零简断策,姑从其阙",并且删去了原有的案语和提要,其结果是"《南雍志》屡经修纂,此二卷已湮灭无存"。② 叶德辉于光绪二十二年(1896 年)从刘钜(字笏云)处抄得此书,为之刊刻。《静惕堂书目》是明末清初人曹溶的藏书目录。曹溶为崇祯十年(1637 年)进士,明末任御史,入清后官至户部侍郎,其人好藏书,宋元人文集收藏尤富,故是书又称《静惕堂宋元集书目》。《四库全书》编修期间,此目所载绝大部分被收录,叶德辉认为"斯固两朝文人精爽之所凭依"③,既得一本,乃亟付刊之。《结一庐书目》是晚清著名学者朱学勤的藏书目录。咸丰时期,东南士大夫藏书有名者有朱学勤、丁日昌、袁芳瑛等人,其中朱书多得之于长洲顾氏艺海楼、仁和劳氏丹铅精舍,朱学勤去世后,这些藏书为其妹婿张佩纶所有。《结一庐书目》共系四卷,编次极精,每书下注明板刻年月、抄藏姓名,叶德辉惜其只传抄本,"不能与海内共读也"④,乃再三校阅后进行刊刻。

在《观古堂书目丛刻》中,这样的著作还有不少,如明宗室朱睦㮮的藏书

---

① 徐有富:《论〈南雍志·经籍考〉》,《文献》2005 年第 2 期。

② 叶德辉:《重刻明南雍经籍考叙》,载王逸明主编:《叶德辉集》第 4 册,学苑出版社 2007 年版,第 300 页。

③ 叶德辉:《静惕堂书目序》,载王逸明主编:《叶德辉集》第 4 册,学苑出版社 2007 年版,第 299 页。

④ 叶德辉:《结一庐书目序》,载王逸明主编:《叶德辉集》第 4 册,学苑出版社 2007 年版,第 298 页。

目——《万卷堂书目》四卷，《四库全书》未收，亦未入存目，叶德辉发现其集部于明人诗文集多有焦竑《国史经籍志》、祁承㸁《澹生堂书目》、黄虞稷《千顷堂书目》、钱谦益《绛云楼书目》及《明史·艺文志》所未载者，可以补诸家之缺，乃于光绪二十九年（1903年）刊行。再如明人周弘祖的《古今书刻》二卷，《明史·艺文志》未载，各家藏书目均不著录，《四库全书》亦未著录，亦未入存目。叶德辉从日本驻湘领事井原真澄赠予的岛田翰《古文旧书考》一书附录中读到此书上编，后通过白岩龙平的介绍得到该书，于光绪三十二年（1906年）影写刊行。

还有部分目录著作虽前人已刊，流传已广，但叶德辉在藏书、校书的过程中又发现了其他版本，经整理后刊布。如清初学者钱谦益的《绛云楼书目补遗》一卷，该书原已刊入《粤雅堂丛书》，叶德辉得到吴翌凤校抄本，较《粤雅堂丛书》本多补遗一卷，乃于光绪二十八年（1902年）刊刻。

三、金石学

金石学是一门以古代青铜器和石刻碑碣为研究对象的专门学问。南朝梁元帝辑录碑刻之文为《碑英》一百二十卷，被四库馆臣称为"金石文字之祖"[1]，惜该书清中叶时已不传。进入宋代，金石学研究日渐繁盛，主要著作有欧阳修《集古录》十卷、赵明诚《金石录》三十卷、翟耆年《籀史》一卷、洪适《隶释》二十七卷、陈思《宝刻丛编》二十卷、王象之《舆地碑记目》四卷等，金石学开始成为一门独立的学问。作为一门以古代遗存为研究对象的学问，金石学与历史学有着天然且十分密切的联系。诚如清初学者潘耒在为其师顾炎武《金石文字记》一书撰写的跋语中所说："古金石刻，不独文词之典雅、字画之工妙为可玩爱，而先贤事迹、前代制度不详于史者，往往著见焉。其有资于博

① （清）永瑢等：《四库全书总目》卷86《〈集古录〉提要》，中华书局1965年版，第733页。

文多识,不细矣。"①清代是传统金石学史上的鼎盛时期,乾隆帝出内府所藏,仿《宣和博古图》,敕梁诗正等编为《西清古鉴》40 卷,后又有《西清续鉴》甲、乙编等之辑。而在民间,金石学研究也得到了前所未有的发展。众多汉学家将研究热情灌注于金石搜集与考证当中,钱大昕、孙星衍、王昶等知名学者皆曾致力于此,撰述颇丰。

湖南地区的相关研究在嘉道时期逐渐兴盛,钱大昕之婿瞿中溶在湘为官期间,四处搜访古物,主笔撰写《嘉庆湖南通志·金石志》,归乡后,又将任上所得编成《奕载堂古玉图录》一书。鸦片战争前夕,吴荣光出任湖南巡抚,其人雅好金石,"以封疆大吏,嗜古而力足以副之,于是收藏寝富,遂有著录"②,宁乡人黄本骥正是在这一时期被其延揽入幕,助其将所藏编辑成目。③ 晚清时期,湖南的金石考证之学更加繁盛,黄本骥对前人金石著作进行了续补,何绍基、徐树钧、郑业斆等学者依托各自丰富的收藏撰写著作,在相关领域占有一席之地。

(一)黄本骥对前人金石著作的续补

在清代湖南地方学术史上,黄本骥是一个颇值得注意的学者。其人出身世家,但家境贫寒、科途不顺,不得已先后入唐仲冕、吴荣光等达官幕府,却由此与金石碑刻结缘,撰写了数量颇丰的相关著作,成为清代金石学史上具有一定影响的学者。这些著作,部分成书于道光二十年(1840 年)以后,属于本书所讨论的晚清阶段,是晚清湖湘汉学研究在金石学领域的重要内容。

《金石萃编补目》三卷、《元碑存目》一卷二书均为黄本骥依托吴荣光收藏撰写的《金石萃编》续补著作。黄本骥原客湖南巡抚裕泰幕,道光十一年

---

① (清)潘耒:《遂初堂文集》卷之十一《书〈金石文字记〉后》,《清代诗文集汇编》第 170 册,上海古籍出版社 2010 年版,第 420 页。

② 梁启超:《清代学术概论》,复旦大学出版社 1985 年版,第 48 页。

③ 吴荣光离任时,黄本骥曾赠诗四首,中有"趋陪岁月缘非浅,考订图书得已多"之句。[(清)黄本骥:《三长物斋诗略》卷5《题吴荷屋中丞荣光内迁用留别诗韵奉祖四首》其三,载《黄本骥集》,岳麓书社 2009 年版,第 71 页。]

（1831年）秋，由裕泰幕"移榻公廨"，时吴荣光由湖南布政使升巡抚，接替裕泰抚湘，黄本骥乃居吴幕下。黄本骥本就在金石领域有一定造诣，道光三年（1823年）客居时任陕西布政使唐仲冕幕期间，曾四处寻访关中石刻，撰成《隋唐石刻拾遗》二卷，较毕沅《关中金石记》多收隋唐碑刻74通。在吴荣光幕中，黄本骥以王昶《金石萃编》为蓝本为吴整理收藏，"凡《萃编》已有者皆不再录，就所无者，自三代以下按年编次，备录原文，加以考按，一遵《萃编》成例"，历6年而书成，题曰《萃编补遗》，卷帙较王昶原书为多，"其中考订，颇有前人所未及者"。① 此书原稿黄本骥未及录副，而为吴荣光离湘时携去，并随着吴的去世而无可求索，黄氏后于篋中偶然检得原稿目录，改题为《金石萃编补目》，时为咸丰元年（1851年）。

《元碑存目》是黄本骥撰写的又一部续补《金石萃编》的著作。王昶《金石萃编》断自宋辽金，未收元碑。黄本骥认为，有元一代享祚虽短，但"其中亦有欧阳原功之文章、赵氏子昂之书法，所传碑版非不足以照四裔而供临摹"②，不能因其为时晚近而轻视其价值。因此在为吴荣光整理所藏时，将其中相关碑刻另行编目，附于《金石萃编补目》之后，是为《元碑存目》。该书分蒙古、元代两部分著录，各碑记其时代及所在地。

（二）以何绍基、徐树钧、郑业敩为代表的金石收藏与研究名家

同光时期，金石收藏与研究再一次兴盛起来，在当时的达官显贵中，出现了不少收藏名家。如咸丰二年（1852年）探花，光绪年间官至工部尚书的潘祖荫，藏金石甚富，其中不乏大盂鼎、大克鼎这样的珍品。担任过直隶总督、两江总督的清末重臣端方，亦好收藏金石，著有《陶斋吉金录》《陶斋藏石记》。而在湖南，这一时期，也出现了以何绍基、徐树钧、郑业敩等学者为代表的金石收藏与研究名家。

何绍基出身道州何氏，父亲何凌汉既是一名达官显宦，也是一位喜欢读

---

① （清）黄本骥：《金石萃编补目》卷首《序》，清光绪贵池刘氏《聚学轩丛书》本，第1页。

② （清）黄本骥：《元碑存目》卷首《序》，清光绪贵池刘氏《聚学轩丛书》本，第1页。

书、热爱收藏的学者兼书法家,其曾一次以185千文购朱锡庚抄稿本十种,中有《云烟过眼录》、《法帖刊误》、明抄本《东坡志林》等。① 与乃父相比,何绍基虽仕途不顺,但在书法艺术上的成就更加突出,对金石学的研究也更为用力,成果主要反映在由其《东洲草堂文钞》分出的《东洲草堂金石跋》一书中。

《东洲草堂金石跋》共五卷,前两卷为青铜器,涉及对器物名称、年代的考订和对铭文的释读,其中第二卷校订阮元《积古斋钟鼎彝器款识》释文共154则。如原藏于纪昀,经程瑶田释读铭文,定为"周公华钟",并载入《积古斋钟鼎款识》的一件钟形青铜器,何绍基认为其并非周代器物,乃是秦武公钟。② 又如《积古斋钟鼎款识》中著录的一件"周公望钟",何绍基认为当作"秦公望钟",乃秦德公所铸器。③ 特别值得一提的是,何绍基认为"金石文字往往足订六书、经史之讹"④,故在考订器物本身的同时,也十分注重从汉字演变的角度观察其铭文。如其根据释六舟拓程洪博藏东汉建安年间铜雁足灯款识,对"疋"进行了考订。其云:

> 《说文》"足""疋"两部首相承。"疋"下云:"足也,上象腓肠,下从止。《弟子职》曰:'问疋何止。'古文以为《诗·大疋》字,亦以为'足'字,或曰'胥'字,一曰'疋',记也。"许君于此字可谓翔实。自隶变后,"足""疋"两字迥殊,而《管子·弟子职》篇作"问所何止",益不可通。

何绍基发现,此雁足灯款识拓本疋字了然,认为可由此确知"疋"字之形,加之《说文》"疋"部仅有两字,义取疏通,与"足"部85字从足为义者迥然有别,推论《说文》所谓"古文亦以为'足'字"者,实非"足"字,乃是古文假借。他进一步论述道:

> 古无四声,"足""疋""胥""所"皆一声之转耳。《曲礼》:"鸡曰翰

---

① 郑伟章、姜亚沙:《湖湘近现代文献家通考》,岳麓书社2007年版,第26页。
② (清)何绍基:《东洲草堂金石跋》,浙江人民美术出版社2012年版,第7—13页。
③ (清)何绍基:《东洲草堂金石跋》,浙江人民美术出版社2012年版,第13—14页。
④ (清)何绍基:《东洲草堂金石跋》,浙江人民美术出版社2012年版,第4页。

音","雉曰疏趾"。雉飞三丈,鸡飞不能三丈,飞高者见其趾。此器三趾卓立,亦可谓之疏趾。"疏趾"即"疋"之本义矣。"疋"与"疏"同音同义而别用,"胥""所"又别为用。古文字少,意在以简御繁,故假借特多,然一字数假,如"疋"字者,于部首中尤为仅见。《大雅》之"雅"字,本假鸟短尾之"雅",又假象腓肠,从止之"疋",至今"雅""疋"并行,竟无正字。《周礼·笙师》:"舂牍、应、雅。"《乐记》:"讯疾以雅。""雅"本乐器,所以节舞。假为雅颂字,此义不见于《说文》,可想见古人作字其难其慎,而兹乳浸多,不料后来如此之支蔓无穷也。①

这些文字,反映了何绍基深厚的小学功底,对今人考订汉字源流演变亦颇具价值。

《东洲草堂金石跋》卷三至卷五考订石刻碑帖,何绍基一方面对碑刻文字进行了考订,如其发现《晋孙夫人碑》有数处误认,如"今我不犯尊而蒙优诏",乃是"今我乃犯尊而蒙优诏"②,"同归殊途,尔其□□哉",原释皆缺,实仅"哉"上一字不可辨。③ 另一方面也碑史互订,以碑订史之脱误,以史订碑拓本之误。这一点,在其对《敦煌太守裴岑纪功碑》的考订中表现得尤为突出。

《敦煌太守裴岑纪功碑》是东汉时期立于新疆东部巴里坤的一块石碑,碑高1.4米,宽0.6米,记录了永和二年(137年)敦煌太守裴岑率兵3000人击败北匈奴呼衍王这一历史事件。清雍正七年(1729年),被时任宁远大将军岳钟琪访得,移至将军府,后又移至巴里坤城外关帝庙筑亭保护,现存新疆维吾尔自治区博物馆。碑文云:"惟汉永和二年八月,敦煌太守云中裴岑将郡兵三千人,诛呼衍王等,斩首部众,克敌全师。除西域之灾,蠲四郡之害,边境艾安。振威到此,立海祠以表万世。"④值得注意的是,此战不见于《后汉书·西

---

① （清）何绍基:《东洲草堂金石跋》,浙江人民美术出版社2012年版,第26—27页。

② （清）何绍基:《东洲草堂金石跋》,浙江人民美术出版社2012年版,第85页。

③ （清）何绍基:《东洲草堂金石跋》,浙江人民美术出版社2012年版,第86页。

④ 吴军、刘艳燕:《敦煌古代石刻艺术》,甘肃人民出版社2016年版,第59页。按,此为一般释读,何绍基认为"永和二年"当为"四年"之误,说见下。

域传》。钱大昕曾说:"当是时,呼衍王之势日张,而岑能以郡兵诛之,克敌全师,纪功勒石,可为不世之奇绩矣,而《汉史》不著其事。盖其时朝多秕政,妨功害能者众,而边郡文簿壅于上闻故也。"①

何绍基的看法与钱大昕略有不同,他认为《后汉书·西域传》原本记载了裴岑此战,只不过在流传过程中由于文字的脱漏而缺失,而《敦煌太守裴岑纪功碑》正可以弥补传世文献的这一问题。《后汉书·西域传》在记载阳嘉三年夏,车师后部司马率加特奴等,掩击北匈奴于阊吾陆吾,大获全胜一事后,紧接着说:"四年春,北匈奴呼衍王率兵侵后部,帝以车师六国接近北虏,为西域蔽扞,乃令敦煌太守发诸国兵,及玉门关侯、伊吾司马,合六千三百骑救之,掩击北虏于勒山,汉军不利。秋,呼衍王复将二千人攻击后部,破之。"②何绍基认为此"四年春"上脱"永和"二字。其云:

> 阳嘉三年北匈奴之败,至于获其二母及车畜以万千数,挫损极矣。彼见害则遁耳,岂有甫经数月,至四年之春,呼衍王辄复来侵后部,而帝以全胜之后,反踌躇于西域扞蔽,发兵之多四倍于前者乎? 此事理所必无也。且《顺帝纪》于阳嘉三年书"车师后部司马掩击匈奴"事,至阳嘉四年书"马贤击钟羌,大破之",又书"乌桓寇云中","围耿晔于兰地,发兵救之,乌桓退走",独于呼衍王春秋两次侵后部,及敦煌太守发兵掩击则不书。夫事文脱漏,史家之常,然未有同时同事,又乌桓、钟羌与北虏相犄角。顾于三寇之役独缺其一者也。且据《乌桓传》,救耿晔之兵止积射士二千人、度辽营千人,视此六千三百骑少至一倍,尤不当不书其细而遗其巨,此又事理所必无也。明此事实在永和之四年,蒙上"阳嘉三年"而误脱永和年号也。③

---

① (清)钱大昕:《潜研堂金石跋尾》卷1,载陈文和主编:《嘉定钱大昕全集》(增订本)第6册,凤凰出版社2016年版,第14页。

② (南朝宋)范晔撰,(唐)李贤等注:《后汉书》卷88《西域传》,中华书局1964年版,第2930页。

③ (清)何绍基:《东洲草堂金石跋》,浙江人民美术出版社2012年版,第66—67页。

他又提出，"乃令敦煌太守发诸国兵"一句，"敦煌太守"下当有"裴岑"二字，理由是"敦煌太守掌西域北房之门户，据玉门、阳关，为河西四郡之长，事兼文武，权甚重而材甚选，故史家必谨著其姓名"，加之《后汉书·西域传》所载敦煌太守无不著姓名者，如建武十七年之裴遵、元初六年之曹宗、延光二年之张珰等，独于此偶有阙遗，颇不寻常。①

此外，对于该碑文首句的年代文字，一般释读为"永和二年"，何绍基认为当为"四年"，称"此相沿误识，致翻本同一误识"。

> 今取原石拓本视之，"四年"之"四"字与后"四部"之"四"字，宛如一字，观者以"四"直画为石理溜泐，误认为"二"矣。作"二"字者是赝本，似"二"而实"四"字者乃真本也。②

由于此碑所在地距中原遥远，人们多未睹原碑，流传拓本多有赝本。何绍基的这个看法，也能为今人分别真伪，提供参考。

与何绍基类似，徐树钧也出身世家，拥有非常丰富的金石收藏。徐树钧出身长沙徐氏，祖父徐国搢，富藏书，善书法，辑有《绿荫堂帖》，光绪间刊刻。父亲徐棻，字芸渠，道光二十一年（1841 年）进士，由翰林改官中书，迁起居注主事，年甫四十即解组养亲，光绪二年（1876 年）任岳麓书院山长，先后在城南书院、岳麓书院主讲长达 25 年。光绪十九年（1893 年）获赏二品卿衔，重宴鹿鸣。③ 徐树钧为徐棻次子，咸丰七年（1857 年）举人，曾官刑科掌印给事中、广西桂平梧盐法道，其人"郁郁久处，未获展其生平，居恒抚膺太息，惟以金石书画自娱"，"收藏金石墨拓数千种、秦汉砖瓦数百种，尝获兰亭百二种，自号为百二兰亭主人，又获王大令《鸭头丸帖》真迹，以宝鸭名其斋"。④ 徐树钧又有从兄名树铭者，其人系徐棻之兄徐爕的长子，字寿蘅，号伯徵。道光二十七年

---

① （清）何绍基：《东洲草堂金石跋》，浙江人民美术出版社 2012 年版，第 67 页。
② （清）何绍基：《东洲草堂金石跋》，浙江人民美术出版社 2012 年版，第 68 页。
③ 杨布生：《岳麓书院山长考》，华东师范大学出版社 1986 年版，第 224—228 页。
④ （清）孔宪教：《诰授资政大夫二品衔江苏淮扬海兵备道兼按察使徐公行状》，载《宝鸭斋杂著》卷首，清宣统刻本，第 1 页。

(1847年)进士,曾任山东学政、内阁学士等职,同治五年(1866年)署礼部右侍郎,翌年督浙江学政,因于任内举荐俞樾而左迁太常寺少卿,光绪十年(1884年)任太常寺卿,官至工部尚书。徐树铭平生不事积蓄,唯嗜钟鼎书画金石之属,其收藏在当时已较为知名。孙诒让曾致信谭献,请后者代向徐处寻访金石拓本,其云:"前闻徐太常寿蘅,于浙中得故家所藏金器甚富。昨闻已到此,行箧中未审有拓本可乞否? 执事与太常至好,便中幸为一询。鄙人所嗜甚于欧公,而太常之贤过于原父,或不我吝也。"①张舜徽先生认为徐树铭的金石收藏对徐树钧有很大影响:

> 太常之从父弟叔鸿侍御,讲金石之学,有《宝鸭斋题跋》《宝鸭斋金石拓存》,岂其藏器,均得之其兄耶? 要之渊源有自,不可掩也。②

笔者认为,徐树钧自己也有不少金石收藏,《宝鸭斋题跋》中所录未必皆来自其兄,但二人既为从兄弟,又同好金石,彼此之间有所交流则是可以肯定的。例如,同治中,徐树铭在杭州得宋拓《唐九成宫醴泉铭》,"三十年来朝夕展玩,窥见笔法,叹为稀世珍",徐树钧后于光绪二十五年(1899年)亦得一宋拓本,徐树铭乃出其所藏,并肃邸所藏本与徐树钧所藏互相印证,并命树钧作校记。③

《宝鸭斋题跋》全书共三卷,记录了徐树钧所见、所藏金石碑帖百余部,其中不乏精品。如其中著录的周寿昌藏宋拓麓山寺碑,"墨色浓湿、首尾完全",缺字仅16,比王昶《金石萃编》中著录的多出180字④。和何绍基一样,徐树钧也十分注重碑史互证,以出土文献正传世文献之误。道光初,山西忻县九原岗出土东魏《刘懿墓志》,墓志载刘懿是弘农华阴人,其事迹与《北齐书·刘贵

---

① 转引自张舜徽:《爱晚庐随笔》,华中师范大学出版社2005年版,第214页。
② 张舜徽:《爱晚庐随笔》,华中师范大学出版社2005年版,第214页。
③ (清)徐树钧:《宝鸭斋题跋》卷下,载湖南图书馆编:《湖南近现代藏书家题跋选》第2册,岳麓书社2011年版,第413—414页。
④ (清)徐树钧:《宝鸭斋题跋》卷下,载湖南图书馆编:《湖南近现代藏书家题跋选》第2册,岳麓书社2011年版,第419页。

传》所记基本相同,但《北齐书》中所记刘贵却籍隶秀容阳曲。这就出现了姓名、里居完全不同的两个人,生平事迹却基本相同的奇怪现象。徐树钧认为此二人实是一人,应以出土文献的记载为准,"作史者纪前代人事,传闻失实亦所不免。《墓志》乃当时表墓之文,功业纵有铺张,名字、里居断不致误","史传之误,正赖此碑以正之耳"。① 除此之外,徐树钧还用陕西三水(今旬邑)出土之北周《贺屯植墓志》正《北史·侯植传》之误,陕西蒲城出土之隋《苏使君墓志铭》正《隋书·苏孝慈传》之误。

《宝鸭斋题跋》还有大量的书法品评内容,如评《曹全碑》"《曹全》晚出,为世推重。余独爱碑阴书,神味渊隽,尤耐玩赏"②,评《东武侯王基碑》"笔意颇类《范式碑》,然究不若《曹真碑》字坚卓纵横,尤为可宝尔"③,评东魏《高盛碑》"字体疏散,略有篆法,古意尚存"④,评北齐《乞伏保达墓志》"北齐书方整极滞,此《志》用笔操纵,独具一种疏诞之气,与隋钦江正议大夫《宁赟碑》笔意相似,风韵流利,当为北齐书之冠"⑤。这些都使其在书法艺术研究领域占有一席之地。

如果说何绍基、徐树钧的相关作品中还有很多书法品鉴的内容,郑业敩的相关作品则以考订为主,用大量笔墨来订正前辈金石家之疏失。其中有考订前人著录之失者,如乾隆五十一年(1796年)出土于今山东嘉祥的东汉建和元年(147年)武斑碑,孙星衍、邢澍撰《寰宇访碑录》在著录此碑时,将武氏官职

---

① (清)徐树钧:《宝鸭斋题跋》卷中,载湖南图书馆编:《湖南近现代藏书家题跋选》第2册,岳麓书社2011年版,第394—395页。

② (清)徐树钧:《宝鸭斋题跋》卷上,载湖南图书馆编:《湖南近现代藏书家题跋选》第2册,岳麓书社2011年版,第379页。

③ (清)徐树钧:《宝鸭斋题跋》卷上,载湖南图书馆编:《湖南近现代藏书家题跋选》第2册,岳麓书社2011年版,第384页。

④ (清)徐树钧:《宝鸭斋题跋》卷上,载湖南图书馆编:《湖南近现代藏书家题跋选》第2册,岳麓书社2011年版,第396页。

⑤ (清)徐树钧:《宝鸭斋题跋》卷中,载湖南图书馆编:《湖南近现代藏书家题跋选》第2册,岳麓书社2011年版,第408页。

标注为"敦煌太守"①,郑业敩据碑额刻文指出,武乃敦煌长史,并非太守,孙星衍等人所录有误。② 按,长史一职,两汉时曾为三公的属官,地方上也曾设有长史,与丞、尉同为太守佐官,与太守一职实为两种截然有别的官职,孙星衍等所录确有错谬。也有订正前人考证之失者,如汉嵩高山(嵩山)太室石阙铭中的"惟中岳泰室崇高神君,处兹中夏……"③,毕沅在所撰《中州金石记》中认为,汉人将"嵩高"山写作"崇高"山,证明当时还没有"嵩"字,其言:

> 嵩高字作崇,见汉时尚无嵩字。《地理志》有崈高县,云古人以崈高为外方山也。《国语》"夏之兴也,融降于崇山",韦昭注"崇,崇高山也"。据此知,经典有作"嵩"或"崧",皆后人所改矣。④

对于毕沅的这个看法,郑业敩认为"殊失考证",并进一步指出:

> 嵩为中岳,《尔雅》已然。《公羊·隐公五年传》何休注引《尚书》曰:"还至嵩,如初礼。"《疏》以为《舜典》文。是则唐虞时早号中岳为嵩矣。又《白虎通》:"中央之岳独加高字者何? 中央居四方之中而高,故曰嵩高。"《风俗通》:"中央曰嵩高,嵩者,高也。"此皆汉人语,明非后人所改,何谓汉时无嵩字乎?⑤

梳理历史文献中嵩山名称变迁的相关记载,可以证明郑氏所言不误。《史记·封禅书》在记载历代帝王封禅事曾云:"昔三代之居皆在河洛之间,故嵩高为中岳……及秦并天下,令祠官所常奉天地名山大川鬼神可得而序也。于是自崤以东,名山五,大川祠二。曰太室。太室,嵩高也。"⑥同书又云,武帝元封元年(前110年)"三月,遂东幸缑氏,礼登中岳太室。从官在山下闻若有

---

① (清)孙星衍、邢澍:《寰宇访碑录》卷1,清光绪九年江苏书局刻本,第3页。

② (清)郑业敩:《独笑斋金石考略》卷1《敦煌长史武斑碑》,清光绪十三年刻本,第14页。

③ (清)郑业敩:《独笑斋金石考略》卷1《敦煌长史武斑碑》,清光绪十三年刻本,第14页。

④ (清)郑业敩:《独笑斋金石考略》卷1《敦煌长史武斑碑》,清光绪十三年刻本,第14页。

⑤ (清)郑业敩:《独笑斋金石考略》卷1《嵩高太室石阙铭》,清光绪十三年刻本,第8—9页。

⑥ (汉)司马迁:《史记》卷28《封禅书》,中华书局2014年版,第1649页。

言'万岁'云。问上,上不言;问下,下不言。于是以三百户封太室奉祠,命曰崇高邑"①。这说明"嵩高"之名早已有之,至西汉武帝元封时乃因"崇高邑"之置而更名"崇高"。再看《后汉书·灵帝纪》对东汉灵帝更"崇高"为"嵩高"一事的记载,其云,熹平五年"复崇高山名为嵩高山"。② 一个"复"字,也说明"嵩高"之名原已有之。汉嵩山太室石阙立于东汉安帝元初五年(118 年)四月,在灵帝复名之前,自然称"崇高"而非"嵩高",不能因为刻石铭文为"崇高",与后世常见的"嵩高"不同,就遽然断定汉时无"嵩"字。

类似的考订在《独笑斋金石考略》中比比皆是,得到了后代学者的高度肯定,杨树达先生曾评价郑业斆,"以近代金石家论衡,其精诣当在吴大澂、方濬益之间,盖缘功力甚深,故能卓有成就也"③。

第三节　诸子学研究

作为中国传统学术发展史上的鼎盛时期,清代诸子学研究十分繁荣。乾嘉学者出于证经、证史的需要,对子书进行了全面的整理和校勘。晚清时期,子书整理进一步发展,产生了一大批相关著作。在湖南,一批学者致力于子书文献的校勘集注和古注的辑佚钩沉,取得了一定成绩。

一、文献的校勘与集注

晚清时期,湖南学者对子书文献的校勘与集注主要集中在《庄子》,同时也兼涉《荀子》《韩非子》等其他诸子,他们撰写的《庄子集释》《荀子集解》《韩非子集解》等著作,已经成为相关研究领域中世所公认的必读之书。

---

① (汉)司马迁:《史记》卷28《封禅书》,中华书局 2014 年版,第 1678 页。
② (南朝宋)范晔:《后汉书》卷8《孝灵帝纪》,中华书局 1965 年版,第 337 页。
③ 杨树达:《积微居小学述林》卷 7《读〈独笑斋金石文考〉》,中华书局 1983 年版,第275 页。

（一）《庄子》

《庄子》，亦称《南华经》，是道家经典之一。《汉书·艺文志》著录五十二篇。魏晋时期，玄学盛行，研究《庄子》的学者甚多，司马彪成《庄子注》二十一卷，五十二篇，郭象又删削司马彪本为三十三篇，成为后世流传最广的《庄子》注本。隋唐时期，又有陆德明的《庄子音义》和成玄英的《庄子注疏》。清代不少学者对《庄子》进行过考订、校正。如王懋竑从文字和训诂两个方面对《庄子》进行了考证，成《庄子存校》一卷，收入其《读书记疑》一书中。卢文弨对《经典释文》中收录的《庄子音义》进行了考证，王念孙的名著《读书杂志》中收录了三十多条关于《庄子》的校读札记，晚清学者俞樾撰有三卷《庄子平议》，收录于其《诸子平议》一书中。

晚清时期，湖南学者对《庄子》进行过研究的主要有郭庆藩、王先谦等人，郭庆藩有《读庄子札记》和《庄子集释》两部著作，其中，前者为一手稿本，长期收藏于上海图书馆，2012年方才出版；后者光绪年间即已刊行，流传较广。王先谦有《庄子集解》一书，宣统年间行世。另外郭嵩焘也曾有《庄子札记》，其书今已不传。方勇先生认为，作为郭嵩焘的侄子，郭庆藩在《庄子集释》中引用"家世父侍郎公曰"一百数十条之多，且比较均匀地分布在全书各个篇章之中，"这说明郭嵩焘原来应当有较完备的《庄子札记》手稿"①。此处主要讨论流传较广的《庄子集释》和《庄子集解》二书。

与清人以往对《庄子》的札记式考订不同，《庄子集释》和《庄子集解》的最大特点是在前人注释、考证的基础上，对《庄子》一书的文本进行了全面梳理和考订。《庄子集释》全文收录了郭象的《庄子注》、成玄英的《庄子注疏》和陆德明的《庄子音义》，并将清人卢文弨、王念孙、俞樾等人的考证逐条摘录在相关条目下，最后以"庆藩案"的形式陈述自己的观点。

总体来看，郭庆藩的案语主要呈现出两个特点，一是注重搜集西晋司马彪

---

① 方勇：《庄学史略》，巴蜀书社2008年版，第652页。

《庄子注》的异文。如"朝菌不知晦朔,蟪蛄不知春秋,此小年也",《经典释文》引司马彪注"大芝也。天阴生粪上,见日则死,一名日及,故不知月之终始也"。郭庆藩从唐代释玄应、释慧琳所编著的训诂学音义类专书《一切经音义》和《太平御览》中各辑出一条与《经典释文》微有差异的司马彪注文。① 再如"楚之南有冥灵者,以五百岁为春,五百岁为秋;上古有大椿者,以八千岁为春,八千岁为秋",郭庆藩从《齐民要术》中辑出一条《经典释文》漏引的司马彪注。② 二是注重从文字、音韵的角度展开分析,展现出一定的小学功底。如"北冥有鱼,其名为鲲。鲲之大,不知其几千里也",明儒方以智认为"鲲"本小鱼之名,庄子用为大鱼之名。郭庆藩肯定方氏的这个看法,并进一步阐述道:

> 《尔雅·释鱼》:鲲,鱼子。凡鱼之子名鲲,《鲁语》鱼禁鲲鲕,韦昭注:鲲,鱼子也。张衡《西京赋》揱鲲鲕,薛综注:鲲,鱼子也。《说文》无鲲篆。段玉裁曰:鱼子未生者曰鲲。鲲即卵字,许慎作卝,古音读若关,亦读如昆。《礼内则》濡鱼卵酱,郑读卵若鲲。凡未出者曰卵,已出者曰子。鲲即鱼卵,故叔重以卝字包之。庄子谓绝大之鱼为鲲,此则齐物之寓言,所谓汪洋恣肆以适己者也。《释文》引李颐云鲲,大鱼也,崔譔、简文并云鲲当为鲸,皆失之。③

再如"故夫知效一官,行比一乡,德合一君,而征一国者,其自视也亦若此矣",郭庆藩指出成玄英《庄子注疏》读"而"字为转语是不正确的,他认为:

> 而字当读为能,能而古声近通用也。官、乡、君、国相对,知、仁、德、能亦相对,则而字非转语明矣。④

与《庄子集释》类似,《庄子集解》也汇集了前人注《庄子》的成果。值得注意的是,由于王著晚出,故也引用了郭著中的一些观点,如"若夫乘天地之

① (清)郭庆藩:《庄子集释》,中华书局 2012 年版,第 11、14 页。
② (清)郭庆藩:《庄子集释》,中华书局 2012 年版,第 11、15 页。
③ (清)郭庆藩:《庄子集释》,中华书局 2012 年版,第 2、3 页。
④ (清)郭庆藩:《庄子集释》,中华书局 2012 年版,第 16、20 页。

正,而御六气之辩",王引郭庆藩云"辩读为变,与正对文,辩、变古字通"。①
与郭庆藩广征博引不同的是,王先谦的著作以简要见长,易于批览。这使得该
书与《庄子集释》一同成为今人研究《庄子》必读之书。

(二)《荀子》和《韩非子》

《荀子集解》和《韩非子集解》是晚清湖南学者在诸子学领域的两部代表
性著作。《荀子》是战国后期思想家荀况的著述,《汉书·艺文志》称为《孙卿
子》,著录为三十三篇。唐人杨倞作注,分为二十卷。宋、明儒者对《荀子》颇
多诟病,特别是对其中《非十二子》篇指摘子思、孟子,《性恶》篇"人之性恶,其
善者伪也"的观点尤多指责。清人对荀子及其著述的观点较为正面。具有官
方背景的《四库全书总目》认为其议论同时诸子"是犹朱、陆之相非,不足诧
也",至于其"性恶论",四库馆臣认为乃是"恐人恃性善之说,任自然而废学,
因言性不可恃,当勉力于先王之教"。② 谢墉作《荀子笺释》,认为"荀子之学
之醇正、文之博达,自四子而下,洵足冠冕群儒,非一切名、法诸家所可共同类
共观也"③。汪中也说,"荀卿之学,出于孔氏,尤有功于诸经"④。在清代学者
中,谢墉、汪中、郝懿行、卢文弨、王念孙、俞樾等人都对《荀子》进行过校勘,王
先谦的《荀子集解》就是在这些前人已有研究的基础上开展的。

与《汉书补注》《后汉书集解》等著作相似,《荀子集解》也十分注重全面
搜求前人研究《荀子》的相关成果,并将其分门别类附注于原文之下,以便读
者观览,并以"先谦案"的形式陈述自己的观点。总体看来,这些案语大体包
括三个方面的内容,一是对文句意义的解释。如《修身篇》"加惕悍而不顺,险
贼而不弟焉,则可谓不详少者矣,虽陷刑戮可也",王先谦案语称"不详少,承

① (清)王先谦:《庄子集解》,中华书局 2012 年版,第 13 页。
② (清)永瑢等:《四库全书总目》卷 91《荀子提要》,中华书局 1965 年版,第 770 页。
③ (清)谢墉:《荀子笺释·序》,载刘桂荣编著:《论荀辑要》,安徽师范大学出版社 2016 年版,第 108 页。
④ (清)汪中:《荀卿子通论》,载刘桂荣编著:《论荀辑要》,安徽师范大学出版社 2016 年版,第 125 页。

上'恶少'言之,谓少年而不祥者,犹言不祥人矣,知其将陷刑戮也"。① 二是对前人观点的分析和订正,这部分文字在案语中占的分量最大。如《劝学篇》中的"君子之学也,以美其身;小人之学也,以为禽犊"一句。杨倞注"禽犊"为"馈献之物"。郝懿行则认为"小曰禽,大曰兽。禽犊,谓犊之小小者,人喜抚弄而爱玩之,非必己有,非可献人,直以为玩弄之物耳。小人之学,入乎耳,出乎口,无裨于身心,但为玩好而已,故以禽犊譬况之"。王先谦指出"杨注固非,郝注尤误",他认为:

> 上言君子之学入于耳箸心而布于身,故曰学所以美其身也;小人入耳出口,心无所得,故不足美其身,亦终为禽犊而已,文义甚明。荀子言学,以礼为先,人无礼则禽犊矣。上文云"学至乎礼而止矣",是其言学之宗旨。又云"为之,人也;舍之,禽兽也",正与此文相应,"禽兽""禽犊"特小变其文耳。小人学与不学无异,不得因此文言小人之学而疑其有异解也。②

三是对版本流传过程中版本问题的更正。这样的情况又有两类,一是版式的,如《修身篇》中"道虽迩,不行不至,事虽小,不为不成。其为人也多暇日者,其出入不远矣"。王先谦曰:"'道虽迩'下,宋台州本提行分段,谢本原刻同,浙局本误连上,今正。"③二是对文字的校订,如《不苟篇》中"故怀负石而赴河,是行之难为者也,而申徒狄能之",卢文弨在校对时,认为"负石"上的"故怀"二字不应该有,删去了,这个看法被谢墉所继承,所以谢刻本《荀子》在此处没有这两个字,王念孙反对卢文弨的这个看法,认为"故"乃总冒下文之词,怀负石而赴河者,负,抱也,认为"卢未晓'负'之义而误以为负担之负,故以'怀'字为不当有而并删'故'字"。王先谦赞同王念孙的看法,"今案王说是,仍从宋

---

① （清）王先谦:《荀子集解》,中华书局 2016 年版,第 40 页。
② （清）王先谦:《荀子集解》,中华书局 2016 年版,第 15 页。
③ （清）王先谦:《荀子集解》,中华书局 2016 年版,第 38 页。

本增入"，①这些文字对于我们了解流传递变情况，也很有好处。故支伟成称其"可谓'兰陵功臣'"②，《荀子集解》也被视为"清儒中最精详、最完善的一个注本"③。

作为一部"集解体"著作，王先慎撰写的《韩非子集解》也在广泛收录前人已有相关研究的基础上，提出了自己的见解。《韩非子》一书，南北朝时期已有人为之作注，唐初学者尹知章亦曾作注，惜其书已佚。清代名儒卢文弨、王念孙、黄丕烈、顾广圻、江有钧等均有研究。其中卢文弨有《韩非子校订》，收入其《群书识补》中，王念孙《读书杂志》中也有对《韩非子》的考订，顾广圻有《韩非子识误》三卷，不过这些著作，均"校勘多于注释，也并没有对全书做系统的勘定"④。王先慎撰写的《韩非子集解》，以宋乾道本为主，参考了藏本、张本、凌本、赵本等多种版本，利用了《太平御览》《艺文类聚》《群书治要》等类书和《老子》《荀子》《战国策》《史记》等著作的有关资料，吸取了王念孙、卢文弨、顾广圻、俞樾、孙诒让诸家的校释成果，阐述了作者自己的研究心得，是研究《韩非子》的重要资料。王先谦在序中说其"旧注罕所挥发，从弟先慎为之集解，订补阙讹，推究义蕴，然后是书厘然可诵"⑤，并非毫无根据的溢美之词。

二、辑佚

晚清时期，湖南学者除了对子书文献进行校勘、集注外，还用不少精力从事辑佚，从浩如烟海的历代文献中辑佚出了一些久已亡佚的著作。比如东汉学者许慎为《淮南子》所作的注释，由于在《说文解字》中，许慎常常引用该书

① （清）王先谦：《荀子集解》，中华书局 2016 年版，第 43 页。
② 支伟成：《清代朴学大师列传》，岳麓书社 1998 年版，第 140 页。
③ 《点校说明》，见（清）王先谦：《荀子集解》卷首，中华书局 2016 年版，第 4 页。
④ 刘仲华：《清代诸子学研究》，中国人民大学出版社 2004 年版，第 163 页。
⑤ （清）王先谦：《虚受堂文集》卷 6《韩非子集解序》，载《葵园四种》，岳麓书社 1986 年版，第 105—106 页。

的内容,因此,对这部著作进行研究,实有助于深化对《说文》学的分析。关于此书,唐人撰写的《隋书》著录为二十一卷,五代后晋时成书的《旧唐书》亦著录为二十一卷,说明该书当日尚存,但到了宋代,出现了许慎的注和另一位学者高诱的注释混杂在一起而难以分别的情况。

清代辑佚之学兴盛,有不少学者从事《淮南子》许注的辑佚工作,孙冯翼、黄奭、蒋曰豫、陶方琦等都曾致力于此,而在湖南,先后有易顺鼎、叶德辉从事相关研究。易顺鼎撰有《淮南许注钩沉》,自言早年即好此学,"翻绅群册,摭识单词","积有岁时,颇成卷帙",①成书后因见陶方琦本已行于世,遂将己著置之高阁,后在上海读到唐人慧琳的《一切音义稿》,乃从中辑出许注八十余条,并附以详细考证,这使得易书虽然晚出,但与前人著述相比并不逊色。在易顺鼎之后,叶德辉也曾致力于许注辑佚,成《淮南鸿烈间诂》一书,该书从《水经注》《玉烛宝典》《史记集解》《太平广记》辑许注三百八十余条,"穷十年之力,冥搜博采,始克成编"②。

除了《淮南子》许慎注,晚清时期,叶德辉还对《鬻子》《傅子》两部子学文献进行了辑佚。《鬻子》一书,旧题为鬻熊所撰,一般认为,其人为商末周初人,曾为周文王师,系楚国先祖。《汉书·艺文志》道家类有《鬻子》二十二篇,小说家类有《鬻子说》十九篇,后佚。今本《鬻子》为唐永徽中逄行珪所献,后人多疑其伪,学者黄震、宋濂、胡应麟等皆持怀疑态度。《四库全书总目》认为今本乃唐以来好事之徒依仿贾谊所引古本《鬻子》伪造而成。叶德辉据旧本删去逄注,存其章名,复以《列子》《新书》《太平御览》等书所载佚文附之,厘为二卷。

《傅子》是西晋学者傅玄"撰论经国九流及三史故事,评断得失,各为区例"③的作品,原分内、外、中三篇,《隋书·经籍志》《新唐书·艺文志》均著录

① （清）易顺鼎:《淮南许注钩沉·序》,清光绪十六年刻本。
② 叶德辉:《淮南鸿烈间诂·序》,清光绪二十一年刻本。
③ （唐）房玄龄等:《晋书》卷47《傅玄传》,中华书局1974年版,第1323页。

一百二十卷,《崇文总目》著录二十三篇,《宋史·艺文志》著录五卷,清中叶编纂《四库全书》时,从《太平御览》《群书治要》《永乐大典》等书辑录出文义完具者十二篇、文义未全者十二篇,另有附录四十八条,编为一帙。此后学者严可均、钱保塘、傅以礼均有辑本。叶德辉辑本在前人所辑的基础上,用宋本《意林》参校,发现殿本《意林》中所引的《傅子》十二条,实为另一晋人杨泉所著之《物理论》中的文字,同时还指出殿本《意林》中所征引的《物理论》,其中有近八十条实为《傅子》中的文字,"使得这桩近九十年的论证公案,基本有个了结"①。

第四节　如何评价晚清湖湘汉学

在梳理著述总貌、分析研究情况的基础上,可以对晚清湖湘汉学进行比较科学的评价。总体来看,晚清时期,湖南汉学研究者在前人研究成果的基础上,在经学、史学、诸子学多个方面开展了研究工作,对前人成说进行了补充和纠谬,且经湘籍汉学家考订、校注的典籍,有不少是该领域的集大成之作,成为后人从事相关研究的必备资料。与此同时,晚清湖南汉学的发展,对整个清代汉学的接续发展也产生了不小的促进作用,而由于地域学统和时代变局、社会变迁的共同影响,部分著述也存在着一些值得正视的问题,这些都使得与其他地域的汉学研究相比,晚清时期湖南地区的汉学研究具有较强的自身特点。

一、值得肯定的成就

(一)推动了相关研究的进一步发展

湖南汉学兴盛于晚清,这一时期,学者们在从事各自的研究工作的同时,也对清初以来,特别是乾嘉时期汉学研究的相关成果进行了补充与纠谬,取得

---

① 曹东方、陈见微:《〈傅子〉辑本考略》,《古籍整理研究学刊》1995 年第 5 期。

了较为丰富的成果。经学方面,皮锡瑞、王先谦致力于《尚书》研究,对古文《尚书》的真伪问题进行了分析,对宋代以来,特别是清代学者的已有研究进行了补充和纠谬,推动了相关研究的深化。史学方面,周寿昌、王先谦等致力于前四史的考订与注释,叶德辉在目录学、版本学领域卓有成就,黄本骥、何绍基、郑业敩等在金石研究中成绩斐然。

更值得注意的是,晚清时期,湖南还涌现出郭庆藩、胡锡燕、胡元玉、陈毅等一批在《说文》学、音韵学、训诂学、史籍考证等领域有专精研究的学者,他们的名字和作品,虽不似皮锡瑞、叶德辉等学者及其著作那样广为人知,但在相关领域内也取得了不俗的成绩,得到了后世学者的肯定。这使得与吴、皖等汉学发达地区相比,湖南地区虽然没有数量众多的超一流学者,但仍然取得了不小的成就。

(二)整理、保存文献之功甚巨

汉学研究注重文本,故极为重视对典籍的搜求整理。晚清时期,湖南汉学研究者荟萃前人旧注,参酌考订,如王先谦的《汉书补注》《后汉书集解》《荀子集解》《庄子集解》,王先慎的《韩非子集解》,郭庆藩的《庄子集释》等著作,为后人从事相关研究提供了许多值得信赖的必备之书。

除此之外,晚清时期,湖南学者还对以往汉学家的著述进行辑佚、校勘和刊刻。这其中,尤其值得注意的是对乾嘉学者相关著述的整理。如光绪十年(1884年),湘人龙汝霖在长沙刊刻出版了钱大昕的《嘉定钱氏潜研堂全书》二十二种。龙汝霖,字皞臣,湖南攸县人,道光二十六年(1846年)举人,与邓绎、王闿运、邓辅纶、李寿蓉共同创立"兰林词社",并称"湘中五子"。因攸县时属长沙府,故书牌又署"长沙龙氏"。龙汝霖虽然不是完全意义上的汉学家,但他肯定汉学,曾与邹汉勋讨论文字之学。① 在担任山西知县时,龙汝霖痛惜当地士人"惟墨守帖括以弋获科第为荣……遂令群经视若弁髦,学校沦

---

① 参见(清)邹汉勋:《学艺斋文存》卷8《与龙皞臣大令论转注、假借》及《再与龙皞臣大令论籀书》二文,载《邹叔子遗书七种》,岳麓书社2011年版,第593—596页。

为茂草",认为"自经学绝纽,士习窳惰,国朝熙乾间,若顾、阎、钱、朱诸儒起而振理之,复有王、惠、卢、段,以及程、戴、焦、沈各守师说,以阐明绝义,故言汉学者以本朝为之魁"。① 由龙汝霖刊刻出版的长沙龙氏家塾本《嘉定钱氏潜研堂全书》,是钱大昕著述的第二次结集,较嘉庆十一年至十二年钱氏家刻本《潜研堂全书》多收书五种。1997 年,江苏古籍出版社即是以长沙龙氏家塾本为工作本,点校排印出版了《嘉定钱大昕全集》。2016 年,又在此基础上,吸收近年的研究成果与商榷意见,增补修订,出版了目前为学界所普遍使用的《嘉定钱大昕全集(增订本)》。长沙龙氏家塾本并非钱大昕著作的最早刻本,却仍被选为点校工作本,这是因为整理者认为:"长沙龙刻本虽较钱氏家刻本晚出,但改正了家刻本的不少错误,且收书种类最多。"②比如其中的《潜研堂金石跋尾》一书,就是由晚清湘籍汉学家胡元常编订整理的。是书原为钱大昕弟子转写付梓,先后共成四集,胡元常认为其检阅不便,乃重新编次,将四集汇为一编,仿孙星衍重编《古刻丛钞》之例,各篇标题增元、亨、利、贞白文于上,以存其旧,并以钱大昕婿瞿中溶所编金石文目录校之。再如光绪二十四年(1898 年)叶德辉整理刊刻的《三家诗补遗》。是书为阮元作品,生前未及刊刻,叶德辉见之于北京隆福寺地摊,因首有"阮伯元父"四字朱文篆书方印,乃知其非寻常破纸。③ 购归后,以平日所见题跋证之,认为当为阮元晚年所辑之本,乃为之校勘排比,誊录旬日,被李洛才收入《崇惠堂丛书》中出版,后叶德辉恐其流传未广,又交弟子刘肇隅校雠,刊入自刻《观古堂丛书》中。

(三)推动了清代汉学的接续发展

作为一种地方学术形态,晚清湖湘汉学不仅在湖南地方学术史上占有重要地位,也对作为有清一代学术最显著特征的汉学产生了很大影响。将晚清湖湘汉学放在整个清代汉学发展演变的长时段中去考察,有助于打破地方学

① (清)龙汝霖:《坚白斋集存稿》卷3《再与董后江书》,清光绪刻本,第8—9页。
② 《点校说明》,载陈文和主编:《嘉定钱大昕全集》(增订本)卷首,凤凰出版社 2016 年版。
③ 叶德辉:《郋园读书志》卷1《三家诗稿二册》,上海古籍出版社 2019 年版,第41—42页。

术研究中常见的因地域划分所导致的自我设限,在更深入地分析晚清湖南汉学研究的同时,也对有清一代汉学学术的变迁过程进行更细致的探索。总体来看,晚清时期,汉学研究在湖南的兴盛拓展了清代汉学的地理空间、推动了清代汉学的接续发展,并对其进行了总结。

一般认为,清代汉学萌芽于明清之际的实学思潮,以明末清初的大儒顾炎武为其奠基者,中经阎若璩、胡渭等学者承前启后,至乾隆、嘉庆年间发展到鼎盛阶段。就分布地域而言,则又可划分为以惠栋为代表的吴派、以戴震为代表的皖派,稍晚一些,又衍生出以汪中、焦循、阮元等为代表的扬州学派。值得注意的是,无论是吴派、皖派还是扬州学派,都集中于江苏、浙江、安徽等宋代以来的人文鼎盛之区。这说明,清代中叶大盛的乾嘉汉学虽然在学术成就方面攀上了传统学术的顶峰,影响不可谓不大,但就分布地域而言,却仍局限于长江的中下游一隅之地。

晚清时期,作为一种学术形态的汉学除了在上述地区继续发展外,也传播到湖南、贵州、云南、四川等省份。在湖南,这一时期既出现了周寿昌、王先谦、叶德辉、胡元仪等经史考据名家,也涌现出罗汝怀、刘肇隅等基层汉学研究者,说明当时湖南汉学研究传播已相当深入。

除了省会长沙所设立的湘水校经堂,晚清时期,湖南其他地区以“校经”“研经”为名的书院亦所在多有。如光绪二年(1876年)创立于长沙府宁乡县的沩水校经堂,“一时缀文之子,乃渐知以通经学古为重”①。光绪十九年(1893年)仿船山书院创建于衡州府衡山县的“研经书院”,开办之次年,即邀请著名汉学家胡元玉担任山长,胡元玉还将优秀生徒之课业汇为《研经书院课艺》一书刊刻,出身诂经精舍的时任湖南学政张预读后大加赞赏,认为“将使阖邑之士皆知向学”“衡山父老,苟因此益扩充之,以相期于久远,则转相敎

① 鲁小俊:《清代书院课艺总集叙录》下《沩水校经堂课艺》,武汉大学出版社2015年版,第568页。

学,由是正士习,移民俗,无难也"。① 甚至在较为偏僻的沅州府也出现以"校经"为名的"沅水校经堂"。沅州府位于湖南西部,与贵州接壤,下辖芷江、黔阳、麻阳三县,"风气质直而俭啬,桀骜者强悍不驯"②。光绪十四年(1888年),官员朱其懿担任知府期间,在这里创立了"沅水校经堂",经过持续不断的努力,成为与长沙湘水校经堂齐名的重要书院,时称"沅湘两校经"。

更值得一提的是,晚清时期的湖湘学人除了在本省传播汉学外,还由于交游、服官等原因影响了其他地区的汉学研究。本书第一章述及,贵州学者郑珍曾应时任湖南学政程恩泽之聘,在湖南生活过一段时间,其间结交了湘籍学者邓显鹤、黄本骥等人,返黔之后,促进了汉学研究在贵州的传播,其本人也成长为"西南巨儒"。除此之外,何绍基与贵州学人傅寿彤的交往也颇具象征意义。傅寿彤(1818—1887年),原名寿昶,字青余,晚号澹叟,贵州贵筑(今贵阳)人。傅寿彤早年从父亲傅潢学习,阮元辑《皇清经解》出版后,傅寿彤母亲曾将自己的金钗典当后购买此书给他学习。③ 道光二十四年(1844年),湖南人何绍基被任命为贵州乡试副考官,正是在这次考试中,傅寿彤以第二名得中举人。何绍基还亲书"实事求是"四字赠予傅氏,据说此四字曾为阮元书赠何绍基,绍基再书赠寿彤,"示汉学相传也"④。

与吴皖地区的汉学研究起源甚早,且在乾嘉时期就已发展到顶峰不同的是,湖湘汉学虽然在同一时期也不乏知名学者,但其顶峰阶段则在几十年之后的晚清时期。晚清时期,有不少出身湖南的知名学者先后在江浙地区担任主管文教的学政一职,对促进这些传统汉学发达地区相关学术的接续发展贡献

---

① 鲁小俊:《清代书院课艺总集叙录》下《沅水校经堂课艺》,武汉大学出版社 2015 年版,第 570 页。

② (清)朱其懿:《通禀到任后察看大概情形条陈应办七事》。转引自周秋光:《朱其懿与沅水校经堂》,载《芷江文史资料》第 2 辑,1989 年 5 月。

③ 贵阳市地方志编纂委员会办公室编:《贵阳市志·人物志》,方志出版社 2011 年版,第 299 页。

④ 徐世昌编:《晚晴簃诗汇》卷 154《傅寿彤》,中华书局 2018 年版,第 6735 页。

了力量。

　　清代学政用人,最重直隶(顺天)、江南、浙江三大省,"此三省的学政往往简放卿贰大员,而其他省学政多为品秩低微的翰詹科道等小京官"①。晚清时期,随着湘学的兴起,湖南人才蔚起,先后有多人被差遣到浙江、江苏等传统汉学发达的地区担任学政,这其中,就有光绪十一年(1885年)任江苏学政的王先谦和光绪十一年(1885年)任浙江学政、光绪二十三年(1897年)任江苏学政的瞿鸿禨,特别值得一提的是,湘人徐树铭曾于同治六年(1867年)、光绪二十三年(1897年)先后两次担任浙江学政。

　　学术界曾经注意到王先谦在江苏学政任上大力建设南菁书院,弘大汉学的事迹②,但对徐树铭、瞿鸿禨等湘人对浙江汉学发展的影响却分析不多。徐树铭于同治六年(1867年)督浙江学政。浙省原有阮元所建之诂经精舍,经过太平天国运动炮火的洗礼,毁坏大半。湖南人蒋益澧担任浙江布政使期间,曾对诂经精舍的建筑进行了大规模重建。徐树铭到任后,"于内外课以上,特置超等六名,以处高才秀异之士"③,这项制度被后人所继承。温州籍学者陈虬就是这一时期因受来温视学的徐树铭褒扬,才开始学习词章,"间复留心训诂"④。徐树铭还因保举在河南学政任上"出题割裂"的浙江名儒俞樾而遭到清廷严谴,谕旨称其"谬妄糊涂",部议"降四级调用"。此事引起了曾国藩的不满,他在写给弟弟们的家书中说"余观其所奏之折、所保之人并无不妥之处",且徐"在浙江学政任内声名甚好",故推测"此次斥谪,必别有所指也"。⑤

---

①　安东强:《清代学政规制与皇权体制》,社会科学文献出版社2017年版,第33页。
②　比如王夏刚就曾对王先谦在江苏学政任上颁行的《劝学琐言》进行研究,参见王夏刚:《也知经术非时务,稍为儒林振古风——江苏学政王先谦〈劝学琐言〉研究》,《船山学刊》2014年第3期。
③　陈釜:《诂经精舍志初稿》,载王国平主编:《西湖文献集成》第20册,杭州出版社2014年版,第717页。
④　池志澂:《陈蛰庐先生五十寿序》,载《陈虬集》,中华书局1995年版,第391页。
⑤　(清)曾国藩:《致澄弟沅弟》(同治十年正月十五日),载《曾国藩全集》(修订版)第21册《家书之二》,岳麓书社2011年版,第550—551页。

说明徐树铭在浙江学政任上的作为得到了时人的共同认可。

光绪十一年(1885 年),35 岁的瞿鸿禨被任命为浙江学政,恰与阮元担任浙江学政时的年岁相仿,瞿鸿禨于是以阮元自况,甫下车,即访俞樾于湖楼,"拳拳以精舍人材为问,又博访周谘,得高才生如干人,选精舍肄业,而别筹经费,以供膏火之资",俞樾于是感叹:"子玖学使,其继文达而兴者乎!"①有"为吾浙幸,尤为斯文喜也"②之语。他还就此勉励诸生:"诸生之从事于此者,宜如何研求经训,讲明古义,以期无负其美意哉?"③在任期间,瞿鸿禨选拔多士,后于戊戌维新运动期间担任湖南学政的学者江标就是在这个时期被他拔擢的。关于江标其人,一般多以其曾在戊戌维新运动期间支持改革,将其视为新派,实际上该人在传统汉学研究方面亦有很深造诣,精通小学、金石之学。

作为一种学术形态,清代汉学在发展、演进的同时,也在不断地进行自我总结。"学术盛衰,当于百年前后论升降焉"④。嘉道时期,先后出现了阮元主持编修的清国史馆《儒林传》初稿⑤和江藩撰写的《国朝汉学师承记》等著作,这些作品通过为主要学者立传的方式,对清代汉学的发展情况进行了阶段性总结。阮元还主持编辑并刊刻了《皇清经解》一书,该书汇辑了清初以来的汉学研究著作,从著述入手,对清代汉学进行了又一次梳理。

光绪十一年(1885 年),王先谦担任江苏学政后,沿用阮元《皇清经解》的体例,搜集乾嘉以后的汉学研究著作,编辑出《续皇清经解》一书。尤为难得的是,该书还对那些被阮元《皇清经解》所遗漏的乾嘉汉学著作进行了补充,

---

① (清)俞樾:《诂经精舍六集序》,载鲁小俊:《清代书院课艺总集叙录》(上),武汉大学出版社 2015 年版,第 47 页。

② (清)俞樾著,张燕婴整理:《俞樾函札辑证》(上),凤凰出版社 2014 年版,第 288 页。

③ (清)俞樾:《诂经精舍六集序》,载鲁小俊:《清代书院课艺总集叙录》(上),武汉大学出版社 2015 年版,第 47 页。

④ (清)阮元:《十驾斋养新录序》,载陈文和主编:《嘉定钱大昕全集》(增订本)第 7 册,凤凰出版社 2016 年版,第 5 页。

⑤ 关于清国史馆历次编修《儒林传》的具体情形及其中所反映的清代学术变迁情况,参见拙著:《〈清国史·儒林传〉与清代学术史的建构》,湖南人民出版社 2016 年版。

共收作者 110 家、书 209 种,一千四百多卷,光绪十四年(1888 年)刊于江阴南菁书院,亦称《南菁书院经解》。由于《续皇清经解》虽以"经解"为名,但实际上却专收汉学著作,还因此引来了学者的指摘。湘人彭申甫就认为,"阮氏之说经,以阮氏命名则可,自为一例,既皇清为辞,则须博收一代之著作,分经而类编之,前须题臣某编纂,既限于汉学之界,则不应题以皇清",建议其"自开辟壁垒,题曰王氏经解,凡阮氏已收者置之勿论,亦不必取阮氏之先以大帽压人,冠以皇清两字,冠此两字则须兼收宋学,不得仅取汉学"。① 面对批评,王先谦却不为所动,他说"拙编既叙阮书,当用阮例","考据精博者必收,其专讲明义理者,留为异日《续通志堂经解》之用","但求免杂糅之病,避通人指摘而已"。② 后人认为王编"虽不如文达之精萃,而有清一代汉学家经师经说每赖以传"③,"维持文献之功,阮氏而后首推先谦矣"④。

二、需要正视的问题

晚清时期,湖南汉学研究者埋首经典,考校并整理出一大批典籍文献,有功于后世,但无可讳言的是,部分著作中还存在着一定的疏漏,并被后人所指出。比如杨树达先生就在阅读王先谦《后汉书集解》后发现,王书虽号称完备,但仍有不少疏漏的地方。比如钱大昭之《后汉书辨疑》,侯康、沈铭彝两家之《后汉书补注补》,行世已久,《集解》竟未采入。及书成后,黄山君为之校补,始为补录。⑤

更值得注意的是,个别学者在对前人著述进行整理时,没有遵守文献整理的基本学术规范。邹汉勋在整理王夫之《船山遗书》时任意改窜典籍,就是这

---

① (清)彭申甫:《朵园文集》卷 5《致王逸吾祭酒书》,清刻本。
② 刘应梅:《王先谦书札十一通》,《文献》2008 年第 1 期。
③ 支伟成:《清代朴学大师列传》,岳麓书社 1998 年版,第 346 页。
④ 吴荣政:《王先谦的治学风貌》,《史学史研究》1994 年第 3 期。
⑤ 杨树达:《积微居小学金石论丛》卷 5《读王葵园先生〈后汉书集解〉》,上海古籍出版社 2013 年版,第 235 页。

一问题的集中体现。

道光二十年(1840 年),学者邓显鹤主持湘潭王氏(船山六世孙承佺)守遗经书屋本《船山遗书》之刻印时,曾将校雠之役托付同乡邹汉勋。① 邹氏创建体例,规划版式,编订目录,逐种审定付梓,甚至道途皆以船山著作自随,出力颇多。但也就是在这个过程中,邹汉勋对王夫之遗书中的经学著作,大加改窜。同治初,曾国藩在南京重新刊刻《船山遗书》,发现并纠正了这一问题。金陵本《船山遗书》卷首《重刊船山遗书凡例》云:

> 船山遗书著录于《四库》者,有《易》《书》《诗》《春秋》四种稗疏。前邹氏校本增删撺易,非复本真,或托言先生晚年改本,以掩其迹。兹据文渊阁本及旧抄本,悉行改正,不使鱼目混珠。②

20 世纪 80 年代,岳麓书社标点整理《船山全书》,编辑杨坚先生将守遗经本、四库本和金陵本三个版本的《春秋稗疏》逐条对照,发现是书凡 122 条,绝大部分都曾被邹氏改易。

> 其中增字最多如《践土》,增四九二字,减字最多如《用田赋》,减三一三字,而增减字数之少并不意味其窜改程度之不大,如《缘陵》只增四十一字,《邢邱》只增十六字,而句意已与船山出入甚或相反。又《郭公》第十一条视其内容应云与四库本、金陵本完全相同,而仍有少量字数之出入,盖邹氏校雠时并无"对原著一字不动"之观念,遂不但修改内容,且又时时作字句之修饰,此十一条均较原文或多或少几个字,皆邹氏修饰之结果也。其一字不动者,仅《善道》及《盗杀卫侯之兄絷》两条而已。③

邹氏为学,曾主张"破前人之训故,必求唐以前之训故方敢用;违笺传之事证,必求汉以前之事证方敢从"④。但却在整理文献时任意改动古籍,这一令人费

---

① (清)邓显鹤:《南村草堂文钞》卷 2《船山遗书目录》,岳麓书社 2008 年版,第 37 页。
② 《重刊船山遗书凡例》,载(清)王夫之:《船山遗书》卷首,清同治四年金陵曾国荃刻本。
③ 杨坚:《杨坚编辑文存》卷 2《关于邹汉勋点窜〈春秋稗疏〉之具体情况》,岳麓书社 2012 年版,第 315—316 页。
④ (清)邹汉勋:《读书偶识自叙》,载《邹叔子遗书七种》,岳麓书社 2011 年版,第 7 页。

解情况的出现,大概只能归因于其汉学学术素养还不够深厚的缘故。皮锡瑞在看过邹汉勋的《读书偶识》后曾认为其"多有心得,亦有失之好奇者"①。

三、分析与解释

分析这一问题,首先固然要看到相关学者学术修为、学识素养等直接原因,但也不能忽视时代背景、地域学术传承的间接影响。更确切地说,晚清湖湘汉学之所以在众所公认的学术成就之外仍然存在着一定的问题,除了具体学者学识素养的问题,也是晚清救亡图存的时代背景与重视经世的湖南地域学统共同作用于湖湘学人的综合结果。

晚清时期,湖南学人在书斋中埋首治学的时期,也是清王朝内忧外患不断加剧、民族危机不断深重的历史时刻。就在以曾国藩、左宗棠等湘军将领为代表的湘籍士人不断登上历史舞台中央的同时,以经史典籍为研究对象的湘籍学人也对国家民族的危机产生了格外强烈的反应。这种危机感随着国家民族内忧外患的日益深重而逐渐加深,使得湖湘学者甚至萌发出考据学"无用"的感慨。

光绪元年(1875年),从事舆地考据的益阳学者王德基就提出"以今时势度之,治经似可稍缓,且自毛阎以下二百年来如积薪,安用附庸哉"②。在给皮锡瑞的信中,他甚至认为"吾与子昔之所习,皆为无用之术。虽淹通如朱顾、精核如毛阎,犹当槁项黄馘,无济于世耳"③。刘坤一也以"人之精力,正复有限,不可专为笔墨所耗"规劝王先谦,要后者"幸留有余以待大用,宏济艰难"。④ 这些都说明,晚清时期,湖南学人在埋首书斋的同时,内心始终无法割舍对现实政治的牵挂,始终无法心无旁骛地进行学术研究。章太炎曾说:"学

---

① (清)皮锡瑞:《皮锡瑞日记》,载《皮锡瑞全集》第9册,中华书局2015年版,第75页。
② (清)王德基:《玉屏集》卷15《与陈韫原书》,清光绪庚子武冈学署刊本。
③ (清)王德基:《玉屏集》卷15《与皮鹿门书》,清光绪庚子武冈学署刊本。
④ (清)刘坤一:《刘坤一遗集》第4册,中华书局1959年版,第1937页。

术在辨名实,知情伪,虽致用不足尚,虽无用不足卑"①,展现出超然的学术自信。但在晚清湖南学人这里,学术研究始终无法完全跳脱出致用的目的论,正如杨念群先生所云:"晚清湘籍学人中亦曾出现过经学大师,只是与江浙考据学人相比,在学术研治方面总显得不那么纯粹。"②而也正是这份"不纯粹",使得在江浙汉学发达地区的学者看来,晚清湖南虽然涌现出不少杰出人才,但其学术研究始终难称一流。

更为重要的是,对现实政治的牵挂,使得汉学研究在湖南始终无法出现有效的代际传承,而更多地表现为一种个人的学术研究兴趣,罕有如江浙经学研究世家那样几代人同治一经的情况。晚清时期,湖南尽管也出现了一些学术世家,如道州何氏、湘潭胡氏、武陵杨氏等,但仔细分析这些学术家族,他们大多并不世守一经,而是有着各自的研究兴趣和研究领域。比如武陵杨氏学术世家,杨丕复在舆地考证方面成就突出,所著《舆地沿革表》四十卷,为近代历史地理学名著。其子杨彝珍则师法桐城,擅长古文,为晚清湖湘名士。而杨彝珍之子杨琪光的兴趣则在史学,著有《望云寄庐读史记臆说》五卷。表面上看,从嘉庆年间开始,这个家族祖孙三代皆有学者涌现,洵可称为一个学术世家。③ 但这种传承,与江南地区动辄几代人共治一经的学术世家不可同日而语,更多的是一种学风的传承,而非知识的传承,这也在一定程度上限制了晚清湖湘汉学的精深化发展。

湖南地域学术以南宋胡安国、胡宏父子所开创的"湖湘学派"开其阡陌,从一开始就深深地打上了重视义理的宋学烙印。宋元以降,岳麓书院屡次毁于战火,又多次被重建,在每一次重建岳麓书院的过程中,总是伴随着一次对

---

① 章太炎:《章太炎全集》第4册,上海人民出版社1985年版,第151页。
② 杨念群:《儒学地域化的近代形态——三大知识群体的比较研究》(增订本),生活·读书·新知三联书店2011年版,第232页。
③ 参见拙文:《晚清湖南武陵杨氏家族的学术研究与文化传衍》,《武陵学刊》2022年第4期。

书院历史的回顾,而每一次回顾,又成为一次对朱张学统的温故知新,作为地域学术文化正统的理学学术就是在这样的反复言说中不断得到强化,并最终被确立为地域学统。

通观晚清时期湖南学者写作的学术著作,以音韵、训诂为研究对象的汉学研究固然不少,但仍有不少同时注目于义理的阐发。郭嵩焘自广东巡抚任上归湘,旅途之中读到《毛诗故训传》这部训诂学著作,但他并没有因此生发出多少文字训诂方面的见解,反而产生了"盖《诗》之用广矣,其于盛衰兴废得失之原,征之人事,准之世变,其词婉,其义深。夫子盖删而述之,以垂经世之大用"①的感想,所著《毛诗余义》更是"即其词以求其义,因其时而测其变,颇有所发明。以谂当世贤人君子,知取则焉"②。

在晚清时期的湖南学人看来,"自来经义之最精者,未有不与圣贤之学相浃洽也"③,汉、宋学术在某种程度上是互通的。也正是由于这个原因,同是为《墨子》一书作注,江浙学者孙诒让的《墨子间诂》以考证名物为详细,湘人曹耀湘所撰之《墨子笺》则以畅通旨要为归,虽然张舜徽先生评价二书"各有攸长,可以媲美"④,但若以严格的汉学研究标准衡量,则曹著之广博、精审又当在孙著之下。

小　结

晚清时期,湖南汉学研究者在前人研究成果的基础上,在经学、史学、诸子学多个方面进行了研究工作,不仅新见迭出,而且纠正了乾嘉时期相关研究的讹误之处,经湘籍汉学家所考订、校注的典籍,有不少成为该领域的集大成之

---

① (清)郭嵩焘:《毛诗余义》,载《郭嵩焘全集》第2册,岳麓书社2012年版,第611页。
② (清)郭嵩焘:《毛诗余义》,载《郭嵩焘全集》第2册,岳麓书社2012年版,第611页。
③ (清)成毅:《求在我斋文存》第4卷,清咸丰八年邵州濂溪讲院刻本。
④ 张舜徽:《清儒学记》,华中师范大学出版社2005年版,第240页。

作,并成为后人从事相关研究的必备资料。与此同时,汉学研究在晚清湖南的兴盛,也拓展了清代汉学的地理空间、推动了清代汉学的接续发展,并对其进行了总结。对于这些成就,我们应给予充分的肯定。但同时也要看到,晚清湖湘汉学研究也存在着不少的缺失,主要表现在对一些学术问题存在疏于考证的主观臆断,在整理典籍的过程中有时未能遵循基本的学术规范,而这些问题,又与晚清湖湘社会、湘地学术传统等密切相关。

第四章　冲突与调适：晚清湖湘
汉学与晚清湖南学术

晚清时期，以考证版本、校订文字为主要特征的汉学学术在湖南大地发展、演变的时候，也是这一地域思想多元，各种学术思潮互相竞逐的时期。一方面，作为当时清王朝官方正统思想，同时也是湖南地域学统的宋学（程朱理学），将嘉庆以降清王朝的日渐衰颓归罪于汉学，提出崇正学的主张；另一方面，嘉道以来复兴的今文经学则在学术传授等方面力证古文经学之不可信，宣扬西汉今文经学才是"真汉学"。对这些问题进行分析，有助于详细描摹晚清时期汉学在湖南的演变过程，并在此基础上更好地认识晚清湖湘汉学。

第一节　汉宋之争

清朝末年，湘人叶德辉论及湖南地方学术时，曾将其上溯到先秦时期楚国的"鬻熊"及屈原，并言"湘学肇于鬻熊，成于三闾"①。事实上，无论是"鬻熊"还是屈原，二者都不具备学理化知识的系统体系，至多只能算是湖湘文化的远源。湖南大地上第一个真正具备系统化知识体系的学术派别当属南宋胡安国、胡宏父子等所开创的湖湘学派。

作为一个理学流派，湖湘学派在湖南的发展传播使得湖南地方学术在其

---

① 叶德辉：《答友人书》，载苏舆编：《翼教丛编》，上海书店出版社 2002 年版，第 176 页。

发展之初,就被先天地打上了宋学的烙印,加之元代以降,程朱理学成为朝廷尊奉的正统学说,这使得之后其他任何一种学说要在湖南进行传播,都无法回避其与宋学的关系问题。总体来看,晚清时期,湖南学人对汉学进行了相当多的批判。这其中,既有自传统"汉宋之争"延续而来的学术争辩,也有忧心于日益深重的民族危机和尖锐复杂的国内外矛盾,掺入了现实关怀的激愤之语。不过与宋学家们言辞过激的批评之语形成鲜明对照的是,湖南的汉学研究者中不仅很难发现对宋学的激烈批评,而且在相当程度上有对宋学的接纳之语。在这些因素的共同作用下,晚清湖南地区的汉学研究更多地呈现出一种汉宋兼采的特色,并在此基础上,化解了其与宋学的冲突,从而在湖南传播衍生开来,并最终使湖南这一"濂溪故里""理学之邦"在晚清时期发展成为汉学研究的又一重镇。

一、学术正统之辨

汉宋之争是我国古代学术史上的一个大问题。四库馆臣曾说:"自汉京以后垂二千年,儒者沿波,学凡六变。……要其归宿,则不过汉学、宋学两家互为胜负。"[①]将二千余年儒学发展的历程,归纳为汉、宋两家互相争胜的过程。清代中叶,汉学大盛,汉宋之间的冲突进一步凸显,汉学家曾利用在国史馆内编修《儒林传》的机会抑宋扬汉。[②] 嘉道以后,宋学复兴,又对汉学进行了相当多的批判。

而在湖南,宋学兼官方学术与地方学统于一身,地方学者对宋学历来具有较多的肯定之语。在汉学兴盛并一度处于"执学界牛耳"地位的情况下,湖南理学家奋起卫道,其中最值得一提的就是学者唐鉴。

唐鉴(1778—1861年),字栗生,号镜海,湖南善化人。嘉庆十四年(1809

---

① (清)永瑢等:《四库全书总目》卷1《经部总叙》,中华书局1965年版,第1页。
② 参见拙文:《清代中叶的汉宋之争与桐城派——以清国史馆〈儒林传〉初稿为中心》,《安徽史学》2010年第4期。

年)进士,改庶吉士,授翰林院检讨,曾任广西平乐知府、安徽宁池太广道、山西按察使、浙江布政使等职,官至太常寺卿。晚年主金陵书院讲席,咸丰十一年(1861 年)卒,谥"确慎"。

　　唐鉴是唐仲冕之子。虽然有一位倾心于汉学研究的父亲,但这并没有妨碍唐鉴成长为一个坚定的宋学捍卫者,湘人李元度曾在《国朝先正事略》中赞其"力崇正学","不为两可调停之说"。① 唐鉴认为,朱子"集诸儒之大成,直接孔孟之统"②,"孔子之德之盛,非朱子不能仰其高深,孔子之道之大,非朱子不能极其分量。……周程之后,集大成者,朱子一人而已"③。当同乡后辈贺熙龄询以文选之学时,唐鉴称文辞不足为学,建议其将精力多放在朱熹的《近思录》和薛瑄的《读书录》上。④ 在唐鉴看来,"圣人之学,格致、诚正、修齐、治平而已,离此者畔道,不及此者远于道者也"⑤,"学圣贤者,未有不由格致、诚正而得者也"⑥。因此,尽管乾嘉诸儒校勘经文,训释文字,有功于经典,但在唐鉴眼中,这些不过是小巧,汉学仍然是宋学的附庸。

　　　今夫经也者,圣人之至文也。圣人之至文,圣人之至道也。圣人之至
　　道,人人之至道也。得人人之至道以求经而经传,经传而圣人之道亦传,
　　孟子之后,传圣人之道以存经者,朱子一人而已矣。其他则大氐解说辞意
　　者也,综核度数者也。乃或以辞意之别于今、度数之合乎古,遂至矜耀以

　　① (清)李元度:《先正事略》,载(清)唐鉴:《唐确慎公集》卷首《传》,《唐鉴集》,岳麓书社 2010 年版,第 7 页。
　　② (清)唐鉴:《唐确慎公集》卷 1《重刊朱子年谱序》,载《唐鉴集》,岳麓书社 2010 年版,第 26 页。
　　③ (清)唐鉴:《唐确慎公集》卷 1《朱子学案目录序》,载《唐鉴集》,岳麓书社 2010 年版,第 16 页。
　　④ (清)贺熙龄:《寒香馆文钞》卷 2《唐镜海四砭斋文存序》,载《贺长龄集　贺熙龄集》,岳麓书社 2010 年版,第 18 页。
　　⑤ (清)唐鉴:《唐确慎公集》卷 1《学案小识序》,载《唐鉴集》,岳麓书社 2010 年版,第 26 页。
　　⑥ (清)唐鉴:《唐确慎公集》卷 1《学案小识序》,载《唐鉴集》,岳麓书社 2010 年版,第 27 页。

为得所未得,而反厌薄夫传圣人之道以存经者,是其所以自处亦太轻矣。秦人有敬其老师而慢其师者,或问之,曰:"老师衣紫,师衣褐。"或曰:"然则非敬其老师也,敬紫也。"今之遵汉经师而诋朱子者,是亦敬紫之类也,又乌足与校哉!①

唐鉴还称汉学家为"俗师",认为俗师"使人趋于鄙、习于陋、局于小、安于卑,智者入于纤巧,能者逞其偏私"②。因此,在送别贺长龄赴任山西学政的文章中,唐鉴提醒这位后辈,"谈经术者,非徒取其援据之博,必融会以出之,而后不失为通儒"③。

道光二十五年(1845 年),唐鉴写成《国朝学案小识》一书,进一步阐释了他捍卫程朱正统、排斥异端(包括王学和汉学)的学术主张。在具体的行文中,唐鉴并不否定部分杰出汉学家考经证史的学术功绩,如盛赞钱大昕称:"研精经史,蔚为著述。于经义之聚讼难决者,皆能剖析源流。文字、音韵、训诂、天算、地理、氏族、金石以及古人爵里、事实年齿了如指掌。古人贤奸是非疑似难明者,典章制度昔人不能明断者,皆有确见。"④但仍然坚持,"大抵考据训诂,可以明典章制度,不可以穷义理。典章制度非全无义理,特其外迹耳,特其末节耳"⑤。也正是由于这个原因,对于部分汉学家征引广博的经学注释作品,唐鉴表示明确反对,他曾批评陈大章《诗传名物辑览》一书征引虽众,但"体近类书,有乖说经之旨"⑥。对于一些汉学家所阐发的与程朱有异的义理

---

① (清)唐鉴:《唐确慎公集》卷1《学案提要》,载《唐鉴集》,岳麓书社2010年版,第32页。
② (清)唐鉴:《唐确慎公集》卷1《续理学正宗序》,载《唐鉴集》,岳麓书社2010年版,第35页。
③ (清)唐鉴:《唐确慎公集》卷2《赠贺藕耕太史提山西学政序》,载《唐鉴集》,岳麓书社2010年版,第53页。
④ (清)唐鉴:《国朝学案小识》卷14《嘉庆钱先生大昕》,载《唐鉴集》,岳麓书社2010年版,第702页。
⑤ (清)唐鉴:《国朝学案小识》卷14《休宁戴先生震》,载《唐鉴集》,岳麓书社2010年版,第706页。
⑥ (清)唐鉴:《国朝学案小识》卷13《黄冈陈先生大章》,载《唐鉴集》,岳麓书社2010年版,第687页。

主张,则更是十分反感,大加挞伐。如批评戴震云:

> 先生故训之学也,而欲讳其不知义理,特著《孟子字义疏证》,乃至诋程朱为老为佛,谓"理为我所本无"。程朱言"性即理也",其视性如人心中有一物,此即老氏之所谓"无",佛氏之所谓"空",稍变之而为此说,孟子无之。然孟子有曰"仁义礼智根于心",先生有意匿之乎,抑并此句而忘之乎! ⋯⋯圣贤工夫,全在明善复性,以不失乎天之所以予我者,而谓"理为我所本无",是何言哉![①]

总体来看,唐鉴对汉学的批评虽然时有激烈言辞,但并没有脱离学术研究的范围,基本上还是延续了传统汉宋之争的路数。

二、世道人心之忧

嘉、道以降,逐渐走上下坡路的清王朝内部矛盾重重,在鸦片战争和太平天国运动的双重打击下,更是陷入了前所未有的危机。在当时湘人对时局的观察和思考中,曾将这些危机的产生归罪于汉学家忽视道德修养、不问世事、脱离现实的研究倾向,并据此对汉学大加挞伐,善化人孙鼎臣的言论颇具代表性。

孙鼎臣(1819—1859 年),字子余,号芝房,湖南善化人。道光二十二年(1842 年)以举人考授内阁中书,道光二十五年(1845 年)中进士,改庶吉士,授编修,曾充贵州乡试考官。咸丰二年(1852 年)擢翰林院侍读,充日讲起居注官,后乞假归湘,担任衡阳石鼓书院山长,不复出。

居京为官的孙鼎臣热心时政,曾在咸丰初年清廷调兵遣将镇压太平天国的军事活动中积极建言。咸丰二年(1852 年)十二月,上《择人团练疏》,建议"同乡京官公保本籍人员办理团练"[②],当清廷将前两广总督琦善从黑龙江戍

---

① （清)唐鉴:《国朝学案小识》卷 14《休宁戴先生震》,载《唐鉴集》,岳麓书社 2010 年版,第 706 页。

② （清)孙鼎臣:《苍筤文初集》卷 1《择人团练疏》,清咸丰刻本。

所开释,并署河南巡抚,派往河南、湖北交界地方布防时,他力言其人不宜复用。翌年,清廷将作战不力的前督师大臣赛尚阿及徐广缙释放出狱,令赴军前自效,孙鼎臣又上疏力陈不可,言"军营少此二人不为乏才,而于朝廷之法纪、四方之观听,所系非轻"①,要求收回成命。此外,孙鼎臣还曾对当时朝野内外由来已久的因循之弊进行过大胆揭露,"当初人情狃于晏安,习尚趋于软美,只知徇情见好,避难就易,莫肯任怨任劳,驯致百务废驰,知其咎无可逭,相率而为欺饰,欺饰既穷,又一变而为抗玩"②。

孙鼎臣师事"姚门四杰"的梅曾亮,继承了桐城派亲近宋学、排击汉学的学术倾向。他认为,宋儒修圣人之教,"明义理而推本之于性命","其言皆天下之公言,圣人之所不易",故"有志于治天下修身齐家者,莫不由之"。在他看来,正是由于宋儒的推阐发明之功,自宋至清六七百年,"天下虽有治有乱,然君臣父子夫妇兄弟之伦,信义礼智仁之教,天下皆知之,凛凛不敢倍,虽否塞晦昧,而其明不息","乱臣贼子,不得明目张胆,快其所欲而无忌。天下虽乱,而旋乱旋定,其祸不至如春秋、战国、六朝、五季之久且酷"。③ 孙鼎臣认为,晚清时期国家之所以内忧外患不断,正是由于学术界趋向汉学、抛弃宋学所导致的人心风俗大坏的结果:

> 天下之祸,始于士大夫学术之变,杨、墨炽而诸侯横,老、庄兴而氐戎入。今之言汉学者,战国之杨、墨也,晋、宋之老、庄也。夫杨、墨、老、庄岂意其后之祸天下若是哉? 圣人忧之,而杨、墨、老、庄不知此其所以为杨、墨、老、庄而卒乱天下也。今夫天下之不可一日而离道,犹人之不可一日而离食,人日食五谷,而不知其旨,凡物之味,皆可以夺之,然而一日厌谷必病,病久谷绝必死。今之言汉学,其人心风俗至如此,后之论天下者,于

---

① 中国第一历史档案馆编:《清政府镇压太平天国档案史料》第7册《孙鼎臣奏请将失律之赛尚阿徐广缙严惩治罪折》,社会科学文献出版社1993年版,第178页。
② (清)孙鼎臣:《苍筤文初集》卷11《论因循之病疏》,清咸丰刻本。
③ (清)孙鼎臣:《畚塘刍论》卷1《论治一》,清咸丰刻本。

谁责而可乎?①

孙鼎臣指责汉学研究者"舍大道而务章句,便辞巧说,碎义逃难,矜人以所不闻,眩人以所不见,天下之病日深,人心之流日下,忧及君父,毒被生灵"②,将"粤寇之乱"的原因归结为汉学的兴盛。这番言论在当时即引发不满,出身宋学的曾国藩在为孙著《刍论》撰写的序言中认为:"曩者良知之说,诚非无蔽,必谓其酿晚明之祸,则少过矣。近者汉学之说,诚非无蔽,必谓其致粤贼之乱,则少过矣。"③

不过在当时的湖南,孙鼎臣的过激看法并非孤例,与他持相似见解的还有彭申甫、左宗棠、阎镇珩等人。彭申甫曾说:"夫训诂之学,宋儒洵为疏漏,自我朝吴县惠氏、高邮王氏、东原戴氏已阐发无遗,后之袭者,非真欲讲明经义也,不过恶宋儒之礼法而乐汉儒之放诞,得以遂其猖狂恣肆,故播迁所及,酿成粤逆叛乱、外夷侵侮之祸。"④左宗棠称:"自乾隆中叶以来,声音训诂校雠之习盛,士竞时局,逐声气,以搏击儒先为能,放言无忌,酿成今日犯上作乱之祸。"⑤阎镇珩则认为清朝康熙、乾隆以前,士习端谨,及至晚清,"遍天下皆游手浮宕之民,由于汉学之以名相高,以利相诱,士始奔走于津要,而荡焉无复廉耻"⑥。

对于这些批评,湖南的汉学研究者们曾有过回应,比如王先谦就认为宋儒之书虽义蕴闳深,但"非必一无舛误,此固待后人补正",而乾嘉儒者"实事求是,使古籍暗而复明,微言绝而复续,有裨学术甚巨,如江河之不废也"。在给

---

①　(清)孙鼎臣:《畚塘刍论》卷1《论治一》,清咸丰刻本。

②　(清)孙鼎臣:《苍筤文初集》卷15《贺先生手札书后》,清咸丰刻本。

③　(清)曾国藩:《孙芝房侍讲刍论序》,载《曾国藩全集》(修订版)第14册《诗文》,岳麓书社2011年版,第207页。

④　(清)彭申甫:《朵园文集》卷2《诗小雅篇次说》,清刻本。

⑤　(清)左宗棠:《马征君遗集序》,载《左宗棠全集》第13册,岳麓书社2009年版,第222页。

⑥　此言为王先谦复阎镇珩书信中引用阎氏的话语,见(清)王先谦:《虚受堂文集》卷14《复阎季蓉书》,载《葵园四种》,岳麓书社1986年版,第295页。

阎镇珩的信中,王先谦称:

> 今之士习日非矣,然所谓奔走津要、荡无廉耻者,岂考据之学导之耶?彼身居津要,能通考据之学者谁邪?又孰肯持一卷汉学书以奔走达官贵人之门也?果有之,仆与足下当心识其人,今茫乎未有闻也。谓考据家以名相高,似矣;谓其以利相诱,则何利之有?谓今天下皆游手浮宕之民,彼为考据学者,终日钻研,目眵发秃,以求没世可称之名,岂游手浮宕所能为功?此不待辨也。①

不过值得注意的是,与宋学家们言辞激烈的批判之语形成鲜明对照的是,在同一时期湖南的汉学研究者中不仅很少看到针对宋学的激烈批判,反而有不少对宋学的肯定之语。王先谦更在江苏学政任上曾倡导诸生读宋儒书,兼采汉宋。叶德辉则认为:"许郑之长,在贯通经义;程朱之长,在敦行践履。持此以治汉宋两学,又何有于门户?"②

三、"汉宋兼采"

晚清时期湖南的汉学研究者中之所以没有出现对宋学的激烈批评,主要原因还在于湖南汉学所走过的是一条与乾嘉时期吴、皖汉学截然不同的发展道路,在其成长过程中吸收了崇奉朱张之学的湖南地域学术传统的养分。

众所周知,清朝初年,学术界曾经对宋明理学进行过相当多的批判,乾嘉汉学正是在此之后成长起来的。但湖南学界却从来没有经历过这样一个对宋学的否定过程,相反,在清初湖南文教事业的重建和学术文化的振兴中,湖南的朱张学统得到了强化。

本书第一章曾经述及,王文清等湖南乾嘉时期的几位汉学研究者,无一不

---

① (清)王先谦:《虚受堂文集》卷14《复阎季蓉书》,载《葵园四种》,岳麓书社1986年版,第296页。

② 叶德辉:《郋园论学书札》,载王逸明主编:《叶德辉集》第1册,学苑出版社2007年版,第331页。

在倡导汉学研究方法的同时尊崇宋学,即使是在吴荣光所创办的湘水校经堂这一汉学研究的专门机构中,也将汉宋兼采作为标榜。因此,湖南汉学研究者对宋学有一种天然的亲近,这一点,是与吴皖汉学大不相同的。王先谦就任江苏学政后,在下车伊始所作之《劝学琐言》中教导诸生,"为学所以明心,所以养心","朱子为道学之宗,其读书一字不放过,宋儒以后理学家书,亦宜博览明辨,既究知学派源流,愈以检摄身心归于定静。朱子《近思录》、刘氏《人谱》二书,言约旨深,尤当时置座右"。他还特别提醒江苏诸生"切勿执汉宋门户之见,强作解人,束书不观,妄生议论"。①

也正是由于对宋学的这一重肯定,王先谦在担任江西乡试正考官时曾言:"圣贤之微言奥理,备于四子书。学者正心修身,推而至于平天下,舍是无由。自朱子集《论语》注,又从《礼记》中摘《大学》《中庸》为章句,配以《孟子》,题曰《四书》。苟无制艺,则其书与诸子等耳。上好刑名,人师申、韩;崇虚无,人讲庄、老;进诗赋,人习潘、谢、曹、马。以制艺取士,《四书》命题,然后斯世尊奉一致,口复心研,不能自已。其智者随所之而入道,鲁者缘习生悟,亦能驯致义理之途。达则穷事变,充器识,为国家纯臣;穷抱遗经,亦不失为乡里好修之士。而科目出身,仕途所重,士虽儿齿宣发,皆思得一第为荣。束天下豪杰于追章琢句之中,以柔其犷悍横逸不驯之气,其为功岂可一二数哉!"②

也正是因为这个原因,与乾嘉时期激烈的汉宋门户之见相比,晚清时期湖南的学者不仅没有激烈地反对宋学的言论,反而对汉宋分派相当反感。罗汝怀曾说,"汉宋之学之争于天下也久矣,以愚蒙观之,实无事之扰也",并认为汉学为博文之事,宋学为约礼之事,"本自判分而不容偏废者也"。③ 王先谦则

---

① (清)王先谦:《劝学琐言》(下),清光绪刻本。
② (清)王先谦:《虚受堂文集》卷2《〈江西乡试录〉前序》,载《葵园四种》,岳麓书社 1986 年版,第 20 页。
③ (清)罗汝怀:《绿漪草堂文集》卷 21《与曾侍郎书》,载《罗汝怀集》,岳麓书社 2013 年版,第 322 页。

说自己素不喜人言宗派,"窃以为立言之道,义各有当而已"①。他甚至主张废除汉学名号,改称考据学。

> 所谓汉学者,考据是也;所谓宋学者,义理是也。今足下之恶汉学者,恶其名也。若谓读书不当从事考据,知非足下所肯出也。去汉学之名,而实之曰考据之学,则足下无所容其恶矣。去宋学之名,而实之曰义理之学,则訾诋理学者无所容其毁矣。此名之为学术累也。然谓二家之学无流弊,则非也。理学之弊,宋、明末流著于载记者,大略可睹。考据之弊,小生曲儒失之穿凿破碎者有之。至谓其为世道人心之忧,以理推之,决无是事。②

而在另一方面,在宋学家们言辞激烈的批驳表象下,实际上也隐藏着对汉学研究方法的吸收。彭申甫就曾在为平江天岳书院所拟之条约中,将"掣经"列为第一条,称"必先辨一字之形声字义,再取一章一节之义理,剖析分明,参考众说而求是"。他甚至说:

> 宗宋儒者绌汉学,宗汉学者诋宋儒,至相敌如水火,其实训诂自汉儒之功,而阐发义理乃宋儒绝学。今以功令尊朱,遂置群经注疏不一寓目。国初诸老欲矫其失,又于宋儒蹈瑕抵隙,攻之不遗余力,此皆矫枉过正之弊。③

左宗棠则撰文表彰邹汉勋早年潜心汉学研究的事迹,言其"居高平山中,穷年兀兀,静对一编,不与世俗接,亦少朋俦。讲习考订之益,心精一缕,独追古初"④。阎镇珩与汉学的渊源则更深,其为顾云臣在湖南学政任上所拔擢,顾氏还曾以博通古今、孤介绝俗,向朝廷推荐阎镇珩,诏授训导。⑤ 此外顾氏还

---

① (清)王先谦:《复萧敬甫》,载《葵园四种》,岳麓书社1986年版,第845页。

② (清)王先谦:《虚受堂文集》卷14《复阎季蓉书》,载《葵园四种》,岳麓书社1986年版,第296页。

③ (清)彭申甫:《朵园文集》卷1《平江天岳书院条约》,清刻本。

④ (清)左宗棠:《邹叔子遗书序》,载《邹叔子遗书七种》,岳麓书社2011年版,第3页。

⑤ 葛虚存:《阎正衡之苦学》,载《清代名人轶事》,会文堂记新书局1931年铅印本,第35页。

引导其从事相关研究，并为阎氏所撰《书张惠言虞氏易礼后》作跋①，而阎镇珩
仿照秦蕙田《五礼通考》所撰写的《六典通考》，更是使用了大量的汉学考据的
方法。张舜徽先生就曾对阎镇珩之学大为赞赏。

　　在这些学者之外，一般晚清湖南士人表达汉宋兼采的言语则更多，道光九
年（1829年）进士，官至陕甘总督的善化人易棠，也曾在一首诗中表达了汉宋
兼采的观点：

> 学问从来只一源，分门别户总成偏。

> 讨论名物宜师古，检摄身心在省愆。

> 汉代典章事孙□，宋家义理日经天。

> 博文约礼尼山训，聚讼纷纷奈后贤。②

曾国藩则将义理、考据、辞章、经济都归入孔门之学，认为分别代表了孔门的德
行之科、文学之科、言语之科和政事之科，"此四者阙一不可"。③ 到了同光年
间，湖南学者调和汉宋的观点则更多，湖南武陵人杨彝珍之子杨琪光就认为，
"后人每左汉学而右汉学，假非诸诂家为先发藻，莫识端倪，倏沿察义蕴何由
即採，是紫阳之能成集注者，赖群儒为启户牖也"④。这说明晚清湘学已经在
一定程度上跳脱出传统的汉宋之争，而出现汉宋的合流。

第二节　今古文经学的汇通与争论

　　与汉宋之争一样，今古文之争也是我国传统学术史上的一个大问题，二家
之间的分歧来源于儒家经典流传过程中的文本差异，由此引发的激烈争论，曾

---

　　① （清）顾云臣：《抱拙斋文集》卷6《跋阎正衡〈书张惠言虞氏易礼后〉》，清光绪二十三年
铅印本，第5页。
　　② （清）易棠：《论学》，载《怡芬书屋续稿》，清同治元年刻本。
　　③ （清）曾国藩：《曾国藩日记》（咸丰元年七月初八日），载《曾国藩全集》（修订本）第16
册（日记之一），岳麓书社2011年版，第236页。
　　④ （清）杨琪光：《博约堂文钞》卷2《四书纬序》，清光绪武陵杨氏刻本。

在西汉后期达到顶峰。东汉末年,学者郑玄遍注群经,会通今古,二家之间的争论才告停歇。乾隆后期,今文经学重新兴盛起来,至嘉道时期,出现了以常州为中心的地方学派。而在湖南,晚清以降,也先后涌现出魏源、王闿运、皮锡瑞等颇富盛名的学者,他们提倡今文经学,认为经学研究应注重阐发"微言大义",但由于其所生活的时代毕竟是清代晚期,不可避免地受到之前学术特别是乾嘉汉学的影响,这些学者不仅涉猎了部分古文经典,而且或多或少地使用了古文经学的研究方法。而王先谦、叶德辉等倾向古文经学的学者,也对今文经典进行了不少的研究工作,这些都使得晚清湖南学界在一定程度上出现了今古文汇通的局面。但是,随着戊戌维新运动的发展,特别是"康学"在湖南的传播,今古文经学的争论掺杂了政治上的分歧,在一定程度上偏离了学术研究的轨道,并趋向激化。

一、晚清湖南的今古文经学

一般认为,晚清湘人中最早研治今文经学的是魏源,他曾和龚自珍一起从刘逢禄学,刘逢禄则与宋翔凤同为庄述祖之甥,而庄述祖又是庄存与的侄子,所以魏源虽为湘人,但所接续的实际上却是常州学派的学统。魏源经学著述颇为丰富,存世著作中,于《诗》,有《诗古微》,于《尚书》,有《书古微》,另有《两汉经师今古文家法考》,正文虽佚,但有序文传世。在学术倾向上,魏源明确主张今文经学,批判古文经学,其《书古微》开篇即称:"《书古微》何为而作也? 所以发明西汉《尚书》今、古文之微言大谊,而辟东汉马、郑古文之凿空无师传也。"①在他看来,古文《尚书》乃东汉"乡壁虚造","东汉杜林、马、郑之古文依托无稽,实先东晋梅传而作伪,不惟背伏生、背孔安国,而又郑背马,马背

---

① (清)魏源:《古微堂外集》卷 1《书古微序》,载《魏源全集》第 13 册,岳麓书社 2011 年版,第 97 页。

贾,无一师传之可信"。① 在此基础上,他进一步指斥古文经学无补于世用,认为其"以诂训音声蔽小学,以名物器服蔽《三礼》,以象数蔽《易》,以鸟兽草木蔽《诗》,毕生治经,无一言益己,无一事可验诸治者乎?"②他同时大力表彰通经致用的今文经学:

> 夫西汉经师,承七十子微言大义,《易》则施、孟、梁丘皆能以占变知来,《书》则大小夏侯、欧阳、倪宽,皆能以《洪范》匡世主,《诗》则申公、辕固生、韩婴、王吉、韦孟、匡衡,皆以"三百五篇"当谏书,《春秋》则董仲舒、隽不疑之决狱,《礼》则鲁诸生、贾谊、韦元成之议制度,而萧望之等皆以《孝经》《论语》保傅辅道,求之东京,未或有闻焉。③

在魏源看来,"自乾隆中叶后,海内士大夫兴汉学,而大江南北尤盛。苏州惠氏、江氏,常州臧氏、孙氏,嘉定钱氏,金坛段氏,高邮王氏,徽州戴氏、程氏,争治诂训音声,瓜剖釽析,视国初昆山、常熟二顾及四明黄南雷、万季野、全谢山诸公,即皆摈为史学非经学,或谓宋学非汉学,锢天下聪明知慧,使尽出于无用之一途"④,是"以诂经为生安之学,而以践履为困勉之学",是"假汉学",⑤只有庄存与所复兴的西汉今文经学才是"真汉学"⑥,故主张"今日复古之要,由训诂、声音以进于东京典章制度,此齐一变至鲁也,由典章、制度以进

　　① (清)魏源:《古微堂外集》卷1《书古微序》,载《魏源全集》第13册,岳麓书社2011年版,第100页。
　　② (清)魏源:《古微堂内集》卷1《默觚·学篇九》,载《魏源全集》第13册,岳麓书社2011年版,第22—23页。
　　③ (清)魏源:《古微堂外集》卷1《两汉经师今古文家法考叙》,载《魏源全集》第13册,岳麓书社2011年版,第122页。
　　④ (清)魏源:《古微堂外集》卷4《武进李申耆先生传》,载《魏源全集》第13册,岳麓书社2011年版,第246页。
　　⑤ (清)魏源:《古微堂外集》卷1《论语孟子类编序》,载《魏源全集》第13册,岳麓书社2011年版,第118页。
　　⑥ (清)魏源:《古微堂外集》卷3《武进庄少宗伯遗书序》,载《魏源全集》第13册,岳麓书社2011年版,第213页。

于西汉微言大义,贯经术、政事、文章于一,此鲁一变至道也"①。他甚至以古文《尚书》中有东晋梅赜所上之伪古文为由,主张废除宋儒蔡沈之《集传》,恢复今文经学在功令中的地位,其云:

夫《毛传》尚可与三家《诗》并存,若伪古文之臆造经、传,上诬三代,下欺千载,今既罪恶贯盈,阅实词服,即当黜之学校,不许以伪经出题考试,不许文章称引,且毁伪《孔传》、伪《孔疏》及蔡沈《集传》,别颁新传、新疏,而后不至于惑世诬民。②

值得注意的是,魏源在对古文经学进行激烈否定的同时,也在一些方面吸收了古文经学的学术观点,使用了古文经学的研究方法。比如他通过考证,认为《毛诗》传授源流不可信,指《毛诗序》非子夏所作,但又认为"夫《毛传》尚可与三家《诗》并存"③。此外,古文经学崇奉周公,视孔子为"述而不作,信而好古"的先师,最重《周礼》,而今文经学则崇敬孔子,认为六经皆孔子所作,视其为托古改制的"素王"。但是,作为一名今文经学家,魏源同时也对周公十分崇敬,他认为五经中《易》《诗》《书》《礼》皆原本于周公,而述定于孔子,除了学校所诵习皆周公经典外,后世朝廷所行之各项制度也多源于周公,"上自坛庙,下及郡国,所行吉、凶、军、宾、嘉五礼,皆周公之制","所用典籍符印文字,皆《周官》保氏六书之体"。魏源认为,周公生活在孔子之前,"创万世礼乐之制,朝野无不遵行,而学校俎豆不及",为一大缺典,于是主张天下学宫增祀周公,"以天下学宫之启圣殿为先圣殿,中供先圣周文公之神位,恭请御书'祖述宪章'四字匾额悬之中央……至于从祀,则其从祀于先师者,即

---

① (清)魏源:《古微堂外集》卷1《两汉经师今古文家法考叙》,载《魏源全集》第13册,岳麓书社2011年版,第123页。

② (清)魏源:《古微堂外集》卷1《书古微例言上》,载《魏源全集》第13册,岳麓书社2011年版,第102页。

③ (清)魏源:《古微堂外集》卷1《书古微例言上》,载《魏源全集》第13册,岳麓书社2011年版,第102页。

从祀于先圣者"。①

魏源之后,湖南学者研治今文经学的知名学者还有王闿运、皮锡瑞二人。与魏源类似,王闿运也宗尚今文经学,与古文经学家以《春秋》为史书的观点不同,王闿运认为"《春秋》非史,不记事,自有义例"②。王闿运之子王代丰曾在为乃父《春秋例表》一书所撰写的序言中,对其相关论说进行了归纳:

> 春秋之失,乱其治民也。属辞比事而不乱,则深于《春秋》,大哉!圣人之作乎!《五经》皆以致治,《春秋》独以拨乱,故三王没而仲尼穷,《五经》变而《春秋》作,宪章文、武,祖述尧、舜,唯其辞而已。是以上律天时,下袭水土。水土以缵禹功,于是有外内之词,天时以奉明威,于是有时月日之科,进退褒贬,生死存亡,专在三科治之。③

王闿运的今文经学还随着其讲学活动,传播到湖南以外的地区。光绪五年(1879 年),应四川总督丁宝桢之邀,王闿运到成都尊经书院担任主讲。尊经书院于光绪元年(1875 年)为时任四川学政张之洞所创立,起初以古文经学为重。张之洞曾教导院生,"经学必先求诸《学海堂经解》,小学必先求诸段注《说文》,史学必先求诸三史,总计一切学问必先求诸《四库提要》。以此为主,以余为辅,不由此入,必无所得"④,这显然是乾嘉时期汉学家们的治学方法。王闿运到院后,改讲今文经学,主张"先通文理,乃后说经,经文通而经通,章句之学通,然后可以言训诂义理"⑤。此论一出,大受欢迎,书院诸生均改弦更张,研治起了今文经学。王闿运认为"章句传经,谓之书匠;词赋供御,等于俳

---

① (清)魏源:《古微堂外集》卷 1《学校应增祀先圣周公议》,载《魏源全集》第 13 册,岳麓书社 2011 年版,第 126 页。

② 王代功:《湘绮府君年谱》,民国八年刻本。

③ (清)王闿运:《文集》卷 3《代丰春秋例表叙》,载《湘绮楼诗文集》第 1 册,岳麓书社 2008 年版,第 70 页。

④ (清)张之洞:《创建尊经书院记》,载《张之洞诗文集》(增订本)(上),上海古籍出版社 2015 年版,第 239 页。

⑤ 王代功:《湘绮府君年谱》,民国八年刻本。

优"①,鼓励生徒通过研究发掘经文中的微言大义,王闿运在四川讲学前后五年,对今文经学在四川的传播影响很大。近代著名学者廖平就是此一时期就读于尊经书院,他曾说自己"庚辰以后,厌弃破碎,专事大义,以视考据诸书,则又以为糟粕而无精华,枝叶而非根本"②,在王闿运的影响下,廖平走上了研治今文经学的学术道路,并最终成为清末著名的今文经学大师。

王闿运虽然主张今文,但也不排斥古文。他的《周官笺》六卷,是以古文经典为研究对象的专门著作。《毛诗补笺》二十卷在文本的选择上,兼重古文的《毛诗》与今文的三家《诗》。③《〈小戎篇〉车制器饰考》则对《诗经·秦风·小戎》进行了细致的考证。光绪十九年(1893年),有桂阳刘生者问《月令注》,王闿运发现"今古文说五藏配五行,今文于冬无说自圆,当从古文",意识到自己"前注错谬,亟改正之"。④

与王闿运同时的学者皮锡瑞也主张今文经学,他崇敬西汉传承今文《尚书》的学者伏生,并由此将自己的书房命名为"师伏堂"。皮锡瑞主张《易》《礼》为孔子作,认为五经经过孔子整理后,包含特有的"微言大义",始成为经。他曾说,"讲汉学者,要精通微言大义,方有实用,支离破碎、不成片段者无用"⑤。在南昌经训书院讲学期间,皮锡瑞"以西京微言大义教,诏学者说经当守家法,词章必宗家教,一时高才隽秀,咸集其门",使"故宗宋学,偏重性理,或流禅释"的江西,一时间学风大变。⑥

不过皮锡瑞也没有完全抛弃古文经学,在其所进行的今文经学研究中,他十分擅长使用乾嘉学者的考据方法,认为"小学自是古学门户"⑦,并且对常州

---

① (清)王闿运:《王志》卷1,载《湘绮楼诗文集》第2册,岳麓书社2008年版,第15页。
② 黄开国:《廖平评传》,百花洲文艺出版社1996年版,第30页。
③ 刘少虎:《经学以自治——王闿运春秋学思想研究》,华夏出版社2007年版,第76页。
④ (清)王闿运著,马积高主编:《湘绮楼日记》,岳麓书社1997年版,第1851—1852页。
⑤ (清)皮锡瑞:《皮鹿门学长南学会第二次讲义》,载《湘报》第6号,中华书局2006年版,第43页。
⑥ 皮名举:《皮鹿门先生传略》,《国学季刊》1935年第2期。
⑦ (清)皮锡瑞:《皮锡瑞日记》,载《皮锡瑞全集》第9册,中华书局2015年版,第329页。

学者改易经字、移窜经文的做法十分不满,称其为"经学之蟊贼"①。他曾批评魏源的《尚书》学研究,认为其"笔力横恣,考证尚未详塙"②,又说《书古微》"颇多武断,将《召诰》《洛诰》篇文任意颠倒,蹈宋人改经陋习,又引《书序》力辨周公无称王事,皆宋人唾余,予意甚不然之"③,强烈反对在研究中改经以就己说。这样的研究态度,使得虽同是倾向于今文经学,他的研究"持论平允,没有康有为那样武断,也没有廖平那样怪诞"④。杨树达先生曾盛赞皮锡瑞"经术湛深,治学严谨,同时乡里学人,王先谦不逮其精深,王闿运输其严谨,在近代湘土中,最为杰出"⑤。

而在另一方面,晚清湖南的汉学家们也对今文经学进行了不少研究工作。比如王先谦就曾撰写《诗三家义集疏》,维护三家《诗》说,认为"毛《传》巨谬,在伪造周召二南新说,羼入《大序》之中,及分邶鄘卫为三国"⑥。叶德辉也曾对皮锡瑞的今文经学著作赞不绝口,并劝其先刊。⑦ 这些都提示今人,晚清时期,湖南地方学术经学中的今古文之间的藩篱原本并不十分明显,相反还存在着一定的汇通。

二、"康学"在湖南的传播

所谓"康学",指的是"'康党'成员所信奉的康有为的学术政治思想体系,即由《新学伪经考》《孔子改制考》等著述所阐发的公羊学术与改制理论"⑧。清朝末期,伴随着救亡图存,特别是维新运动在湖南的开展,在梁启超、徐仁铸

---

① (清)皮锡瑞:《皮锡瑞日记》,载《皮锡瑞全集》第9册,中华书局2015年版,第175页。

② (清)皮锡瑞:《皮锡瑞日记》,载《皮锡瑞全集》第9册,中华书局2015年版,第72页。

③ (清)皮锡瑞:《皮锡瑞日记》,载《皮锡瑞全集》第9册,中华书局2015年版,第61页。

④ 周予同著,朱维铮编:《周予同经学史论著选集》(增订版),上海人民出版社1983年版,第99页。

⑤ 杨树达:《〈经训书院自课文〉提要》,载湖南文献委员会编:《湖南文献汇编》第2辑,湖南人民出版社2008年版,第116页。

⑥ (清)王先谦:《诗三家义集疏·序例》,中华书局1987年版,第17页。

⑦ (清)皮锡瑞:《皮锡瑞日记》,载《皮锡瑞全集》第9册,中华书局2015年版,第347页。

⑧ 贾小叶:《戊戌时期学术政治纷争研究——以"康党"为视角》,社会科学文献出版社2017年版,第4页。

等寓湘士人的积极推动下,在谭嗣同、唐才常、熊希龄等湘籍士人的鼎力传播下,"康学"在湖南大行其道,这引发了以王先谦、叶德辉等为代表的学者们的警觉和不满,他们在攻击维新派的同时,也著书立说,对作为"康学"核心的今文经学,特别是其中的"素王改制"等学说大加挞伐,湖南地方学术中原先不甚显著的今古文之争逐渐激化。①

作为康有为最重要的学术著作之一,《新学伪经考》于光绪十七年(1891年)刊行于广州万木草堂,在这本书中,康有为继承并发展了清中叶以来复兴之今文经学对古文经学的批判,并对流传于世的古文经学典籍进行了彻底的否定。他认为,二千余年来传承至清的儒家经典,大部分不是孔子的本经,而是刘歆为了帮助王莽篡夺汉朝政权所编造出来的"伪经"。"始作伪乱圣制者自刘歆,布行伪经篡孔统者成于郑玄"②,甚至连历代出土之钟鼎彝器都是刘歆私铸埋藏以欺骗后世的。在他的考证下,"凡后世所指目为'汉学'者,皆贾、马、许、郑之学,乃'新学',非'汉学'也;即宋人所尊述之经,乃多伪经,非孔子之经也"③。康有为更进一步陈述:

> 阅二千年岁月日时之绵暖,聚百千万亿衿缨之问学,统二十朝王者礼乐制度之崇严,咸奉伪经为圣法,诵读尊信,奉持施行。违者以非圣无法论,亦无一人敢违者,亦无一人敢疑者。于是夺孔子之经以与周公,而抑孔子为传。于是扫孔子改制之圣法,而目为断烂朝报。六经颠倒,乱于非种;圣制埋瘗,沦于雾雾;天地反常,日月变色。④

这些读来颇觉酣畅淋漓的文字,其考证过程却经不起严格推敲。曾为康有为

---

① 关于这一问题,前辈学者已有所注目,如罗志田先生曾对戊戌湖南新旧争辩的学理层面进行过分析,不过他所关注的重点在朱一新与康有为的争辩,对于发生在湖南本土学人之间的争论较少留意。(参见罗志田:《思想观念与社会角色的错位:王先谦、叶德辉与戊戌前后湖南的新旧之争》,载《道出于二:过渡时代的新旧之争》,北京师范大学出版社2014年版。)

② 康有为:《新学伪经考》,吉林出版社2017年版,第2页。

③ 康有为:《新学伪经考》,吉林出版社2017年版,第3页。

④ 康有为:《新学伪经考》,吉林出版社2017年版,第2页。

大弟子的梁启超后来也承认，书中不少论证"往往不惜抹杀证据或曲解证据，以犯科学家之大忌，此其所短也"①。民国年间，钱穆先生仿王国维《太史公行年考》，撰写《刘向歆父子年谱》一书，列举刘氏父子事迹及新莽朝政，证明刘歆并未窜改群经，《周官》《左传》二书皆为先秦旧籍，认为《新学伪经考》不可通者有二十八端。

尽管存在种种问题，但康著在当时确以其新奇见解得到了人们的注意。一般认为，浙籍学者朱一新是当时第一个对康有为激进思想作出系统回应的学者，而湖南人直到甲午之战两年后的光绪二十二年（1896年），才由北上游学的谭嗣同第一次接触到康学。事实上，在甲午中日宣战之前，湖南士人中就已有看过此书者，光绪二十年（1894年）四月十一日，在北京参加会试的皮锡瑞从朋友处读到了该书，他在当天的日记中写道："其说皆从今文以辟古文，所见颇与予合，而武断太过，谓《周礼》等书皆刘歆所作，恐刘歆无此大本领；既信《史记》，又以《史记》为刘歆私窜，更不可据。"②

尽管在皮锡瑞这位治学较为严谨的学者看来，康有为的学术观点存在着不小的破绽，但对于经历了甲午一役剧创刺激，正在急迫地寻找国弱民穷之根源和富国强兵之良方的湖南人来说，却不啻为一针猛剂。谭嗣同于光绪二十二年（1896年）初北游京师期间结交了康门弟子梁启超③，从此对康学大为钦佩，"以为扫除乾、嘉以来愚谬之士习，厥功伟；而发明二千年幽菑之经学，其德宏"，"由是心仪其人，不能自释"。④ 受谭嗣同影响，唐才常的思想也趋近于康学。如果说此时的康学还只是在部分湖南学人组成的群体中流传，那么，陈宝箴在湖南推行新政，创办时务学堂，邀请梁启超入湘讲学，则为其在湖南的广泛传播提供了难得的机会。

① 梁启超：《清代学术概论》，复旦大学出版社1985年版，第64页。
② （清）皮锡瑞：《皮锡瑞日记》，载《皮锡瑞全集》第9册，中华书局2015年版，第272页。
③ 贾小叶：《戊戌时期学术政治纷争研究——以"康党"为视角》，社会科学文献出版社2017年版，第61页。
④ （清）谭嗣同：《谭嗣同全集》下册，中华书局1981年版，第445页。

光绪二十三年(1897年),梁启超应邀到长沙担任时务学堂中文总教习,另两个被聘为分教习的韩文举和叶觉迈也是康有为的弟子,次年梁启超离开长沙后,康有为的另一个弟子欧榘甲成为中文分教习,时务学堂由是成为康门弟子传播乃师学说的重要阵地。

梁启超自称是戊戌年间"对于'今文学派'为猛烈的宣传运动者"①。入湘之前,他就与康有为拟定了《湖南时务学堂学约》和《时务学堂功课详细章程》。到长沙之后,梁启超"每日在讲堂四小时,夜则批答诸生札记,每条或至千言,往往彻夜不寐。所言皆当时一派之民权论,又多言清代故实,胪举失政,盛倡革命"②。据曾在该学堂就读的唐才常之弟唐才质回忆,当时"时务学堂课程以《孟子》《公羊》为主,兼亦宣讲孔子改制之说,旨在为中国改良政治创造条件"③。

除了康门弟子的学堂讲授,湖南本地官员、学者对康学在湖南的传播也起到了推波助澜的作用。接替江标担任湖南学政的徐仁铸甫一到任,即仿照张之洞在四川学政任上所作之《𬨎轩语》,作《𬨎轩今语》,宣扬"经学本以通其微言大义,达于政事为主,不必沾沾于章句训诂之间,此西汉经学所以为美也",认为"微言大义之学中绝已久矣,故今日必将西汉以前之经学发扬光大之,则六经之传、孔子之教,庶可以不坠也",④故主张研究经学宜先通《春秋》公羊学。徐仁铸还颁发训示,强调:

> 经典之作,皆一代之政书。是故汉儒经术兼通史事,《公羊》断狱,《禹贡》治河,康成注《礼》笺《诗》,或证以当时之制,或寓夫慨世之说,不得谓经义中遂无治事也。居今日而治经,宜先昌其微言大义,融会贯通,厘然有得……至于罗络训诂,爬剔虫鱼,坚树同异之门,力张主奴之见,无

---

① 梁启超:《清代学术概论》,复旦大学出版社1985年版,第68页。
② 梁启超:《清代学术概论》,复旦大学出版社1985年版,第69页。
③ 唐才质:《湖南时务学堂略志》,载《湖南文史资料选辑》1961年第2辑。
④ (清)徐仁铸:《𬨎轩今语(节选)》,载任访秋主编:《中国近代文学大系(1840—1919)》第3集,上海书店出版社1992年版,第509页。

关宏旨,抑有不暇者存乎。①

以致王先谦曾在信中评论:

> 阁下主持康教,宗风所扇,使承学之士望景知归,此次敝郡岁试,弟之亲友以南海圣人获隽者不下十人,以南海先生入选者则指不胜屈。②

同样倾心于今文经学的皮锡瑞此时也十分活跃,在南学会的 13 次讲学活动中,他连续讲学 12 次,"为讲学次数最多之人,也是准备最为精心、收效最为显著之人"③。其中,论证素王改制以申明维新变法是其讲学的重要内容。"必先言孔子改制,以为大圣人有此微言大义,然后能持其说……既言变法,不能不举公羊改制之义"④。虽然皮锡瑞由于学有根柢,其所阐发的言论注重考证,与康有为等武断的议论大不相同,使得其所阐发的见解能够在更深层次上为时人所接受,⑤但也正是皮氏这些言之有据的分析,在客观上促进了康有为之学在湖南的传播。

梁启超等人在时务学堂里传播的民权、改革等思想主张,起初并不为外界所知。光绪二十三年(1897 年)旧历年底,原本住校学习的学生放假回家,所记札记及教师的批语乃流传出来,立刻引发了以王先谦、叶德辉为代表的士绅们的激烈反对,在湖南掀起轩然大波。

第一个公开向时务学堂发难的是当时正在岳麓书院就读学生的宾凤阳,他在写给时任岳麓书院山长的王先谦的信中说:"窃我省民风素朴,自去夏以前,固一安静世界也。自黄公度视察来,而有主张民权之说;自徐砚夫学使到,

---

① (清)徐仁铸:《督学使者徐颁发湘士戒条》,载《湘报》第 5 号,光绪二十四年二月十九日。

② (清)王先谦:《王祭酒与徐学使书》,收入苏舆编:《翼教丛编》,上海书店出版社 2002 年版,第 163—164 页。

③ 吴仰湘:《皮锡瑞南学会讲学内容述论》,《江西社会科学》2002 年第 5 期。

④ (清)皮锡瑞:《皮鹿门学长南学会第五次讲义》,《湘报》第 25 号。

⑤ 曾经现场聆听皮锡瑞讲学的杨树达先生后来回忆:"光绪戊戌,余尝于南学会获闻先生演讲,先生称引传记,暗诵如流,听者莫不惊倒。"(杨树达:《积微居小学金石论丛》卷 5《皮鹿门先生师伏堂笔记序》,上海古籍出版社 2013 年版,第 257 页。)

而多崇奉康学之人；自熊秉三庶常邀请梁启超主讲时务学堂，以康有为之弟子大畅师说，而党与翕张，根基盘固，我省民心顿为一变。"①

王先谦此前已经接到由叶德辉送来的时务学堂教习评语，认为梁启超等"志在谋逆"，加之又阅读了宾凤阳的来信，乃联合叶德辉、张祖同、黄自元等10人，领衔向巡抚陈宝箴上《湘绅公呈》。对时务学堂所讲授的平等、平权之说大加挞伐，认为损坏纲常，大逆不道：

> 为政先定民志，立学首正人心。损益乃百世可知，纲常实千古不易。湘省风气醇朴，人怀忠义，惟见闻稍陋，学愧兼通。上年开设时务学堂，奉为当务之急，凡眉士民，无不闻风兴起。乃中学教习广东举人梁启超承其师康有为之学，倡为平等平权之说，转相授受。梁启超及分教习广东韩、叶诸人，自命西学通人，实皆康门谬种，而谭嗣同、唐才常、樊锥、易鼐辈，为之乘风扬波，肆其簧鼓。学子胸无主宰，不知其阴行邪说，反以为时务实然，丧其本真，争相趋附，语言悖乱，有如中狂。始自会城，浸及旁郡，虽以谨厚如皮锡瑞，亦被煽惑。形之论说，重遭诟病，而住堂年幼生徒，亲承提命，朝夕濡染，受害更不待言。是聚无数聪颖子弟，迫使斫其天性，效彼狂谈。他日年长学成，不复知忠孝节义为何事，此湘人之不幸，抑非特湘省之不幸矣！②

要求驱逐梁启超等人，重新为时务学堂聘请教习。

《湘绅公呈》一上，立刻引来了维新派的反击，三天后，熊希龄联合黄膺等人，写了一封《整顿通省书院禀稿》给巡抚陈宝箴，指斥"通省书院积弊太深"，认为整顿的核心不在于驱逐时务学堂总教习，而在于改革书院山长，这实际上是将批判的锋芒对准了作为岳麓书院山长的王先谦，维新派甚至激愤地表示，

---

① （清）苏舆编：《翼教丛编》卷5《宾凤阳等上王益吾院长书》，载《苏舆集》，湖南人民出版社2008年版，第163—164页。

② （清）苏舆编：《翼教丛编》卷5《湘绅公呈》，载《苏舆集》，湖南人民出版社2008年版，第169—170页。

要与王先谦等人"以性命从事,杀身成仁"。① 面对维新派的反击,在王先谦的联络下,次月,湖南省城长沙岳麓、城南、求忠三大书院的山长联合起来,拟定《湘省学约》,提出正心术、核名实、尊圣教、辟异端、务实学、辨文体、端士习七条,要求驱逐康梁异说,恢复湖南传统学术。由于当时康有为在光绪皇帝的支持下主持维新变法改革,故王先谦、叶德辉等人此番对湖南时务学堂的攻击一度曾有性命之虞,不过二人皆十分决绝,大有杀身成仁的勇气。叶德辉说:"康有为之徒,至欲举天下之学问一扫而空,肆其言佛、言天之毒……鄙人一日在湘,一日必拒之,赴汤蹈火,有所不顾。"②王先谦面对学政徐仁铸的追责,也表示:"学术非可强同,何况名教纲常之大,岂容稍有假借? 弟在讲席一日,必竭一日维持之力,雷霆斧钺,所不敢避。如宗师必查究倡议主笔之人,即坐罪弟一人可也。"③最终,这番围绕湖南时务学堂的争论随着戊戌变法的迅速失败,以王先谦、叶德辉等人胜利而告终。

三、新旧之争与学术之争

一般认为,王先谦、叶德辉等人之所以极力攻击时务学堂,是因为反对其中所宣传的平等、民权等进步的现代政治观念,是逆历史潮流而动的守旧之举。实事求是地讲,这一论断看到了当时湖南新旧之争的一个方面,并不全面。王、叶等人之所以不避雷霆之诛,竭力与当时受到最高统治者——光绪皇帝支持的维新派论战到底,固然是由于维新派在时务学堂所宣传的平等、民权思想已经威胁到了清王朝专制统治的稳固,并且在王先谦等人所撰写的多篇攻击时务学堂的文章中,也多将此列为维新派的主要罪状,但更重要的是,无

---

① 熊希龄:《上陈中丞书》,载《湘报》第 112 号。
② (清)苏舆编:《翼教丛编》卷 6《叶吏部答友人书》,载《苏舆集》,湖南人民出版社 2008 年版,第 200 页。
③ (清)苏舆编:《翼教丛编》卷 6《王祭酒复洪教谕书》,载《苏舆集》,湖南人民出版社 2008 年版,第 183 页。

论是叶德辉还是王先谦,他们对在湖南流行的变了味的今文经学对中华传统文化所可能造成的严重后果,始终抱有警惕。

湖南汉学家原本对今文经学并不完全排斥,王先谦、叶德辉与皮锡瑞之间都曾保持着相当不错的私人关系,王先谦纂辑《释名疏证补》时,曾请皮锡瑞帮助收集资料,皮曾录得数十条付之,王"大称赞,拟刻入"①,后又曾亲向皮锡瑞言"将刊其补注《释名》"②。听闻王先谦有《三家诗义集疏》之作,皮锡瑞也主动将其《〈商颂〉美宋襄公考证》一文寄之。③ 王先谦还向皮锡瑞盛赞叶德辉,言其"校刊、小学甚精"④。与叶德辉交谈后,皮锡瑞在日记中写下了"其人藏书甚富,所见甚博,论学当守门户,不甚以二王为然,与予所见相同"⑤的文字。所以,晚清湖南汉学研究者所极力反对的,并不是今文经学这一学术形态,也不完全是平等、自由等西方政治理念,而是康、梁等人借宣传今文经学,特别是《春秋》公羊学之改制思想而对传统学术摧毁式的打击,叶德辉曾说:

> 康门之士,每欲举一切旧学之书,大声疾呼而废之,于是人不知有古书,惟知有康学。将来外人用事,尊南海如巨子,奉时务为前驱,此其处心积虑,视始皇坑儒愚黔首之智,尤为过之。无怪其徒日日欲为始皇呼冤,人人欲学李斯焚书也。学术之坏如此,时事尚可言乎!⑥

尽管叶德辉此言多少有些过激,但当时湖南学界由于维新派的宣传,已经在相当程度上对传统旧学产生了厌弃倾向,则当属事实。徐仁铸曾在《輶轩今语》中公开鼓励士子丢弃考据训诂等传统汉学,专心一志,肆力于微言大义之学:

> 国朝诸先生咸以小学为六经之锁钥,谓不得锁钥,则无从启户而入堂

---

① (清)皮锡瑞:《皮锡瑞日记》,载《皮锡瑞全集》第9册,中华书局2015年版,第68页。
② (清)皮锡瑞:《皮锡瑞日记》,载《皮锡瑞全集》第9册,中华书局2015年版,第132页。
③ (清)皮锡瑞:《皮锡瑞日记》,载《皮锡瑞全集》第9册,中华书局2015年版,第162页。
④ (清)皮锡瑞:《皮锡瑞日记》,载《皮锡瑞全集》第9册,中华书局2015年版,第207页。
⑤ (清)皮锡瑞:《皮锡瑞日记》,载《皮锡瑞全集》第9册,中华书局2015年版,第208页。
⑥ (清)苏舆编:《翼教丛编》卷4《叶吏部〈輶轩今语〉评》,载胡如虹编:《苏舆集》,湖南人民出版社2008年版,第91页。

奥也。然终身持锁钥而不启户,不入堂奥,则长为门外汉而已。诸先生断断考订,譬之舌人译通今古,于经学不为无功。然历祀数百,此学既已大明,彼作室而我居之,彼制器而我用之,士生今日,宜专心一志,肆力于微言大义、经世致用之经学,不必仍向此间讨生活矣。①

也正是由于这一主张,使得在王先谦、叶德辉等汉学家看来,当时维新派在湖南所讲授传播的,已经不是一种今文经学这一学术形态,而是企图颠覆一切中国传统学术的异端。叶德辉曾说,"今之公羊学,又非汉之公羊学也。汉之公羊学尊汉,今之公羊学尊夷"②,认为维新派"非欲人读《公羊》,乃欲人读《春秋公法学》耳"③。叶德辉更进一步分析道:

> 大抵《公羊》之学便于空疏,沈文起所谓'书短而易习,义浅而易推'者,两汉《公羊》大师均不能出此评论。近世所谓'微言大义'之说者,亦正坐蹈斯病。家无藏书,而欲使海内学人同安于固陋,生已盗名,而欲使天下后世共趋于欺罔,一人唱,百人和,聪颖之士既喜其说之新奇,尤喜其学之简易,以至举国若狂,不可收拾。蚁孔溃河,溜穴倾山,能毋惧欤?④

正如罗志田先生所言,湖南所谓旧派并不甚反对引进真西学,他们反康主要是反其搅乱了中学,造成西学未得而中学先亡的后果⑤。

小　结

从第一次鸦片战争到清帝逊位的七十年,既是中华民族内忧外患日益深

① (清)徐仁铸:《輶轩今语(节选)》,载任访秋主编:《中国近代文学大系(1840—1919)》第3集,上海书店出版社1992年版,第509页。

② (清)苏舆编:《翼教丛编》卷6《叶吏部与石醉六书》,载胡如虹编:《苏舆集》,湖南人民出版社2008年版,第185页。

③ (清)苏舆编:《翼教丛编》卷4《叶吏部〈輶轩今语〉评》,载胡如虹编:《苏舆集》,湖南人民出版社2008年版,第87页。

④ (清)苏舆编:《翼教丛编》卷6《叶吏部与石醉六书》,载胡如虹编:《苏舆集》,湖南人民出版社2008年版,第185页。

⑤ 罗志田:《权势转移:近代中国的思想、社会与学术》,湖北人民出版社1999年版,第144页。

重、救亡图存之活动逐渐高涨的七十年,也是传统学术文化领域剧烈变动、高潮迭起的七十年。在湖南,逐渐兴盛的汉学研究在发展的过程中,受到了宋学和今文经学的双重挑战,在这一过程中,晚清湖南汉学吸纳了宋学的部分内容,使得汉学研究在湖南呈现出较为明显的汉宋兼采的地方特色,并对今文经学中的过激言论进行了批判,赋予清朝末年湖南汉学研究以鲜明的守旧卫道的地方特点。

第五章　学问与事功之间：晚清湖湘汉学家与晚清社会

　　"读书耻作老博士,击剑快呼游侠儿"①。湖南长沙人,清季重臣张百熙之兄张祖同曾在一首诗中这样描述自己少年时的功业志向。而比他稍早一些的湘人李元度则对朱陆之争与河津、姚江之别写下了这样的看法:"顾道学有真伪,真者为圣为贤,伪者空谈心性,试以事功而辄诎,甚或随声附和,争朱、陆之异同,辨河津、姚江之得失,其实了无心得,诚不若建功立名之不可以伪为也。"②这些都表明,在学问与事功的选择上,不少湘人倾向于忽视复杂的学理思辨,选择效果更加显著的经世践履。

　　而在湖南汉学家当中,晚清时期,由于国家民族危机的日益深重,也出现了不少关心时事、积极投身地方社会建设的"经世者"。他们游走于学问与事功的两端,在各自书斋中埋头著述的同时,也积极陈言,热心参与地方社会建设,从不同角度投身于这场"三千年未有之变局"中。以传统学术史为分析对象的科学研究,不仅要探索学术本身发展演变的具体情况,更要揭示出时代背景下学人与社会之间的互动关系。本章即以晚清湖南汉学家的经世活动为研究对象,以期在此基础上更全面、深入地分析晚清湖湘汉学。

---

　　①　(清)张祖同:《湘雨楼诗》卷2《答黄生》,民国刻本。
　　②　(清)李元度:《天岳山馆文钞》卷31《送陈观察右铭之任河北序》,载《天岳山馆文钞诗存》,岳麓书社2009年版,第647页。

第一节　积极参政的学者群体

尽管汉学研究专注于经籍本身,容易导致与实际生活疏离的结果,但在晚清湖南,汉学研究者们从来都不满足于仅仅成为一个训章诂句的经师。居庙堂之高,他们不畏权贵,积极封章言事;处江湖之远,他们不计位卑,仍然忧心国家。无论身处何地,总是盼望能用自己的一份力量为国出力,挽救危亡。

一、不畏权贵,勇于言事

> 珠旭曈昽敞紫闾,乾清西绕月华门。
>
> 千官列仗星辰肃,三殿宣词雨露温。
>
> 丹檄捷传河北郡,黄缰恩赐国东藩。
>
> 即时董贾陈封事,独切心肝奉至尊。

这是时任翰林院侍读的湖南人周寿昌在参加完一次养心殿早朝后写下的诗句,在最后一句的末尾,他还加上了一行小注:"是日同乡黄黼卿光少与某,各条陈时事。"①黄黼卿即黄兆麟,湖南善化人,道光二十年(1840年)进士,曾任光禄寺少卿。在咸丰初年的政治舞台上,黄兆麟、周寿昌都曾以敢言著称。黄兆麟曾指陈最高统治者在处理赛尚阿、徐广缙问题上的不当,认为"自古国家之所以驱策将士者,唯此信赏必罚之权耳",而咸丰帝将其二人革职后分别发往直隶、河南委用,将使人以为"办理乖误,仍可邀恩自效",令"南北诸军将弁之心尽行松懈"。②周寿昌则在稍早前弹劾赛尚阿尾随太平军,逗留不战,并条陈"剿贼"事宜八则,内有"皇上不惜千万帑藏,拯民水火,而诸臣忍心老

---

① (清)周寿昌:《思益堂诗钞》卷2《五月十六日养心殿早朝恭纪》,载《周寿昌集》,岳麓书社2011年版,第39页。

② 中国第一历史档案馆编:《清政府镇压太平天国档案史料》第7册《光禄寺少卿黄兆麟奏陈失律之员赛尚阿、徐广缙不宜重新差遣请收回成命折》,社会科学文献出版社1993年版,第177—178页。

师糜饷,坐失事机"等语,一时服其敢言。①

虽然同以直声闻名,但周寿昌比同乡黄㴞卿还多了一重身份,即他同时还是一个潜心学问的汉学家。周寿昌幼承家学,早年在父亲与叔父的指导下研读史部典籍,道光七年(1827年)始读《汉书》,前后用功55年,著成《汉书注校补》五十卷,②其他著述还有《后汉书注补正》《三国志注证遗》《思益堂日札》等多种。尽管在今人的知识视野中,周寿昌更多是以一个史籍考证家的面目出现,但在历史发生的最初时刻,他本人却更向往成为一个对国家民族有实际作用的栋梁之材。

道光二十五年(1845年),时年31岁的周寿昌考中进士,改庶吉士,三年后散馆为编修,咸丰二年(1852年)大考二等,擢侍讲,转侍读,充日讲起居注官。初入中年的周寿昌虽不是言官,但却很敢说话。除了前面曾经述及的弹劾赛尚阿之外,咸丰三年(1853年)兼办京畿防务后,他还曾就京师防守的情况表达过看法,开篇即称"臣闻有备则无患,未闻恃其无患而可以不备者也,更未闻患在百余里之近,一昼夜之间,而可恃为无患者也"③,并对京师"以画诺为办公,以讯鞠为军务,以废弛为镇静,以推诿为商量"的防务办理情况进行了大胆揭露。他激愤地说:

夫人莫不有具有血诚,今日不效于君上忧劳之时,更有何时可效? 不竭于国事艰难之时,更有何时能竭? 乃内外务为蒙蔽,无肯实言以上达天听,无肯实心以力任国事者,即至所遣探报营员,亦皆效为粉饰,外间事涉忌讳,即不肯实在报闻,锢习相沿,莫之能破。此臣愚所尤目击而心伤者也。

在这篇奏折的最后,周寿昌更不无动情地说:

臣明知苾言招忌,然感恩图报,但求臣言万一得行,国事万一有济,即

① 王锺翰点校:《清史列传》卷73《周寿昌传》,中华书局1987年版,第6059页。
② (清)周寿昌:《汉书注校补》卷首《自序》,清光绪十年思益堂刻本。
③ 中国第一历史档案馆编:《清政府镇压太平天国档案史料》第11册《周寿昌奏陈京师防守空虚可虑折》,社会科学文献出版社1994年版,第406页。

捐糜顶齿踵,亦所甘心。①

除了奏疏中的激烈言辞,在具体事务的办理过程中,周寿昌也不畏权贵,敢于作为。据说其时"贼氛愈近,门禁愈严,有乡愚十七人入城,为防卒侦获,当事拟以贼谍论,寿昌廉得实,趣令释,或恐忤长官意。寿昌曰:'我岂以十七人命阿附权贵哉?'卒释之"②。

咸丰五年(1855 年)五月,太平军逼近湖南永州,在北京任职的周寿昌时刻关注着家乡的局势,他曾请求朝廷命令候补知府王葆生、候补县丞周金城移兵驻扎永州,以固湖南边圉,又另片奏湖南安福县知县薛湘纵容门丁骆福,勒索捐输解费,加收耗羡,请求调查。这些陈奏引起了最高统治者的注意,在给时任湖南巡抚骆秉章的谕旨中,咸丰帝首先肯定了周寿昌的看法:"永州府为湖南省西南门户,其界连广西富川、恭城等县,贼匪众多,自应实力堵剿。"接着又指出,湖南"界连广东、湖北等处,逼近贼氛,堵御均关紧要。王葆生等练勇得力,似未便专注一隅,以致别处空虚",于是命令骆秉章将王葆生等"是否移屯永州之处",体察情形,妥为办理。对于周另片所奏安福县一事,咸丰帝则令骆秉章严密查访。两个月后,骆秉章在奏折中对周寿昌所奏之事进行了回复,说明了王葆生所带之勇(南勇)之所以未能调赴永州的实际情况,并报告永州一带已陆续派王鑫、刘长佑所带湘勇、楚勇及候补参将周云耀所练之勇,合计已近五千名。至于安福县门丁勒索一事,骆秉章称自己上年已有所风闻,当时曾密令带勇在澧之贵东道胡林翼就近严拿,据胡林翼称,"骆福因诈索未成,事即败露,即夜逃走",而自己在接到谕旨后,复将骆福之弟骆鉴美查拿监禁,勒交骆福到案,待研讯确情后,再行分别办理。③ 通过周寿昌此奏,湖

---

① 中国第一历史档案馆编:《清政府镇压太平天国档案史料》第 11 册《周寿昌奏陈京师防守空虚可虑折》,社会科学文献出版社 1994 年版,第 407 页。

② 王锺翰点校:《清史列传》卷 73《周寿昌传》,中华书局 1987 年版,第 6059 页。

③ (清)骆秉章:《骆文忠公奏稿》卷 2《覆陈永州防堵情形并查拏安福县门丁片》,清光绪十七年刻本。按,骆秉章此奏实际上是由当时在其幕中的左宗棠所代拟,今人编辑《左宗棠全集》时,亦将其辑入。(载《左宗棠全集》第 9 册,岳麓书社 2009 年版,第 263—265 页。)

南永州的防务得到了巩固。

此折上奏后不久，周寿昌因母亲刘太夫人去世而回籍守制，后来曾国藩曾拟聘其至军中写奏折、咨札①，而未果行。同治初返京后，周寿昌先后任实录馆纂修、侍讲学士、侍读学士、户部左侍郎等职。返京之后的周寿昌虽不似之前那样锐气四射，但仍属于敢言之人。同治十二年（1873 年），清廷宣布同治帝亲政，周寿昌上奏称皇帝应"戒逸豫"，"请躬行典礼"。②

也正是因为以往敢言有为的形象，当周寿昌在光绪初年以足疾辞官时，与其交往多年的同乡左宗棠当即表示不解，认为"时事方殷，良才未宜遽言敛手，若说归田，亦似非义"③。其实周寿昌倒也未必是厌恶官场，而确实是因为身体方面的原因。同治九年（1870 年），周寿昌生了一场很重的病，此事连当时正在两江总督任上的曾国藩也有所耳闻：

> 闻去岁闰月以后，尊疾日以增剧，几于蹄鲜鉴井，左鸡右弹，幸忘形等于祀来，而操术精于仓扁，卒能祥占遄喜，恢复完人，遂有学士之迁，伣兆中兴之象。④

周寿昌的病虽然在同治十年（1871 年）基本康复，不过身体大不如前，这让他萌发了"体经小病从加慎，心养余闲当自医"⑤的想法。光绪四年（1878 年），周寿昌终于以足疾辞官，获得清廷的批准。在一首写给李鸿章的赠别诗中，周寿昌自称"腐儒"，对自己因病引退的行为感到惭愧，表达出壮志未酬的心声：

> 腐儒矻矻搜穷编，一字当几青铜钱。

---

① （清）曾国藩：《致沅弟》（咸丰八年六月二十三日），载《曾国藩全集》（修订版）第 20 册，岳麓书社 2011 年版，第 355 页。

② 王锺翰点校：《清史列传》卷 73《周寿昌传》，中华书局 1987 年版，第 6059 页。

③ （清）左宗棠：《答周荇农阁学》（光绪四年），载《左宗棠全集》第 12 册，岳麓书社 2009 年版，第 393 页。

④ （清）曾国藩：《复周寿昌》（同治十年三月十七日），载《曾国藩全集》（修订版）第 31 册，岳麓书社 2011 年版，第 465 页。

⑤ （清）周寿昌：《思益堂诗钞》卷 3《病起微瘦述感》，载《周寿昌集》，岳麓书社 2011 年版，第 56 页。

缚鸡无力坐自闲，长安笑倒诸少年。

李君磊落人中仙，同我昔踏槐黄天。

笨足直到金鳌顶，君家供奉攀金莲。

……

似君出处征干济，愧我窜伏寒江边。

遇君话旧屡晨夕，肝胆披豁金石坚。

知我逢世苦枘凿，憾不援手筹安全。

澄清世宙得公等，我即钝拙归林泉。

此别耻作儿女泣，醉后一语应听然。

曾公戟髯甦褒鄂，子亦玉立规许燕。

奇姿天禀终不负，紫光会即图凌烟。①

二、不计位卑，勇于任事

如果说官居翰林的汉学家周寿昌主要是通过上疏建言表达其政治主张，那么，未登甲科的汉学研究者邹汉勋的经世活动则更多地表现为实际行动。

邹汉勋出身湖南新化邹氏舆地学世家。父文苏，嘉庆十七年（1812年）岁贡生，候选训导，因科考不顺，辟"古经堂"，以郑、贾古学教授于乡。古经堂制度悉依周礼，"尝屈竹篾为浑仪，裁布帛为古弁冕深衣礼服，又依江氏、戴氏所图古制，以寸代尺，制为车舆。考证古代礼器，力尊汉学"②。邹汉勋15岁时，邹文苏为其兄弟延塾师景山君教授《左传》，据邹汉勋回忆："景山君课勋辈，每于铺时集讲堂或庭院，贯究经史，发数疑义，令勋辈各出己见决择。如其事有未见，辄指授在某书，或令伯仲转晓，二三日中再问，党昏庸怠纵，一问不能

_____

① （清）周寿昌：《思益堂诗钞》卷4《赠李少荃同年鸿章，即以留别》，载《周寿昌集》，岳麓书社2011年版，第64页。

② 张舜徽：《清儒学记》，华中师范大学出版社2005年版，第227页。

答,即受扑责。"①在塾师的严格要求下,邹汉勋的学问成长很快,16岁时已能协助长兄汉纪编《左氏地图说》《博物随抄》,又助仲兄汉潢编《群经百物谱》。道光六年(1826年)21岁时,邹汉勋写成了《读书偶记》一书,在这部书的自序中,他说自己为学"破前人之训故,必求唐以前之训故方敢用;违笺传之事证,必求汉以前之事证方敢从"②,完全一派汉学家口吻。彼时的邹汉勋,"居高平山中,穷年兀兀,静对一编,不与世俗接,亦少朋俦。讲习考订之益,心精一缕,独追古初"③。

邹汉勋在汉学研究方面的成绩当时就得到了认可。曾国藩曾说:"吾乡通经学古之士,以邹叔绩为原。"④郑珍则评价其"论才海内今无几"⑤,黄本骥更亲往城南书院邹氏寓所造访,以名宿施礼于后生,尤令其感念。⑥莫友芝则在赠诗中赞其"文书一扫尽百纸,烂嚼六艺驱三才。我行万里半天下,所值胜流无子侪"⑦,而曾入曾国藩幕的方翊元(子白)甚至以乾嘉时期的一流汉学家江永、戴震期许邹氏。

值得注意的是,尽管在学术研究方面得到了时人的交口赞赏,但邹汉勋却不满足于仅仅成为一个学问家,在他看来,学术研究不过是"世情颇淡,名位难期"时"聊以栖身"的慰藉:

---

① (清)邹汉勋:《学艺斋文存》卷8《追忆赋》,载《邹叔子遗书七种》,岳麓书社2011年版,第611页。

② (清)邹汉勋:《读书偶识自叙》,载《邹叔子遗书七种》,岳麓书社2011年版,第7页。

③ (清)左宗棠:《邹叔子遗书序》,载《邹叔子遗书七种》,岳麓书社2011年版,第3页。

④ (清)曾国藩:《致澄弟温弟沅弟季弟》(咸丰四年十月二十二日),载《曾国藩全集》(修订版)第20册,第250页。

⑤ (清)郑珍:《前集》卷8《八月贵阳寄新化邹叔绩汉勋兴义四首》其一,载(清)郑珍著,龙先绪注:《巢经巢诗钞注释》,三秦出版社2002年版,第328页。

⑥ 当时邹汉勋正在长沙参加城南书院的招生考试,其间黄本骥曾往造访,前者在家书中说:"黄虎痴先生曾枉顾寓斋,湖湘称考据者惟此一二老,而不以名宿不施礼于后生,足见其谦光盛德也。"[(清)邹汉勋:《学艺斋文存》卷8《城南家书》,载《邹叔子遗书七种》,岳麓书社2011年版,第603页。]

⑦ (清)莫友芝:《前集》卷3《岁晏行,赠邹叔绩汉勋茂才汉勋于贵阳城》,载《邵亭诗钞笺注》,三秦出版社2003年版,第108页。

来书以郑、贾、江、戴相勉,兼论及文章,愧悚之极。仆于经史之业,非敢争衡往哲,并驾时贤,但以世情颇淡,名位难期,舍此无以自乐。故勤苦为之,不觉其劳。琐碎以求,弥欣其喷。如彼蜚鸟,求其岑蔚,聊以栖身耳。①

也正是因为这一强烈的用世之心,使得学术研究之外的邹汉勋展示出另一种截然不同的气质,即遇事勇于向前,从不退缩。咸丰元年(1851 年),邹氏族人中有为邵阳某所横毙者,邹汉勋悯其冤,质于知县。知县因受贿,反而将邹汉勋下狱,后经邓显鹤致书黄文琛营救,事乃得解。② 当学术研究与建功立业发生矛盾时,邹汉勋毫不犹豫地选择后者。道光三十年(1850 年),他应兴义知府张锳之聘修《兴义府志》,但因急于参加乡试,未完成而辞行,张锳乃另聘朱莲生续修。③

咸丰二年(1852 年),邹汉勋考中举人,第二年北上会试失利,回到长沙后,听闻弟弟汉章随江忠源军被太平军围于南昌,遂与江忠源之弟江忠淑率军前往救援。南昌围解后,邹汉勋被江忠源保奏为知县,并留军参赞军务。咸丰三年(1853 年)十一月,随升任安徽巡抚的江忠源到庐州(今合肥)防守太平军,并最终战死于此。防守庐州是邹汉勋一生中最后,也是最重要的经世活动,但关于此事的具体情况,现有研究多语焉不详,只言十二月庐州城破,江忠源投水自杀,邹汉勋也死于阵中。其实从江忠源写给咸丰皇帝的奏报中,可以部分复原出当日守城之战的基本情况及邹汉勋在军中所发挥的作用,看出这位汉学研究者的另一面貌。

庐州南临长江,北枕淮水,自古即为形胜险要之区。咸丰三年(1853 年)四月,由于安庆被太平军攻陷,安徽省会迁驻庐州,在当时金陵、扬州、镇江均被太平军占据的情况下,庐州成为清军阻止太平军北上的关键要冲,"且新改省会,尤为根本重地,不可稍有疏虞"④。庐州城墙共有七门,其中水西门城墙

---

① (清)邹汉勋:《学艺斋文存》卷 8《复方子白书》,载《邹叔子遗书七种》,岳麓书社 2011 年版,第 602 页。

② 弘征:《邹汉勋咸丰元年系狱事考》,《书屋》2011 年第 6 期。

③ 张秀玉:《邹汉勋年谱》,《古籍研究》2019 年第 1 期。

④ 《江忠源奏报连日敌攻庐州均经击退并请迅调援兵拨饷折》,载中国第一历史档案馆编:《清政府镇压太平天国档案史料》第 11 册,社会科学文献出版社 1994 年版,第 234 页。

较低，而城外坡垅独高，太平军驻扎其上，俯瞰城中，最为吃重，由江忠源亲自驻守。大西门民房逼近城根，又无壕沟，太平军到后，即在此处开挖地道，邹汉勋即驻守此处。据江忠源说，当时邹汉勋在大西门催觅夫役，"从内迎掘"①，未料尚未掘通，太平军"点发地雷，轰倒大西门月城十丈六尺"，太平军蜂拥而上，"经湖南举人邹汉勋身先士卒，带领楚勇、开化勇、四川兵、六安勇奋力抵御，将贼击退，追出缺口外，抵住贼匪，赶用沙袋石块修筑约有五六丈高，始将城外兵勇撤进"，②邹汉勋也因此叙功，擢同知直隶州，赏花翎。此役失利后，太平军改变攻城策略，改用"双层埋雷法"，先使上层地雷轰塌，引守军抢堵，这时下层地雷又发，守军防堵不及，被太平军冲入城内，庐州遂陷。江忠源被俘后投水死，邹汉勋亦死。

江忠源死后，清廷追赠总督，谥"忠烈"，后人所作碑传墓志亦多。在陈澹然撰写的传记中，曾经对邹汉勋之死有过一番栩栩如生的描述："忠源之死庐州也，将吏多死殉，而邹汉勋为独烈"，"忠源死，汉勋立城楼痛饮，左执杯，右手握佩剑，大呼杀贼，斩数人，被创，血淋漓，项折，死士疆以跳，不可，死之"。③尽管其中可能有渲染夸大的成分，但仍可感受到邹汉勋之死的惨烈。

邹汉勋战死后，时人哀挽之词甚多。魏源有"天丧斯文之痛"④之叹，曾国藩制挽联云："闻叔绩不生，风云变色；与岷樵同死，日月争光。"⑤王闿运则表达了对邹汉勋放弃著述、专注事功的惋惜：

> 汉勋两守城，迁两阶，位不为高，虽死难，名不如江忠源。忠源好学不
> 如汉勋，沉隐不如汉勋，汉勋乃卒与同死，其著书竟不成。然则身死而名

① （清）江忠源：《奏陈连日贼匪分攻各门，经城守官兵击退，同时援军伊常阿等临阵逃溃，致令总兵玉山阵亡，请旨明定功罪以昭劝惩疏》，载《江忠源集》，岳麓书社2013年版，第79页。
② （清）江忠源：《陈明贼匪接续攻城复用地雷轰塌大西等门，经官兵击退，现重围未解，已咨行舒兴阿、张印塘、李鸿章、音德布速即援庐疏》，载《江忠源集》，岳麓书社2013年版，第82页。
③ （清）陈澹然：《江表忠略江忠烈公传》，载《江忠源集》，岳麓书社2013年版，第169页。
④ （清）魏源：《古微堂外集》卷1《书古微例言下》，载《魏源全集》第13册，第106页。
⑤ （清）曾国藩：《挽邹叔绩孝廉汉勋》，载《曾国藩全集》（修订版）第14册，岳麓书社2011年版，第117页。

微,誉浅而命薄,天若予而若夺者,视汉勋竟何等也。①

在王闿运看来,邹汉勋如果没有如此亟求世用,而是将精力更多地放在学术研究上,应当成果更为丰硕,在后世的声名也会更高。但历史不可假设,邹汉勋这一投笔从戎、令人惋惜的抉择,不仅反映了他个人在学问与事功之间的抉择,也从一个侧面映照出晚清湖湘汉学的经世品格。

第二节　基层汉学家的经世活动
——以罗汝怀为中心

关于鸦片战争以降湖南绅权的扩张情况,王先谦曾有如下描述:“自曾文正、胡文忠、左文襄诸公督师平寇,朝廷滋向用楚材,饷械咸取给官局领之,士人荐绅管政要,大府倚以取办,地方利病,官吏用舍,举虚己商榷。国朝二百余年,士大夫家居,例不与公事,至是而其局一变。”②而在学术界的晚清湖南地方史研究中,也多将士绅在当时湖南地方社会中所扮演的角色、与地方政府的关系等作为研究重点。值得注意的是,与一般汉学家埋首经典、不问世事的态度不同,晚清湖南的汉学研究者并不乏用世之志,他们关注时事,积极参与晚清湖南地方社会的各种公共事务,罗汝怀就是其中的一个代表。

关于罗汝怀生平事迹的基本情况,本书第二章中已有简略介绍。在晚清湖南汉学的发展历史上,罗汝怀是一个“被遮蔽”的人物,已有研究多将他作为与邓显鹤齐名的地方文献编纂者来讨论,忽视了其在汉学研究中所取得的成绩。事实上,罗汝怀在音韵、训诂等方面的成就,当时就已闻名湘中。而在从事汉学研究之余,他还十分关心时事,积极参与当时湖南地方社会的各种公

---

① (清)王闿运:《文集》卷5《邹汉勋传》,载《湘绮楼诗文集》第1册,岳麓书社2008年版,第134页。

② (清)王先谦:《虚受堂文集》卷12《李征君墓碣》,载《葵园四种》,岳麓书社1986年版,第271页。

共事务。尤其值得注意的是,他积极支持长子罗萱在湘军中的事业,当罗萱在贵州战死后,罗汝怀尽管十分伤心,仍表示不能以家事妨害国事。在罗汝怀的身上,集中体现了传统中国乡居士绅的不少共同特点,也是晚清湖南地方社会基层汉学家的缩影。

一、早年生平

嘉庆九年(1804 年),罗汝怀出生于湖南省湘潭县。湘潭罗氏原居江西吉水,明初始迁至湘潭鼓磉洲定居,又称鼓磉洲罗氏。始迁祖为应隆,应隆生源佐,源佐生志聪、志明、志安、志亮,此四子年长后,各另立门户,以住地为堂名,分别为新屋堂、湖田堂、社山堂和蕨山堂,罗汝怀为蕨山堂罗氏后代。曾祖晋,字自昭,国子监生,以从孙官赠承德郎左春坊左赞善。祖绍龙,字云从,别字见田,增广生。父修澍,字沛林,恩赐八品冠带。修澍有二子,汝怀其长也。①

罗汝怀 5 岁时即开始"就外傅"②,八九岁时,还因为所居与湘潭籍同乡进士龙瑛相近,曾经得到后者的指导。③ 龙瑛(1779—1852 年),字白华,又字云东,号玉圃,湖南湘潭人。嘉庆二十二年(1817 年)进士,改庶吉士,授编修,后以病归,曾主讲城南、岳麓、朗江、昭潭等书院。不过罗汝怀的科举之路却并不顺利,道光三年(1823 年)19 岁时才"入庠序治举业"④,到道光十七年(1837 年)以优廪生选拔贡时,已经 33 岁。乾隆七年(1742 年)二月规定,录为拔贡者,可参加在北京举行的每十二年一次的朝考,根据成绩分别授予小京官、知

① 罗学琛:《湖南湘潭鼓磉洲罗氏源流概况》,湖南图书馆藏排印本。

② (清)罗汝怀:《绿漪草堂诗集》卷 4《上元书感示儿辈》,载《罗汝怀集》,岳麓书社 2013 年版,第 509 页。

③ (清)罗汝怀:《绿漪草堂文集》卷 15《味无味斋试帖叙》,载《罗汝怀集》,岳麓书社 2013 年版,第 222 页。

④ (清)罗汝怀:《绿漪草堂文集》卷 13《六书统考自叙》,载《罗汝怀集》,岳麓书社 2013 年版,第 186 页。

县、州判或教谕。① 道光十八年（1838 年）二月,罗汝怀北上参加朝考,虽然这次考试以失败告终,但他似乎并不十分失意,离开北京后,罗汝怀并未立即回湘,反而取道淮扬,东至京口,并曾至焦山观瘗鹤铭碑②,还在南京小住了一段时间后,始解缆西上,直到这一年的仲冬月首,才回到湘潭家中。而家人亦不以其科场失意介怀,"行抵里门,家君见之,喜逾于得官也"③。

或许正是由于这种对功名的通达态度,罗汝怀此后再也没有在科举一途上取得任何进步,终其一生都只是一个拔贡,而他的学术兴趣也从当时作为功令的宋学转移到了汉学。罗汝怀曾说自己"年二十入庠序治举业时,惟知宋儒小学,而不知三代周时之小学,稍见摹刻印文者,有所谓六书之本,而未见后汉许氏《说文解字》之本"④。道光十二年（1832 年）,周诒朴自京师携泰和陈潮东之所书《说文》部首五百四十字回,逾年,又寄段玉裁所注《说文》来,罗汝怀于课徒之暇读之,"觉其精绝处得未曾有,因以知后世字书承讹袭谬,即《玉篇》《广韵》未为详尽"⑤,乃自此将相当多的精力投入汉学研究。

罗汝怀的学术研究很快就在当地小有名气,咸丰四年（1854 年）,距周诒朴赠书 22 年后,尽管曾对罗汝怀的经学研究有一定保留意见,但正在江西九江督师的曾国藩仍以"近处惟罗研生兄是我心中佩仰之人。其学问具有本原,于《说文》、音学、舆地尤其所长,而诗、古文辞及行楷书法亦皆讲求有年",

---

① 按,清廷考试拔贡的制度曾经历一个变化的过程,至乾隆七年方确定下来。参见（清）周寿昌:《思益堂日札》卷 4《拔贡十二年之制》,载《周寿昌集》,岳麓书社 2011 年版,第 262—263 页。

② （清）罗汝怀:《绿漪草堂文集》卷 17《书陈恪勤重立瘗鹤铭碑记后》,载《罗汝怀集》,岳麓书社 2013 年版,第 264—265 页。

③ （清）罗汝怀:《绿漪草堂文集》卷 22《家大人九十初度征诗文启》,载《罗汝怀集》,岳麓书社 2013 年版,第 345 页。

④ （清）罗汝怀:《绿漪草堂文集》卷 13《六书统考自叙》,载《罗汝怀集》,岳麓书社 2013 年版,第 186 页。

⑤ （清）罗汝怀:《绿漪草堂文集》卷 13《六书统考自叙》,载《罗汝怀集》,岳麓书社 2013 年版,第 187 页。按,周诒朴,字子坚,号寄东,又号匏翁、瓠翁,湖南湘潭人,为户部侍郎周系英之子,陶澍之婿,曾官两淮盐运使。

拟聘请其至家中任教,并说"若果能来,足开吾邑小学之风,于温甫、子植亦不无裨益","若研兄不能来,则吾心中别无人"。① 由于此后不久,罗汝怀即赴曾国藩军中,故而未至曾宅教书,此事后由曾国藩以"罗研生将来军中,不能教书耳"②告知家中。尽管罗汝怀并未如曾国藩所希望的那样教导曾氏子弟,但延聘这一举动本身已足以说明时人对其学术的肯定。

二、参与公共事务

值得注意的是,研究兴趣从宋学转移到汉学的罗汝怀并没有满足于仅仅从事书斋中的研究工作,他同时对现实亦极为关注。在致准备去北京参加会试的朋友周温甫的书信中,罗汝怀勉励其为有用之学:"辰下计将北上观光,利用之占,可预贺也。然某所期吾温甫者,则不仅在区区科第已也。所愿练葆待用之身,研究有用之学,蔀盐细故,大有权衡,动履偶然,俱征作用,其大者无论已。"③《(光绪)湘潭县志》的编者在为罗汝怀立传时,也说他"喜言时事,以人心风俗为忧"④。学者王日根、陈瑶、胡忆红曾在分析晚清湘潭积谷局时,对罗汝怀的相关活动进行过一番探索,颇具开创意义,但其视野主要集中于罗氏在湘潭县积谷局中的活动⑤,对于其他事迹则分析不多。以下,即对罗汝怀所参与的其他社会活动做一整体梳理,以期更全面地了解分析这位基层汉学家

---

① (清)曾国藩:《致澄弟温弟沅弟季弟》(咸丰四年十月二十二日),载《曾国藩全集》(修订版)第 20 册,岳麓书社 2011 年版,第 250 页。

② (清)曾国藩:《致澄弟温弟沅弟季弟》(咸丰五年八月十三日),载《曾国藩全集》(修订版)第 20 册,岳麓书社 2011 年版,第 270—271 页。

③ (清)罗汝怀:《绿漪草堂文集》卷 20《寄周温甫书》,载《罗汝怀集》,岳麓书社 2013 年版,第 297 页。

④ (清)陈嘉榆、王闿运等修纂:《(光绪)湘潭县志》卷 8《人物四·罗欧阳列传》,岳麓书社 2013 年版,第 315 页。

⑤ 这些成果依发表时间,分别有王日根、陈瑶:《晚清湘潭民仓与地方政治的变迁——基于〈湘潭积谷局志〉的分析》,《社会学研究》2009 年第 5 期;胡忆红:《晚清民间慈善组织湘潭县积谷局研究》,《求索》2011 年第 7 期;胡忆红:《晚清湘潭县的官绅关系与义仓建设》,《学海》2012 年第 6 期;陈瑶:《籴粜之局:清代湘潭的米谷贸易与地方社会》,厦门大学出版社 2017 年版。

在学术研究之外的另一重面貌。

道光十五年(1835年),时年31岁的罗汝怀参加岁试时,即与一同参加考试的士人商议劝捐宾兴。① 宾兴,来源于《周礼》"以乡三物教万物而宾兴之"②的制度,通过募集一定的款项,资助贫寒士子到省城或京师参加科举考试。学者陈明华发现:"18世纪以后,清政府财政紧张,无法提供足够的资金资助贫苦士人的乡试旅费。一些下层士绅适时地组织宾兴会等组织。以宾兴款为代表的公款成为下层士绅进一步在地方事务中发挥作用的物质资源。"③劝捐宾兴是罗汝怀参与地方公共事务的一次最早尝试。不过他此时的主要精力仍在读书、课徒、治学方面,并曾于道光二十年(1840年)前后协助邓显鹤编辑《沅湘耆旧集》。在后人看来具有重大历史意义的第一次鸦片战争和《南京条约》,对当时的罗汝怀并未造成太大震动。道光二十二年(1842年),正在北京任职的曾国藩在给祖父母的家书中认为,签订条约固属无奈之举,"但使英人从此永不犯边,四海晏然安堵,则以大事小,乐天之道,孰不以为上策哉!"④次年,他又在写给弟弟们的信中描述"自海疆平定以来,政简人和,雍熙如旧"⑤。作为帝国政治中心的京师风气尚且如此,湖南山乡中的情况则更可想而知。罗汝怀真正开始较多地参与地方公共事务,是在太平天国运动兴起之后,并大体可以分为两个方面。

一是镇压农民起义,维护清政权在湖南的稳固统治。咸同之际席卷大半个中国的太平天国运动,不仅是中国近代史上的重大事件,也对湖南地方社会

① (清)罗汝怀:《绿漪草堂外集》卷2《劝捐宾兴启》,载《罗汝怀集》,岳麓书社2013年版,第825页。

② 崔高维校点:《周礼》,辽宁教育出版社1997年版,第19页。

③ 陈明华:《清中后期宾兴款的设置与下层士绅权力的扩张——以温州为例》,《华东师范大学学报》(哲学社会科学版)2016年第4期。

④ (清)曾国藩:《禀祖父母》(道光二十二年九月十七日),载《曾国藩全集》(修订版)第20册,岳麓书社2011年版,第29页。

⑤ (清)曾国藩:《致澄弟温弟沅弟季弟》(道光二十三年正月十七日),载《曾国藩全集》(修订版)第20册,岳麓书社2011年版,第48页。

造成了深远影响。《(光绪)湖南通志》的编者曾对此描述称"迨粤匪入境,湖南首受祸,境内土匪遂乘之以起,萑苻之警,无岁无之","民力之凋残,匪徒之充斥,经理疆事者之竭蹶艰难,二十年来固无日不在忧危恐惧中也"。①

对当时的湖南地方官员而言,如何在防堵太平军的同时镇压省内农民起义,成为稳固清政权在湖南统治的当务之急。作为地方上关心时事的知识分子,罗汝怀对此进行了许多思考,在作于咸丰二年(1852 年)的《乡里团练事宜议》一文中,他就乡间如何办理团练提出了 14 条建议。值得注意的是,他明确反对以往"富者出财,贫者出丁"的办团办法,认为"富贵贫贱有殊,而身家性命无殊,御患捍灾是何等事,岂亦如平时之养优处尊,诸事可以多金市乎?故司事者当出子弟以倡之,方不失身先士卒之意"。② 咸丰四年(1854 年),太平军石祥祯部、林绍璋部先后进攻湖南,其中石部先后占领岳州府、湘阴、靖港,林部占领湘潭,湖南形势陡然吃紧。就在这一年,罗汝怀写下了《甲寅重议乡团》一文,与两年前相比,这一次的条目虽然减少为 12 条,但对如何办理乡团的举措却更为具体,其中"甲内旧分仁义礼智四团,各归团内公所延师练习,费用较繁。今四团并归汜寺办理,公延教师,较为省便,俟稍娴习,即由团总会操,以省浮费"③一条,显然是基于实际情况的修改,说明罗汝怀已经参与到了当时湘潭地方兴办团练的实际事务当中。

罗汝怀认为,"团练必兼行保甲,稽查既清,则良莠分明,自无互混,兼可驱除窝窃及赌博私宰等项"④,故在办理团练的同时亦重视推行保甲。在《拟

① (清)李瀚章、裕禄等编纂:《(光绪)湖南通志》卷 89《武备志十二·兵事四》,岳麓书社 2009 年版,第 1905 页。
② (清)罗汝怀:《绿漪草堂文集》卷 12《乡里团练事宜议》,载《罗汝怀集》,岳麓书社 2013 年版,第 171 页。
③ (清)罗汝怀:《绿漪草堂外集》卷 1《甲寅重议乡团》,载《罗汝怀集》,岳麓书社 2013 年版,第 806 页。
④ (清)罗汝怀:《绿漪草堂文集》卷 12《乡里团练事宜议》,载《罗汝怀集》,岳麓书社 2013 年版,第 173 页。

保甲事宜二十四条》一文中,他对如何推行保甲之法进行了详尽的说明。① 是文完成后,"时有以为问者",故又作《保甲事宜说》一文,"略疏大意答之"。在这篇文章中,罗汝怀认为,"十家为保之法,虽创自安石,而实《周官》比长闾胥族师党正州长乡大夫之遗意也","介甫欲矫阘茸,奋然有为而求治太急……既未能遽信于民,而复与士君子为忤,故因民之怨苦而益排之",②他进一步梳理了北宋以来保甲法发展的历程,认为明代王阳明的十家牌法和清初名臣于成龙在广西罗城知县任内所申明的保甲之法,都是来源于王安石所创立的保甲法,不能将王安石变法的失败归咎于保甲法本身。他进一步提出,地方官任事要敢于放开手脚,不能瞻前顾后,"凡事未计利而先计害,乌得无虑"③。

除了办理乡团,罗汝怀对与镇压太平天国相关的其他事务也十分关心。今《绿漪草堂文集》卷5有《兵饷刍说》六篇,未标明撰写时间,但首篇"今者寇事孔棘,朝廷特命在籍大员帮办本省团防及查办土匪等事,读帮办大员启事,具见公忠体国之心,所以致意于同省绅耆者情殷而语重",应该是撰写于咸丰初年丁忧在籍的曾国藩奉旨帮办团练之时。罗汝怀认为,"用兵必先筹饷,而承殷庶侈靡物力凋敝之余,谋所以制国用,亦綦难矣",他十分强调"积谷"的重要作用,认为积谷可以使"凶荒有备,则省赈恤之费",④故"足国自当自足民始,足民自当自积谷始"⑤。

---

① (清)罗汝怀:《绿漪草堂外集》卷1《拟保甲事宜二十四条》,载《罗汝怀集》,岳麓书社2013年版,第791页。

② (清)罗汝怀:《绿漪草堂文集》卷6《保甲事宜说》,载《罗汝怀集》,岳麓书社2013年版,第88页。

③ (清)罗汝怀:《绿漪草堂文集》卷6《保甲事宜说》,载《罗汝怀集》,岳麓书社2013年版,第88页。

④ (清)罗汝怀:《绿漪草堂文集》卷5《兵饷刍说三》,载《罗汝怀集》,岳麓书社2013年版,第72页。

⑤ (清)罗汝怀:《绿漪草堂文集》卷5《兵饷刍说三》,载《罗汝怀集》,岳麓书社2013年版,第72页。

二是整顿社会风俗，维护基层社会安定。晚清时期，"一个属于朝廷命官的知县要顺利完成属下范围内的教化、征税、治安、断案、农事、水利以及各项公共事务的举办，唯一的办法就是依靠地方上有名望的绅士的帮助"①。作为地方上具有一定名望的绅士，罗汝怀在禁烟、禁酒、丧葬、婚嫁等方面都有所建言，在相当程度上参与了当时湘潭社会的基层治理。

以禁烟为例，湘潭位于湖南中部，下通两广，上达长沙，为清代水陆要冲，商贾络绎之地，号称"天下第一壮县"②，也是鸦片商人贩卖烟土的必经之地。在鸦片战争前清朝政府开展的禁烟运动中，当地官员曾在一个月内起获烟土二千七百余两。③ 同光年间，湘潭各地开设烟馆，风气败坏。罗汝怀认为，"洋烟为害之烈，过于洪水猛兽"，主张关闭烟馆，严禁种植罂粟。在他看来，种植罂粟"夺民田以废五谷"，"趋民力而归懒惰"，"将见遍国中但有罂粟并无菽粟"，"将见遍国中无佣力而供役"。针对一些人认为鸦片为财税之大端，弃之可惜的看法，罗汝怀斥之为"碻石之充饥，饮鸩之止渴"。④

在推行禁烟的过程中，罗汝怀与当时赋闲在湘的郭嵩焘发生了意见分歧。光绪五年（1879 年）八月，郭嵩焘与张自牧、郭崑焘等组织禁烟公社，次月正式开立，根据《郭嵩焘日记》中的记载，禁烟公社开办期间，罗汝怀曾寄来《禁烟说》七条，"意在严禁烟馆，一切谋假官法行之，与此次禁烟公社立意两歧"⑤。郭嵩焘认为，官法无可恃，且"士大夫退居林下，所能行者止此，非能借资官势，严法峻刑，以侥幸所志之一申也。研生所谓儒生不达时务者。言之徒烦，

<hr />

①　许顺富：《湖南绅士与晚清社会政治变迁》，湖南人民出版社 2004 年版，第 58 页。

②　（清）陈嘉榆、王闿运等修纂：《（光绪）湘潭县志》卷 11《货殖》，岳麓书社 2010 年版，第 437 页。

③　《护理湖南巡抚、布政使龚绥奏报拿获烟土烟膏之湘潭令董友笃等请鼓励折》（道光十八年十月十七日），载萧致治、李少军整理：《鸦片战争前禁烟档案史料补辑》，上海书店出版社 2009 年版，第 9 页。

④　（清）罗汝怀：《绿漪草堂文集》卷 12《禁种罂粟议》，载《罗汝怀集》，岳麓书社 2013 年版，第 175 页。

⑤　（清）郭嵩焘：《郭嵩焘日记》，载《郭嵩焘全集》第 11 册，岳麓书社 2012 年版，第 188 页。

于事何裨?"①

对于郭嵩焘的批评,罗汝怀也提出了自己的看法。他认为禁绝鸦片不能完全依赖民间力量,"大抵悬为功令,则虽疏而当遵,出于私议,则虽精而枉畏","当泯泯棼棼之时,而能父戒其子,兄勉其弟者,有几家乎?且欲端内行,先绝外缘,不见可欲而心不乱,如烟馆不除,则出门有功,俯拾即是,而牢守谆谆之诲乎?"②应该说,罗汝怀的看法有一定道理,并非郭嵩焘口中完全不可采用的书生之见。

光绪六年(1880年)九月初一日,正值禁烟公社开办一周年之际,罗汝怀又一次写信给郭嵩焘,重申"须申明道光时章程,严惩吸食者数人,庶稍知惧"。而后者则仍坚持原来的看法,认为"此章程可以行之道光时,不能行之今日","盖道光时烟禁未开,国家殷富,人民乐业,吸食者皆属富户,并于私室隐密处,不敢声张也。今日烟禁已开,吸食者贫民多于富户,又一皆肆行无忌,虽有严法峻刑,亦穷于为用。要以本原处言之,则人心风俗之宜急讲也,决矣"。③ 罗汝怀的前后几次争辩虽然没能说服郭嵩焘,却也反映了其关心时事、敢于坚持己见的精神面貌。

再如禁酒一项。罗汝怀认为,"禁酒为救荒第一要着,亦为养生易俗要着。盖沉湎之风遍及闾阎,酖酊之习起于童稚,故逞性酿祸撄疾废业,往往然也"④,甚至将饮酒的危害与鸦片相提并论,认为"人知鸦片之伤生耗财,不知酒之为害实与相埒"⑤,故极力主张禁酒。同治二年(1863年),湘潭谷缺价

---

① (清)郭嵩焘:《郭嵩焘日记》,载《郭嵩焘全集》第11册,岳麓书社2012年版,第188页。
② (清)罗汝怀:《绿漪草堂文集》卷7《禁烟说寄呈养知侍郎》,载《罗汝怀集》,岳麓书社2013年版,第106页。
③ (清)郭嵩焘:《郭嵩焘日记》,载《郭嵩焘全集》第11册,岳麓书社2012年版,第300—301页。
④ (清)罗汝怀:《绿漪草堂文集》卷17《书朱雨湖拟上制府求禁酒书后》,载《罗汝怀集》,岳麓书社2013年版,第264页。
⑤ (清)罗汝怀:《绿漪草堂文集》卷10《饮食论》,载《罗汝怀集》,岳麓书社2013年版,第151页。

昂,而农工索酒无厌,罗汝怀致信知县,请出示禁酒,被后者拒绝,"乃发奋与里中约煮酒者罚,各以约辞悬贴门间"①,"用酒者罚佣工,加偿以钱,两三月间省谷数百,比秋熟而说不行"②。此次禁酒活动虽然持续时间很短,但反映了罗汝怀对节俭的提倡。事实上,逐渐兴盛的奢侈风气是同光年间湖南各地所面临的一个共同社会问题,周寿昌曾对当时长沙城内的奢侈风气进行过如下描述：

> 长沙风俗醇朴,故储粟较丰,十年以来户口日贫,食用日侈。嘉庆二十四、五年及道光初年童子尚无衣裘帛者,间有之,皆引以为戒,弱冠后即制裘亦甚朴,又必素封家乃如此,否则以织绒代之。今则十岁后皆著羊裘,此后灰鼠、丰狐、海龙、天马,视力所能致者皆致之,无论年与分也。更有以湖绉、江绸为小儿绣褓者,尤暴殄。嘉庆时民间宴客用四冰盘、两碗称极腆,惟婚典则用一碗蛏干席。道光四、五年间,改用海参席;八、九年间,加四小碗,果菜十二盘,如古所谓餲钉者,虽宴常客亦用之,后更改用鱼翅席,小碗者八盘者十六,无所谓冰盘者矣。近年更有用燕窝席三汤四割,较官馔尤精腆者。春酌设彩觞宴客,席更丰,一日糜费率二十万钱。③

而在湘潭,丧葬、婚嫁等方面均存在奢侈之风。当时湘潭社会盛行早婚风俗,"虽家赀仅敷,子弟漫无执业,十许岁便为完娶,众子皆一一为娶之以示均","嫁则盛奁具雕镂刻绣而不切实用,娶则饰屋宇广筵宴以为观美,而越礼逾分至举债鬻产而不顾",罗汝怀对造成这一情况的原因进行了分析,认为自土俗有"妻早子早功名早"之谈,又"以丁多为强盛,又以为不早娶则致淫

---

① （清）罗汝怀：《绿漪草堂文集》卷22《答人书一》,载《罗汝怀集》,岳麓书社2013年版,第333页。

② （清）罗汝怀：《绿漪草堂文集》卷17《书朱雨湖拟上制府求禁酒书后》,载《罗汝怀集》,岳麓书社2013年版,第264页。

③ 瞿宣颖纂辑：《中国社会史料丛钞》,湖南教育出版社2009年版,第287—288页。

邪",①"遂至子甫胜衣而图继嗣,孙犹乳臭为营仕宦"。他认为,早婚不仅令"未笄弱质,使劳于操作,烦于产育,又或困以饥寒,婚姻之礼废而夫妇之道苦",也带来很大的社会隐患:

> 今使人年十五而娶,逾年而生子,其子又十五而娶,逾年生子,则其人甫逾三十而已抱孙矣。众子迭起而皆如是,则更抱数孙矣。而此数孙者果有以养之乎,教之乎? 皆能自食其力乎? 非然者,驯至为游民、为匪类、为窃攘、为劫夺,《管子》所谓地满、人满而讼狱、兵刑之事繁矣。②

在这一看法的基础上,罗汝怀认为男子三十岁、女子二十岁是比较合适的结婚年龄。"男年三十则士农工贾之业各有所成,斯侲蓄有具,而性定气充,子亦坚实。女年二十则娴习女功修行妇道,力可胜服劳举养,识可明训子义方"。他还身体力行,力戒婚姻嫁娶之中的铺张浪费,在女儿嫁与郭崑焘之子的婚礼上,两家蠲除世俗铺张之习,务从简便而礼意秩然,罗汝怀对此颇为自得,曾作诗云:"脱尽朱陈村里习,要从真率见儒修。"③

在罗汝怀所参与的地方社会治理活动中,目前最为学界所注意的是其在湘潭积谷局中的作为。"湘潭县积谷局是由官绅合作创办发展到绅士独管的民间慈善组织,其基本目标是通过管理乡村义仓来保障民食。积谷局凭借自身雄厚的财力,在赈济贫乏和保障积谷方面承担了重要的责任。同时,它又以湘潭县绅士阶层为依托,积极介入保甲、团练、祭祀等地方事务,成为晚清湘潭基层社会的控制者,这反映了近代民间慈善组织社会功能的扩张过程"④。作为创办该局的核心成员,罗汝怀曾在较长时间内主导了该局的管理工作。学

---

① (清)罗汝怀:《绿漪草堂文集》卷 10《婚嫁论》,载《罗汝怀集》,岳麓书社 2013 年版,第144 页。

② (清)罗汝怀:《绿漪草堂文集》卷 10《婚嫁论》,载《罗汝怀集》,岳麓书社 2013 年版,第145 页。

③ (清)罗汝怀:《绿漪草堂文集》卷 20《闰十月望后访郭筍叟,兼视季女,时于归才二十日也,往还志以小诗》,载《罗汝怀集》,岳麓书社 2013 年版,第 736 页。

④ 胡忆红:《晚清民间慈善组织湘潭县积谷局研究》,《求索》2011 年第 7 期。

者陈瑶曾将《湘潭县积谷局志》与罗汝怀《绿漪草堂文集》进行仔细比对,发现积谷局相关公文皆由罗拟写。尽管与其同时担任该局司事的还有李家杞、欧阳兆熊、何拔秀等人,但"在地方上的地位和关系网络等方面,欧、李二人皆不如罗"①。何虽然功名比罗汝怀高,但他关于积谷局的禀稿还是请罗代为执笔。这些都说明,罗汝怀已经在事实上成为当时湘潭积谷局管理层中的领袖人物。

三、父与子——罗萱的社会活动与罗汝怀的经世观

分析一个人的经世活动时,我们很容易将视野集中在其本人的社会活动上。但在对罗汝怀的研究中,其长子罗萱的社会活动关系同样值得关注,这其中折射出了罗汝怀的经世观。

罗萱,字伯宜,湘潭人,罗汝怀长子。罗萱幼承家学,幼年即表现出与众不同的才华,据说两岁时即能分"风""翳"二字。十岁学诗,母命咏灯,云:"古籍千行朗,明灯夜半挑。莫言光似豆,焰可彻云霄。"②贺长龄、邓显鹤等人都曾对他的才华表示赞许,莫友芝读其诗文后,称赞"甚开拓有才"③。罗萱的才华能力甚至吸引了刚刚出山的曾国藩,后者曾于咸丰四年(1854年)九月专门致信,催促他快点投笔从戎:

> 前者言别,许以中元以后投笔从我,今阅一月矣。专足走省,敬迓文旆,望即日戒途,惠然遄臻,无为曲礼臆说所误。蟾蜍蹢砂而不行,於菟腾风而万里,士各有志,不相及也。千万,千万,伫切祷切!④

彼时罗萱只是一个诸生,却能让已是礼部右侍郎的曾国藩专门致信催促启程,

---

① 陈瑶:《粜粜之局:清代湘潭的米谷贸易与地方社会》,厦门大学出版社2017年版,第155页。

② (清)罗萱:《蓼花斋诗存》卷1《母命咏书灯》,清光绪三年荷花精舍刻本。

③ (清)莫友芝:《莫友芝日记》,凤凰出版社2014年版,第99页。

④ (清)曾国藩:《与罗萱》(咸丰四年九月初八日),载《曾国藩全集》(修订版)第22册,岳麓书社2011年版,第472页。

可见其才华当时就已闻名湘中。

罗萱入曾国藩幕后,先后随同参加了湘军攻打武昌、田家镇、九江等地的战役。咸丰五年(1855年),曾国藩至南昌重立水军,进屯南康,视陆师于湖口,罗萱皆"辗转相从,跬步必偕"①。罗萱在曾国藩幕中"掌书记",据曾国藩说"余或口占书疏,君辄操笔写录,或危急之际,君甘心同命"。② 朱东安认为,此时的罗萱,实际上已经成为曾国藩的贴身秘书。③ 值得注意的是,罗萱在曾国藩幕中的作用有时甚至超越了秘书本身,起到了协调各方力量的作用,"外则美言相温。诸将或轻重不得,辄为之通怀,使各当其意以去"④。正因为如此,罗萱颇为曾国藩所倚重,咸丰五年(1855年)当其患病之时,曾国藩曾专门致信正在湖南的李元度,请后者往长沙为罗萱置办治病所需的上等肉桂,并要求"由粮台专人送营"⑤。

咸丰六年(1856年),太平军石达开部进入江西,先后攻下瑞、临、袁、吉、抚、建诸郡,南昌孤悬,清军"诸军多坏散",曾国藩乃令罗萱改司营务,授卒三千人,令其领之赴敌,罗萱开始直接带兵同太平军作战。他先与彭山屺领江军六营攻打建昌,久未能下,乃移攻抚州,既又会攻瑞州,获得了一场大胜。瑞州之战后,罗萱以久在行伍,思乡心切,萌发了回湘的想法。曾国藩致书挽留称:"伯宜不特为省营所亲附,并为援军所敬信。若贵恙已愈,自应留瑞,以维系人心。待仆至瑞之日,给假回楚一行可也。"⑥

---

① (清)曾国藩:《罗君伯宜墓志铭》,载《曾国藩全集》(修订版)第14册,岳麓书社2011年版,第472页。

② (清)曾国藩:《罗君伯宜墓志铭》,载《曾国藩全集》(修订版)第14册,岳麓书社2011年版,第472页。

③ 朱东安:《曾国藩幕府》,辽宁人民出版社2018年版,第20页。

④ (清)曾国藩:《罗君伯宜墓志铭》,载《曾国藩全集》(修订版)第14册,岳麓书社2011年版,第472页。

⑤ (清)曾国藩:《加李元度片》(咸丰五年十月初十日),载《曾国藩全集》(修订版)第22册,岳麓书社2011年版,第499页。

⑥ (清)曾国藩:《与刘腾鸿、罗萱》(咸丰六年八月二十八日),载《曾国藩全集》(修订版)第22册,岳麓书社2011年版,第569页。

　　回湘之后,罗萱一方面读书,参加乡试,另一方面继续参与地方公共事务。其间曾应巡抚骆秉章之邀办理湘潭西路团练,"集三四百人,中多外归弁勇,布陈结垒技击火攻一如营制"。同治二年(1863年)冬,时任广东巡抚郭嵩焘因东江水路绵长,盗贼出没,巡辑难周,拟仿湖南三板船样式添设弋船二十号,招罗萱至广州担任管带,但为他所推辞。直到同治七年(1868年)冬,同乡黄润昌率湘军援贵州,邀其共事,罗萱乃再次出山,在营中综文案,兼理营务处。"每昼出领队,夜归则削牍"。同治八年(1869年)正月,克镇远府、卫二城。三月,进克施秉,后在攻打瓮谷陇的战役中,以道隘箐深,为苗军伏兵所击,罗萱与文武将领十八人皆死之,时年四十三岁。①

　　罗萱战死后,清廷照按察使阵亡例赐恤,赠太常寺卿衔。罗萱之死在湘籍士人中引起了不小的震动。消息传来,郭嵩焘正与罗汝怀、李元度等参加胡兴仁在长沙蜕园举行的聚会,席间郭嵩焘"闻黄少琨黄平之败,邓星阶、罗伯宜殉焉。时研生在坐,不敢宣示,为之叹惋"②。何绍基赴罗宅吊唁时,亦"入门痛哭"③。曾国藩则致信罗汝怀吊唁④,后又应其请求,为罗萱撰写墓志铭⑤,值得注意的是,曾氏所撰的这篇墓志铭,除了叙述罗萱生平事迹之外,还表达了对其从己甚久,功绩卓著,然名位不显,终委骨于荒微绝壑之中的愧疚:

　　　　其论吏治军政,皆贯彻古谊而不庆于时。向使得守一官,统一军,与当世之成名者校,何渠不如耶?然终不得借手以一伸其志。此君子有陶

　　①　(清)朱孔彰:《中兴将帅别传》卷25中《黄润昌传附罗萱传》,岳麓书社2008年版,第293—295页。
　　②　(清)郭嵩焘:《郭嵩焘日记》,载《郭嵩焘全集》第9册,岳麓书社2012年版,第368页。
　　③　(清)罗汝怀:《绿漪草堂文集》卷30《为长男成服设奠告文》,载《罗汝怀集》,岳麓书社2013年版,第468页。
　　④　(清)曾国藩:《唁罗汝怀》(同治八年七月二十六日),载《曾国藩全集》(修订版)第30册,岳麓书社2011年版,第589页。
　　⑤　(清)曾国藩:《复罗汝怀》(同治十年七月十七日),载《曾国藩全集》(修订版)第31册,岳麓书社2011年版,第564—566页。

铸人才之责者之咎，国藩所以内疚而尤惜之也。①

湘人杨彝珍则在为罗萱诗集撰写的序文中委婉地表达了对曾国藩的批评：

> 是时，文正公力能尊显天下，士其为所荐剡，由布衣徒步起家，陟方
> 面，遂能节钺者，林立屏翰间，而伯宜尤相从于崎岖危难之中，公倚之不啻
> 左右手，又习知其才足以有为，固宜使之守一官，领一军，乘时策勋，赫赫
> 然有所建树于世。乃使叙功进秩，唯至补用知府而止，未获稍霑禄仕，人
> 不能不少咎曾公，即予亦以是为疑。②

面对曾国藩的自责和友人的不平，罗汝怀却表现得毫不在意，他甚至认为国史馆不宜为罗萱设立专传：

> 亡儿曾未自领一军，安有独著之绩，即前岁征苗，振旅直前，以挽运多
> 艰，增设水师，添募向导，遂得规复三城于沦陷十六年之后，亡儿实能与黄
> 帅润昌同心一力，而史馆立传，必黄为主，而萱附见焉，寥寥数语而已。③

罗汝怀对罗萱身后事的自抑，并非意味着他对这个儿子毫不在意。事实上，罗汝怀一直对罗萱充满慈爱。罗萱为罗汝怀长子，比其弟大 20 岁④，也就是说，在长达 20 年的时光里，罗萱曾是罗汝怀唯一的儿子。罗萱战死九个月后，恰逢其生日，罗汝怀思子心切，作诗云：“儿没倏九月，儿出已经年。旧岁此时日，犹在亲膝前。为赴友要约，程期不可愆。仲冬始四日，摒挡辞家门。悬邑稍停憩，急切趋会垣。白昼出屏营，夜归漏将残。每见只须臾，何由庞语言。亦谓非久睽，何庸离绪牵。戎马纷大队，那复虞颠连。我方急编校，别意殊夷然。汝又屡行役，数见情不鲜。岂知刹那顷，遽已分人天。兹晨景如昨，

① （清）曾国藩：《罗君伯宜墓志铭》，载《曾国藩全集》（修订版）第 14 册，岳麓书社 2011 年版，第 472 页。

② （清）杨彝珍：《序》，载（清）罗萱：《蓼花斋诗存》卷首，清光绪三年荷花精舍刻本。

③ （清）罗汝怀：《绿漪草堂文集》卷 22《复曾爵相书》，载《罗汝怀集》，岳麓书社 2013 年版，第 339 页。

④ 罗汝怀曾说自己“年二十四而有子，……次男之生，下于其兄二十”。[（清）罗汝怀：《绿漪草堂文集》卷 22《答人书一》，载《罗汝怀集》，岳麓书社 2013 年版，第 335 页。]

西望空潸然。"①

罗汝怀对罗萱身后事的深自压抑,主要还是因为在他看来,为国效力乃是士人应尽之责,并不能成为邀功的理由。罗汝怀很早就认为,与国事相比,家事是可以忽略不计的。在咸丰初年劝说曾国藩墨经从戎的书信中,他曾说:"夫丧服者,一身一家之私事;丧乱者,天下国家之公愤。人臣之身既致,即不得自遂其私。"②也因此不以升斗之望责罗萱,只不过由于"老失长丁,门户焉托,书林搜讨,更乏臂助,是其长戚"③。

> 吾前后手谕数函,谓汝专心军务,不必与闻家事,盖久知汝非家食安居之人,不甚以侍养望汝。孰知汝长辞亲舍,洒血蛮荒,而贻我以无涯之戚邪? 而尤有可惜焉者:汝微有向学之资,亦粗知门径,又得接见当世巨公硕儒,多蒙奖借,不可谓非汝生之幸,今以中年横折,仕学俱无成就,不能少副师长期望。④

这是罗汝怀在祭奠罗萱的告文中亲笔写下的语句。罗萱在同治八年(1869年)战死,罗汝怀于光绪六年(1880年)辞世。在十余年的漫长时光里,不知自言"二十有四而得子,六十有六而哭子,悬弧往事,如在目前,裹革无归,竟成永恨"⑤的罗汝怀,是否对曾经未能阻止儿子的用世之志而感到后悔?

---

① (清)罗汝怀:《绿漪草堂文集》卷4《腊月四日长男萱生辰,诗以志没》,载《罗汝怀集》,岳麓书社2013年版,第515页。

② (清)罗汝怀:《绿漪草堂文集》卷20《复曾侍郎书》,载《罗汝怀集》,岳麓书社2013年版,第309页。

③ (清)罗汝怀:《绿漪草堂文集》卷22《复曾爵相书》,载《罗汝怀集》,岳麓书社2013年版,第338页。

④ (清)罗汝怀:《绿漪草堂文集》卷30《为长男成服设奠告文》,载《罗汝怀集》,岳麓书社2013年版,第468页。

⑤ (清)罗汝怀:《绿漪草堂文集》卷29《加赠太常寺卿江西补用知府长男罗萱死事状》,载《罗汝怀集》,岳麓书社2013年版,第454页。

第三节　王先谦的人生心路

在晚清湖南为数众多的汉学研究者中,长沙人王先谦无疑算得上是第一流人物。他一生撰著涉及经学、史学、子学等多个领域,数量颇丰,又续编《皇清经解》、校刻《南菁书院丛书》。也正是由于这个原因,后人对王先谦的研究也以其学术领域为重,并将其视为晚清湖湘学术的代表人物。但王先谦从来都不只是一个埋首撰述的学者,他早年入江西布政使李桓幕,中进士担任官职后多次上疏议论时政,尤以光绪十一年(1885年)国子监祭酒任内请停三海工程和光绪十四年(1888年)江苏学政任内弹劾权监李莲英,言人之所不敢言,最为有名。光绪十五年(1889年)致仕回湘后,王先谦虽然远离了首都的政治中心,但却因相继主讲长沙思贤讲舍、城南书院两大书院,并在光绪二十年(1894年)起担任岳麓书院山长长达十年,隐然成为清季湖南传统知识分子的领袖。在戊戌年间湖南的维新运动中,王先谦与叶德辉等人作为守旧派的代表,摇旗呐喊,风云一时。甚至可以说,以学术研究闻名后世的王先谦,在某种程度上实际上是游走于学术与政治两极之间的人物。

值得注意的是,与学术成就研究的丰富内容相比,学术界对王先谦政治活动的研究相对较少,且主要集中在其湖南维新运动期间的守旧主张一个方面。本节将视角拉长,通过对王先谦生命历程的长时段考察,挖掘其内心世界的深层次活动,在此基础上勾勒出王氏在知名汉学家之外的复杂多面的人生样貌。

一、困顿家世与王先谦用世之志的形成

王氏祖籍江南上元,先祖中有于明正德年间考中进士,后官湖南岳州府通判者,遂徙湖南长沙县。王先谦的家世非常清贫,道光二十二年(1842年)七月其出生时,祖父峻斋公、大伯父虎臣公已相继去世,一家人的生计都落在王

先谦父亲一个人身上,"每岁授徒奉母,日食不继"①。由于家境贫寒,无力延师,长兄先和只得由母亲自授识字②,其时王母"上奉媚姑,下鞠子女。晨兴执爨,悲啼索乳者绕其侧;既昏乃息,呻吟愁叹者盈其前。生事艰难,惟是为亟"③。

极度困顿的生活反而激起了这个家庭对于改变命运的渴望,使得读书应举成为王氏父子近乎执念的追求,王先谦曾在为长兄先和撰写的行状中描述了父亲严厉教子的场景:

> 兄方四五岁时,吾母授字,盈数就外傅,舍业嬉者数年。先大夫课之,已都荒其学。乃键户日夜督责,背书偶误,以纸斜签其字,至再,计点画倍笞之,血痕常满裤。吾母为缓颊,先大夫怒曰:"吾以贫甚废学,儿学更不成,何以对先人! 儿弟又长,无师,谁教者? 王氏之泽,将自此斩耶?"乃持兄顾吾母相向哭,兄伏母怀亦哭,各失声。④

令人扼腕的是,王氏一族的科举之路极不平顺。咸丰三年(1853 年)五月,听闻太平军即将北上攻打长沙,王先和与家人一起移居长沙城外 25 里的涝塘河(今名捞刀河),未料途中遇雨而疾,数日而亡。"府、县试皆前列,竟不及待院试"⑤。四年后,仲兄先惠带病入闱,"毕三试出,不十日卒"。病重时,王先谦曾力阻入闱,先惠泣曰:

> "吾岂以一第为重轻哉? 顾天下大乱,今岁乡试几不行。更三年,知复何似? 吾辈有老亲,势不能投笔取功名。家门已不振,亲意责望厚。不从此中乞生活,行且穷饿死。瘳而获隽,天也;不幸而身殉文,亦天也。天其佑我!"遂入。⑥

---

① (清)王先谦:《王先谦自定年谱》,载《葵园四种》,岳麓书社 1986 年版,第 683 页。
② (清)王先谦:《先太夫人年谱》,载《葵园四种》,岳麓书社 1986 年版,第 326 页。
③ (清)王先谦:《先太夫人年谱》,载《葵园四种》,岳麓书社 1986 年版,第 327 页。
④ (清)王先谦:《虚受堂文集》卷 8《先伯兄会廷府君行状》,载《葵园四种》,岳麓书社 1986 年版,第 170 页。
⑤ (清)王先谦:《先太夫人年谱》,载《葵园四种》,岳麓书社 1986 年版,第 328 页。
⑥ (清)王先谦:《虚受堂文集》卷 8《先仲兄敬吾府君行状》,载《葵园四种》,岳麓书社 1986 年版,第 173 页。

　　家庭的不幸给王先谦带来了很大触动。一方面,兄长的离世令自幼随其读书的王先谦十分伤心,他曾说"君子劬学敬身,非直为己已也,以为求无忝于其亲者,惟在是也。思亲之成我如是其艰,则我俯焉孳孳以仰慰吾亲于九原者,不敢不至"①。因此,当二位兄长相继"赍志以殁"之后,完成父兄心愿,读书科考以改变家族命运就成了王先谦的自觉行动。② 另一方面,兄长的相继离世,也将家庭生计的重担传递到了他肩上,迫使其无法安坐于书斋之中,必须出谋生计。咸丰十一年(1861年),在安葬完父亲之后,因"家徒壁立""糊口无资",王先谦禀告母亲后"橐笔从戎",③到武昌为内江水师向导营原任狼山镇总兵官王君吉聘司书记,其后,又先后进入江西布政使李桓、提督梁洪胜幕,直到同治三年(1864年)七月才返回湖南。在写于这一时期的诗歌里,可以很清楚地看到他不甘困顿、渴望建功立业的心情。

按　　剑

大野盘豪鹰,夷途刷飞驹。我惭百不习,兀坐悲生事。

学书竟何益? 穷饿恐非计。荣荆失高枝,慈竹无断泪。

自伤低颜子,岂有荣养志? 入舍涤中裙,贷邻市甘饵。

干戈走群骇,鼙鼓警独寐。落日倚蓬门,按剑视天地。④

腐　儒　行

天下兵革未安居,健儿杀贼相轩渠。

时危此辈固有取,命达岂在多读书!

朝从队长血鸣镝,夕近元戎接谈席。

---

　　① (清)王先谦:《虚受堂文集》卷13《怀翼草庐记》,载《葵园四种》,岳麓书社1986年版,第281页。

　　② 王先谦与兄长之间的关系非常融洽。同治元年(1862年),游幕之中的王先谦回忆昔年情景,曾赋诗一首,中有"忆年十二衣文绮,共砚三人兄及弟。书帷静敞城西楼,岳麓飞云扑窗几。次兄设难穷辨驳,泥我旁搜引经史。长兄夸我千里驹,走告耶娘色欢喜"之语。[(清)王先谦:《虚受堂诗集》,载《葵园四种》,岳麓书社1986年版,第368页。]

　　③ (清)王先谦:《先太夫人年谱》,载《葵园四种》,岳麓书社1986年版,第329页。

　　④ (清)王先谦:《虚受堂诗集》,载《葵园四种》,岳麓书社1986年版,第349页。

致身霄汉生锋铓,勇决群知气无敌。

轻裘缓带多古风,大酒肥肉得饱吃。

纷纷曳裾从事者,一一低心逐颜色。

巧言匿怨昔所耻,捷步青云同感激。

君不见南国腐儒甘困穷,敛手孤吟避朔风。

夜深布被冷如铁,梦见东家炉火红。①

二、耿直敢言的为官岁月

同治三年(1864 年)九月,王先谦乡试中举,次年考中进士,终于完成了父兄的未竟之志。同治七年(1868 年)散馆,授编修,其后相继担任国史馆协修、云南乡试副考官、会试同考官、文渊阁校理等职,光绪三年(1877 年)补左中允,光绪五年(1879 年)五月升翰林院侍讲,充日讲起居注官。

翰林院地处清秘,掌书籍编纂,官员亦有专折奏事之权。从光绪五年(1879 年)六月开始,王先谦多次上疏言政,到光绪八年(1882 年)三月丁忧回湘前,在不到三年的时间里,就官员选拔、条约签订、水师编练、招商局务等方面多次向清廷进言。这些奏疏中的大部分被其记录在了自定年谱中,但仍有一些遗漏,综合《王先谦自定年谱》《光绪朝东华录》《清季外交史料》等资料,可以对王先谦这一时期奏事的情况梳理如下:

表 5-1 王先谦奏事情况简表(光绪五年—光绪八年)

时间	事项	资料来源
光绪五年六月	宜防言路之流弊	《自定年谱》(《葵园四种》第 690 页)《光绪朝东华录》第 1 册,第 775 页
光绪五年六月	已革云南巡抚徐树铭罪情重大	《自定年谱》(《葵园四种》第 691 页)《光绪朝东华录》第 1 册,第 825 页

---

① (清)王先谦:《虚受堂诗集》,载《葵园四种》,岳麓书社 1986 年版,第 360 页。

续表

时间	事项	资料来源
光绪五年八月	经费宜裕,请饬加意厘剔	《光绪朝东华录》第1册,第795页
光绪五年九月	洋务事宜	《光绪朝东华录》第1册,第812页
光绪五年十二月	出使俄国大臣崇厚不候谕旨,擅自回京,条约章程交大学士等会议	《自定年谱》(《葵园四种》第693页)
光绪六年五月	请俟俄约挽回就绪再赦崇厚折(与内阁侍读学士胡聘之合奏)	《自定年谱》(《葵园四种》第698页)《清季外交史料》第2册,第405页
光绪六年八月	长江水师请彭玉麟酌度,闽、沪船厂所造兵轮船,请并归彭指挥	《光绪朝东华录》第1册,第970页
光绪六年八月	东三省防务宜特派大员督办兼辖地方以一事权	《自定年谱》(《葵园四种》第699页)
光绪六年八月	会议防俄未尽事宜	《自定年谱》(《葵园四种》第700页)
光绪六年十月	俄人在华购茶自运,茶商多歇业,请以轮船运货出洋	《清季外交史料》第2册,第467页
光绪六年十一月	招商局务宜加整顿	《自定年谱》(《葵园四种》第705页)《光绪朝东华录》第1册,第1016页

王先谦的这些奏疏不仅涉及方面多,影响也比较大。例如光绪五年(1879年)六月所奏宜防言路之流弊,称"近来诸臣言事,颇有搀越渎陈者"[1],认为"言路不可不开,亦不宜太杂"[2],得到了清廷的肯定,但同时也引发了清流党的不满。李端棻随即上奏,称王先谦"此折一上,众论哗然",他还搬出雍正皇帝的《朋党论》一文,认为王先谦"藉朋党之名,以箝制言路之口,是以世宗御论所是者为非,是以世宗御论所非者为是,藉祖训以舞文,肆诋諆以惑众,是非淆乱,莫过于此",要求光绪帝"乾纲独断,将该侍讲立予斥革,治以故违祖训之罪,以为妄逞谰说者戒"。[3] 虽然清廷肯定王先谦所奏"未尝不是",指

---

① (清)朱寿朋:《光绪朝东华录》第1册,中华书局1960年版,第773页。

② (清)朱寿朋:《光绪朝东华录》第1册,中华书局1960年版,第774页。

③ (清)朱寿朋:《光绪朝东华录》第1册,中华书局1960年版,第775页。

出李端棻要求将前者治罪,"措词过当,适开攻讦之渐,所奏殊属冒昧",①已经对这场争论作出了评判,但王先谦此奏还是引起了一场风波,当时曾有人致书责备其"欲遏抑直言,使成不痛不痒、和同欺饰之世界"。王先谦则回复长信一封为自己辩解,他认为,"明季国事,全为言官所坏","近日士大夫多不读书,乃至奏牍陈词,亦皆肆口乱道。设朝廷不察,从而加先谦以莠言乱政之罪,则先谦几为劝学死"。②

"光绪初,广开言路,一时台谏争以搏击相高"③,朝廷内出现了以进士出身之翰林官、科道官为主要成员的"清流党"。有学者认为,至迟到光绪三年(1877年),清流党已出现在晚清政坛。这批人平均26岁考中进士,少年得志,奋志敢言,④成为光绪初年政坛上一股举足轻重的力量。王先谦作为一名新晋翰林,敢于与当时声势正隆的清流党对抗,正表现了其热心政务、无所畏惧的一面。

光绪十一年(1885年),王先谦结束守制返回北京,先后担任国子监祭酒、江苏学政等职。回京之后的王先谦封章数量虽不似原来之多,但更为尖锐敢言,尤以请停三海工程、弹劾权监李莲英等奏,言人之所不敢言。三海,即位于北京紫禁城之西的北海、中海和南海,亦称西苑。从元代开始,即有皇家园林之营建。清乾隆时期,这里大兴土木,清廷仅在北海一处就兴工长达30年。同治十三年(1874年)八月,原打算重修圆明园的同治皇帝见群臣反对,不得已将工程停止,但他同时提出"三海近在宫掖,殿宇完固,量加修理,工程不至过繁",命令加以查勘,量加修理,作为恭奉皇太后驻跸之所。⑤但此条上谕发

---

① (清)朱寿朋:《光绪朝东华录》第1册,中华书局1960年版,第776页。
② (清)王先谦:《虚受堂书札》,载《葵园四种》,岳麓书社1986年版,第846—850页。
③ 王嵩儒:《掌固零拾》卷3,载沈云龙编:《近代中国史料丛刊》第4辑,台北文海出版社1967年版,第320页。
④ 陈勇勤:《清流党成员问题考议》,《近代史研究》1992年第4期。
⑤ 中国第一历史档案馆编:《清代档案史料 圆明园》(上),上海古籍出版社1991年版,第746页。

出后不久,同治皇帝即患病,并于当年十二月初五日去世。三天后,两宫皇太后发布懿旨:"所有三海地方一切工程,无论已修未修,均著即行停止。"①光绪十一年(1885年),光绪帝亲政在即,慈禧太后选定三海作为归政后颐养天年的场所,并于五月初九日下懿旨正式兴修。

懿旨下达之次月,刚刚补授国子监祭酒不到十天的王先谦就上疏表示反对。② 奏疏开篇即强调最高统治者道德修养的重要性:"臣维深宫之施措,四海之观听,攸关一动,作不可苟也。方今军事甫定,防务尚殷,国帑竭于上,民生瘁于下,诚皇太后、皇上昕宵惕励之秋也。"

> 今两江、两湖、两广大水成灾,为数十年所未有。自臣乡来者言,湖南省城西关外,水与屋齐,城内半通舟楫。男女露处啼号,惨动心目。常、澧一带,淹毙万余人。各省灾民流离道路,情形大略相同。若特沛恩膏,即以此捐修三海之金钱,广赈灾区,全活民命,岂不较台沼游观更为愉快耶?

针对当时部分人"圣躬忧劳,宜有游览燕息之地,况资出捐办,亦复何伤"的迎合论调,王先谦认为,"三海地方宏阔,工程浩繁,土木既兴,踵增华饰。捐项不给,势将以库帑继之"。③ 后来的事实也证明,他的这一担忧并不是毫无道理的。在清廷用于三海工程的款项中,官员捐修银两仅为44万8680两,动用户部及内库帑银128万两,各海关解银111万两,海军衙门、神机营借拨银两达229万4329两。④ 其中粤海关为拨付工程银两,向汇丰银行借款库平银70

---

① 中国第一历史档案馆编:《清代档案史料 圆明园》(上),上海古籍出版社1991年版,第751页。

② 按,王先谦丁忧期满后,于光绪十一年六月十五日补授国子监祭酒,六月二十四日即上奏请罢三海工程。

③ 《王先谦奏为三海工程请行停罢折》,载中国第一历史档案馆编:《清代中南海档案》第28册《修建管理卷二》,西苑出版社2004年版,第38—39页。按,此奏后亦为王氏收入自定年谱中(《葵园四种》,岳麓书社1986年版,第726—727页)。二者相对照,自定年谱中所录者除文字略有删节外,亦将上奏时间由"六月二十四日"误作"六月二十三日"。

④ 叶志如、唐益年:《光绪朝三海工程与北洋海军》,《历史档案》1986年第1期。

万两。清朝灭亡后，这笔钱由民国政府继续偿还，直到 1917 年才如数还清。①

至于光绪十四年（1888 年）在江苏学政任内弹劾权监李莲英一事，更是反映了王先谦不避权贵、耿直敢言的性格特点。光绪十二年（1886 年）四月，醇亲王奕𫍯受命前往天津巡阅北洋海军，总管太监李莲英随同前往。据说当时北洋大臣以座船迎接醇亲王，王弗受而该监乘之，沿途办差者误谓王舟至，引发朝野非议。八月二十四日，御史朱一新上《预防宦寺流弊疏》，认为朝廷以太监李莲英随醇亲王巡视北洋海口，恐蹈唐代宦官监军覆辙，危害匪浅。二十八日，清廷以御史朱一新散播虚诞之词，希图耸听观瞻，命以主事降补。朱一新身为御史，本有进言之责，但其时已经离京任江苏学政的王先谦却在朱被降职的两年后再一次上疏，要求严惩李莲英：

> 臣维宦寺之患，自古为昭。本朝法制森严，从无太监滥权害政之事。皇太后帘听以来，办理一禀前谟，毫不宽假，此天下臣民所共知共见者。为太监者，宜如何小心谨慎，痛戒非为。乃有总管太监李莲英，秉性奸回，肆无忌惮。其平日秽声劣迹，臣不敢形诸奏牍。惟思太监等给使宫禁，得以日近天颜，或因奔走微长，偶邀宸顾，度亦事理所有。何独该太监夸张恩遇，大肆招摇？致太监皮硝李之名倾动中外，惊骇物听，此即其不安本分之明证。《易》曰"履霜坚冰"，渐也。皇太后、皇上于制治保邦之道，靡不勤求夙夜，遇事防维。今宵小横行，已有端兆。若不严加惩办，无以振纲纪而肃群情。②

以往学界论及此事，多赞赏朱一新的耿直敢言。笔者认为，朱一新首上弹章，固然勇气可嘉，但王先谦能够在朱一新已经受到降职处分的时候不计利害，再

---

① 中国人民银行总行参事室编：《中国清代外债史资料 1853—1911》，中国金融出版社 1991 年版，第 116—117 页。

② 《王先谦奏为太监招摇请旨惩戒折》，载中国第一历史档案馆编：《光绪朝硃批奏折》第 27 辑，中华书局 1996 年版，第 794 页。另见《王先谦自定年谱》，载《葵园四种》，岳麓书社 1986 年版，第 733 页。

上弹章,同样值得重视与肯定。有一种说法认为,王先谦曾向李莲英行贿,怕事情败露才严辞弹劾,不过此事已为后人判定为非,无足深论。

江苏学政任满后,王先谦上奏请求回籍修墓,奉旨赏假两个月,次年二月,因假期已满,病尚未痊,由湖南巡抚代奏开缺,三月二十日奉朱批:"王先谦著准其开缺。钦此。"①王先谦选择在自己尚不满五十岁,且仕途较为平顺的时候突然致仕,引发了时人的不解和后人的猜测。他曾在给毕永年的信中说,"仆在苏学任内,以遭家多难,儿女夭折,万念灰绝,决计归田"②,表明自己是因为家庭变故而选择辞职。今人张晶萍教授则认为,王氏的急流勇退,与对时局的看法有关,与"圣朝"不能采及"菲材"有关,更多的是一种被动的选择。③

三、"不仕而仕"

值得注意的是,致仕回乡后的王先谦并没有将全部精力用于著述、讲学,他同时还以热切的目光关注着朝政和时局。在戊戌时期湖南领先全国的维新运动中,他主导创办了多家企业,创造了湖南近代工业史上的多个第一,当湖南省内开办时务学堂、讲求"新学"时,他又与叶德辉、张祖同等上《湘绅公呈》,极力反对,被视为守旧派的代表人物。这说明,致仕在家的王先谦虽然远离政治中心,但仍然站在时代的风口浪尖,可说是"不仕而仕"。

王先谦退居湖南后,在省城长沙东北隅古荷花池前筑起"葵园",并以此为号。退居之初,他曾在给缪荃孙的信中说:"宦游本非素愿,重以嗣续尚虚。心境恶劣,出既无补于时,不如屏迹读书,稍有自得之乐"④,展示出专心著述、不问政事的决心。而事实上,他一刻也没有忘情于现实。这一点,从其"葵

---

① (清)王先谦:《王先谦自定年谱》,载《葵园四种》,岳麓书社 1986 年版,第 735 页。
② (清)王先谦:《虚受堂书札》卷 1《复毕永年》,载《葵园四种》,岳麓书社 1986 年版,第 861 页。
③ 张晶萍:《王先谦中年致仕缘由考》,《船山学刊》2007 年第 1 期。
④ 《王先谦致缪荃孙函》第 35 通,载钱伯城、郭群一整理,顾廷龙校阅:《艺风堂友朋书札》(上),上海人民出版社 2018 年版,第 30 页。

园"的命名原因就可窥见一二。

> 夫葵倾叶向日,昔人以方臣子之于君父,惟其诚也。祭酒自登甲科,入词垣,历居文学侍从之班,依光日月,所以效其媚兹之诚者,盖无弗至。洎持节督学,引疾南归,违京师五六年,向之咫尺天颜者,今乃决然于数千里之外,思望近光而不可得,其托于葵以志倾向谊固宜然,而余以为祭酒爱君之心则犹不止此也。往时祭酒在朝,尝屡因事建言,不以无言责而嘿,即今退处闾里,萧然物外。然而君德之关,国之所赖,惓惓之义弥弗能已,盖其至诚郁积亦如葵之向日,其性故不可夺也。则其所以名园之尤深隐也乎!①

这是时人李桢在其《畹兰斋文集》中对王先谦"葵园"命名深意的解读。李桢,字佐周,湖南善化人,王先谦曾言,"李佐周桢,先谦总角时同学友也","先谦归里后,所为文无不经佐周点勘者"。② 李桢与王先谦所交匪浅,故所言当不为虚。

王先谦认为,学者治学的目的绝不仅仅只是校订讹误、考校经典,还应该对现实充满关怀,他曾说:"君子之为学,非区区善其身已也。将由家而溉之国焉,推之四海焉。得其位则求满吾位所及之量,然后为能自尽。不幸穷居,亦必随时与事充吾心力所能至,而以未至俟诸人。"③因此在归里后,他依然留心时政,并在湖南地方公共事务中积极表达意见。举凡戊戌维新、保路运动、长沙抢米风潮等晚清湖南历史上的重大事件,其中无不有王先谦的身影。此外,王先谦家还是湖南名士聚会的场所,光绪二十二年(1896年)正月初六日,王闿运受邀往王先谦家看戏,"笏山不至,改请官场及武

---

① (清)李桢:《畹兰斋文集》卷4《葵园记》,清光绪十八年刻本。
② (清)王先谦:《虚受堂文集》卷14《答王泽寰书》,载《葵园四种》,岳麓书社1986年版,第298页。
③ (清)王先谦:《虚受堂文集》卷5《滇诗重光集序》,载《葵园四种》,岳麓书社1986年版,第88页。

营,兼有诸爵主及诸名士,门多杂宾,信乎其杂也,惜其位望不足副之"①。
这些都说明,王先谦或许离开了当时的政治中心,但他并不甘心,也不愿意从
此只以著述度日。

戊戌湖南维新运动之初,王先谦曾以岳麓书院山长的身份颁发《购时务
报发给诸生公阅手谕》,积极劝阅《时务报》,并与熊希龄、蒋德钧等一起向时
任湖南巡抚陈宝箴建议开办时务学堂,他还曾致信时任时务学堂总理熊希龄,
表示自己"断无置身事外之想,有须先谦到场者,随时示知可也"②,后听闻梁
启超在时务学堂宣讲民权、议院,认为大逆不道,乃领衔上《湘绅公呈》,又力
主长沙岳麓、城南、求忠三书院订立《湘省学约》,极力反对维新。尽管王先谦
在湖南维新运动中的态度经过了从开明到保守的转变,但其关心变法、积极参
与的热情却始终未减。

除了政治上的作为,在戊戌维新时期湖南兴办实业的浪潮中,王先谦也是
其中的佼佼者。他与张祖同、黄自元等集股,在长沙创办了湖南第一个近代机
械工业企业——宝善成机器制造公司。刚开始时,王先谦等雄心勃勃,想把它
办成一家包括开采煤矿,制造火药,建立发电厂、纺织厂、铸币厂、舂米厂、榨油
厂、洋烛厂、东洋车厂等的综合实业公司,该公司还到上海招聘技工,购置小马
力锅炉一具,刨床、车床各一台,但开办一年后亏损太大,只得转为官办,后发
展为近代湖南电力工业的始祖。此外,王先谦还领衔上书湖广总督张之洞,力
陈湖南内河通行轮船之益,促成《鄂湘善后轮船局合办章程》的通过和鄂湘善
后轮船局的成立。

除了积极参与地方公共事务外,居家未仕的王先谦还热心为湘籍名人追
求饰终之典,在一定程度上充当了朝廷与湖南民间社会沟通的桥梁。光绪中
后期开始,咸同年间风云一时的湘军将领和湘籍显宦相继辞世,其家人在循例

---

① (清)王闿运:《湘绮楼日记》,岳麓书社 1997 年版,第 2068 页。
② 转引自梅季:《光辉与阴影——论岳麓书院最后一任山长王先谦》,载《岳麓书院一千零
一十周年纪念文集》第一辑,湖南人民出版社 1986 年版,第 181 页。

上报外,也积极追求饰终之典,在这一过程中,在籍士绅发挥了很重要的作用,他们联合起来书写请求,并通过地方官员或中央大吏转呈中央。在湖南,这些奏疏大部分都由王先谦领衔。比如光绪十七年(1891年)郭嵩焘去世后,王先谦联络前贵州思南府知府周开铭、前甘肃宁夏府知府黄自元等湘籍士绅,请求将郭嵩焘事迹宣付国史馆立传,此事经李鸿章转奏,后清廷以"郭嵩焘出使外洋,所著书籍颇滋物议"为由,未予批准。① 光绪二十二年(1896年),王先谦又领衔为长沙籍的提督衔浙江处州镇总兵刘培元请求"照军营立功后病故,从优议恤",此奏由时任湖南巡抚陈宝箴代奏,获得了清廷的批准。② 光绪二十七年(1901年),王先谦又领衔请求将原湘军将领、太子少保衔记名布政使席宝田在长沙马王街的专祠列入祀典,此奏由时任总管内务府大臣世续代奏,得到了光绪皇帝的批准。③

王先谦乞休后,瞿鸿禨、梁鼎芬都曾想邀请他复出。王先谦说自己虽未从命,"然不能无感"④,他还将梁鼎芬要求起用自己的奏折抄录在自定年谱中,正如学者张晶萍所言,王先谦虽然致仕,但内心还是希望朝廷能够重新启用自己。

宣统二年(1910年)春,长沙发生抢米风潮,饥民焚毁巡抚衙门和外国教堂,中外轰动。清廷派往湖南查办案件的官员瑞澂认为,"湘乱之始,固由地方官办理不善,而肇乱之源,实由于劣绅隐酿而成"⑤。清廷遂下旨,将王先谦、孔宪教降五级调用,叶德辉、杨巩革去功名,交地方官严加管束。无论清廷

---

① (清)李鸿章:《郭嵩焘请付史馆折》(光绪十七年七月二十二日),载《李鸿章全集》第14册《奏议十四》,安徽教育出版社2008年版,第135—137页。

② (清)陈宝箴:《刘培元请援案赐恤折》(光绪二十二年六月二十四日),载《陈宝箴集》(上),中华书局2003年版,第208—210页。

③ 中国第一历史档案馆编:《光绪朝硃批奏折》第29辑,中华书局1995年版,第671—672页。

④ (清)王先谦:《虚受堂文集》卷7《瞿止庵相国六十寿序》,载《葵园四种》,岳麓书社1986年版,第143页。

⑤ 《湖广总督瑞澂奏特参在籍绅士挟私酿乱请分别惩徵折》,载饶怀民、[日]藤谷浩悦编:《长沙抢米风潮资料汇编》,岳麓书社2001年版,第97页。

是否曾经考虑过重新启用这位前国子监祭酒,此事都彻底葬送了王先谦的政治前途。不久之后,武昌起义爆发,清帝逊位,清朝统治走入历史,本就被视为守旧劣绅的王先谦已无望再有任何政治上的作为。

武昌起义发生后,王先谦避走平江,初抵平江时,他的生活十分困顿,曾"数日三移居",一度甚至无米下炊,"问邻家乞得半升",①直到这一年的十二月底,才在平江北乡的烟舟苏家完全安顿下来。尽管如此,王先谦对时局仍十分关心,密切留意着当时湖南地方政局的发展态势。他曾多次要求留在长沙的管家马福为其打听时事,寄送报纸,还曾对时政发表意见,认为"自治局如此消弭也好,当今之世,一狼虎横行之世也"。"闻本省都督已换熊希龄,不知真假,汝可打听实在告我",②"近日有报,不论满汉,寄我看。闻瞿中堂(指瞿鸿禨——引者注)、余大人屋被兵占住,果否?"③这些都表明,这位当年湖南维新运动中著名的保守派士绅领袖,虽已淡出历史舞台,但仍保持着对时局的观察力。

小　结

"夫自古今学者,蕴富闳蓄,曷尝不愿自效于当世?"④作为中国传统主流思想的儒家文化,其内涵中一直不乏经邦济世的传统,甚至在儒家所崇尚的"三不朽"人生目标中,也将"立功"置于"立言"之前。晚清时期,从事经典考证、文字训诂的湖南汉学家关怀现实,他们或上陈直言,或投身疆场,即使在退

---

① (清)王先谦:《重阳山中》,载《葵园四种·虚受堂诗存》,岳麓书社1986年版,第677页。

② 《王先谦致马福手札》(第37通),载湖南省博物馆编:《湖南省博物馆藏近现代名人手札》第3册,岳麓书社2012年版,第1385页。

③ 《王先谦致马福手札》(第37通),载湖南省博物馆编:《湖南省博物馆藏近现代名人手札》第3册,岳麓书社2012年版,第1385页。

④ (清)王闿运:《文集》卷5《邹汉勋传》,载《湘绮楼诗文集》第1册,岳麓书社2008年版,第132页。

居乡里之后,仍不忘忧国,积极参与地方社会的各种公共事务。这些举动,既是宋代以来湖南地方学术"经世致用"传统的近代延续,也赋予了湖南汉学与众不同的显著特色。本章以周寿昌、邹汉勋、罗汝怀、王先谦四人的事迹为切入点展开分析,冀有助于学术界对此问题的进一步探索。

参考文献

一、传统文献

档案政书

《清实录》,中华书局 1985—1987 年版。

秦国经主编:《清代官员履历档案全编》,华东师范大学出版社 1997 年版。

(清)朱寿朋:《光绪朝东华录》,中华书局 1958 年版。

任梦强主编:《清代吏治史料》,线装书局 2004 年版。

上海书店出版社编:《清代文字狱档》(增订本),上海书店出版社 2011 年版。

萧致治、李少军整理:《鸦片战争前禁烟档案史料补辑》,《近代史资料文库》第四卷,上海书店出版社 2009 年版。

张书才主编:《雍正朝汉文朱批奏折汇编》,江苏古籍出版社 1989 年版。

中国第一历史档案馆编:《清代档案史料 圆明园》,上海古籍出版社 1991 年版。

中国第一历史档案馆编:《光绪朝朱批奏折》,中华书局 1995 年版。

中国第一历史档案馆编:《清政府镇压太平天国档案史料》,社会科学文献出版社 1990—2001 年版。

中国第一历史档案馆编:《纂修四库全书档案》,上海古籍出版社 1997

年版。

中国第一历史档案馆编:《清代中南海档案》,西苑出版社 2004 年版。

中国人民银行总行参事室编:《中国清代外债史资料(1853—1911)》,中国金融出版社 1991 年版。

地方志书

(清)巴哈布等修,王煦等纂:《(嘉庆)湖南通志》,清嘉庆二十五年刻本。

(清)陈嘉榆、王闿运等修纂:《(光绪)湘潭县志》,岳麓书社 2010 年版。

(清)关培钧等修,刘洪泽等纂:《(同治)新化县志》,清同治十一年刻本。

(清)黄维瓒等修,邓绎纂:《(同治)武冈州志》,清光绪元年据同治十二年刻版增刻本。

(清)赖昌期修,谭澐纂:《(同治)阳城县志》,清同治十三年刻本。

(清)李瀚章、裕禄等编纂:《(光绪)湖南通志》,岳麓书社 2009 年版。

(清)刘采邦、张延珂等编纂:《(同治)长沙县志》,岳麓书社 2010 年版。

(清)吕肃高修,张雄图、王文清纂:《(乾隆)长沙府志》,岳麓书社 2008 年版。

(清)罗庆芗修,彭玉麟纂:《(同治)衡阳县志》,清同治十三年刻本。

(清)吴兆熙、张先抡等修纂:《(光绪)善化县志》,岳麓书社 2011 年版。

(清)余正焕、左辅撰,(清)张亨嘉撰:《城南书院志 校经书院志略》,岳麓书社 2012 年版。

(清)玉山修,李孝经等纂:《(同治)常宁志》,清同治九年刻本。

(清)恽世临修,陈启迈纂:《(同治)武陵县志》,清同治七年刻本。

(清)张葆连、刘坤一修纂:《(光绪)新宁县志》,岳麓书社 2011 年版。

(清)张云璈修,周系英纂:《(嘉庆)湘潭县志》,清嘉庆二十三年刻本。

(明)吴道行、(清)赵宁等修纂:《岳麓书院志》,岳麓书社 2012 年版。

(民国)湖南文献委员会编:《湖南文献汇编》,湖南人民出版社 2008 年版。

陈鲲修,刘谦纂:《(民国)醴陵县志》,民国三十七年铅印本。

王燨纂修:《(民国)安乡县志》,民国二十五年石印本。

冼宝干等纂:《(民国)佛山忠义乡志》,民国十二年刻本。

周震麟修,刘宗向纂:《(民国)宁乡县志》,民国三十年活字本。

涂春堂、应国斌主编:《清嘉庆常德府志校注》,湖南人民出版社 2001年版。

其他文献

(汉)司马迁:《史记》,中华书局 2014 年版。

(汉)班固撰,(唐)颜师古注:《汉书》,中华书局 1962 年版。

(汉)许慎撰,(清)段玉裁注:《说文解字注》,上海古籍出版社 2015 年版。

(南朝宋)范晔撰,(唐)李贤等注:《后汉书》,中华书局 1965 年版。

(唐)陆德明:《经典释文》,上海古籍出版社 2013 年版。

(唐)魏徵等撰:《隋书》,中华书局 1973 年版。

(宋)程灏、程颐:《二程遗书》,上海古籍出版社 2000 年版。

(宋)黎靖德编:《朱子语类》,岳麓书社 1997 年版。

(明)梅鷟:《尚书考异》,《景印文渊阁四库全书》第 64 册,台湾商务印书馆 1986 年版。

(明)周圣楷编纂,(清)邓显鹤增辑:《楚宝》,岳麓书社 2008 年版。

(清)毕沅:《中州金石记》,商务印书馆 1936 年版。

(清)陈宝箴:《陈宝箴集》,中华书局 2003 年版。

(清)陈弘谋:《培远堂偶存稿文檄》,《清代诗文集汇编》第 281 册,上海古籍出版社 2010 年版。

(清)陈康祺:《郎潜纪闻四笔》,中华书局 1990 年版。

(清)陈澧:《东塾续集》,《近代中国史料丛刊》第 762 册,台湾文海出版社有限公司 1966—1973 年版。

(清)陈启源:《毛诗稽古编》,山东友谊书社 1991 年版。

（清）陈寿祺：《陈寿祺全集》，广陵书社 2017 年版。

（清）陈延龄：《春秋谥法表》，《历代名人谥号谥法文献辑刊》第 1 册，北京图书馆出版社 2004 年版。

（清）陈毅：《魏书官氏志疏证》，清光绪二十三年刻本。

（清）陈运溶：《湘城访古录》，岳麓书社 2009 年版。

（清）程恩泽：《程侍郎遗集》，清咸丰五年《粤雅堂丛书》本。

（清）程瑶田：《通艺录》，清嘉庆刻本。

（清）成毅：《求在我斋文存》，清咸丰八年邵州濂溪讲院刻本。

（清）褚廷璋：《筠心书屋诗钞》，《清代诗文集汇编》第 363 册，上海古籍出版社 2010 年版。

（清）戴震：《戴震全集》，清华大学出版社 1999 年版。

（清）邓显鹤编，（清）沈道宽等校订：《沅湘耆旧集》，岳麓书社 2007 年版。

（清）邓显鹤：《南村草堂文钞》，岳麓书社 2008 年版。

（清）段谔廷：《四书字诂》，清道光二十九年黔阳杨氏刻本。

（清）龚自珍：《龚自珍全集》，上海古籍出版社 1975 年版。

（清）顾云臣：《抱拙斋文集》，民国三年孟冬射阳顾氏铅印本。

（清）郭庆藩：《方言校注》，清光绪十七年思贤讲舍刊本。

（清）郭庆藩：《说文经字考辨证》，清光绪二十一年湘阴郭氏扬州刻本。

（清）郭庆藩：《说文经字正谊》，《续修四库全书》第 228 册，上海古籍出版社 2002 年版。

（清）郭庆藩：《庄子集释》，中华书局 2012 年版。

（清）郭嵩焘：《礼记质疑》，岳麓书社 1992 年版。

（清）郭嵩焘：《郭嵩焘全集》，岳麓书社 2012 年版。

（清）何庆涵：《眠琴阁遗文》，清光绪刻本。

（清）何绍基：《何绍基诗文集》，岳麓书社 2008 年版。

（清）何绍基：《东洲草堂金石跋》，浙江人民美术出版社 2012 年版。

（清）贺长龄、贺熙龄：《贺长龄集　贺熙龄集》，岳麓书社 2010 年版。

（清）胡林翼：《胡林翼集》，岳麓书社 2008 年版。

（清）胡锡燕：《诗古音绎》，《续修四库全书》第 249 册，上海古籍出版社 2002 年版。

（清）胡宣庆：《图史提纲》，清同治九年刻本。

（清）胡元仪：《毛诗谱》，清光绪十四年南菁书院《皇清经解续编》本。

（清）胡元玉：《雅学考》，《续修四库全书》第 189 册，上海古籍出版社 2002 年版。

（清）黄本骥：《金石萃编补目》，清光绪贵池刘氏《聚学轩丛书》本。

（清）黄本骥：《黄本骥集》，岳麓书社 2009 年版。

（清）黄国瑾：《训真书屋诗存》，清光绪三十二年黄氏家塾刻本。

（清）黄文琛：《思贻堂集三种》，清同治十二年刻本。

（清）黄以周：《儆居杂著七种》，清光绪刊本。

（清）黄宗羲原著，（清）全祖望补修：《宋元学案》，中华书局 1984 年版。

（清）纪昀：《纪文达公遗集》，《清代诗文集汇编》第 354 册，上海古籍出版社 2010 年版。

（清）江标：《宋元行格表》，清光绪二十三年刻本。

（清）江标：《江标日记》，凤凰出版社 2019 年版。

（清）江标：《江标集》，凤凰出版社 2020 年版。

（清）江忠源：《江忠源集》，岳麓书社 2013 年版。

（清）蒋永修：《蒋慎斋遇集》，《四库全书存目丛书》集部第 215 册，齐鲁书社 1997 年版。

（清）李慈铭撰，由云龙辑：《越缦堂读书记》，上海书店出版社 2000 年版。

（清）李慈铭：《越缦堂日记》，广陵书社 2004 年版。

（清）李慈铭：《越缦堂诗文集》，上海古籍出版社 2008 年版。

（清）李鸿章：《李鸿章全集》，安徽教育出版社 2008 年版。

（清）李桓:《十三峰书屋全集》,清光绪庚寅龙安书院刻本。

（清）李元度:《天岳山馆文钞诗存》,岳麓书社 2009 年版。

（清）李桢:《畹兰斋文集》,清光绪十八年刻本。

（清）刘坤一:《刘坤一遗集》,中华书局 1959 年版。

（清）刘献廷:《广阳杂记》,中华书局 1957 年版。

（清）刘肇隅编:《说文段注校三种》,清光绪二十八年长沙叶氏刊本。

（清）龙汝霖:《坚白斋集存稿》,清光绪刻本。

（清）卢文弨:《抱经堂文集》,《清代诗文集汇编》第 342 册,上海古籍出版社 2010 年版。

（清）吕谦恒:《青要集》,《清代诗文集汇编》第 185 册,上海古籍出版社 2010 年版。

（清）罗汝怀编:《湖南文征》,岳麓书社 2008 年版。

（清）罗汝怀:《罗汝怀集》,岳麓书社 2013 年版。

（清）罗萱:《蓼花斋诗存》,清光绪三年荷花精舍刻本。

（清）罗镇嵩:《下学寮汇稿》,清光绪三十二年刻本。

（清）骆秉章:《骆文忠公奏稿》,清光绪十七年刻本。

（清）莫友芝撰,龙先绪、符均笺注:《邵亭诗钞笺注》,三秦出版社 2003 年版。

（清）莫友芝:《莫友芝日记》,凤凰出版社 2014 年版。

（清）欧阳厚均:《欧阳厚均集》,岳麓书社 2013 年版。

（清）潘耒:《遂初堂文集》,《清代诗文集汇编》第 170 册,上海古籍出版社 2010 年版。

（清）潘相:《毛诗古音参义》,清嘉庆五年拟谦堂刻本。

（清）潘宗洛:《潘中丞文集》,《四库全书存目丛书》集部第 257 册,齐鲁书社 1997 年版。

（清）彭申甫:《朵园文集》,清刻本。

（清）彭维新：《墨香阁集》，岳麓书社 2010 年版。

（清）皮锡瑞：《经学通论》，中华书局 1982 年版。

（清）皮锡瑞：《今文尚书考证》，中华书局 1995 年版。

（清）皮锡瑞：《皮锡瑞全集》，中华书局 2015 年版。

（清）祁寯藻：《祁寯藻集》，三晋出版社 2009 年版。

（清）钱大昕：《嘉定钱大昕全集》（增订本），凤凰出版社 2016 年版。

（清）钱澧撰，余嘉华主编：《钱南园诗文集校注》，云南民族出版社 2007
年版。

（清）钱澧：《钱南园先生遗集》，《清代诗文集汇编》第 397 册，上海古籍出
版社 2010 年版。

（清）瞿鸿禨：《瞿鸿禨集》，湖南人民出版社 2010 年版。

（清）瞿中溶编，缪荃孙校：《瞿木夫先生自订年谱》，民国二年南林刘氏嘉
业堂刊本。

（清）瞿中溶：《奕载堂古玉图录》，民国十九年刻本。

（清）阮元：《揅经室集》，中华书局 1993 年版。

（清）宋翔凤：《洞箫楼诗记》，清刻本。

（清）苏舆编：《翼教丛编》，上海书店出版社 2002 年版。

（清）苏舆：《苏舆集》，湖南人民出版社 2008 年版。

（清）孙鼎臣：《苍茛文初集》，清咸丰刻本。

（清）孙鼎臣：《畚塘刍论》，清咸丰刻本。

（清）孙星衍、邢澍：《寰宇访碑录》，清光绪九年江苏书局刻本。

（清）谭嗣同：《谭嗣同全集》，中华书局 1981 年版。

（清）谭澐：《禹贡章句》，清同治九年谭氏家塾本。

（清）唐鉴：《唐鉴集》，岳麓书社 2010 年版。

（清）唐训方：《唐中丞文集》，清光绪十七年归吾庐刻本。

（清）唐仲冕：《陶山文录》，清道光刻本。

（清）陶方琦：《湘麋阁遗诗》，清光绪十六年刻本。

（清）陶方琦：《汉孳室文钞》，清刻本。

（清）陶汝鼐：《陶汝鼐集》，岳麓书社 2008 年版。

（清）陶澍：《陶澍全集》，岳麓书社 2010 年版。

（清）王德基：《玉屏集》，清光绪庚子武冈学署刊本。

（清）王闿运：《湘绮楼日记》，岳麓书社 1997 年版。

（清）王闿运：《尚书大传补注》，《续修四库全书》第 55 册，上海古籍出版社 2002 年版。

（清）王闿运：《湘绮楼诗文集》，岳麓书社 2008 年版。

（清）王闿运：《尔雅集解》，岳麓书社 2010 年版。

（清）王先谦：《释名疏证补》，清光绪二十二年刻本。

（清）王先谦：《劝学琐言》，清光绪刻本。

（清）王先谦：《汉书补注》，中华书局 1983 年版。

（清）王先谦：《葵园四种》，岳麓书社 1986 年版。

（清）王先谦：《诗三家义集疏》，中华书局 1987 年版。

（清）王先谦：《庄子集解》，中华书局 1987 年版。

（清）王先谦：《后汉书集解》，广陵书社 2006 年版。

（清）王先谦：《尚书孔传参正》，中华书局 2011 年版。

（清）王先谦：《荀子集解》，中华书局 2016 年版。

（清）王文清：《王文清集》，岳麓书社 2013 年版。

（清）魏源：《魏源全集》，岳麓书社 2011 年版。

（清）翁同爵著，李红英辑考：《翁同爵家书系年考》，凤凰出版社 2015 年版。

（清）吴大廷：《小酉腴山馆文集》，清光绪五年刻本。

（清）吴大廷：《小酉腴山馆主人自著年谱》，清光绪五年刻本。

（清）吴敏树：《吴敏树集》，岳麓书社 2012 年版。

（清）吴荣光：《石云山人诗集》，清道光二十一年吴氏筠清馆刻本。

（清）吴荣光：《石云山人文集》，清道光二十一年吴氏筠清馆刻本。

（清）吴荣光编，吴尚忠、吴尚志补编：《荷屋府君年谱》，清道光刻本。

（清）徐树钧：《宝鸭斋杂著》，清宣统刻本。

（清）阎若璩：《尚书古文疏证》，上海古籍出版社 2010 年版。

（清）阎镇珩：《六典通考》，江苏广陵古籍刻印社 1990 年版。

（清）阎镇珩：《北岳山房诗文集》，岳麓书社 2009 年版。

（清）严如熤：《乐园文钞》，三秦出版社 2015 年版。

（清）严玉森：《虚阁遗稿》，《清代诗文集汇编》第 737 册，上海古籍出版社 2010 年版。

（清）杨恩寿：《杨恩寿集》，岳麓书社 2010 年版。

（清）杨丕复：《舆地沿革表》，清光绪十四年武陵杨氏刻本。

（清）杨琪光：《博约堂文钞》，清光绪武陵杨氏刻本。

（清）杨锡绂：《四知堂文集》，《清代诗文集汇编》第 295 册，上海古籍出版社 2010 年版。

（清）易佩绅：《函楼文钞》，清光绪二十年龙阳易氏刻本。

（清）易佩绅：《诗义择从》，清光绪刻本。

（清）易棠：《怡芬书屋续稿》，清同治元年刻本。

（清）俞樾著，张燕婴整理：《俞樾函札辑证》，凤凰出版社 2014 年版。

（清）袁名曜：《吾吾庐草存》，清刻本。

（清）曾国藩：《读仪礼录》，《皇清经解续编》本。

（清）曾国藩：《曾国藩全集》（修订版），岳麓书社 2011 年版。

（清）曾纪泽：《说文重文本部考》，清同治八年半亩园刻本。

（清）张鉴：《阮元年谱》，中华书局 1995 年版。

（清）张金镛：《躬厚堂诗录》，清同治三年刻本。

（清）张瓒昭：《易义符篇》，清道光七年刻本。

（清）张瓒昭:《经笋质疑书义原古》,《四库未收书辑刊》第肆辑第叁册,北京出版社 2000 年版。

（清）张祖同:《湘雨楼诗》,民国刻本。

（清）张祖同:《说文解字补逸》,民国抄本。

（清）赵慎畛:《榆巢杂识》,中华书局 2001 年版。

（清）郑业敩:《独笑斋金石考略》,清光绪十三年刻本。

（清）郑业敩:《独笑斋金石文考》残稿一卷,1935 年容庚铅印《考古丛书》本。

（清）郑珍撰,龙先绪注释:《巢经巢诗钞注释》,三秦出版社 2002 年版。

（清）周寿昌:《五代史记纂误补续》,清光绪八年思益堂刊本。

（清）周寿昌:《汉书注校补》,清光绪十年小对竹轩刻本。

（清）周寿昌:《后汉书注补正》,清光绪十年思益堂刊本。

（清）周寿昌:《周寿昌集》,岳麓书社 2011 年版。

（清）朱景英:《畬经堂文集》,清乾隆刻本。

（清）朱克敬:《雨窗消意录》,岳麓书社 1983 年版。

（清）朱孔彰:《中兴将帅别传》,岳麓书社 2008 年版。

（清）邹汉勋:《邹叔子遗书七种》,岳麓书社 2011 年版。

（清）邹永修:《校正廿二史札记》附《识语》,清光绪二十六年新化陈氏西畬山馆刻本。

（清）邹永修:《烟海楼文集》,1935 年印本。

（清）左宗棠:《左宗棠全集》,岳麓书社 2009 年版。

陈三立:《散原精舍诗文集》,上海古籍出版社 2014 年版。

邓洪波:《中国书院学规》,湖南大学出版社 2000 年版。

邓洪波主编:《中国书院学规集成》,中西书局 2011 年版。

湖南省博物馆编:《湖南省博物馆藏近现代名人手札》(全五册),岳麓书社 2012 年版。

湖南图书馆编:《湖南图书馆藏近现代名人手札》(全五册),岳麓书社 2010 年版。

湖南图书馆编:《湖南近现代藏书家题跋选》,岳麓书社 2011 年版。

黄濬:《花随人圣庵摭忆》,上海古籍书店 1983 年版。

康有为:《新学伪经考》,吉林出版社 2017 年版。

李立民整理:《〈清儒学案〉曹氏书札整理》,中国社会科学出版社 2016 年版。

鲁小俊:《清代书院课艺总集叙录》,武汉大学出版社 2015 年版。

罗正钧:《劬庵文稿》,民国九年罗氏养正斋刻本。

钱伯城、郭一群整理,顾廷龙校阅:《艺风堂友朋书札》,上海人民出版社 2018 年版。

瞿宣颖纂辑:《中国社会史料丛钞》,湖南教育出版社 2009 年版。

饶怀民、[日]藤谷浩悦编:《长沙抢米风潮资料汇编》,岳麓书社 2001 年版。

桑椹编:《历代金石考古要籍序跋集录》,浙江古籍出版社 2010 年版。

王代功:《清王湘绮先生闿运年谱》,台湾商务印书馆 1978 年版。

王维江、李骛哲、黄田编:《中国近代思想家文库·王先谦 叶德辉卷》,中国人民大学出版社 2015 年版。

王锺翰点校:《清史列传》,中华书局 1987 年版。

徐世昌编:《晚晴簃诗汇》,中华书局 2018 年版。

徐蜀编:《两汉书订补文献汇编》,北京图书馆出版社 2004 年版。

杨奕青、唐增烈等编:《湖南地方志中的太平军史料》,岳麓书社 2010 年版。

叶德辉:《书林清话》,古籍出版社 1957 年版。

叶德辉:《天文本单经论语校勘记》,《续修四库全书》第 157 册,上海古籍出版社 2002 年版。

叶德辉撰,王逸明主编:《叶德辉集》,学苑出版社 2007 年版。

尹飞舟编:《湖南维新运动史料》,岳麓书社 2013 年版。

张翰仪编:《湘雅摭残》,岳麓书社 2010 年版。

赵尔巽等:《清史稿》,中华书局 1977 年版。

二、近人著作

安东强:《清代学政规制与皇权体制》,社会科学文献出版社 2017 年版。

曹树基:《中国人口史》第 5 卷(上),复旦大学出版社 2005 年版。

陈代湘主编:《湖湘学案》,湖南人民出版社 2013 年版。

陈倩:《区域中国与文化中国——文明对话中的施坚雅模式》,人民出版社 2013 年版。

陈旭麓:《近代中国社会的新陈代谢》,中国人民大学出版社 2012 年版。

陈瑶:《籴粜之局:清代湘潭的米谷贸易与地方社会》,厦门大学出版社 2017 年版。

陈柱:《墨子研究》,北京理工大学出版社 2020 年版。

陈子展:《陈子展文存》,上海古籍出版社 2018 年版。

程尔奇:《晚清汉学研究》,人民出版社 2013 年版。

邓洪波:《湖南书院史稿》,湖南教育出版社 2013 年版。

窦秀艳:《中国雅学史》,齐鲁书社 2004 年版。

杜松柏:《中国近代文人生存状态与小说研究》,电子科技大学出版社 2010 年版。

范广欣:《以经术为治术:晚清湖南理学家的经世思想》,南京大学出版社 2016 年版。

范文澜:《范文澜全集》,河北教育出版社 2002 年版。

方克立、陈代湘主编:《湘学史》,湖南人民出版社 2008 年版。

方勇:《庄学史略》,巴蜀书社 2008 年版。

傅宏星:《钱基博年谱》,华中师范大学出版社 2007 年版。

龚抗云:《王先谦的经学成就与经学思想》,湖南大学出版社 2013 年版。

古国顺:《清代尚书学》,文史哲出版社 1981 年版。

顾诚:《南明史》,光明日报出版社 2011 年版。

何海燕:《清代〈诗经〉学研究》,人民出版社 2011 年版。

河南省博物馆、河南省文物研究所、河南省古代建筑研究所主编:《中岳汉三阙》,文物出版社 1990 年版。

洪湛侯:《诗经学史》,中华书局 2002 年版。

湖南图书馆:《湖南文献概论》,岳麓书社 2016 年版。

黄开国:《廖平评传》,百花洲文艺出版社 1996 年版。

黄开国:《清代今文经学新论》,人民出版社 2017 年版。

贾小叶:《戊戌时期学术政治纷争研究:以"康党"为视角》,社会科学文献出版社 2017 年版。

孔祥军:《清儒地理考据研究》第 1 册《先秦卷》,齐鲁书社 2015 年版。

李肖聃:《李肖聃集》,岳麓书社 2008 年版。

梁启超:《饮冰室合集·文集之四十一》,中华书局 1989 年版。

林增平、范忠程主编:《湖南近现代史》,湖南师范大学出版社 1991 年版。

刘桂荣编著:《论荀辑要》,安徽师范大学出版社 2016 年版。

刘起釪:《尚书学史》,中华书局 1989 年版。

刘少虎:《经学以自治:王闿运春秋思想研究》,华夏出版社 2007 年版。

刘咸炘:《部次流别　以道统学——刘咸炘目录学论集》,生活·读书·新知三联书店 2018 年版。

刘泱泱主编:《湖南通史》第 2 册《近代卷》,湖南出版社 1994 年版。

刘泱泱:《近代湖南社会变迁》,湖南人民出版社 1998 年版。

刘仲华:《清代诸子学研究》,中国人民大学出版社 2004 年版。

陆宝千:《郭嵩焘先生年谱补正及补遗》,台湾"中研院"近代史研究所

2005 年版。

罗检秋:《嘉庆以来汉学传统的衍变与传承》,中国人民大学出版社 2006 年版。

罗检秋:《清代汉学家族研究》,中华书局 2019 年版。

罗正钧:《左宗棠年谱》,岳麓书社 1983 年版。

罗志田:《权势转移:近代中国的思想、社会与学术》,湖北人民出版社 1999 年版。

罗志田:《道出于二:过渡时代的新旧之争》,北京师范大学出版社 2014 年版。

马宗霍:《中国经学史》,湖南师范大学出版社 2018 年版。

孟森:《明清史讲义》,中华书局 1981 年版。

钱基博:《近百年湖南学风》,中国人民大学出版社 2004 年版。

钱穆:《中国近三百年学术史》,商务印书馆 1997 年版。

钱穆:《中国史学名著》,生活·读书·新知三联书店 2000 年版。

钱玄同:《钱玄同文字音韵学论集》,上海古籍出版社 2011 年版。

璩鑫圭:《鸦片战争时期教育》,上海教育出版社 2007 年版。

容庚:《容庚选集》,天津人民出版社 1994 年版。

荣新江主编:《唐研究》第 3 卷,北京大学出版社 1997 年版。

尚秉和:《易说评议》,光明日报出版社 2006 年版。

上海图书馆历史文献研究所编:《历史文献》第二辑,上海科学技术文献出版社 1999 年版。

司马朝军:《四库全书总目编纂考》,武汉大学出版社 2005 年版。

宋文民:《后汉书考释》,上海古籍出版社 1995 年版。

孙玉敏:《王先谦学术思想研究》,黑龙江人民出版社 2008 年版。

汤志钧:《近代经学与政治》,中华书局 2000 年版。

田汉云:《中国近代经学史》,三秦出版社 1996 年版。

王汎森:《权力的毛细管作用:清代的思想、学术与心态》,北京大学出版社 2015 年版。

王惠荣:《晚清汉学群体与近代社会变迁》,中国社会科学出版社 2013 年版。

王继平等:《晚清湖南学术与思想》,湖南师范大学出版社 2006 年版。

王继平主编:《晚清湖南学术思想史稿》,湖南人民出版社 2004 年版。

王俊义、黄爱平:《清代学术与文化》,辽宁教育出版社 1993 年版。

王兴国:《郭嵩焘评传》,南京大学出版社 1998 年版。

王逸明、李璞编著:《叶德辉年谱》,学苑出版社 2012 年版。

吴军、刘艳燕:《敦煌古代石刻艺术》,甘肃人民出版社 2016 年版。

吴仰湘:《皮锡瑞的经学成就与经学思想》,湖南大学出版社 2013 年版。

熊治祁编:《湖南人物年谱》,湖南人民出版社 2013 年版。

许纪霖、陈达凯主编:《中国现代化史》,上海三联书店 1995 年版。

许顺富:《湖南绅士与晚清社会政治变迁》,湖南人民出版社 2004 年版。

杨昌济:《杨昌济集》,湖南教育出版社 2008 年版。

杨布生:《岳麓书院山长考》,华东师范大学出版社 1986 年版。

杨坚:《杨坚编辑文存》,岳麓书社 2012 年版。

杨念群:《儒学地域化的近代形态——三大知识群体互动的比较研究》(增订本),生活·读书·新知三联书店 2011 年版。

杨树达:《积微翁小学述林》,中华书局 1983 年版。

杨树达:《积微翁回忆录》,北京大学出版社 2007 年版。

杨树达:《积微居小学金石论丛》,上海古籍出版社 2013 年版。

杨薇、张志云:《中国传统语言文献学》,崇文书局 2006 年版。

姚名达:《中国目录学史》,商务印书馆 2017 年版。

姚曙光:《乡土社会动员——近代湖南的思潮丕变与社会救赎(1840—1927)》,南京大学出版社 2015 年版。

姚薇元:《北朝胡姓考》,中华书局 2007 年版。

余嘉锡:《四库提要辨证》,中华书局 2007 年版。

张晨怡:《清咸同年间湖湘理学群体研究》,中央民族大学出版社 2007 年版。

张大可:《史记研究》,华文出版社 2002 年版。

张固也:《古典目录学研究》,华中师范大学出版社 2014 年版。

张晶萍:《叶德辉生平及学术思想研究》,湖南师范大学出版社 2008 年版。

张晶萍:《守望斯文:叶德辉的生命历程和思想世界》,中国社会科学出版社 2011 年版。

张晶萍:《近代"湘学观"的形成与嬗变研究》,知识产权出版社 2015 年版。

张朋园:《湖南近代化的早期进展(1860—1916)》,岳麓书社 2006 年版。

张舜徽:《清人文集别录》,华中师范大学出版社 2004 年版。

张舜徽:《清人笔记条辨》,华中师范大学出版社 2004 年版。

张舜徽:《爱晚庐随笔》,华中师范大学出版社 2005 年版。

张舜徽:《清儒学记》,华中师范大学出版社 2005 年版。

张涛:《乾隆三礼馆史论》,上海人民出版社 2015 年版。

章太炎:《章太炎全集》,上海人民出版社 1985 年版。

章太炎等:《中国近三百年学术史论》,上海古籍出版社 2006 年版。

郑伟章、姜亚沙:《湖湘近现代文献家通考》,岳麓书社 2007 年版。

郑振铎:《郑振铎日记全编》,山西古籍出版社 2006 年版。

支伟成:《清代朴学大师列传》,岳麓书社 1998 年版。

中国人民政治协商会议湖南省委员会文史资料研究委员会编:《湖南文史资料选辑》第 2 辑,湖南人民出版社 1961 年版。

中国社会科学院近代史研究所近代史资料编辑部编:《近代史资料》第九

十六册,知识产权出版社 2006 年版。

周敏之、许顺富、梁小进:《近代湖湘文化与近代湘籍人才群体》,岳麓书社 2017 年版。

周一良:《周一良学术论著自选集》,首都师范大学出版社 1995 年版。

周予同著,朱维铮编:《周予同经学史论著选集》(增订版),上海人民出版社 1983 年版。

周振鹤主编:《中国行政区划通史·清代卷》,复旦大学出版社 2013 年版。

周祖谟:《周祖谟语言学论文集》,商务印书馆 2001 年版。

朱东安:《曾国藩幕府》,辽宁人民出版社 2018 年版。

朱汉民主编:《清代湘学研究》,湖南大学出版社 2005 年版。

朱汉民:《湖湘学派与湖湘文化》,湖南大学出版社 2010 年版。

朱汉民、邓洪波:《岳麓书院史》,湖南教育出版社 2013 年版。

朱汉民总主编:《湖湘文化通史》,岳麓书社 2015 年版。

朱汉民:《湘学通论》,高等教育出版社 2016 年版。

朱维铮校注:《梁启超论清学史二种》,复旦大学出版社 1985 年版。

朱祖延主编:《尔雅诂林叙录》,湖北教育出版社 1998 年版。

《诸子学刊》编委会编:《诸子学刊》第十五辑,上海古籍出版社 2017 年版。

[英]彼得·伯克:《文化史的风景》,丰华琴、刘艳译,北京大学出版社 2013 年版。

[美]费正清编:《剑桥中国晚清史(1800—1911 年)》,中国社会科学院历史研究所编译室译,中国社会科学出版社 1985 年版。

[美]芮玛丽:《同治中兴:中国保守主义的最后抵抗(1862—1874)》,房德邻、郑大华等译,中国社会科学出版社 2002 年版。

三、工具书

《景印文渊阁四库全书》,台湾商务印书馆1986年版。

(清)永瑢等:《四库全书总目》,中华书局1965年版。

(清)张之洞撰,范希曾补正:《书目答问补正》,上海古籍出版社2019年版。

湖南省地方志编纂委员会:《湖南省志》第29卷《著述志》,湖南人民出版社2003年版。

湖南图书馆编:《湖南古旧地方文献书目》,岳麓书社2012年版。

来新夏、韦力、李国庆汇补:《书目答问汇补》,中华书局2011年版。

李翠平、寻霖:《历代湘潭著作述录·湘乡卷》,湘潭大学出版社2019年版。

李灵年、杨忠主编:《清人别集总目》,安徽教育出版社2000年版。

林言椒、李喜所编:《中国近代人物研究信息》,天津教育出版社1988年版。

钱实甫:《清代职官年表》,中华书局2019年版。

《清代诗文集汇编》编纂委员会编:《清代诗文集汇编》,上海古籍出版社2010年版。

沈云龙主编:《近代中国史料丛刊》,文海出版社有限公司1966—1973年版。

司马朝军:《续修四库全书杂家类提要》,商务印书馆2013年版。

《四库全书存目丛书》编纂委员会编:《四库全书存目丛书》,齐鲁书社1997年版。

《四库未收书辑刊》编纂委员会编:《四库未收书辑刊》,北京出版社2000年版。

魏秀梅:《清季职官表附人物录》,中华书局2013年版。

《续修四库全书》编纂委员会编:《续修四库全书》,上海古籍出版社2002年版。

《续修四库全书总目提要》编纂委员会编:《续修四库全书总目提要·经部》,上海古籍出版社2014年版。

《续修四库全书总目提要》编纂委员会编:《续修四库全书总目提要·史部》,上海古籍出版社2014年版。

《续修四库全书总目提要》编纂委员会编:《续修四库全书总目提要·子部》,上海古籍出版社2014年版。

寻霖、龚笃清:《湘人著述表》,岳麓书社2010年版。

阳海清主编:《中南、西南地区省、市图书馆馆藏古籍稿本提要》,华中理工大学出版社1998年版。

张爱芳、贾贵荣:《历代名人谥号谥法文献辑刊》,北京图书馆出版社2004年版。

中国科学院图书馆整理:《续修四库全书总目提要 经部》,中华书局1993年版。

中国科学院图书馆整理:《续修四库全书总目提要(稿本)》,齐鲁书社1996年版。

《中国历史大辞典·史学史》编纂委员会编:《中国历史大辞典·史学史卷》,上海辞书出版社1983年版。

庄建平主编:《近代史资料文库》第四卷,上海书店出版社2009年版。

四、报刊文章

蔡长林:《学问何分汉宋:唐仲冕的经术文章》,《中国文化研究所学报》2018年7月。

陈明华:《清中后期宾兴款的设置与下层士绅权力的扩张——以温州为例》,《华东师范大学学报》(哲学社会科学版)2016年第4期。

陈瑶:《清前期湘江下游地区的米谷流动与社会竞争》,《厦门大学学报》(哲学社会科学版)2012 年第 4 期。

陈勇勤:《清流党成员问题考议》,《近代史研究》1992 年第 4 期。

胡忆红:《晚清民间慈善组织湘潭县积谷局研究》,《求索》2011 年第 7 期。

黄爱平:《清代汉学的发展阶段与流派演变》,《中国文化研究》2001 年第 1 期。

黄光焘:《湖南学派论略》,《国专月刊》第 3 卷第 3 号,1936 年。

李葆嘉:《新化邹氏古声二十纽说研究》,《古汉语研究》1991 年第 1 期。

李兵:《清代两湖南北分闱再探》,《历史档案》2013 年第 1 期。

李柳倩:《湖南古音学研究述评》,《云梦学刊》2018 年第 4 期。

刘昌润:《〈雁影斋题跋〉跋》,《文献》1987 年第 1 期。

刘茂华:《近代湘学概论》,《南强旬刊》第 1 卷第 2 期,1938 年。

罗志田:《近代湖南区域文化与戊戌新旧之争》,《近代史研究》1998 年第 5 期。

茅海建:《也谈近代湖湘文化》,《湖南师范大学社会科学学报》1989 年第 1 期。

桑兵:《中国近现代史的贯通与滞碍》,《近代史研究》2010 年第 2 期。

史革新:《略论晚清汉学的兴衰与变化》,《史学月刊》2003 年第 3 期。

王继平:《论曾国藩的学术观》,《近代史研究》1996 年第 5 期。

王日根、陈瑶:《晚清湘潭民仓与地方政治的变迁——基于〈湘潭积谷局志〉的分析》,《社会学研究》2009 年第 5 期。

吴仰湘:《晚清湘学述略》,《光明日报》2004 年 1 月 20 日。

熊焰、黄娜:《魏源佚著考论》,《邵阳学院学报》(社会科学版)2019 年第 1 期。

徐俊:《王先谦〈新旧唐书合注〉的前生今世》,《文汇报》2015 年 8 月

14 日。

徐莉:《徐树钧与〈宝鸭斋题跋〉》,《遵义师范学院学报》2011 年第 2 期。

杨树达等:《郋园学行记》,《近代史资料》1985 年第 4 期。

叶志如、唐益军:《光绪朝三海工程与北洋海军》,《历史档案》1986 年第 1 期。

袁庆述:《清末民初湖湘学派的古文字研究》,《古汉语研究》2008 年第 1 期。

张晶萍:《王先谦中年致仕缘由考》,《船山学刊》2007 年第 1 期。

张晶萍:《论晚清湘学史中两种学术理念的冲突——以叶德辉与王闿运之间的学术纷争为例》,《湖南师范大学社会科学学报》2008 年第 1 期。

张晶萍:《省籍意识与文化认同:叶德辉重建湘学知识谱系的努力》,《湖南大学学报》(社会科学版)2008 年第 2 期。

张秀玉:《邹汉勋年谱》,《古籍研究》2019 年第 1 期。

张雪莲:《从吴荣光〈授经图卷〉看阮元思想影响》,《岭南文史》2011 年第 1 期。

张在兴:《论晚清湖南经学》,《湘潭大学学报》(哲学社会科学版)2005 年第 6 期。

张子帆:《〈续修四库全书总目提要〉及〈尔雅诂林·叙录·书目提要〉"胡元玉〈雅学考〉"条订补》,《中国典籍与文化》2021 年第 1 期。

朱万章:《他画与自画:吴荣光小像》,《读书》2019 年第 4 期。

五、硕、博士学位论文

陈瑶:《晚清湘潭公共事务与地方政治》,硕士学位论文,厦门大学专门史,2008 年。

高典:《周寿昌〈汉书注校补〉研究》,硕士学位论文,南京师范大学中国古典文献学,2016 年。

黄守红:《清代中期湘学研究》,博士学位论文,湘潭大学中国哲学,2013年。

黄政:《江标生平与著述刻书考》,硕士学位论文,北京大学中国古典文献学,2011年。

李南:《宋翔凤年谱》,硕士学位论文,南京大学中国古典文献学,2011年。

刘新民:《清代"说文学"专著之书目研究》,硕士学位论文,中国科学院文献情报中心图书馆学,2001年。

刘焱:《清代湖南经学初探》,硕士学位论文,湖南大学中国哲学,2010年。

田吉:《黄本骥研究》,硕士学位论文,湖南师范大学中国古典文献学,2009年。

王元琪:《清代道咸同时期的汉学研究》,博士学位论文,西北大学专门史,2007年。

张海峰:《王先谦〈汉书补注〉研究》,博士学位论文,山东大学中国古典文献学,2011年。

后　记

　　《晚清湘汉学研究》终于要付梓了,距离这项研究获批国家社会科学基金青年项目资助已经过去了 9 年之久。说实话,2014 年,当我以这个题目撰写课题申报书时,并未料想到这一工作会持续这么长时间。

　　清代学术以汉学为主要特色,又有吴派、皖派、扬州学派先后继起,一直为学界所关注。而对湖南地区的汉学研究,相关分析则多集中于王先谦、叶德辉等几个著名人物,关于中下层学者的研究十分缺乏,对晚清湘汉学的整体面貌还不清楚,对晚清湘汉学研究兴盛的原因也笼统地以“三吴汉学入湖湘”一语概括之,所以本研究以相当多的篇幅对清初以来的湖南地方史进行了考察,试图通过对清初以来湖南社会变迁与湘学术演变的分析,探索晚清湘汉学兴起的“内因”与“外因”,尽可能接近这一地域学术形态兴起过程的历史原貌。同时,通过对地方志书与相关史料的梳理,了解晚清湘汉学在周寿昌、王先谦等著名学者之外的一般学者及其著述的基本情况,尽可能恢复晚清湘汉学的整体面貌。在这两项工作的基础上,开展相关的研究。同时,由于汉学研究涉及传统经学、史学、诸子学等多个既深且精的专门领域,加之晚清时期学术研究、学者士人与现实政治等多有牵涉,处理这些复杂的问题常令我有力不从心之感。尽管自认为已经尽了最大努力,但呈现在读者面前的这部著作,一定还有很多不足之处,尚祈读者方家不吝教我。

　　在申报课题、撰写和修改本书的过程中,我得到了许多帮助。湖南省社会科学院刘云波副院长、方向新研究员、向志柱研究员先后阅读过课题申报书,提出了不少中肯的建议。部分阶段性成果，承蒙《湖湘论坛》《武陵学刊》《中国社会科学报》等报刊厚爱，先后发表。初稿提交结项后，收到了5位匿名评审专家的修改意见，这些切中肯綮的意见帮助我进一步完善了书稿。特别值得一提的是，业师黄爱平教授一直十分关心我的研究工作，几次到长沙参加学术研讨会期间，都专门抽出时间与我见面，询问研究进展，也让我在毕业多年之后，能够有机会当面请益，聆听教诲。同门阚红柳师姐、夏艳师姐也给了我很多帮助，人民出版社的沈伟师弟一再宽容我不断延后的交稿时间，使我有机会对一些文字反复琢磨。书稿撰写期间，我曾多次到湖南图书馆古籍部查阅资料，得到了该部门工作人员的不少帮助。佛山市博物馆允许我在书中使用藏于该馆的吴荣光《授经图卷》藏品图片，谨致谢忱。

在前行的道路上，家人始终给予我最大的支持。父母虽然至今仍无法完全适应长沙冬冷夏热的气候，但仍长期居住在这里，帮助料理家务。外子小松从事工科方面的教学与研究工作，对文史之学亦很感兴趣，对我的工作理解且支持。正在上小学的儿子已经懂得"妈妈的课题很重要，写稿子的时候要保持安静"，在我全力撰写书稿的时候，默默地度过了许多寂寞的时光。这些沉甸甸的关爱，是支持我不断前行的动力。

"昔日之得，不足以为矜；后日之成，不容以自限"。面对这部刚刚完成的书稿，我不禁又想起了那句曾被黄老师写在一本书的扉页上赠予我的清儒顾炎武的名言。希望这本小书的出版，不仅是我学术道路上的一个重要节点，也能给予我更多力量，去攀登下一个学术高峰。

马延炜

2023年秋于长沙